BALANCE Y PERSPECTIVAS DEL ESTADO SOCIAL Y DEMOCRÁTICO DE DERECHO EN EL CONSTITUCIONALISMO CONTEMPORÁNEO

GONZALO ARMIENTA HERNÁNDEZ
MERCEDES IGLESIAS BÁREZ (Dirs.)

BALANCE Y PERSPECTIVAS DEL ESTADO SOCIAL Y DEMOCRÁTICO DE DERECHO EN EL CONSTITUCIONALISMO CONTEMPORÁNEO

COORDINADORES:

Pablo Ramos Hernández
Juan Daniel Elorza Saravia
Lizbeth García Montoya

Ediciones Universidad
Salamanca

AQUILAFUENTE, 268

Motivo de cubierta:
Estambul
© Juan Daniel Elorza Saravia

1ª edición: junio, 2019
ISBN: 978-84-1311-102-5 (PDF)
978-84-1311-104-9 (ePub)
978-84-1311-105-6 (mobipocket)
978-84-1311-106-3 (POD)

Maquetación y realización:
Gráficas Lope
C/ Laguna Grande, 2, Polígono «El Montalvo II»
www.graficaslope.com
37008 Salamanca. España

Hecho en UE-Made in EU

Ediciones Universidad de Salamanca
www.eusal.es
eusal@usal.es

Ediciones Universidad de Salamanca es miembro de la UNE
Unión de Editoriales Universitarias Españolas
www.une.es

♠

CEP. Servicio de Bibliotecas

BALANCE y perspectivas del estado social y democrático de derecho en el constitucionalismo contemporáneo / Gonzalo Armienta Hernández, Mercedes Iglesias Bárez (dirs.) ; coordinadores, Pablo Ramos Hernández, Juan Daniel Elorza Saravia, Lizbeth García Montoya.— 1a. ed.—Salamanca : Ediciones Universidad de Salamanca, 2019

1 recurso en línea (356 p.) (PDF).— (Aquilafuente ; 268)

Tít. tomado de la página de inicio

Modo de acceso: WWW.

URL: https://eusal.es/index.php/eusal/catalog/book/978-84-1311-102-5

1. Estado social de derecho. 2. Constitucionalismo. I. Armienta Hernández, Gonzalo, editor. II. Iglesias Bárez, Mercedes, editor. III. Ramos Hernández, Pablo, editor. IV. Elorza Saravia, Juan Daniel, editor. V. García Montoya, Lizbeth, editor.

316.323.65:342.4

Índice

LA INSEGURIDAD JURÍDICA GENERADA POR LA FALTA DE UNIFICACIÓN Y CONCENTRACIÓN DE LAS DISPOSICIONES QUE REGULAN EL JUICIO DE AMPARO EN LÍNEA MEXICANO

Sofía Barraza Valenzuela[1]
José Carlos Ortega Flores[2]

I. INTRODUCCIÓN

La seguridad jurídica en todo ordenamiento jurídico perteneciente a un Estado de derecho debe materializarse en todo actuar de la autoridad, así también en la elaboración de las normas legales, puesto que se configura en un presupuesto indispensable para el desarrollo social y jurídico de toda comunidad. El presente artículo tiene como objetivo plantear la necesidad de dotar de seguridad jurídica a la legislación que regula la máxima herramienta de control de la constitucionalidad en nuestro país, ahora con la posibilidad de presentar los escritos a través de los medios electrónicos. Para la realización del mismo, se utilizaron el método analítico al estudiar la problemática planteada, el método histórico al adentrarnos en el origen de la herramienta estudiada y el método comparativo al confrontar ordenamientos jurídicos nacionales para la mejora de uno de éstos.

II. LA SEGURIDAD JURÍDICA

Es de suma importancia que los integrantes de una sociedad convivan entre sí mismos. Esta convivencia humana se materializa en relaciones sociales entre los individuos de una determinada comunidad, y para que una comunidad logre un desarrollo y sea posible la vida común, es necesario que el actuar de cada integrante

[1] Doctora en Derecho, investigadora y catedrática de la Facultad de Derecho, Culiacán de la universidad Autónoma de Sinaloa, México.

[2] Licenciado, estudiante de la Maestría en Ciencias del Derecho (PNPC-Conacyt), de la Facultad de Derecho Culiacán, de la universidad Autónoma de Sinaloa, México.

se encuentre limitado de cierta manera que se pueda mantener el orden en dicha comunidad.

La obligación de cada miembro de la sociedad de observar y cumplir con las limitantes que el ordenamiento jurídico impone, constituye una necesaria exigencia que el derecho desde el punto de vista sociológico debe establecer para satisfacer el orden entre cada gobernado.

Así, el ordenamiento normativo establecido en una sociedad, el cual es creado por los distintos órganos legislativos en su ámbito estatal o federal, y bajo el imperio de la voluntad del pueblo queda supeditado a actuar de tal forma que afecte de manera positiva a los gobernados.

En una comunidad constantemente emergen las relaciones entre las autoridades estatales y los gobernados, es decir, las autoridades emiten actos u omisiones que pueden afectar los derechos o garantías, ya sea afectando sus propiedades, documentos, libertades, o cualquier derecho humano perteneciente a la esfera jurídica del individuo.

En ese sentido, toda autoridad que conforma un Estado democrático de derecho, se encuentra supeditada a realizar su actuación bajo el imperio de la ley, cumpliendo con las normas, garantías y principios jurídicos para que la afectación que emitan se considere como jurídicamente-válida.

Más concretamente y cuyo objetivo de este estudio, el poder legislativo como autoridad estatal tiene el deber de observar en todo momento dichos principios, normas y garantías, al momento de emitir normas jurídicas para que éstas tengan como finalidad brindar al gobernado una afectación positiva.

Por lo tanto, la seguridad jurídica, se expresa en mandatos de carácter formal con respecto a la actuación del Estado y de sus órganos, preservando la idea de la división de poderes como sujeción funcional a una serie de «reglas de juego», con el objetivo de preservar la libertad de las personas que habitan en el propio Estado[3].

Uno de los principios que contribuyen a brindar seguridad jurídica a las normas es el relativo a *lege manifiesta,* fundamento por el cual las leyes (las normas jurídicas en general) deben ser claras, comprensibles, alejadas de formulismos oscuros y complicados[4].

[3] Carbonell, M., Los derechos fundamentales en México, Comisión Nacional de los Derechos Humanos, UNAM, Instituto de Investigaciones Jurídicas, México, 2004, p. 586.

[4] Íbidem, p. 587.

III. ORIGEN DEL JUICIO DE AMPARO EN LÍNEA

Históricamente el juicio de amparo se ha constituido como el instrumento de control de la constitucionalidad más importante dentro de nuestro sistema jurídico. En la actualidad, es el medio para cuestionar la actuación de toda autoridad del Estado. Es al mismo tiempo, el mecanismo más eficaz que tienen los gobernados para evitar o corregir los abusos o equivocaciones del poder público que lesionan o vulneran los derechos fundamentales de las personas reconocidos en la Constitución Política de los Estados Unidos Mexicanos y en los tratados internacionales firmados y ratificados por el Estado mexicano.

Hoy en día, una de los motivos para la creación de un nuevo juicio de amparo –o más concretamente, su modernización–, radica en que se encontraba atrasado, rezagado, distanciado y aislado de la realidad en que la sociedad vive en estos tiempos.

Lo anterior, fue ocasionado debido a la resistencia de modificar de manera sustancial, la figura jurídica que hasta hace poco era considerada como excelente, completa e íntegra, pues tanto juristas como académicos se oponían a aceptar que el juicio constitucional no se constituyera en una institución perfecta, lo que con el paso del tiempo se puso de manifiesto su ineludible reformulación para lograr el progreso del amparo

Además, las inexorables transformaciones políticas, sociales y culturales que el país ha vivido lo largo de las últimas décadas, hace necesario armonizar y adecuar las leyes y las instituciones a fin de garantizar que esos cambios se inscriban dentro del marco del Estado democrático de Derecho.

Dentro de estos cambios, entre otros, surge la necesidad de armonizar ciertas figuras procesales con la propia dinámica social e inclusive con las nuevas tecnologías, las cuales conducen necesariamente a crear una nueva Ley de Amparo, reglamentaria de los artículos 103 y 107 de la Constitución Política de los Estados Unidos Mexicanos.

La Ley de Amparo fue producto de diversas comisiones y reuniones de análisis, una de ellas fue la Comisión de Análisis para una Nueva Ley de Amparo, que se integró por los ministros de la Suprema Corte de Justicia de la Nación Humberto Román Palacios, presidente de la comisión, y Juan N. Silva Meza; por los magistrados de Circuito, César Esquinca Muñoz y Manuel Ernesto Saloma Vera; por los académicos José Ramón Cosío Díaz y Héctor Fix-Zamudio y otros[5].

[5] Fix-Zamudio, H. y Valencia Carmona, S., Las reformas en derechos humanos, procesos colectivos y amparo. Como nuevo paradigma constitucional., UNAM-Porrúa. México, 2013, p. 55.

Finalmente, se presentó el 15 de febrero de 2011, la iniciativa con proyecto de decreto, en la cual, el legislador expuso la necesidad de utilizar los medios electrónicos en el juicio de amparo destacando los siguientes argumentos:

Hoy en día los dispositivos digitales ocupan un lugar central en prácticamente todos los ámbitos de la actividad humana. Su presencia ha tenido enormes repercusiones en los campos de la comunicación, el gobierno, la investigación científica y la organización del trabajo.

En México existen muchas instancias, tanto del sector público como del privado, que ya utilizan diversos medios electrónicos, y cuya aplicación ha simplificado por mucho el desarrollo de sus actividades. Así, es cada vez más frecuente la realización de actos jurídicos y de numerosas negociaciones a través de medios electrónicos, los cuales se han constituido en el mecanismo fundamental para el intercambio de información, no siendo la excepción el ejercicio en la aplicación de políticas públicas[6].

Ahora bien, el juicio de amparo en línea se implementa con la creación de la nueva Ley de Amparo, publicada en el Diario Oficial de la Federación el 2 de abril de 2013, cuya entrada en vigor fue al día siguiente de su publicación.

IV. LA TÉCNICA LEGISLATIVA

Una de las principales características que debe poseer una ley o norma jurídica consiste en que sean elaboradas por el legislador de manera clara y entendible, pues de ello depende que el destinatario de la misma esté en posibilidad de comprender cada una de las disposiciones que regulan una determinada figura jurídica.

El legislador, en su quehacer diario, al crear normas debe observar una serie de métodos y técnicas que le permitan dotar a la legislación de objetividad y sistematicidad, además de los procedimientos de creación de las normas jurídicas, entre esos métodos, encontramos el método sistemático, deductivo, inductivo, analítico, histórico, comparativo, científico, entre otros, los cuales son indispensables para llegar al conocimiento verdadero. Además, se debe auxiliar de técnicas de investigación, definidas éstas como las herramientas o pericias necesarias para llegar al objetivo planteado.

La finalidad de la tarea legislativa es crear normas unívocas y comprensibles para el sujeto destinado a cumplirlas; se trata de cualidades indispensables para, por

[6] Iniciativa con proyecto de decreto por el que se expide la Ley de Amparo, reglamentaria de los artículos 103 y 107 de la Constitución Política de los Estados Unidos Mexicanos, consultada el 23 de marzo de 2018 en https://www.sitios.scjn.gob.mx/leyamparo/sites/default/files/1.%20iniciativa%20 15%20feb%202011.pdf.

un lado, dar certeza jurídica a los gobernados, y por otro, facilitar la observancia de las mismas[7].

Es por ello, la necesidad de que la ley posea las características mínimas para que le destinatario esté en aptitud de entenderla con claridad, pues las normas se han creado para que todo gobernado conozca su contenido y esté en posibilidad de ejercerla o cumplimentarla, así como también interpretarla y encuadrarla a los casos concretos.

El propósito es configurar un cuerpo normativo ordenado y coherente; precisar su finalidad, definiciones, el ámbito de aplicación la parte sustantiva, las infracciones y las sanciones, los procedimientos, las remisiones, la competencia para su ejecución, las reglas de entrada en vigor, las disposiciones finales y los anexos. Todo esto a través de libros, títulos, capítulos y secciones, artículos, párrafos e incisos[8].

Una vez que la norma se encuentre organizada y sistematizada en los apartados señalados, aunado a que goce de buena lingüística y lógica en sus enunciados se conformará en una ley apta para su inserción en el ordenamiento jurídico.

Así, la parte relativa a la elaboración de las normas es estudiada por la técnica legislativa, la cual debe poseer el legislador para crear una norma que cumpla con los requisitos esenciales para darla a conocer a sus destinatarios. Esta técnica legislativa consiste en el arte de redactar los preceptos jurídicos de forma bien estructurada, que cumpla con el principio de seguridad jurídica y los principios generales de derecho[9].

El fin último de lo jurídico es su certeza, que proporcionan certidumbre en las relaciones y actos de la sociedad. Consecuentemente, es imprescindible repensar nuestro sistema jurídico, integrado por una maraña legislativa en los ámbitos federal, estatal y municipal, para resolver un asunto jurídico al momento de su aplicación. Entonces, ¿cómo deberán elaborarse las reglas jurídicas, de tal manera que sean entendibles para todas las personas? ¿Qué hacer para que las políticas económicas, sociales, etcétera, gocen de sencillez y eficacia? ¿Qué hacer para que las leyes tengan una buena redacción y no confundan al momento de su interpretación? ¿Qué se requiere para que los creadores del derecho en nuestro sistema jurídico apliquen métodos, procedimientos y criterios relativamente similares?[10]

[7] Mora-Donatto, C., Teoría de la legislación y técnica legislativa: una forma nueva de entender y ejercer la función legislativa, UNAM, Instituto de Investigaciones Jurídicas-H. Congreso del Estado de Tamaulipas, México, 2012, p. 73.

[8] Muro Ruiz, E., Algunos elementos de técnica legislativa, Universidad Nacional Autónoma de México, México, 2006, pp. 98 y 99.

[9] Carbonell, M. y Pedroza de la Llave, S. (coords.), Elementos de técnica legislativa, UNAM, Instituto de Investigaciones Jurídicas, México, 2000, p. 41.

[10] Muro Ruíz, E., op. cit., p. 7.

V. FALTA DE UNIFICACIÓN Y CONCENTRACIÓN DE LAS DISPOSICIONES QUE REGULAN EL JUICIO DE AMPARO EN LÍNEA

Dicho esto, observamos que en materia de juicio de amparo en línea, no existe una unificación y concentración de los dispositivos que lo regulan, pues al encontrarse inmersas las distintas reglas aplicables en esta nueva forma de promoción del amparo, no permite que el justiciable tenga plena certeza y seguridad jurídica al momento de tramitar el juicio constitucional a través de medios electrónicos.

En materia de juicio de amparo en línea las normas que lo regulan se encuentran consagradas en distintos ordenamientos, ya sea en acuerdos generales emitidos por el Consejo de la Judicatura Federal, la Suprema Corte de Justicia de la Unión y el Tribunal Electoral del Poder Judicial de la Federación, a saber: el Acuerdo General Conjunto 1/2013 y el Acuerdo General Conjunto 1/2015, emitidos por dichos órganos, así como la Ley de Amparo, Reglamentaria de los Artículos 103 y 107 de la Constitución política de los Estados Unidos Mexicanos.

Lo que provoca una falta de sistematicidad de las disposiciones que regulan el juicio de amparo en línea, pues al estar comprendidas las reglas que lo norman en distintos cuerpos jurídicos, ocasiona que el gobernado no tenga plena certeza de los procedimientos que ha de seguir al momento de sustanciar el amparo a través de los medios electrónicos.

De una manera distinta sucede con el juicio contencioso administrativo en línea, regulado por la Ley Federal de Procedimiento Contencioso Administrativo, pues del análisis de la misma, se desprende que este juicio en línea sí se encuentra normado de manera metódica, sistemática y uniforme, pues se encuentran concentrados en un mismo apartado denominado «CAPÍTULO X, Del Juicio en Línea», lo que a nuestro parecer otorga la plena certeza y seguridad jurídica al gobernado que desee promover el juicio en línea en esta materia, el cual es del tenor siguiente:

ARTÍCULO 58-H.- Los titulares de una Firma Electrónica Avanzada, Clave de Acceso y Contraseña serán responsables de su uso.

> CAPÍTULO X
>
> Del Juicio en Línea Capítulo
>
> ARTÍCULO 58-A.- El juicio contencioso administrativo federal se promoverá, substanciará y resolverá en línea, a través del Sistema de Justicia en Línea que deberá establecer y desarrollar el Tribunal, en términos de lo dispuesto por el presente Capítulo y las demás disposiciones específicas que resulten aplicables de esta Ley. En todo lo no previsto, se aplicarán las demás disposiciones que resulten aplicables de este ordenamiento.

ARTÍCULO 58-B.- Cuando el demandante ejerza su derecho a presentar su demanda en línea a través del Sistema de Justicia en Línea del Tribunal, las autoridades demandadas deberán comparecer y tramitar el juicio en la misma vía. Si el demandante no señala expresamente su Dirección de Correo Electrónico, se tramitará el Juicio en la vía tradicional y el acuerdo correspondiente se notificará por lista y en el Boletín Procesal del Tribunal.

ARTÍCULO 58-C.- Cuando la demandante sea una autoridad, el particular demandado, al contestar la demanda, tendrá derecho a ejercer su opción para que el juicio se tramite y resuelva en línea conforme a las disposiciones de este Capítulo, señalando para ello su domicilio y Dirección de Correo Electrónico. A fin de emplazar al particular demandado, el Secretario de Acuerdos que corresponda, imprimirá y certificará la demanda y sus anexos que se notificarán de manera personal. Si el particular rechaza tramitar el juicio en línea contestará la demanda mediante el Juicio en la vía tradicional.

ARTÍCULO 58-D.- En el Sistema de Justicia en Línea del Tribunal se integrará el Expediente Electrónico, mismo que incluirá todas las promociones, pruebas y otros anexos que presenten las partes, oficios, acuerdos, y resoluciones tanto interlocutorias como definitivas, así como las demás actuaciones que deriven de la substanciación del juicio en línea, garantizando su seguridad, inalterabilidad, autenticidad, integridad y durabilidad, conforme a los lineamientos que expida el Tribunal. En los juicios en línea, la autoridad requerida, desahogará las pruebas testimoniales utilizando el método de videoconferencia, cuando ello sea posible.

ARTÍCULO 58-E.- La Firma Electrónica Avanzada, Clave de Acceso y Contraseña se proporcionarán, a través del Sistema de Justicia en Línea del Tribunal, previa obtención del registro y autorización correspondientes. El registro de la Firma Electrónica Avanzada, Clave de Acceso y Contraseña, implica el consentimiento expreso de que dicho Sistema registrará la fecha y hora en la que se abran los Archivos Electrónicos, que contengan las constancias que integran el Expediente Electrónico, para los efectos legales establecidos en este ordenamiento. Para hacer uso del Sistema de Justicia en Línea deberán observarse los lineamientos que, para tal efecto, expida el Tribunal.

ARTÍCULO 58-F.- La Firma Electrónica Avanzada producirá los mismos efectos legales que la firma autógrafa y garantizará la integridad del documento, teniendo el mismo valor probatorio.

ARTÍCULO 58-G.- Solamente, las partes, las personas autorizadas y delegados tendrán acceso al Expediente Electrónico, exclusivamente para su consulta, una vez que tengan registrada su Clave de Acceso y Contraseña. (...)

Atendiendo a lo anterior, es necesaria la realización de reformas a la Ley de Amparo en materia de juicio de amparo en línea, en primera parte, por la reciente implementación del mismo es necesario unificar los artículos relativos a esta figura jurídica, esto para que el impetrante del amparo entienda de manera clara y precisa el procedimiento en línea; así también, para brindar a dicha ley el correcto diseño que debe contener toda norma general, el cual consiste en que contenga una estructura lógica y metódica.

Es por ello que consideramos oportuno que el legislador federal concentre las normas relativas al juicio de amparo en línea de tal manera que dote certeza y seguridad jurídica al justiciable, como así lo hizo al regular el diverso juicio en línea en materia contencioso administrativa, pues en aras de que el gobernado esté en posibilidad de utilizar esta forma de presentación del juicio constitucional, consideramos oportuno que el legislador dote de uniformidad y concentración a los dispositivos que contienen el procedimiento del mismo.

VI. CONCLUSIONES

PRIMERA. Toda ley o norma general emitida por el Poder Legislativo debe observar los elementos, principios y garantías necesarios para que brinde seguridad jurídica al destinatario de la misma.

SEGUNDA. Las disposiciones que regulan el juicio de amparo en línea no brindan seguridad jurídica al gobernado debido a que se encuentran dispersas en distintos ordenamientos, lo que se deduce en una falta de claridad, unificación y concentración.

VII. PROPUESTA

ÚNICA. Se reforme la Ley de Amparo para crear un capítulo especial que regule y concentre todas las disposiciones que norman el juicio de amparo en línea.

EL CONCUBINATO Y SU INCIDENCIA EN LOS JUZGADOS FAMILIARES EN SINALOA

Martha Lourdes Camarena Rivera[1]

I. INTRODUCCIÓN

En México se entiende al Concubinato como la unión de un hombre y una mujer, quienes libres de cualquier impedimento para celebrar el matrimonio llevan vida en común notoria, constante o continua por un tiempo de 2 años ininterrumpidos o más, sin que ninguno de los concubinos tengan otra relación u otra unión con tercera persona y de existir otra relación fuera del concubinato no se considerara como tal.

Por lo que en el presente trabajo en un primer momento se abordan algunas de las diversas definiciones y preceptos del concubinato, y en este sentido, es trascendental ir dando pauta a tales conocimientos para encontrar la verdadera esencia del concubinato, o sea, su naturaleza jurídica, lo que será materia de estudio para saber si es un hecho jurídico, un acto jurídico y una institución; continuando con el análisis al Concubinato desde el Código Familiar del Estado de Sinaloa, haciendo un examen del Concubinato tal y como existe en Sinaloa en la actualidad; enlazándolo con un estudio jurídico del Concubinato como lo es la impartición de Justicia Familiar ante los Juzgados de Primero instancia adscritos al Supremo Tribunal de Justicia del Estado de Sinaloa esto a partir del año 2013 y hasta el año 2016, con la finalidad de analizar la incidencia procesal que ha tenido este tipo de juicios no contenciosos de Concubinato en el Estado de Sinaloa.

Siendo prudente entonces, para concretar este particular, avocarnos al estudio de las diversas definiciones desde el origen etimológico, gramatical, sociológico y jurídico que algunos doctrinólogos sustentan, para poder conocer la esencia misma de la noción, lo que a continuación se aborda.

[1] Doctora en Derecho por la Universidad Autónoma de Sinaloa, Profesora e Investigadora de la Universidad Autónoma de Sinaloa, Integrante del Cuerpos Académico de Derecho Constitucional CA-184. Consolidado, Integrante del Sistema Nacional de Investigadores Nivel I. CVU 225034. *marthacamarena4@hotmail.com*

II. DEFINICIONES Y PRECEPTOS DE CONCUBINATO

En la actualidad la institución del Concubinato ha sido tratada en nuestro Código Familiar del Estado de Sinaloa de una manera descriptiva, aunque la realidad es que el legislador no le ha otorgado un concepto autónomo, lo cual en la vida diaria resulta un problema, ya que al no existir un concepto unificado de concubinato, la población suele confundirlo con figuras como la de unión libre; por tal motivo es que procedemos a estudiar las diversas nociones que desde el punto de vista etimológico, gramatical, sociológico y jurídico le han sido asignadas al término concubinato.

II.1. *Etimológico*

La etimología ha definido al concubinato diciendo que proviene del latín «*concubinatus*», que significa comunicación o trato de un hombre con su concubina. Se refiere a la cohabitación más o menos prolongada y permanente entre un hombre y una mujer solteros, hecho licito que produce efectos jurídicos. Se le considera como una de los problemas morales más importantes del Derecho Familiar[2]. En esta posición podemos señalar que la palabra concubinato se refiere a exista una comunicación o trato de un hombre con su concubina, entendiéndose a la mujer como la concubina, pero no menciona que la mujer tuviese que tener esa comunicación, así como no establece el tiempo para que se constituya el concubinato, mucho menos los requisitos que deberán tener los concubinos para la constitución del concubinato como lo es los impedimentos que se establecen en el matrimonio para poder celebrarse este.

II.2. *Gramatical*

La Gramática ha definido el concubinato como la «cohabitación de un hombre y una mujer que no están casados que conviven maritalmente»[3]. Esta acepción es cuestionable, pues señala que existe el concubinato cuando hay cohabitación de una mujer con un hombre que no estén casados; ubicándolos en el contexto en relación a la cohabitación como uno de los requisitos para su constitución sin tomar en cuenta que en relación a la cohabitación pudiera tratarse de una hermana y hermano, el tío y la sobrina, siendo que entre parientes no podría constituirse como concubinato.

[2] *Enciclopedia Jurídica Mexicana*, t. IV, 2ª. ed., Porrúa, UNAM, México, 2004.
[3] *Diccionario Enciclopédico Larousse,* México, Larousse, 2009, p. 176.

II.3. *Sociológico*

Desde el punto de vista de la sociología, nos da varias definiciones de concubinato, como

> «...costumbre que permite a un hombre tomar una o varias concubinas, la comunidad de vida y relaciones sexuales estables pero no sancionadas por el matrimonio o unión libremente constituida estable y de hecho, entre un hombre y una mujer, no sancionada por forma alguna de carácter jurídico»[4].

En relación a esta definición nos señala que la importancia de tener vida en común y tener relaciones sexuales estables, la libertad que tienen los concubinos de contraer matrimonio entre ellos. Entendiéndose está acepción como una relación de noviazgo antes de contraer matrimonio pero permitiendo las relaciones sexuales. Considero que no establece los requisitos para la constitución del concubinato y además se trata de un hecho pero no de derecho ya que si se establecen sanciones jurídicas para este tipo de conducta en nuestro país México.

II.4. *Jurídico*

Es importante conocer el significado de las palabras, de donde se deriva su significado y origen, pero es más importante para efectos de la materia, investigar y saber los diversos criterios jurídicos que los doctrinarios han realizado de dicha figura, y así poder entender los alcances jurídicos dentro de nuestra sociedad. Entre los doctrinarios jurídicos que hoy citamos se encuentra Rafael Rojina Villegas[5], quien define al concubinato como un acto jurídico donde se da una manifestación de voluntad, que se hace con la intención de producir consecuencias de derecho, las cuales son reconocidas por el ordenamiento jurídico.

Además, debe reunir las siguientes condiciones: posesión de estado de los concubinos, temporalidad o permanencia en las relaciones; publicidad que se dé al concubinato, que la unión de los concubinos no sea clandestina, fidelidad, singularidad y capacidad.

Respecto a esta definición, es criticable que se considera al concubinato un matrimonio de hecho, pues uno de los objetivos es que se reconozca al concubinato como tal, es decir, ubicarlo adecuadamente en el ámbito del derecho. Que se realice una regulación integral que permita una real protección jurídica, y no sea catalogada como una figura que pretende de alguna forma desplazar al matrimonio

[4] Pran Fairchild Henry, *Diccionario de sociología,* México, Fondo de Cultura Económica, 1986, p. 145.

[5] Véase Rojina Villegas Rafael, *Derecho mexicano.*, México, 6ª.ed., Porrúa, 1985, t. II, p. 595.

como institución dentro de la sociedad mexicana, concediéndole consecuencias de derecho y obligaciones a los concubinos, así como a los hijos, garantizando una total protección a esta forma de familia; razón por la cual no estoy de acuerdo en que se catalogue al concubinato como un matrimonio de hecho.

Eduardo Baqueiro Rojas y Rosalía Buenrostro Báez[6], señalan que el concubinato llegó a considerarse un matrimonio de rango inferior, *inaequle conjungium*, en el que no debía haber *addectio maritales*, al no requerirse formalidad alguna para constituir al matrimonio *sine manues*, distinguiéndolo en estos tiempos la intención. La *barragania,* fue la denominación que recibió en el antiguo derecho español.

Variadas son las expresiones que han sido utilizadas para identificar a la unión heterosexual concubinaria. Mencionaré algunas que señala Flavio Galván Rivera[7], por ser las más comunes y más apegadas a la realidad social y jurídica: Barragania, concubinato sin matrimonio, matrimonio de hecho, matrimonio no formalizado, matrimonio por equiparación, parejas no casadas, unión extramatrimonial, unión libre, unión de hecho, unión no matrimonial, unión conyugal libre, unión conyugal de hecho, o simple y adecuadamente concubinato sin adjetivo alguno, como se usó en el derecho romano.

Estos autores no señalan el tiempo para que se dé la conformación del concubinato; ya que debemos señalar que si no se da la temporalidad señalada por nuestra legislación civil no estamos hablando de concubinato; podemos decir que estamos hablando de una unión libre o de otra relación, pero si no se constituye con la temporalidad, que es una característica del concubinato, no se pueden generar los efectos jurídicos del concubinato.

Por su parte, Ignacio Galindo Garfias define al concubinato así:

> «… es la vida marital de un varón y una mujer solteros, sin que hayan celebrado el acto solemne del matrimonio. La vida en común prolongada y permanente, es un hecho lícito que produce efectos jurídicos. La unión sexual que existe entre un hombre y una mujer, cuando alguno de ellos o ambos son casados, constituye el delito de adulterio»[8].

Esta definición, aunque simple, resulta muy explicativa, porque se puede considerar concubinato la vida marital que como mujer y marido realizan una mujer

[6] Véase Baqueiro Rojas Edgar y Buenrostro Báez Rosalía, *Derecho de familia*, México, Oxford, 2007, p. 149.

[7] Véase Galván Rivera Flavio, El Concubinato en el Vigente Derecho Mexicano, México, Porrúa, 2003, p. 119.

[8] Galindo Garfias Ignacio, *Derecho civil, primer curso, parte general: persona y familia*, México, Porrúa, 1976, p. 503.

y un varón libres de matrimonio, lo que significa la singularidad y la libertad de matrimonio como elementos de existencia, criticando que sí existe carencia en el concepto ya que no señala otro elemento, como es la no existencia de impedimentos para contraer matrimonio entre los concubinos. Al no señalarse lo anterior, podemos decir que se permitiría el concubinato entre parientes, entre primos, entre incapaces, lo cual representa un problema social y genérico.

Así como, también, no se señala la temporalidad en cuanto a la constitución del concubinato y la terminación.

Edgard Baqueiro Rojas y Rosalía Buenrostro Báez, definen el concubinato como: «La unión libre y duradera entre un hombre y una mujer que viven y cohabitan como si estuvieran casados, y que pueden o no producir efectos legales»[9]. Estos autores omiten señalar el tiempo para su constitución, y es importante señalar que si no se da la temporalidad exigida por la ley no podemos decir que sea concubinato y estaríamos afirmando que es unión libre, ya que lo que caracteriza al concubinato es la temporalidad; si no se está dentro del tiempo requerido para que se constituya la institución del concubinato, no es concubinato, y por lo tanto no genera efectos jurídicos entre la pareja que vive en unión libre.

El *Diccionario de la Lengua Española*[10], refiriéndose al concubinato, o más precisamente a la concubina, la define así: «manceba o mujer que vive o cohabita con un hombre, como si éste fuera su marido». Es decir, el concubinato presenta, como un rango que le es característico, la convivencia, la comunidad de vida entre un hombre y una mujer, de manera similar a lo que sucede en el matrimonio; lo cual nos permite diferenciarlo de uniones sexuales accidentales, sin estabilidad, que no permitan, entonces, las situaciones de trascendencia jurídica que se originan en el concubinato.

Esta definición también es omisa a la inexistencia de impedimentos para contraer matrimonio, así como también omite la temporalidad como elemento de existencia del concubinato.

Para Chávez Asencio, concubina, del latín concubina, manceba o mujer que vive y cohabita con un hombre como si éste fuera su marido[11], concubinario, por lo tanto, según el mismo diccionario será el que tiene concubinas y, por último,

[9] Baqueiro Rojas Edgar y Buenrostro Báez Rosalía, *Derecho de familia y sucesiones,* México, Harla, 1990. p. 86.

[10] Diccionario de la lengua español, real academia española, 22ª.ed., España, 2001http://buscon.rae.es/draeI/SrvltConsulta?TIPO_BUS=3&LEMA=CONCUBINATO. Septiembre 10, 2016.

[11] Chávez Asencio Manuel, *La familia en el derecho, relaciones jurídicas, conyugales,* 3a. ed., México, Porrúa, p. 289.

concubinato del latín concubinatus, comunicación o trato de un hombre con su concubina.

Me parece acertado decir que se trata de la vida de la concubina y el concubinario como si fueran cónyuges, sin estar unidos en matrimonio, de la cohabitación o acto carnal realizado por una mujer y un hombre, únicamente la unión carnal no está legalizada, sino también a la relación de continua y larga duración existente entre la mujer y el hombre sin estar legalizado el concubinato. Sin embargo, es una comunidad de lecho.

Por su parte, Graciela Medina[12] «considera al concubinato como la unión de personas de diferentes sexos que mantienen unidad de vida similar al matrimonio.»

Del concepto anterior, podemos rescatar que la unión heterosexual considerada en nuestro derecho identificada con el nombre de concubinato, puede ser definida como la unión libre de un hombre y una mujer que sin estar unidos por el matrimonio mantienen una comunidad de habitación y de vida, de modo similar a la que existe entre los cónyuges.

Para Rafael de Pina señala en relación al concubinato «Es la unión de un hombre y una mujer, no ligados por vínculo matrimonial a ninguna otra persona, realizada voluntariamente, sin formalización legal para cumplir los fines atribuidos al matrimonio en la sociedad»[13]. La definicion que nos proporciona el autor señala algunos elementos necesarios para que se constituya el concubinato, faltándole señalar una de las características como lo es la temporalidad y la procreación; en el caso de la temporalidad se debe establecer dicha institución del concubinato, es de dos años, de conformidad con el Código Civil Federal, de no darse esta temporalidad ni la procreación, que son elementos que proporcionan certeza de la existencia de una unión estable, no estamos hablando de concubinato, sino de otra relación.

Para Sara Montero define al concubinato como

> «La unión de un solo hombre y una sola mujer que no tienen impedimento legal para casarse y que viven como si fueran marido y mujer en forma constante y permanente por un periodo mínimo de cinco años. Este plazo puede ser menor si han procreado hijos. Así como cuando una pareja no realiza la ceremonia matrimonial, pero viven juntos y procrean, desde el momento en que nace el primer hijo se convierten en concubinos y si, no obstante no han procreado hijos, han permanecidos juntos por más de cinco años, se entiende que viven en concubinato»[14].

[12] Véase Medina Graciela, *Los homosexuales y el derecho a contraer matrimonio*, Rubinzal-Culzoni. Talcahuano, Buenos Aires, 2001, p. 76.

[13] De Pina Rafael, *Elementos del derecho civil mexicano*, México, Porrúa, 1992, p. 336.

[14] Montero Sara, Derecho *de familia*, 5a. ed., México, Porrúa, 1992, p. 165.

De esta definición, podemos aclarar que en relación al Código Civil Federal, en cuanto a la temporalidad del concubinato, para constituir el concubinato tenían que haber cohabitado la concubina y el concubino por una temporalidad de cinco años como si fueran marido y mujer, por lo tanto considero que el anterior concepto debe ser más flexible en cuanto a la temporalidad, y debe ser modificado.

En relación a la definición de concubinato nos señala Edgar Elías Azar[15] que el concubinato se trata de relaciones estables similares a la del matrimonio, permanentes en el tiempo, con trascendencia jurídica, y que muchas veces se identifican por su estabilidad y solidez con el matrimonio.

El autor, en su definición, no menciona los elementos necesarios del concepto de concubinato, omite decir que debe de darse el concubinato entre un hombre y una mujer, sin impedimentos para contraer matrimonio; no señala la temporalidad de acuerdo con la legislación Federal Civil, aclarando que para la institución del concubinato es de vital importancia, ya que si no existe la temporalidad de cinco años no se puede decir que se da la institución del concubinato y su concepción es muy superficial.

El concubinato, para Augusto César Belluscio,

> «es la situación de hecho en que se encuentran dos personas de distinto sexo que hacen vida marital sin estar unidos en matrimonio, se trata pues de una unión de hecho pero estable y permanente. Quedando excluidas de su concepto las uniones transitorias de corta duración en cuanto a que las relaciones son estables pero no acompañan la cohabitación»[16].

De igual manera, la mayoría de los autores no mencionan el tiempo para que se constituya el concubinato; pero, además, considero que esta definición aunque es simple resulta muy ejemplificativa, porque si se puede considerar como concubinato la vida de dos personas de distinto sexo, solteros, esto implica la singularidad y la libertad del matrimonio; sin embargo, ha de señalarse que no deben existir entre ellos impedimentos para contraer matrimonio. De otra manera, existiría el concubinato entre parientes. Además de que no coincido con lo que señala sobre la no existencia de la cohabitación, como se pueden dar por lo tanto relaciones estables y duraderas, como lo señala la legislación civil federal vigente.

[15] Véase Elías Azar Edgar, *Personas y bienes en el derecho civil mexicano*, México, Porrúa, 1995, pp. 90-93.

[16] Véase Belluscio Augusto César, *Manual de derecho familiar*, 5a. ed., Buenos Aires, Desalma, 1993, t., II, p. 421.

El Diccionario Jurídico Mexicano[17] define al concubinato como la cohabitación más o menos prolongada y permanente entre un hombre y una mujer, solteros, hecho lícito que produce efectos jurídicos.

En la acepción anterior, podemos señalar que existen elementos característicos del concubinato para que surta los efectos jurídicos señalados, como la temporalidad, la constitución, la extinción, la existencia o no de impedimentos que no deben tener los concubinos para constituir el concubinato. No podemos hablar de la cohabitación más o menos prolongada, porque nuestra legislación civil establece el tiempo para su constitución.

El profesor y magistrado Claudio Raymundo Gámez Perea, define al concubinato «Como la unión de un hombre y una mujer con carácter permanente estable y sin impedimentos para contraer matrimonio para hacer vida en común»[18]. Esta definición también es omisa en cuanto a la temporalidad y la procreación de los hijos, que establece nuestro Código Civil Federal.

Para Gustavo A. Bossert[19] considera que el concubinato es la unión permanente entre un hombre y una mujer, que sin estar unidos por matrimonio mantienen una comunidad de habitación y de vida de modo similar a la que existe entre los cónyuges.

Los anteriores autores no mencionan el tiempo para su conformación, ya que es importante señalar que si no se da la temporalidad establecida por la ley no podemos decir que se constituido la institución del concubinato, y podemos afirmar que es una unión libre, en virtud de que lo que caracteriza al concubinato es la temporalidad y, si no, no se está dentro del tiempo señalado para que se dé dicha institución de concubinato; así como la falta de señalamiento de que los concubinos no deben tener ningún impedimento para contraer matrimonio.

La jurista Rosa María Álvarez Lara e Ingrid Brenda Sesma, señalan que el concubinato se refiere a la cohabitación más o menos prolongada y permanente entre un hombre y una mujer solteros, hecho lícito que produce efectos jurídicos. Mencionando también que son uniones de hecho, matrimonio de hecho, etc., que se han presentado con diversas denominaciones y en las variadas culturas, pero con una característica en común, que son uniones sexuales permanentes diversas al matrimonio, únicamente falta la formalidad de ley»[20]. Esta definición es omisa en

[17] Véase *Diccionario jurídico mexicano*, México, Porrúa-UNAN, 1994, p. 50.

[18] Gámez Perea Claudio Raymundo, *Derecho familiar*, México, Laguna, 2007, p. 82.

[19] Véase *A.* Bossert Gustavo*, Manual de derecho de familia*, 5a. ed., Buenos Aires, Astrea, 2001, p. 423.

[20] Álvarez Lara Rosa María y Sesma Ingrid Brenda, *Diccionario de derecho civil y de derecho familiar*, México, Porrúa-UNAM, 2004, p. 68.

cuanto a que no señala los impedimentos para contraer matrimonio, la temporalidad y la procreación, elementos esenciales para la constitución del concubinato en la legislación federal civil vigente. Y estos elementos dan certeza jurídica en la constitución del concubinato.

El Código Civil Federal, en su artículo 1635[21], no da una definición de la figura del concubinato, únicamente se limita a establecer el derecho recíproco a heredarse los concubinos, la institución del concubinato no cuenta con un apartado especial, lo encontramos dentro de las sucesiones, además establece cinco años que hayan vívido la concubina o el concubino o que hayan procreado hijos, y se encuentren libres de matrimonio; señala que debe ser una sola concubina con un solo concubino, de lo contrario no se da la existencia del concubinato.

En cuanto a la legislación Civil Federal, podemos señalar que se ha quedado en un atraso de más de cincuenta años, ya que en la mayoría de los Estados de la República el concubinato no ha sufrido cambios legislativos, en cuanto al tiempo de constitución, la temporalidad de cinco años, en la mayoría de los estados de la República cuenta con reformas con apartados especiales del concubinato, aclarando que en esta legislación que se critica la concubina o el concubino no pueden demandar alimentos durante la relación del concubinato ni después de que se cumple con el termino establecido que en algunos estado de la república mexicana son 1, 2, 3 y hasta 5 años, para que se puedan dar algunos efectos jurídicos.

III. EL CONCUBINATO EN EL CÓDIGO FAMILIAR DEL ESTADO DE SINALOA

En la actualidad en la legislación familiar a existe una ausencia de una definición legal del Concubinato, lo que se puede entender es que únicamente trata de explicar cuándo hay concubinato, así como señala las características que se deben reunir, considero que la falta de esta definición hace posibilidad que la relación de concubinato sea confundida con otras relaciones.

[21] Artículo 1635. La concubina y el concubinario tienen derecho a heredarse recíprocamente, aplicándose las disposiciones relativas a la sucesión del cónyuge, siempre que hayan vivido juntos como si fueran cónyuges durante los cinco años que precedieron inmediatamente a su muerte o cuando hayan tenido hijos en común, siempre que ambos hayan permanecido libres de matrimonio durante el concubinato. Si al morir el autor de la herencia le sobreviven varias concubinas o concubinarios en las condiciones mencionadas al principio de este artículo, ninguno de ellos heredará. http://www.cem.itesm.mx/derecho/nlegislacion/federal/2/2.htm. Septiembre 12 2007. p. 5.

III.1. *En cuanto a los requisitos que señala nuestra legislación familiar para que se constituya el concubinato*

En el Código Familiar de Sinaloa, el marco normativo que hace referencia a la institución del concubinato señala los requisitos legales para su existencia, tal y como se desprende de su artículo 165, donde se señala el tiempo que debe prolongarse la unión de la pareja; otro elemento es la diferencia de sexo de los miembros de la pareja, así como los impedimentos que no deben de existir al momento de la iniciación de la unión, durante ella y la terminación.

De la singularidad de la unión pasaremos al estudio de cada uno de los elementos que son de vital importancia para la existencia del concubinato. Por lo cual hace necesario analizar los puntos que a continuación se detallan y que harán entrada al fondo del estudio.

III.1.1. Tiempo por el cual debe prolongarse la unión

El Código Familiar para el Estado de Sinaloa[22], en la primera parte de su artículo 165, establece que la concubina y el concubinario deben vivir en común en forma constante y permanente por un periodo mínimo de dos años, que serán los que precedan inmediatamente a la generación de derechos y obligaciones que la misma ley les señala.

Y que a la letra se transcribe.

> «Artículo 165. El concubinato es la unión de un hombre y una mujer quienes, sin impedimentos legales para contraer matrimonio, hacen vida en común de manera notoria, permanente, han procreado hijos o han vivido públicamente como marido y mujer durante dos años continuos o más. (Ref. Según Decreto No. 944 de 30 de julio de 2013, publicado en el P.O No. 099 de 16 de agosto de 2013).
> El concubinato genera entre los concubinos derechos alimentarios y sucesorios, con independencia de los demás reconocidos en este Código o en otras leyes.
> No se considerará concubinato, cuando haya varias uniones de este tipo, con una misma persona.»

De lo anterior podemos concluir que se hizo una reducción al plazo de 2 años, lo cual considero va en contra de uno de los fines que persigue el concubinato que es la permanencia de la relación, lo que dará como resultado el poder determinar que la pareja es apta para la vida familiar, y que no estamos hablando de una relación pasajera y que precisamente ese ánimo de permanencia es el generador de que se le reconozcan derechos y obligaciones.

[22] Publicado en el P.O. No. 017 del 6 de febrero del 2013. Segunda Sección.

III.1.2. La procreación como alternativa para que se considere la existencia del concubinato

El artículo 166 Código Familiar del Estado de Sinaloa, señala que el transcurso de ese plazo (dos años), no es necesario cuando existan hijos.

Además de lo señalado anteriormente, en este artículo 166 también se establece que, para que nazca jurídicamente el concubinato es necesario que la unión se prolongue de manera exclusiva, pública y permanente durante dos años ininterrumpidos o desde el nacimiento del primer descendiente, si esto ocurre antes de que transcurra el plazo anterior.

No es necesario el transcurso del período mencionado cuando, reunidos los demás requisitos, tengan un hijo en común.

No es difícil interpretar el por qué el plazo no importa cuando se ha procreado un hijo, ya que la intención del legislador es la integración de la familia y siendo una de las fuentes de la familia el concubinato, es obligatorio y necesario fomentar el sano desarrollo de la misma como tal al buscar que no se desintegre.

III.1.3. Diferencia de sexo de los miembros de la pareja del concubinato

Invariablemente, para que se dé el concubinato es necesario que la unión sea entre un hombre y una mujer, esto derivado de que el efecto del concubinato es en esencia el mismo del matrimonio; por otro lado, del propio análisis del artículo 165 se desprende que al establecerla como la unión entre un solo hombre y una sola mujer libres de matrimonio, «La relación es exclusivamente entre un solo hombre y una sola mujer»[23], no hay cabida a pensar que esta relación pueda darse entre personas de un mismo sexo, posición con la cual no estoy de acuerdo.

Asimismo el concubinato tiene sus bases en el derecho romano[24], ya que precisamente uno de los requisitos exigidos para que el concubinato se diera era el llamado de unidad, que implicaba no sólo la singularidad de la unión sino la diferencia de sexo.

En el estado de México en su legislación civil en la reforma del 6 de marzo 2010, en artículo 4.4.3, define a concubinato que la letra se transcribe;

> «Se considera concubinato la relación de hechos que tiene un hombre y una mujer, sin estar casados y sin impedimentos legales para contraer matrimonio, viven juntos, haciendo una vida en común por un periodo mínimo de un año, no se requerirá para la existencia del concubinato el periodo antes señalado, cuando reunidos

[23] De la Mata Pizaña, Felipe, *Familia una jornada sobre su naturaleza, derechos y responsabilidades*, Porrúa, México, 2006, p. 149.

[24] Pettit, Eugene, Tratado *elemental del derecho romano*, Madrid, 1924, p. 110.

> los demás requisitos, se hayan procreado hijos en común. (Adicionado mediante decreto número 63 de la «LVII» Legislatura, publicado en la Gaceta de Gobierno el 6 de marzo de 2010)»

Lo anterior pone fin a la discriminación y al trato indiferenciado de las parejas del mismo sexo en el Estado de México con la reforma del artículo 4.4.3, permitiendo a las personas del mismo sexo que desean vivir en concubinato estar protegidos jurídicamente en sus derechos fundamentales, como la de formar de manera libre una familia como lo marca nuestra Constitución Política de los Estados Mexicanos.

Además que el plazo que se establece para la constitución y reconocimiento del concubinato es de un año y es uno de los Estados que es mínimo el tiempo que se podrá jurídicamente constituir para los efectos jurídicos y de darle una seguridad jurídica a los concubinos.

III.1.4. Ausencia de impedimentos para que se constituya el concubinato

Es importante señalar que el concubinato surge como una realidad social paralela al matrimonio, pero no surge como alternativa para aquellos que tengan un impedimento legal para contraer matrimonio y que por ello recurran al concubinato.

El concubinato no se contempla impedimentos legales para su constitución; sin embargo, se recurre a los impedimentos legales para contraer matrimonio, ya que el artículo165 Código Familiar del Estado de Sinaloa señala:

> «Artículo165. El concubinato es la unión de un hombre y una mujer quienes libres de matrimonio, hacen vida en común de manera notoria, permanente, han procreado hijos o han vivido públicamente como marido y mujer durante dos años continuos o más. (Ref. Según Decreto No. 944 de 30 de julio de 2013, publicado en el P.O No. 099 de 16 de agosto de 2013)».

Entendiendo por impedimentos, los hechos, circunstancias o situaciones pre-existentes que impiden la realización del matrimonio.

Para Rafael Rojina Villegas, «En su esencia el impedimento es la prohibición legal de un matrimonio por circunstancias que se refieren a las personas o a la situación de algunos de los contrayentes»[25]. Los impedimentos son una prohibición jurídica en una circunstancia objetiva. Son dos elementos los que integran el impedimento, uno es la circunstancia o hecho concreto y natural o jurídico que es la base del impedimento; el otro es la ley que sobre esa base ha establecido el impedimento formalmente considerado.

Los Impedimentos dirimentes son los que impiden la celebración del matrimonio y obligan a anularlo si es que se ha celebrado. Están previstos en del artículo

[25] Rojina Villegas, Rafael, *op. cit.*, p. 321.

57 al 235, fracción II, del Código Familiar del Estado de Sinaloa; y los impedimentos impedientes se encuentran en los artículos 157, 263, 266, 264 y 289 Código Familiar del Estado de Sinaloa.

III.1.5. Singularidad de la unión del concubinato

Entre los elementos constitutivos del concubinato, tiene que figurar la singularidad. Este concepto implica que la totalidad de los elementos que constituyen el concubinato debe darse solamente entre los dos sujetos; pero no se destruye la singularidad por el hecho de que alguno de dichos elementos se dé entre uno de los concubinos y otro sujeto, en la medida en que ello resulte posible.

Por ejemplo: la singularidad no se destruye si el concubino mantiene una momentánea relación sexual con otra mujer, o si la concubina le es infiel, en un momento dado al concubino.

Tiene gran importancia este aspecto, pues si bastara la sola circunstancia de darse uno de los elementos fuera de la pareja para destruir el concubinato, sería suficiente apuntar un hecho aislado para demostrar su inexistencia; y de este modo los sujetos o los terceros podrían utilizar una circunstancia ajena al contenido general del vínculo, para evitar los efectos que el derecho (por vía jurisprudencial o legislativamente) establece o puede establecer, como consecuencia de una relación que reviste importancia no sólo por su tiempo de duración sino también por la significación de los elementos que reúne»[26].

Por lo tanto, el elemento de singularidad lo encontramos en el artículo 165[27] del Codigo Familiar del Estado de Sinaloa, donde señala que debe ser una sola concubina y un solo concubino, asi como si existiera otra relación no se constituye el concubinato.

Esta condición singular consiste en la existencia de una sola concubina. «Desde el tiempo de Constantino se comenzó a regular este requisito y en el Bajo Imperio era condición para que el concubinato surtiera efectos, que hubiera solo una concubina»[28].

Lo señalado con anterioridad existe en la actualidad en uno de los requisitos que establece nuestra legislación familiar.

[26] Bossert, Gustavo, A. *op. cit.*, p. 43.

[27] *«Artículo 165. El concubinato es la unión de un hombre y una mujer quienes, libres de matrimonio, hacen vida en común de manera notoria, permanente, han procreado hijos o han vivido públicamente como marido y mujer durante dos años continuos o más. (Ref. Según Decreto No. 944 de 30 de julio de 2013, publicado en el P.O No. 099 de 16 de agosto de 2013).*

El concubinato genera entre los concubinos derechos alimentarios y sucesorios, con independencia de los demás reconocidos en este Código o en otras leyes.

No se considerará concubinato, cuando haya varias uniones de este tipo, con una misma persona».

[28] Rojina Villegas, Rafael, *Derecho Civil Mexicana*, México, Porrúa, 2003 p. 386.

IV. INCIDENCIAS PROCESALES DEL CONCUBINATO EN SINALOA A PARTIR DEL AÑO 2013 Y HASTA EL AÑO 2016

Con información proporcionada por el Supremo Tribunal de Justicia del Estado de Sinaloa en relación a Justicia Familiar en Primera Instancia, se muestra la incidencia procesal de los siguientes juicios no contenciosos de Jurisdicción voluntaria para acreditar el concubinato.

En el año del 2013, la actividad procesal judicial no contenciosa de jurisdicción voluntaria para acreditar Concubinato en la vía no contenciosa, se iniciaron 639 y se terminaron 525 como se demuestra en la gráfica 1.

Gráfica 1. Estadísticas de la actividad judicial no contenciosa de jurisdicción voluntaria acreditar concubinato 2013

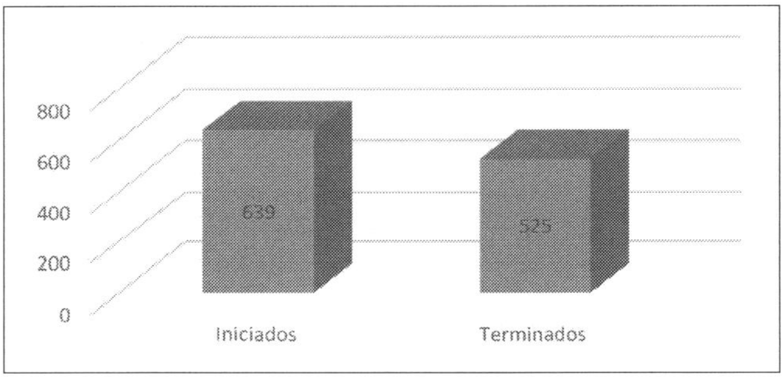

En el año del 2014, la actividad procesal judicial no contenciosa de jurisdicción voluntaria para acreditar Concubinato en la vía no contenciosa, se iniciaron 61 y se terminaron 107 como se demuestra en la gráfica 2.

Gráfica 2: Estadísticas de la actividad judicial no contenciosa de jurisdicción voluntaria acreditar concubinato 2014

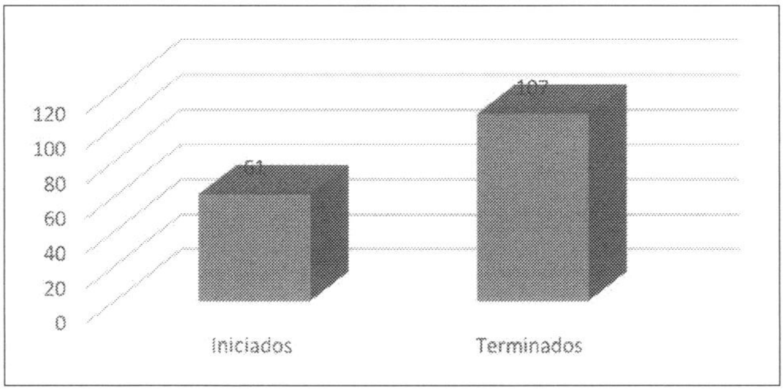

En el año del 2015, la actividad procesal judicial no contenciosa de jurisdicción voluntaria para acreditar Concubinato en la vía no contenciosa, se iniciaron 0 y se terminaron 5 como se demuestra en la gráfica 3.

Gráfica 3: Estadísticas de la actividad judicial no contenciosa de jurisdicción voluntaria acreditar concubinato 2015

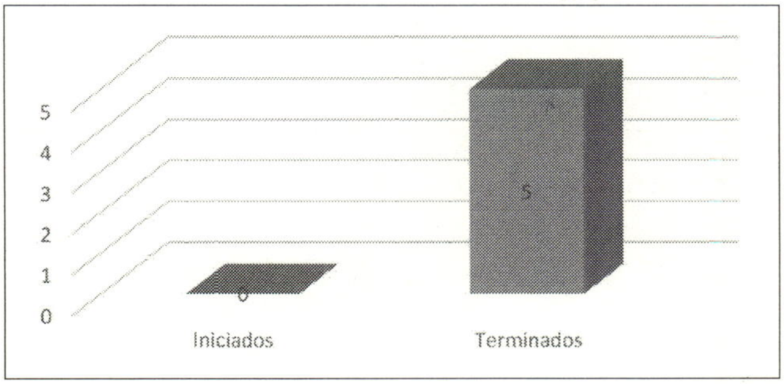

En el año del 2016, la actividad procesal judicial no contenciosa de jurisdicción voluntaria para acreditar Concubinato en la vía no contenciosa, se iniciaron 518 y se terminaron 444 como se demuestra en la gráfica 4.

Gráfica 3: Estadísticas de la actividad judicial no contenciosa de jurisdicción voluntaria acreditar concubinato 2016

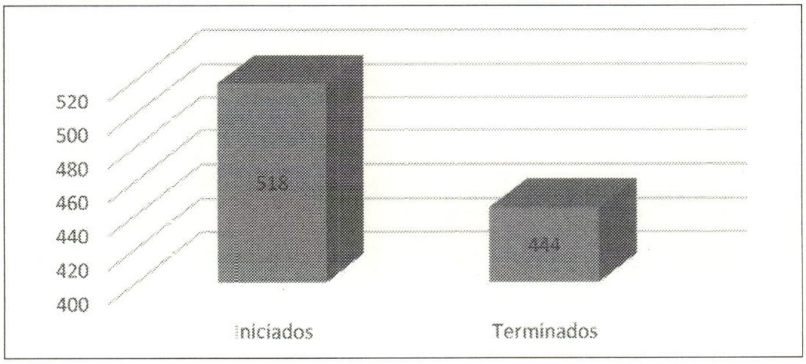

V. A MANERA CONCLUSIÓN

La figura jurídica del concubinato, radica en concederle al concubinato una adecuada regulación, donde su concepción, este debidamente entrelazada con sus elementos personales y de existencia, así como sus respectivos derechos y obligaciones. Teniendo el objeto de regular todas y cada una de sus necesidades, que presenta en el práctica, disipando las lagunas que se podían presentar en esta unión; pero con este nuevo título claro y preciso, y que regulen aspectos exclusivos para esta unión.; Ya que siempre nos remite al matrimonio.

A pesar de los grandes avances legislativos de otorgar derecho y obligaciones se pretende otorgar a los concubinos en su unión los efectos jurídicos y consecuencias jurídicas del matrimonio estado de Sinaloa, en la actualidad la legislación familiar existe una ausencia de una definición legal del Concubinato, lo que se puede entender que únicamente trata de explicar cuándo hay concubinato, así como señala las características que se deben reunir, considero que la falta de esta definición permite que la unión del concubinato sea confundida con otras relaciones.

Finalmente, a pesar de que el concubinato hace un siglo, fue considerado ilícito, hoy en día, tan digna como el matrimonio, por medio de la cual, se constituyen familias, por lo que el Derecho lo protege al otorgarle derechos y obligaciones familiares para su debido desarrollo; por tal motivo, los legisladores deberán observar las lagunas para mejorar su regulación jurídica en el Código Familiar para Sinaloa.

LOS ASPECTOS DE LA CIBERCRIMINALIDAD EN EL AMBITO INTERNACIONAL

FERNANDO CASTILLO LORA[1]
KARLA KARINA SÁNCHEZ VILLA[2]

I. INTRODUCCIÓN

La proliferación de la tecnología informática y la Internet a nivel global han sumado muchos beneficios de los que actualmente gozamos; sin embargo, estos instrumentos también son utilizados como medios u objetos para la comisión de actos que constituyen delitos, y por ende afectan bienes jurídicos fundamentales, formándose en este orden la cibercriminalidad.

En este sentido, el presente artículo de investigación, nos servirá para desarrollar tres aspectos de índole internacional que consideramos son fundamentales para contender contra este fenómeno jurídico, que ha tomado auge trasnacional por gran parte del mundo.

De esta manera, primero se aborda el tema de la cooperación legislativa a nivel internacional en materia de cibercriminalidad, analizando la importancia que adquiere la cooperación que entre los países debe existir. Consecuentemente se desarrolló la uniformidad y armonía en las legislaciones donde ya existe la tipificación de las conductas en contra de este fenómeno; por último, se describió el trabajo que ha realizado la INTERPOL al crear una policía cibernética con enfoque internacional para eludir a la delincuencia informática.

[1] Doctor en Derecho, profesor e investigador de tiempo completo. Adscrito a la Facultad de Derecho de la Universidad Autónoma de Sinaloa, Unidad Culiacán, Coordinador de la Maestría en Juicios Orales con énfasis en derecho penal, actual Secretario Académico de la Facultad de Derecho Culiacán en la Universidad Autónoma de Sinaloa y miembro del Grupo Disciplinario «Metodología de la investigación y Filosofía del Derecho» de la Facultad de Derecho de Mazatlán-UAS.

[2] Licenciada en Derecho por la Facultad de Derecho Culiacán de la Universidad Autónoma de Sinaloa y alumna de la Maestría en Ciencias del Derecho en la Unidad Estudios de Posgrados de la Facultad de Derecho Culiacán de la Universidad Autónoma de Sinaloa, adscrita al Programa Nacional de Posgrados de Calidad de CONACYT.

Cabe mencionar que este artículo de investigación se elaboró con la ayuda de los métodos exegético, sistemático y sociológico; utilizándose fuentes documentales de autores como: Romeo Casabona, Hernández García Joel, Nava Garcés, Hidalgo Banilla, entre otros; y sitios de la Internet de la página oficial de la INTERPOL.

II. LA COOPERACIÓN INTERNACIONAL LEGISLATIVA EN MATERIA DE CIBERCRIMINALIDAD

La cooperación de los Estados en el ámbito del derecho internacional con respecto al fenómeno de la cibercriminalidad o cibercrimen, desempeña un papel muy importante para su prevención y el combate del mismo; bajo esa premisa explicaremos su importancia y cuáles son los alcances que esta misma tiene, para ello, es preciso definir primeramente qué se entiende por cibercrimen.

A su vez, Romeo Casabona expresa:

> El cibercrimen se define como un conjunto de conductas relativas al acceso, apropiación, intercambio y puesta a disposición de información en redes telemáticas, las cuales constituyen en su entorno comisivo, perpetradas sin el consentimiento o autorización exigibles o utilizando información de contenido ilícito, pudiendo afectar bienes jurídicos diversos de naturaleza individual o supraindividual[3].

Conforme a la definición anterior que nos expone Romeo Casabona, podemos referir en nuestras palabras que: la cibercriminalidad se conforma por diferentes conductas antijurídicas de la informática, las cuales son el acceso, apropiación, intercambio y la puesta a disposición de información no autorizada en redes telemáticas, sin que en ellas se incluyan otros comportamiento no descritos, pero que igual causan daños.

Las conductas anteriores se comisionan con las modalidades de sabotaje informático, virus informáticos, modificación de datos, el acceso no autorizado a equipos y sistemas informáticos, los gusanos informáticos, las bombas lógicas, la manipulación informática, el *hacking* y el *cracking*, los mismos dañan a la información contenida en los sistemas y equipos informáticos.

Entendido de esta manera, los efectos de la cibercriminalidad recaen en bienes jurídicos muy particulares de las personas, tales como la privacidad; la intimidad de las personas; y el patrimonio (con las modalidades de daño y fraude informático), afectando a la información de los medios informáticos.

[3] Romeo Casabona, Carlos María, «De los delitos informáticos al crimen, Una aproximación conceptual y político-criminal», en Romeo Casabona, Carlos María (coord.), *El cibercrimen nuevos retos jurídico-penales, nuevas respuestas político-criminales*, Editorial Colmares, España, 2006, p.9.

La ley penal en su función protectora, procura garantizar la tutela de ciertos bienes, sin embargo, el imperio de su vigencia y bajo el principio de intervención mínima, existen ciertos bienes que la realidad ha rebasado, y algunos de estos no se han contemplado bajo su tutela. Tal es el caso de los delitos cibernéticos en donde aún existe un desconocimiento de su magnitud.

Los bienes jurídicos que abarcan la esfera de la Web, se ven afectados por la comisión de estas conductas que son comúnmente denominadas como ciberdelitos. Y como bien es sabido, con los alcances de la globalización de la informática y de la Internet estos delitos se caracterizan por ser transnacionales. Hay una resultante por un comportamiento, y también un desconocimiento de cómo abordarlo, y de cómo también prevenirlo.

De hecho, hay una gran gama de hipótesis de transnacionalidad que posibilitan la comisión de delitos, y sólo a través de la cooperación internacional los Estados pueden combatirlos. Por su parte, el delito cibernético es un delito que tiene ese elemento de transnacionalidad dentro de su propia naturaleza y que justifica su tratamiento internacional[4].

En este sentido, la ciberdelincuencia como fenómeno social deben ser considerados importantes para la comunidad internacional, porque como ya se mencionó anteriormente, adquieren la característica de ser delitos trasnacionales afectando en diversas direcciones territoriales; la tecnología en esta modalidad ha derribado barreras, es decir, la evolución de la Internet y su uso, ha traspasado fronteras territoriales de un Estado a otro.

Hoy en día es muy común que un delito se planee dentro del territorio de un Estado, se desarrolle en el territorio de otro Estado, tenga consecuencias en el territorio de un tercer Estado, sus autores sean de distinta nacionalidad, las víctimas del delito tengan a su vez otra nacionalidad[5].

En efecto, debido a la globalización de los sistemas informáticos y de la Internet, los ciberdelitos se ejecutan por cualquier parte del mundo, lo que provoca que se afecte la esfera jurídica de cada Estado en donde se actué, por ello, se requiere de una cooperación internacional efectiva.

En cada Estado en donde se efectué la comisión de un ciberdelito (ya sea en territorio o por nacionalidades de sus actores) debe formar parte de la comunidad internacional intensificando fuerzas en contra del fenómeno de la cibercriminalidad. De esta manera, consideramos que una forma de mejorar la cooperación

[4] Hernández García, Joel, «Cómo examinar el problema del crimen cibernético a nivel internacional» en Comisión Nacional de los Derechos Humanos, *Avances tecnológicos de los Derechos Humanos, fascículo 4,* México, Comisión Nacional de los Derechos Humanos, 2004, p. 62.

[5] *Idem.*

internacional entre los países es que estos mismos ratifiquen instrumentos internacionales tales como pactos, acuerdos y tratados internacionales concernientes a este rubro.

En el contexto internacional, algunos países cuentan con una legislación que contempla específicamente los llamados delitos informáticos, entre los que se encuentran Alemania, Austria, Chile, España, Estados Unidos, Francia, Gran Bretaña, Holanda, Italia, y Venezuela[6].

Como refiere Villa Escobosa, estos países están contribuyendo con la cooperación internacional al legislar las conductas antijurídicas que se desprenden de la informática como tipos penales en su cuerpo de leyes, lo que provoca un avance para contrarrestar al fenómeno de la cibercriminalidad.

Por su parte, Nava Garcés expresa:

> Resulta indispensable, establecer la cooperación internacional como uno de los puntos de solución, más aún tomando en cuenta que, el que no participa conjuntamente significa un riesgo. Debe incluirse dada su potencialidad, a los delitos cometidos a través y con el uso de las nuevas tecnologías en la agenda internacional, de tal manera que el combate del crimen informático sea eficaz[7].

Para afrontar el problema de la cibercriminalidad en el contexto internacional, es muy importante que todos los Estados cuenten con una legislación aplicable a este tipo de conductas antijurídicas en las que se usa a la informática y a la Internet como objetos o medios para lesionar bienes jurídicos.

En el mismo sentido, la ONU en sus Congresos Internacionales sobre la Prevención del Delito y Justicia Penal, promueve recomendaciones para que todos los países miembros regulen estas conductas en su ordenamiento jurídico, con la finalidad de intensificar las acciones de la comunidad internacional, y evitar la ausencia de leyes penales aplicables a la ciberdelincuencia.

A lo anterior, se le ha denominado como «paraísos para los delitos informáticos», es decir, territorios desde los cuales se podrían ejecutar algunas de tales conductas sin temor a recibir sanción penal, puesto que los ordenamientos penales vigentes de dichos lugares no las consideran como delictivas[8].

Asimismo, como plantea Galán Muñoz todos los Estados deben de seguir el camino de buscar la seguridad de sus naciones, y la mejor manera es prestándose

[6] Villa Escobosa, Jaime, *«Los delitos informáticos»*, en Durán Díaz, Oscar Jorge (coord.), *Derecho y medios electrónicos, temas selectos,* México, Porrúa, 2012, p. 252.

[7] Nava Garcés, Alberto Enrique, *Análisis de los delitos informáticos,* 2a. ed., Porrúa, México, 2007, p. 140.

[8] Galán Muñoz, Alfonso, *El fraude y la estafa mediante sistemas informáticos análisis del artículo 248.2 del C.P.,* Tirant lo Blanch, España, 2005, p. 42.

a los principios e indicaciones que ofrece la cooperación internacional y demás Organismos Internacionales, porque de no ser así se pone en riesgo los bienes jurídicos de la comunidad internacional.

III. UNIFORMIDAD Y ARMONIA LEGISLATIVA DE LOS CIBERDELITOS

Conforme a lo anteriormente expuesto, se pueden ver los aspectos más trascendentales de la cooperación internacional en materia de cibercriminalidad, dicho de esta forma, ahora platearemos un tema que es primordial para mejorar las legislaciones que regulan a la cibercriminalidad o a los ciberdelitos.

Los países que conforman la comunidad internacional tienen una gran diversidad de leyes y de ordenamientos jurídicos, lo que provoca una variación y confusión en los tipos penales, conducta ilícita, supuestos de hechos, bienes jurídicos protegidos reconocidos por el Estado, sujetos del delito e inclusive en la consecuencia jurídica.

Por ello, es importante que los Estados cuenten con una legislación que contemple las conductas típicas, pero sobre todo, que dicha legislación sea acorde a la del otro país donde también se es participe por los efectos de la transnacionalidad del ciberdelito, y de esta manera evitar atipicidades que puedan surgir y hacer las leyes de la comunidad internacional más armoniosas entre sí.

Estos países que ya han tipificado a los ciberdelitos forman parte de la cooperación internacional, en ese sentido, que se contemplen estas figuras en sus leyes no es suficiente, pues lo que se requiere es que todas ellas cuenten con una uniformidad y armonía legislativa; para ello, se debe recurrir del derecho penal internacional, en el plano que este mismo, se ocupa de dirigir las normas comprendidas por el Derecho Internacional estableciendo la responsabilidad penal a los autores de estos delitos, además también dirigir su prevención.

Joel Hernández García nos dice que, ésta es una rama del Derecho Internacional que ha cobrado una gran vigencia desde el momento en que la comunidad internacional decidió cooperar para combatir distintas conductas ilícitas dentro de las cuales debemos incluir desde luego a los delitos cibernéticos[9]

Si bien, hablamos de la falta de uniformidad y armonía legislativa entre países conforme a las leyes en donde se contemplan a los delitos informáticos, asimismo, consideramos que el Derecho Penal Internacional debe de comprometerse en resolver esta misma problemática.

[9] Hernández García, Joel, «Cómo examinar el problema del crimen cibernético a nivel internacional» *op. cit.*, p. 61.

> La problemática que se observa a nivel internacional tiene varios frentes y vertientes: falta de definición en las diversas leyes de lo que es la conducta delictiva; falta de uniformidad entre los ordenamientos jurídicos de los distintos países al referirse a estas conductas; deficiente cooperación internacional entre países[10].

En consecuencia, para mejorar las legislaciones referentes a los ciberdelitos, los países deberán de cooperar internacionalmente, legislando de forma clara y precisa las conductas de ciberdelincuencia para así llenar los vacíos u omisiones legislativas existentes, pero sobre todo, que se realicen en el menor tiempo posible.

Asimismo, es muy importante precisar acorde al principio de legalidad, que los tipos penales deben de estar bien asentados en la ley, siendo estos claros y precisos con el objeto de evitar atipicidades, por ello se requiere de la cooperación internacional entre países para que se subsanen este tipo de omisiones.

La uniformidad en las legislaciones mejorará esta cooperación y garantizará que se cumpla con la exigencia de la doble incriminación (según la cual una actividad debe constituir un delito en los dos países en cuestión, para que estos colaboren a nivel judicial en el marco de la investigación penal)[11].

Como nos dice Hidalgo Banilla,

> Al tipificarse estas conductas como delito en diversos países, se abre el camino de criminalizar al responsable del delito dentro de su territorio, y con esto, también se coopera internacionalmente con otros países, al establecerse las disposiciones pertinentes a la figura de la extradición, por ello, es muy importante contar con leyes uniformes y armoniosas.

De igual manera, al homologar las legislaciones de los países en cuestión a los ciberdelitos, se contribuye a mejorar las legislaciones de este tipo penal en beneficio de la sociedad internacional, pues con ello, se busca frenar el cibercrimen.

IV. LA POLICÍA CIBERNÉTICA INTERNACIONAL

La INTERPOL es el organismo a nivel internacional encargado de coadyuvar con las tareas policiales de los países, actuando estratégicamente ante amenazas de delitos que puedan organizar graves daños a un grupo de países como tal es el caso de la cibercriminalidad.

[10] Villa Escobosa, Jaime, «*Los delitos informáticos*», en Durán Díaz, Oscar Jorge (coord.), *op. cit.*, p. 241.

[11] Hidalgo Banilla, Antonio, *Derecho informático,* Flores editor y distribuidor, México, 2013, pp. 189 y 190.

> Asimismo, la INTERPOL expone que el cibercrimen es un área de crímenes de rápido crecimiento. Cada vez más delincuentes están explotando la velocidad, la comodidad y el anonimato de la Internet para cometer una amplia gama de actividades delictivas que no conocen fronteras, ya sean físicas o virtuales, causan daños graves y representan amenazas muy reales para las víctimas en todo el mundo[12].

Conforme a la preocupación de la cibercriminalidad que rodea al mundo, la INTERPOL ha creado un departamento especializado en delincuencia informática, el mismo se encuentra conformado por un grupo de expertos en esta rama encargados de cooperar internacionalmente.

> INTERPOL está comprometido con la lucha mundial contra del cibercrimen y los delitos cibernéticos. La mayoría de los delitos cibernéticos son de naturaleza transnacional, por lo tanto, INTERPOL, es el socio natural de cualquier agencia de aplicación de la ley que desee investigar estos tipos de delitos a nivel cooperativo. Al trabajar con la industria privada, INTERPOL puede proporcionar a la policía local inteligencia cibernética enfocada derivada de la combinación de insumos a escala global[13].

Como refiere la INTERPOL, al ser la ciberdelincuencia de carácter transnacional (como ya se ha mencionado puntos anteriores) se requiere de la ayuda de este organismo para la investigación y el análisis forense del ciberdelito, cuando este mismo alcanza niveles que superan la inteligencia de las policías locales de los países.

> En suma, la INTERPOL lleva acabo una variedad de actividades para apoyar a los países miembros en la lucha en contra del delito cibernético. Se ofrece el apoyo para las investigaciones de delitos cibernéticos, se trabaja en desarrollar nuevas tecnologías innovadoras, se ayuda a los países a explotar la evidencia digital, se realizan sesiones de capacitación y se ayuda a los países a revisar sus capacidades de cibercompetencia[14].

Conforme a lo anterior se considera que las actividades realizadas por este organismo internacional son de gran ayuda para los países, más aún para aquellos en donde no se cuenta con una policía cibernética, o bien, si la tiene, no cuenta con el personal o el equipo especializado para llevar a cabo esta labor.

Muchos Estados ya han creado dependencias de delitos informáticos e inclusive han preparado diversos manuales con instrucciones técnicas, forenses y de

12 https://www.interpol.int/es/Crime-areas/Cybercrime/Cybercrime

13 https://www.interpol.int/es/Crime-areas/Cybercrime/Cybercrime

14 https://www.interpol.int/es/Crime-areas/Cybercrime/Activities/Operations-investigations

procedimiento sobre la manera de llevar a cabo una investigación para reducir la pérdida de pruebas y garantizan la admisibilidad de estas ante los tribunales[15].

Países como España, Reino Unido, Francia, Alemania, Perú, Colombia, Chile, Estados Unidos y México (por mencionar algunos,) se han propuesto la tarea de crear organismos punitivos especializados en investigar y actuar en contra del fenómeno presente de la cibercriminalidad (entendidas estos mismos como policías cibernéticas) que es difícil de investigar.

Por consiguiente, Pedro Palazzi nos dice que:

> El delito informático es más difícil de investigar que el delito tradicional porque es novedoso, escapa los cañones tradicionales, los cuerpos policiales y tribunalicios no están preparados para investigar y detectar técnicas novedosas y el propio delito suele no dejar rastros, en el ambiente digital no quedan huellas a simple vista[16].

La forma en la que actúan los ciberdelincuentes es con la finalidad de no ser localizados, por lo que operan con sistemas electrónicos que contienen una tasa muy alta de seguridad informática, lo que a la vez les permite no dejar rastros y esconder sus rostros detrás de los ordenadores, por ello es bueno la ayuda que brinda la INTERPOL al investigar este tipo de delitos a nivel internacional.

El no dejar rastro alguno es una característica de esta criminalidad. El delincuente informático hace dos cosas antes de dejar la escena del crimen: la primera, es eliminar todos los archivos que ha usado, la segunda, es modificar los archivos de movimiento y actividades, y borrar todos los signos de entrada[17].

Así pues, podemos ver que el ciberdelincuente es una persona astuta con mucha pericia en los sistemas y equipos informáticos, es por ello, que este delito es difícil de investigar, lo que conlleva que los bienes jurídicos de las víctimas no se reparen si no se encuentra al responsable.

El anonimato que brindan los delitos informáticos provoca a la víctima la sensación de que la justicia penal no podrá dar con el responsable del ataque en su contra, asimismo siente que se enfrenta a un ser «invisible» frente a cuyos ataques solo queda resignarse, por lo que pocas veces denuncia los hechos[18].

Asimismo, planteamos una cuestión ¿Qué es lo que hace que la ciberdelincuencia sea difícil de investigar? La respuestas son muy fáciles, primera: al ser un delito especial, es decir, no cualquier persona lo puede cometer, es también un delito difícil perseguir, pues no cualquier organismo público punitivo lo puede

[15] Rivas Mayett, Diana, *Cibercriminalidad en México,* Servicio express de impresión, México, 2012, p. 121.

[16] Palazzi, Pablo Andrés, *Delitos informáticos,* AD-HOC Buenos Aires, *Argentina,* 2000, p. 70.

[17] Rivas Mayett, Diana, *op. cit.,* p. 104.

[18] *Ibídem,* p.30.

hacer, para esto se necesitan de policías cibernéticas, con personal especializado en equipos informáticos, sistemas informáticos y en Redes;

Y la segunda respuesta es que al ser estas conductas mayormente cometidas con la ayuda de la Internet forman a ser interestatales, es decir, se pueden cometer en un país y pueden tener efectos en otro (si así se desea, o si así se requiere para lograr el objetivo), un aspecto que ayuda a que la cibercriminalidad sea difícil de investigar es que no en todos los países cuentan con policías cibernéticas, por lo que, o no se investiga (y si se investiga no se hace de la manera adecuada por falta de conocimientos y pericia en la rama de la informática), o bien otra situación puede ser que pierda el rastro al ciberdelincuente al pasar su ubicación de un Estado a otro.

> El laboratorio de análisis forense digital de INTERPOL ayuda a los países a mejorar su capacidad para detectar y utilizar pruebas digitales como parte de su trabajo cotidiano. Trabajando con expertos de las comunidades públicas, privadas y académicas ofrece apoyo que incluye: análisis de malware, asistencia para garantizar un examen forense adecuado, prueba de herramientas forenses, entrenamiento en la utilización de herramientas y técnicas forenses digitales y los expertos forenses pueden ser enviados a petición de un país miembro para proporcionar asistencia en el sitio durante las investigaciones[19].

Dicho de esta manera, la labor que realiza el grupo de ciberdelincuencia de la INTERPOL es clave fundamental para contrarrestar a estos actos antijurídicos, al brindar apoyo asistencial a países que lo necesiten; asimismo, si las policías cibernéticas de los Estados y la INTERPOL siguen trabajando juntos se podrá disminuir la cibercriminalidad.

V. CONCLUSIÓN

Tomando en cuenta lo anteriormente analizado, podemos inferir acorde a la cibercriminalidad, que si los países no cooperan internacionalmente por su falta de compromiso en tipificar con adecuados tipos penales todas las conductas antijurídicas que van ligadas a la informática, la Internet, redes telemáticas, y demás medios tecnológicos se quedarán sin responsabilidad penal muchos actos antijurídicos.

De la misma manera, consideramos que es de suma importancia que los Estados muestren un apego hacia la Unidad Especializada contra los Ciberdelitos de la INTERPOL, en la ayuda de la investigación e informática forense debido al carácter trasnacional que tiene el fenómeno de la cibercriminalidad.

19 https://www.interpol.int/es/Crime-areas/Cybercrime/Activities/Digital-forensics

REFLEXIÓN CRÍTICA SOBRE LA FISCALIDAD AMBIENTAL COMO INSTRUMENTO DE PROTECCIÓN DEL MEDIO NATURAL

José Antonio Chamorro y Zarza[1]

I. INTRODUCCIÓN

El menoscabo del entorno natural ha generado en los últimos años una creciente preocupación en la sociedad, surgiendo una conciencia colectiva[2] acerca de la necesidad de proteger el medio natural como modo de supervivencia del propio ser humano[3]. Esta preocupación, asumida también por los poderes públicos, ha acabado por reflejarse en los ordenamientos jurídicos de diferentes ámbitos, hasta el punto de que en algunos casos se ha configurado el disfrute de un ambiente natural sano como un derecho de los ciudadanos. Bajo esta tendencia, las Constituciones de varios países han incorporado en sus textos este derecho y, de forma más generalizada, la mención expresa a la protección del medio ambiente[4].

La protección del medio ambiente no es, sin embargo, exclusiva de los ordenamientos nacionales puesto que también está presente en la normativa internacional,

1 *Profesor de Derecho Financiero y Tributario, Universidad de Salamanca*

2 Para el 96 % de los europeos la protección del medio natural es importante y las dos terceras partes de este grupo la califican como muy importante, de acuerdo con las conclusiones del *Eurobarómetro Especial* nº 295/2008 *Actitudes de los ciudadanos hacia el medio ambiente.* (Puede consultarse en: http://ec.europa.eu/public_opinion/archives/ebs/ebs_295_en.pdf).

3 En la Conferencia de las Naciones Unidas sobre el Medio Humano, celebrada en Estocolmo en 1972, ya se pusieron de manifiesto la necesidad de un desarrollo económico equilibrado, de un correlativo desarrollo social y de la protección del medio natural como garantía de los anteriores. Vid. al respecto la *Declaración de la Conferencia de las Naciones Unidas sobre el Medio Humano* a la que se puede acceder en la dirección http://www.pnuma.org/docamb/mh1972.php.

4 Vid., por ejemplo, y entre otras, las Constituciones de España (art. 45), Finlandia (art. 20), Países Bajos (art. 21), Portugal (art. 66), Grecia (art. 24), Serbia (art. 74), Rusia (art. 42) o, en el ámbito americano, Argentina (art. 41), Brasil (art. 225), Colombia (art. 79), Chile (art. 19), Perú (art. 2) y Venezuela (art. 127).

tanto de ámbito universal[5] como regional. Circunscribiendo la referencia a este último y, más en concreto, al espacio europeo, el art. 3.3 del Tratado de la Unión Europea (TUE) señala, entre otras cosas, que la Unión trabajará a favor de *un nivel elevado de protección y mejora de la calidad del medio ambiente*[6]. A este respecto, debe tenerse en cuenta que la Unión Europea comparte competencias con los Estados miembros[7] en la materia de «*medio ambiente*», una circunstancia que se refleja en el Título XX del TUE donde se regula la política de esta entidad supranacional en la citada materia y señala como uno de sus objetivos «la conservación, la protección y la mejora de la calidad del medio ambiente» junto a la «protección de la salud de las personas» (art. 191.1)[8].

Asumida, por tanto, la necesidad de protección del medio ambiente, esta tarea se llevará a cabo a través de los instrumentos de los que dota el ordenamiento jurídico a los poderes públicos implicados en esta preservación. Entre estos instrumentos, la fiscalidad ha adquirido una importancia progresiva, pasando a formar parte del núcleo de las discusiones en las políticas de protección del medio natural. Ahora bien, el empleo del Derecho tributario o, si se quiere, de *medios fiscales*, con la finalidad de proteger el medio ambiente, ha de ser contextualizado y, aunque ha sido acogido positivamente de forma generalizada, no debe estar exento de un análisis crítico, por lo menos en sus aspectos más panorámicos. Este es justamente el objeto de este breve trabajo, al que se dedican las siguientes líneas.

[5] Vid. Convención Marco de las Naciones Unidas sobre el Cambio Climático (Nueva York 1992), Conferencia de las Naciones Unidas sobre el Medio Ambiente y el Desarrollo (Río de Janeiro 1992) o la Declaración de Johannesburgo sobre el Desarrollo Sostenible (2002).

[6] En concreto el contenido del precepto es el siguiente:

Art. 3: «*3. La Unión establecerá un mercado interior. Obrará en pro del desarrollo sostenible de Europa basado en un crecimiento económico equilibrado y en la estabilidad de los precios, en una economía social de mercado altamente competitiva, tendente al pleno empleo y al progreso social, y en un nivel elevado de protección y mejora de la calidad del medio ambiente. Asimismo, promoverá el progreso científico y técnico.*»

[7] Así lo establece el apartado e) del art. 4.2 del Tratado de Funcionamiento de la Unión Europea:

Art. 4: «*2. Las competencias compartidas entre la Unión y los Estados miembros se aplicarán a los siguientes ámbitos principales:* (...)

e. el medio ambiente; (...).»

[8] Vid. también el art. 37 de la *Carta de los Derechos Fundamentales de la Unión Europea*, cuyo tenor es el siguiente: «*En las políticas de la Unión se integrarán y garantizarán, conforme al principio de desarrollo sostenible, un nivel elevado de protección del medio ambiente y la mejora de su calidad.*»

II. LA PROTECCIÓN DEL MEDIO NATURAL EN ESPAÑA: UN MANDATO CONSTITUCIONAL A LOS PODERES PÚBLICOS

La Constitución española (CE) reconoce en su art. 45.1 *el derecho a disfrutar de un medio ambiente adecuado para el desarrollo de la persona*, estableciendo un correlativo *deber de conservarlo.* Esta proclamación se completa con los apartados subsiguientes en los que se ordena a los poderes públicos

> «velar por la utilización racional de todos los recursos naturales, con el fin de proteger y mejorar la calidad de la vida y defender y restaurar el medio ambiente, apoyándose en la indispensable solidaridad colectiva» (apartado 2),

y se prevé la imposición de sanciones y la obligación de reparar el daño causado para quienes violen lo dispuesto en el apartado anterior, unas sanciones que podrán ser de orden penal y siempre de acuerdo a lo que prescriba una ley (apartado 3).

En consecuencia, el hecho de que la CE asigne a los *poderes públicos*, sin distinción, el deber de custodia y defensa del medio natural, hace que adquiera un papel relevante el reparto competencial que realiza la propia norma constitucional en la materia. Serán, así, los artículos 149.1.23ª y 148.1.9ª los que establezcan respectivamente las facultades que corresponderán al Estado y a las Comunidades Autónomas (CCAA) con relación al medio ambiente. Por lo que atañe al Estado, el precepto citado le asigna la competencia exclusiva para dictar «*la legislación básica sobre protección del medio ambiente, sin perjuicio de las facultades de las Comunidades Autónomas de establecer normas adicionales de protección*»; las CCAA, por su parte, podrán asumir la competencia de «*gestión en materia de protección del medio ambiente*» (art. 148.1.9ª), además de aprobar normas adicionales de protección del medio ambiente, tal como señala el artículo anterior.

Con independencia de lo indicado, hay competencias sobre otras materias que también van a tener incidencia de una u otra forma sobre el medio ambiente: tal ocurre con las competencias estatales para fijar las «*bases y la coordinación de la planificación general de la actividad económica*» (art. 149.1.13ª CE) [9] y las «*bases del régimen minero y energético*» (art. 149.1.25ª CE)[10] o las competencias autonómicas sobre «*ordenación del territorio, urbanismo y vivienda*» (art. 148.1. 3.ª)[11].

Las reglas de distribución competencial indicadas tienen su reflejo, además, en los Estatutos de Autonomía (EAut), unas normas que mencionan de forma expresa la asunción por las CCAA de las competencias de *protección del medio ambiente*[12]

[9] Vid. STC 15/2018

[10] Vid. SSTC 136/2009; 33/2014 o 15/2018

[11] Vid. SSTC 306/2000 o 65/2018

[12] Vid. art. 57.3 del EAut Andalucía; art. 75.3ª del EAut Aragón; art. 31.46 del EAut Islas Baleares; art. 70.1.35º y 71.1.7º del EAut Castilla y León; art. 144 del EAut Cataluña; art. 9.1.33

y, en estrecha conexión con ésta, de *ordenación del territorio*, relacionándola en algunos casos, como el de Andalucía, a la protección ambiental[13].

La Administración local, y en especial el municipio, constituye el último nivel de poder territorial que integra la referencia genérica a los *poderes públicos* del artículo 45.1 de la CE. La *Ley 7/1985, de 2 de abril, Reguladora de las Bases del Régimen Local,* una ley estatal, es la que determina las competencias de estas Administraciones, entre las cuales se reconoce su intervención en la protección del medio ambiente en los siguientes términos:

> «Artículo 25: 2. El Municipio ejercerá en todo caso como competencias propias, en los términos de la legislación del Estado y de las Comunidades Autónomas, en las siguientes materias:
> b) Medio ambiente urbano: en particular, parques y jardines públicos, gestión de los residuos sólidos urbanos y protección contra la contaminación acústica, lumínica y atmosférica en las zonas urbanas.»

En fin, junto a esta norma, la misma Ley contempla la posibilidad de que el Estado y las CCAA deleguen en los municipios la competencia de *protección del medio natural* como una fórmula de racionalización administrativa[14].

Una vez determinado el reparto competencial en la materia de protección del medio ambiente, seguidamente se fijará la atención en el núcleo del trabajo, esto es, en el papel que desempeña el tributo como instrumento de protección medioambiental, los términos en los que puede ser entendida la *fiscalidad ambiental* y, en fin, se concluirá con una valoración crítica de la utilización de los tributos con esta finalidad protectora del medio ambiente.

---

del EAut Extremadura; art. 50.6 del EAut Comunidad Valenciana o el art. 153.2 del EAut Canarias.

Además de las aludidas, hay otro grupo de CCAA que no han reformado sus Estatutos y, por tanto, se limitan a asumir la competencia de protección del medio natural en los términos del art. 149.1.23ª CE. Así pueden citarse, por ejemplo, el art. 25.7 del EAut Cantabria; el art. 27.30 del EAut Galicia; el art. 11.5 del EAut Principado de Asturias; el art. 11.1 a) del EAut País Vasco o el art. 11.3 del EAut Región de Murcia.

13 Art. 56.5 del EAut Andalucía.

14 Art. 27: «*3. Con el objeto de evitar duplicidades administrativas, mejorar la transparencia de los servicios públicos y el servicio a la ciudadanía y, en general, contribuir a los procesos de racionalización administrativa, generando un ahorro neto de recursos, la Administración del Estado y las de las Comunidades Autónomas podrán delegar, siguiendo criterios homogéneos, entre otras, las siguientes competencias:*

b) Protección del medio natural.»

III. EL TRIBUTO COMO INSTRUMENTO DE PROTECCIÓN DEL MEDIO NATURAL

El fin esencial de los tributos es obtener recursos económicos para hacer frente a los gastos públicos, un principio que no impide reconocer que los tributos son empleados igualmente, desde hace décadas, con finalidades distintas a las recaudatorias[15], es decir, para otros fines no fiscales o, si se quiere, *extrafiscales*.

El fundamento de esta función extrafiscal de los tributos se halla, de manera expresa, en la normativa tributaria, y de manera implícita, en la propia CE[16]. En efecto, la utilización de los tributos para fines no fiscales o extrafiscales ya figuraba hace medio siglo en el ordenamiento tributario español[17], y en la actualidad se contempla en la vigente *Ley 58/2003, de 17 de diciembre, General Tributaria,* concretamente en el párrafo segundo de su art. 2.1 en el que se indica que «los tributos, además de ser medios para obtener los recursos necesarios para el sostenimiento de los gastos públicos, *podrán servir como instrumentos de la política económica general y atender a la realización de los principios y fines contenidos en la Constitución*»[18].

Por su parte, la CE no establece nada acerca de la utilización de los tributos con fines extrafiscales, sin embargo esta posibilidad es admitida por el Tribunal Constitucional al señalar que

> «la función extrafiscal del sistema tributario estatal no aparece explícitamente reconocida en la Constitución, pero dicha función puede derivarse directamente de aquellos preceptos constitucionales en los que se establecen principios rectores de política social y económica (señaladamente, arts. 40.1 y 130.1), dado que tanto el sistema tributario en su conjunto como cada figura tributaria concreta forman

[15] Vid. por todos Tipke, K. (1977) quien afirma que «el moderno Derecho Tributario está concebido con una doble finalidad, ya que no sirve exclusivamente a la obtención de recursos, sino que, al mismo tiempo, persigue dirigir la economía y la redistribución de las rentas y de los patrimonios.» («La Ordenanza Tributaria alemana de 1.977», *Revista Española de Derecho Financiero* nº14, p.360).

[16] En el mismo sentido Checa González, C.: «El Impuesto sobre Tierras Infrautilizadas de la Comunidad Autónoma Andaluza. Comentario a la sentencia TC 37/1987, de 26 de marzo», *Impuestos*, T.I, 1987, p. 668.

[17] La Ley General Tributaria de 1963 ya recogía esta posibilidad en los siguientes términos:

Art. 4º: «*Los tributos, además de ser medios para recaudar ingresos públicos, han de servir como instrumentos de la política económica general, atender a las exigencias de estabilidad y progreso sociales y procurar una mejor distribución de la renta nacional.*».

[18] Nótese el paralelismo del vigente art. 2.1 de la Ley General Tributaria de 2003 con el texto del art. 4º de la Ley General Tributaria de 1963 reproducido en la Nota anterior.

parte de los instrumentos de que dispone el Estado para la consecución de los fines económicos y sociales constitucionalmente ordenados»[19].

Al margen del fundamento legal, la importancia de la fiscalidad como un instrumento de protección del medio ambiente se subraya en la *Estrategia Española de Cambio Climático y Energía Limpia 2007-2012-2020*, un documento en el que se reconoce que

> «la política impositiva es un instrumento fundamental para lograr los objetivos fijados en el Protocolo de Kioto. La reforma de la política fiscal con criterios ecológicos puede jugar un papel esencial como instrumento para reducir las emisiones de gases de efecto invernadero, por lo que debería proyectarse como complemento de otros instrumentos y contribuir, entre otros aspectos, a la mejora de los precios relativos en favor de opciones que no producen, o apenas producen, emisiones de gases de efecto invernadero, y a la inversa, el reflejo en el precio de aquellas opciones más intensivas en carbono»[20].

Con independencia de las leyes de naturaleza fiscal, el papel del tributo como un sistema más de protección del medio ambiente figura en otras normas, entre las que se pueden citar, a título de ejemplo, la *Ley 34/2007, de 5 de noviembre, de calidad del aire y protección de la atmósfera*, que preconiza la utilización de la fiscalidad ecológica (artículo 25), o la *Ley 2/2011, de 4 de marzo, de Economía Sostenible*, que contiene algunas medidas tributarias con tal finalidad (art. 92)[21].

Es preciso tener en cuenta, además, que España está integrada en la Unión Europea, una entidad supranacional que no es ajena a esta concepción del uso de la fiscalidad. Así, *la conservación, la protección y la mejora de la calidad del medio ambiente* se hallan en el art. 191.1 del Tratado de Funcionamiento de la Unión Europea (TFUE) como uno de los objetivos de la política de la Unión Europea. Este precepto se completa con el art. 192.2 a) del TFUE en el que se prevé la adopción de *disposiciones esencialmente de carácter fiscal* para la realización de los objetivos marcados en el precitado art. 191.1, entre los que se encuentra, precisamente y tal como se ha dicho, la protección del medio ambiente.

[19] STC 37/1987. En el mismo sentido se ha manifestado en otras sentencias como las SSTC 197/1992, 186/1993, 194/2000, 179/2006, 122/2012 o 96/2013, por ejemplo.

[20] *Estrategia española de cambio climático y energía limpia. Horizonte 2007-2012-2020*, aprobada en Consejo de Ministros de 2 de noviembre de 2007, p. 40. Este documento fue aprobado a propuesta del Consejo Nacional del Clima, que lo adoptó el 25 de octubre de 2007.

[21] Esta tendencia sigue también la *Proposición de Ley de Cambio Climático y Transición Energética* presentada en el Congreso de los Diputados por el Grupo Parlamentario Popular, cuyo art.21 establece *los objetivos de la fiscalidad ambiental* dentro del Título IV dedicado a la *Fiscalidad climática y financiación de la lucha contra el cambio climático* (Boletín Oficial de las Cortes Generales. Congreso de los Diputados nº 283-1, de 29 de junio de 2018).

Así pues, en el ordenamiento jurídico español los tributos pueden perseguir fines extrafiscales, objetivos que podrán realizarse a través de tributos predominantemente *fiscales* o *recaudatorios*[22] o mediante tributos de naturaleza *extrafiscal*. Tratándose de estos últimos, –*tributos extrafiscales*– es oportuno advertir que la *intentio legis* no es crear una nueva fuente de ingresos públicos con fines estrictamente fiscales o redistributivos[23] sino, por ejemplo y por lo que aquí interesa, *estimular actuaciones protectoras del medio ambiente, en cumplimiento del art. 45.1 CE*[24].

Por otra parte, que los tributos, y más propiamente, los impuestos, puedan ser un instrumento para la protección del medio ambiente[25] ha favorecido el surgimiento de la expresión *fiscalidad ambiental*, cuyo significado es conveniente establecer.

IV. DELIMITACIÓN DE LA FISCALIDAD AMBIENTAL

Cuando se aborda el problema de la protección del medio ambiente a través de los tributos es habitual la utilización de la expresión *fiscalidad ambiental* para referirse a esta cuestión. Aun partiendo del hecho de que no se trata de una expresión unívoca[26], sin embargo, es preciso dotarla de un significado válido, al menos en términos generales. En este sentido, puede entenderse por *fiscalidad ambiental el conjunto de medidas de naturaleza tributaria cuyo fin es proteger el medio natural*. El carácter amplio de esta idea permite integrar en su ámbito, tal como se ha indicado antes, no sólo a los *tributos extrafiscales* o específicamente ambientales sino también a los *tributos fiscales* que contienen medidas con este objeto, tales como deducciones, bonificaciones o exenciones[27]. En esta línea se manifiesta el Tribunal

[22] Vid. STC 19/2012

[23] Vid. STC 37/1987

[24] Vid. SSTC 289/2000 o 179/2006.

[25] En efecto, los tributos son una de las medidas de las que disponen los poderes públicos para hacer efectivo el mandato del art. 45 de la CE, tal como señala Galapero Flores, R. en «La tributación ambiental en la reforma del sistema de financiación autonómica», *VI Encuentro de Derecho Financiero y Tributario, Documentos de Trabajo del IEF* nº12/2018, p.118

[26] Cfr. Herrera Molina, P. M. quien reconoce el carácter ambiguo del *adjetivo «ambiental» aplicado a los tributos*. (*Derecho Tributario ambiental (La introducción del interés ambiental en el ordenamiento tributario)*, Marcial Pons, Madrid, 2000, p.58). También Carbajo Vasco, D. se refiere a las dificultades para definir la categoría de *tributo medioambiental* («La economía del cambio climático y la fiscalidad», *Crónica Tributaria* nº 142, 2004, p. 25).

[27] En el mismo sentido Orón Moratal, G.: «Fiscalidad ambiental: La ecotasa», *V Conferencias sobre Medio Ambiente. Medio Ambiente y Empresa*, Comité Econòmic i Social de la Comunitat Valenciana, 2002, p. 9.

Por su parte, Herrera Molina alude al *Derecho tributario ambiental* indicando que su análisis *debe partir de la distinción entre «tributos ambientales» en sentido estricto y «elementos tributarios ambientales» (beneficios fiscales, modulación de los elementos cuantitativos, aspectos contables) que se introducen en otros tributos*. (*Derecho Tributario ambiental…*, *op. cit.*, p. 56).

Constitucional al reconocer que las finalidades extrafiscales pueden ser perseguidas tanto por tributos propiamente recaudatorios como por impuestos extrafiscales, sin que en ningún caso pueda hablarse de estas categorías como *químicamente puras*[28].

Refiriendo el tema a la categoría más importante del tributo, los impuestos, cabe hablar de la existencia en el ordenamiento español de una verdadera *fiscalidad ambiental* en tanto que acoge, por un lado, ciertas medidas de esta clase en los tributos (impuestos) fiscales y, por otro lado, una serie de impuestos extrafiscales o *medioambientales*. Todo ello, lógicamente, sin prejuzgar la adecuación de estas medidas a sus fines.

En el primer grupo, los casos, entre otros, del *Impuesto sobre la Renta de las Personas Físicas*[29], el *Impuesto sobre Bienes Inmuebles*[30], el *Impuesto sobre Actividades Económicas*[31] o el *Impuesto sobre Vehículos de Tracción Mecánica*[32], son ejemplos en los que sus correspondientes normas prevén bonificaciones relativas a la protección del medio ambiente o, con el mismo objetivo, el impulso de las energías renovables. El segundo grupo lo constituyen un amplio número de impuestos extrafiscales con una finalidad específica protectora del medio ambiente. En cuanto a estos últimos, pueden destacarse dos cosas: la primera, que buena parte de ellos se inspiran en el principio «*quien contamina paga*»[33]; la segunda, que habiendo impuestos estatales y autonómicos de esta naturaleza, la mayoría de ellos corresponden a las CC AA.

28 Cfr. SSTC 53/2014; 26/2015; 74/2016 o 120/2018.

29 Disposición Adicional 29ª de la *Ley 35/2006, de 28 de noviembre, del Impuesto sobre la Renta de las Personas Físicas y de modificación parcial de las leyes de los Impuestos sobre Sociedades, sobre la Renta de no Residentes y sobre el Patrimonio.*

30 Art. 74.5 del *Real Decreto Legislativo 2/2004, de 5 de marzo, por el que se aprueba el texto refundido de la Ley Reguladora de las Haciendas Locales.*

31 Art. 88.2 c), primer párrafo, del *Real Decreto Legislativo 2/2004, de 5 de marzo, por el que se aprueba el texto refundido de la Ley Reguladora de las Haciendas Locales.*

32 Art. 95.6 del *Real Decreto Legislativo 2/2004, de 5 de marzo, por el que se aprueba el texto refundido de la Ley Reguladora de las Haciendas Locales.*

33 Este principio ya fue enunciado en la Declaración adoptada por los gobiernos participantes en la *Cumbre de las Naciones Unidas para el Medio Ambiente y el Desarrollo*, celebrada en la ciudad de Río de Janeiro en junio de 1992:

Principio 16: «Las autoridades nacionales deberían procurar fomentar la internalización de los costos ambientales y el uso de instrumentos económicos, teniendo en cuenta el criterio de que el que contamina debe, en principio, cargar con los costos de la contaminación, teniendo debidamente en cuenta el interés público y sin distorsionar el comercio ni las inversiones internacionales.»

El principio «*quien contamina paga*» ha sido reiterado en diferentes niveles normativos como, por ejemplo, el art. 191.2 del TFUE, el art. 1 de la *Ley 26/2007, de 23 de octubre, de Responsabilidad Medioambiental* o el art. 4.1 de la *Ley 34/2007, de 15 de noviembre, de calidad del aire y protección de la atmósfera,* en los que su adopción es explícita.

Obviamente, que estos impuestos se inspiren en el principio «*quien contamina paga*» –reconocido con profusión por el legislador– no quiere decir ni que esté correctamente articulado en la estructura del impuesto ni que se logren realmente sus objetivos.

Entre los impuestos estatales se hallan, entre otros, el *Impuesto sobre el Valor de la Producción de la Energía Eléctrica*, el *Impuesto sobre la producción de combustible nuclear gastado y residuos radiactivos resultantes de la generación de energía nucleoeléctrica* y el *Impuesto sobre el almacenamiento de combustible nuclear gastado y residuos radiactivos en instalaciones centralizadas*, establecidos todos ellos en la misma norma[34], el *Impuesto sobre los gases fluorados de efecto invernadero*[35] y el *Impuesto sobre el valor de la extracción de gas, petróleo y condensados*[36]. En la esfera de las CC AA es muy amplio el número de figuras impositivas de esta clase, por lo que, teniendo en cuenta las limitaciones del trabajo, pueden traerse como ejemplo, entre otros muchos, el *Impuesto sobre emisión de gases a la atmósfera*, el *Impuesto sobre depósito de residuos peligrosos* y el *Impuesto sobre vertidos a las aguas litorales* de Andalucía[37]; el *Impuesto medioambiental sobre las instalaciones de transporte por cable*, el *Impuesto sobre el daño medioambiental causado por la emisión de contaminantes a la atmósfera* y el *Impuesto sobre el daño medioambiental causado por las grandes áreas de venta* de Aragón[38]; el *Impuesto sobre determinadas actividades que inciden en el medio ambiente* y el *Canon eólico* de Castilla-La Mancha[39]; el *Canon sobre la deposición controlada de residuos industriales*, el *Canon sobre la deposición controlada de residuos de la construcción* o el *Canon sobre la incineración de residuos municipales* de Cataluña[40]; o el *Impuesto sobre la afección medioambiental causada por determinados aprovechamientos del agua embalsada, por los parques eólicos, por las centrales nucleares y por las instalaciones de transporte de energía eléctrica de alta tensión y el Impuesto sobre la eliminación de residuos en vertederos* de Castilla y León[41].

[34] *Ley 15/2012, de 27 de diciembre, de medidas fiscales para la sostenibilidad energética.*

[35] *Ley 16/2013, de 29 de octubre, por la que se establecen determinadas medidas en materia de fiscalidad medioambiental y se adoptan otras medidas tributarias y financieras.*

[36] *Ley 8/2015, de 21 de mayo, por la que se modifica la Ley 34/1998, de 7 de octubre, del Sector de Hidrocarburos, y por la que se regulan determinadas medidas tributarias y no tributarias en relación con la exploración, investigación y explotación de hidrocarburos.*

[37] *Ley de Andalucía 18/2003, de 29 de diciembre, por la que se aprueban medidas fiscales y administrativas.*

[38] *Decreto Legislativo 1/2007, de 18 de septiembre, del Gobierno de Aragón, por el que se aprueba el Texto Refundido de la Legislación sobre los impuestos medioambientales de la Comunidad Autónoma de Aragón.*

[39] *Ley de Castilla La Mancha 16/2005, de 29 de diciembre, del Impuesto sobre determinadas actividades que inciden en el medio ambiente y del tipo autonómico del Impuesto sobre las Ventas Minoristas de determinados Hidrocarburos* y de la *Ley de Castilla La Mancha 9/2011, de 21 de marzo, por la que se crean el canon eólico y el Fondo para el desarrollo Tecnológico de las Energías Renovables y el Uso Racional de la Energía en Castilla-La Mancha.*

[40] *Ley de Cataluña 8/2008, de 10 de julio, de financiación de las infraestructuras de gestión de los residuos y de los cánones sobre la disposición del desperdicio de residuos.*

[41] *Decreto Legislativo 1/2013, de 12 de septiembre, por el que se aprueba el texto refundido de las disposiciones legales de la Comunidad de Castilla y León en materia de tributos propios y cedidos.*

Con relación a esta categoría de *impuestos extrafiscales* es interesante advertir que su calificación como tales no se hará depender de la que les haya otorgado el legislador al respecto, sino de aquellos factores presentes en su regulación que deberán ser objeto de análisis para fijar su verdadera naturaleza[42].

Por último, y en la dirección antes apuntada, es cierto que la presencia de una *fiscalidad ambiental* no siempre implica que responda realmente a los fines pretendidos, ya que son defectos constatables y críticas recurrentes la existencia de impuestos medioambientales que encierran una función recaudatoria estricta, la insuficiencia de figuras auténticas de esta clase y la complejidad y dispersión de los impuestos medioambientales así como su falta de coordinación[43].

V. UNA PERSPECTIVA CRÍTICA DE LOS IMPUESTOS MEDIOAMBIENTALES

La constatación de una aceptación general del empleo de la fiscalidad como un instrumento más para la protección del medio natural no implica que no deba plantearse una reflexión crítica, siquiera breve, acerca de la adecuación de este medio para lograr el citado objetivo. Circunscribiendo el problema a la figura tributaria más extendida, cabría preguntarse si los impuestos ambientales o, si se quiere, los impuestos extrafiscales con la finalidad específica de proteger el medio ambiente, son instrumentos adecuados para tal tarea. Desde este punto de vista, son varias las preguntas que suscita el análisis de estos tributos.

La primera cuestión que puede plantearse se refiere a una paradoja: muchos impuestos medioambientales pretenden lograr sus objetivos protectores a través de la modificación de las conductas de los ciudadanos y/o de quienes actúan en el circuito económico[44], de suerte que mediante el gravamen persiguen la reducción

[42] Así se manifiesta el Tribunal Constitucional en sentencias como la 289/2000, 122/2012, 210/2012, 60/2013, 85/2013 o 74/2016.

[43] Cfr. Carbajo Vasco, D.: «La economía del cambio climático...», *op. cit.*, pp. 30-32; López Díaz, A.: «Tributación medioambiental en España a nivel subcentral: CC AA y CC LL», *Dereito*, vol. 22, 2013, p. 243; Bastida Peydro, M. y Montoya Esteban, D.: «Aproximación a la reforma de la fiscalidad ambiental», *Actualidad Jurídica Uría Menéndez* nº 38/2014, pp. 134-135; Carreras Mantero, O. y de Miguel Arias, S.: «Panorama de la tributación medioambiental sobre vertidos a las aguas en España», *Actualidad Jurídica Ambiental* nº65/2017, p. 4.

[44] Esta intención de inducir al cambio de comportamientos con el objetivo de proteger el medio ambiente es connatural a muchos impuestos ambientales. Así se reconoce por autores como Bilbao Estrada, I.: «El sistema tributario como complemento de los instrumentos económicos previstos en el Protocolo de Kioto. Impuestos con finalidad verde», *Seguridad y medio ambiente* nº113, 2009, pp. 53 a 55; Carbajo Vasco, D.: «La economía del cambio climático...», *op. cit.*, p. 23; Patón García, G.: «El efecto uniformador de la globalización en las líneas impositivas medioambientales», *Fiscalidad Medioambiental: iniciativas y orientaciones actuales, Documentos del IEF* nº4/2012, p.8; Jofra Sora, M.

de los efectos perjudiciales sobre el medio ambiente que provocan sus actividades. Es más, en buena parte de las ocasiones, el producto de esos impuestos se afecta a políticas de protección o restauración del medio ambiente. Ahora bien, si el impuesto consigue tal alteración de las conductas también se verá reducirá la recaudación[45] y, en ciertos casos, los recursos afectados a la conservación o restauración del medio ambiente, hasta el punto de que, en una situación ideal, el impuesto acabaría desapareciendo al lograr su objetivo, con la consecuente reducción de recursos económicos. Por consiguiente, sería una figura que perdería su razón de ser una vez logrado el objetivo.

Un segundo tema es el referido a la asunción en el ámbito tributario de un principio económico –*quien contamina, paga*– que inspira, al menos formalmente, el conjunto de impuestos medioambientales. Como es sabido, la aplicación de este principio pretende que aquellos que realizan actividades contaminantes asuman los costes indirectos generados por las mismas, unos costes que, habitualmente, son soportados por el conjunto de la sociedad. En otras palabras, a través de los impuestos medioambientales se trata de internalizar las externalidades negativas producidas por esas actividades contaminantes, de modo que deberán asumir sus costes quienes las realizan. Ahora bien, aun aceptando esta proposición, ello no es obstáculo para mantener que, en última instancia, resulta difícil evitar el traslado a los ciudadanos de los costes derivados de la fiscalidad medioambiental. Y esto es así porque, aunque el legislador prohíba en la normativa del impuesto su repercusión técnica, no podrá impedir sin embargo que el impuesto sea integrado como un coste más de producción en el precio final del producto, de manera que este principio deviene en un *desiderátum*.

Una tercera cuestión que se plantea es el incremento de la presión fiscal que implica la creación de los impuestos medioambientales. Para evitar esta consecuencia, en la actualidad se aboga por una importante reducción de las cotizaciones sociales y de los impuestos que gravan las rentas, siendo sustituidos por impuestos medioambientales[46], inspirando los postulados de la reforma fiscal verde. La alteración preconizada del modelo fiscal tiene *a priori* una serie de riesgos: el primero

---

y Puig Ventosa, I.: *Fiscalidad ambiental e instrumentos de financiación de le economía verde*, Fundación fòrum ambiental, 2014, p. 4; o Bastida Peydro, M. y Montoya Esteban, D.: «Aproximación a la reforma...», *op. cit.*, p. 134; pero también es un objetivo que admite el Tribunal Constitucional en su jurisprudencia: SSTC 196/2012, 60/2013, 53/2014, 74/2016 o 94/2017, entre otros.

[45] En el mismo sentido, Carbajo Vasco, D.: «La economía del cambio climático...», *op. cit.*, p. 28.

[46] En el campo económico es conocido como teoría del «doble dividendo».

Vid., por ejemplo, López-Guzmán Guzmán, T.J. y otros: «La reforma fiscal ecológica en la Unión Europea: Antecedentes, experiencias y propuestas», *Revista de Economía Institucional* nº15/2006, p. 326; Bilbao Estrada, I.: «El sistema tributario como complemento de los instrumentos económicos...», *op. cit.*, p. 60; Carbajo Vasco, D.: «La economía del cambio climático...», *op. cit.*, pp. 33-34; López

de ellos es la incertidumbre recaudatoria que puede producir esta clase de impuestos, con potenciales efectos negativos para el mantenimiento de los gastos sociales en Europa; otro riesgo, no menos importante, es el posible perjuicio a las personas económicamente más desfavorecidas ya que acabarían soportando de una u otra forma estos impuestos, tal como se ha señalado al aludir al principio *quien contamina, paga*, pudiendo vulnerar los principios de igualdad tributaria y de capacidad contributiva.

En fin, otro aspecto problemático de estos impuestos es el referido a su naturaleza y la consecuente función que les corresponde. Los impuestos medioambientales tienen, ante todo, naturaleza tributaria, una afirmación que puede parecer ociosa por obvia. Nada más lejos de la realidad pues, afirmar su auténtica naturaleza tributaria, tiene implicaciones significativas: la principal de ellas, que la función primaria de los tributos es obtener recursos económicos para hacer frente a los gastos públicos. Ésta no es sólo la que han desempeñado históricamente y, por tanto, su función tradicional, sino que también se la asigna de manera implícita la propia CE y de manera explícita la Ley General Tributaria[47], y todo ello reafirmado en la jurisprudencia del Tribunal Constitucional[48]. Es cierto, no obstante, que en los impuestos extrafiscales –aquí, medioambientales– se admite que el fin recaudatorio no sea el principal, pero, al menos, en la configuración de esta clase de impuestos sí se exige que esté presente una manifestación de capacidad económica, aun potencial[49], al objeto de salvar un principio esencial sin el que los tributos podrían convertirse en mero instrumento de confiscación. Por tanto, este requisito ineludible junto a otros principios tributarios también exigibles, no deja de remitir a su finalidad primigenia, siquiera sea matizada. Esta constatación permite cuestionarse si no se estará produciendo una desnaturalización de la figura del tributo en determinados casos, empleándolo como *instrumento principal* para el

---

Díaz, A.: «Tributación medioambiental en España...», *op. cit.*, p. 239; o Villar Rubio, E.: *La reforma fiscal verde: Un análisis e convergencia a nivel europeo*, Fundación Alternativas, 2015, pp. 9, 10 o 43

[47] No puede extraerse una conclusión distinta del tenor del artículo 31.1 de la CE:

«*Todos contribuirán al sostenimiento de los gastos públicos* de acuerdo con su capacidad económica *mediante un sistema tributario justo* inspirado en los principios de igualdad y progresividad que, en ningún caso, tendrá alcance confiscatorio.»

O de la redacción del segundo párrafo del art. 2.1 de la LGT:

«*Los tributos, además de ser medios para obtener los recursos necesarios para el sostenimiento de los gastos públicos*, podrán servir como instrumentos de la política económica general y atender a la realización de los principios y fines contenidos en la Constitución.»

[48] Vid. al respecto las SSTC 37/1987, 221/1992, 193/2004, 60/2013, 53/2014 o 74/2016, entre otras.

[49] Esta exigencia no es en absoluto baladí si se mantiene que los impuestos medioambientales son verdaderos tributos. El propio Tribunal Constitucional se refiere a este requisito en distintas sentencias referidas a impuestos con finalidades extrafiscales y, particularmente, medioambientales; por ejemplo, en las SSTC 37/1987, 221/1992, 194/2000, 53/2014 o 120/2018.

logro de objetivos que no son los esenciales de esta figura. Ha de tenerse en cuenta que una cosa es que el tributo pueda tener finalidades diferentes a la recaudatoria y otra muy distinta que el tributo pase a ser un instrumento cuyo objetivo exclusivo sea radicalmente distinto a aquel para el cual se concibió y que determina todo su régimen jurídico. En este sentido, si los poderes públicos entienden que una actividad causa daños graves al medio ambiente, disponen de otras vías más propias para la protección: ejercer las potestades de policía administrativa prohibiendo la actividad o, si eso no es posible, imponiendo las sanciones que correspondan y la obligación de restaurar el medio ambiente afectado[50].

Como reflexión final no cabe sino afirmar que el tributo en general, y el impuesto en particular, pueden representar sin duda un papel importante como un instrumento más que coadyuve a la protección el medio ambiente. Ahora bien, esta tarea deberá efectuarse con sumo cuidado teniendo en cuenta una serie de condiciones, entre las que no carecen de importancia, por ejemplo, no desconocer su verdadera naturaleza con el fin de no emplearlos de forma radicalmente impropia (por ejemplo, con propósito sancionador) o no ignorar los principios tributarios evitando así vulnerar derechos de los ciudadanos.

[50] Cfr. Carbajo Vasco, D.: «La economía del cambio climático…», *op. cit.*, p. 28

EL MULTICULTURALISMO Y LOS DERECHOS DE LOS PUEBLOS Y COMUNIDADES ORIGINARIAS

Reynaldo Cruz González[1]

I. INTRODUCCIÓN

El presente trabajo, trata de explicar a grosso modo las características más sobresalientes que envuelven el entorno de los pueblos y comunidades indígenas , de tal manera, que pueda generar conciencia en la sociedad actual, así mismo, la situación y la importancia que representa para estas poblaciones originarias, desde la cosmovisión de estos pueblos ancestrales a partir de las tradiciones culturales, usos y costumbres, y en este sentido, generar un acercamiento con estas poblaciones étnicas, y entender el entorno que conlleva a conocer la realidad de estos grupos vulnerables, buscando erradicar esa constante discriminación y violación a sus derechos humanos y fundamentales, sobre todo en aquellas naciones con poblaciones indígenas.

A partir del Multiculturalismo y la Costumbre, se busca defender los derechos humanos y fundamentales de las poblaciones indígenas, de tal manera que, puedan interactuar en una sociedad Pluricultural y Multiétnica, buscando analizar desde una concepción Sociojurídica, la relación que guarda el Derecho Consuetudinario con el Estado y su Derecho Estatal, es decir, el manejo de una pluralidad de sistemas jurídicos, como son la norma del Estado y el Sistema Jurídico Indígena, y no el prevalecimiento de un monismo jurídico. Con esto, lo que se busca es tener una política de inclusión de estos pueblos y comunidades indígenas, respetando siempre las tradiciones y culturas a través de la costumbre.

A partir de ella, se puede establecer contextos y realidades diferentes, como la democracia, la libertad, las buenas costumbres, como principios rectores y fundamentales para garantizar los derechos de las minorías, y en ese tenor, el acceso a la justicia. Para alcanzar esa utopía de estas poblaciones pluriétnicas, se requiere de la autonomía y libre determinación de los pueblos y comunidades indígenas, para

[1] Licenciado en Derecho, estudiante de la Maestría en Ciencias del Derecho en la Unidad de estudios de Posgrado de la Facultad de Derecho de la Universidad Autónoma de Sinaloa.

retomar la importancia y el lugar que les corresponde como una sociedad conformada por una diversidad cultural, basado en el avance de las ideas incluyentes y democráticas, al ser una condición necesaria.

II. EL MULTICULTURALISMO Y LA COSTUMBRE, COMO CARACTERÍSTICAS DE IDENTIDAD DE LOS PUEBLOS Y COMUNIDADES INDÍGENAS

Al hablar del Multiculturalismo es hacer referencia a la existencia de pueblos y comunidades indígenas con una diversidad cultural muy importante a nivel internacional, sobre todo en los países de América Latina en donde se tienen poblaciones étnicas muy numerosas y con un pluralismo cultural muy representativo, reflejado en las tradiciones, usos y costumbres como signos de identidad. El pluralismo en estas poblaciones étnicas, hacen visualizar la riqueza cultural existente y al mismo tiempo, ser admirado en todo el mundo a partir de las tradiciones, las costumbres y un multilingüismo muy enriquecedor.

Indudablemente que, los usos y costumbres representan para los pueblos y comunidades indígenas a nivel internacional, parte fundamental en el pleno goce de sus derechos humanos y fundamentales, tanto en lo colectivo como en lo individual; de acuerdo al Convenio 169 de la OIT[2], recoge quienes son los grupos étnicos o pueblos indígenas en donde se debe conformar ciertas características como las condiciones sociales, culturales, etnolingüísticas y económicas que los distingue de otros sectores de la sociedad dominante, en donde se rigen por los usos y costumbres y de esta manera, ver quienes deben gozar de estos derechos.

En este sentido, el autor Manuel de Jesús Salazar define un concepto sobre el Multiculturalismo que se acerca a la realidad de los pueblos originarios y dice que, «es la acción de reconocimiento pleno del carácter multilingüe, multiétnico y pluricultural de un país o nación»[3], es decir, reconoce una diversidad de culturas en donde se da la posibilidad de convivencia de manera armoniosa en sociedad entre aquellos grupos o comunidades étnicas, con el fin de responder a las necesidades e intereses de las diversas comunidades culturales, lingüísticas, religiosas y étnicas que conforman la nación, en un marco de democracia multicultural.

En esa tesitura, retomando lo dicho por Manuel Salazar sobre el Multiculturalismo, busca una interrelación y el reconocimiento de derechos como pueblos indígenas, a través de un acercamiento entre la sociedad dominante y las sociedades

[2] Convenio 169 de la OIT, sobre pueblos indígenas y tribales https://www.ilo.org/wcmsp5/groups/public/---americas/---.../wcms_345065.pdf

[3] De Jesús, Manuel, «*Multiculturalidad e interculturalidad en el ámbito Educativo*, Instituto Interamericano de Derechos Humanos, 2009. https://www.iidh.ed.cr/IIDH/media/1520/multiculturalidad_interculturalidad-2009.pdf

minoritarias como un mecanismo de inclusión, como una forma de erradicar la discriminación sin estereotipos y se vean como iguales, como seres humanos, como una sociedad multicultural, con pleno goce de los mismos derechos sin importar la raza, religión o estatus social, buscando alcanzar esa igualdad jurídica ante la ley y la justicia respecto a sus derechos como pueblos y comunidades indígenas, frente a la sociedad dominante.

Por lo que se refiere a los derechos de los pueblos indígenas, conforme al derecho internacional vigente, han evolucionado a partir de los hechos o sucesos actuales mediante los tratados de derechos humanos para hacer valer en función de las circunstancias. Así mismo, se puede afirmar que las características que determinan la existencia y definen la identidad de estos grupos minoritarios son de carácter objetivo, es decir, dentro de este se encuentran los rasgos étnicos, religiosos y lingüísticos, que pueden existir en conjunto o separados; en tanto el carácter subjetivo, se cuenta la voluntad de los miembros de dichas minorías para mantener sus diferencias respecto de las mayorías.

En este contexto, es importante clarificar el concepto de lo que es y significa la palabra usos y costumbres de las comunidades indígenas, el autor Aragón Orlando establece que, los usos y costumbres «tienen un eje cultural que los articula a modo de sistema, ya que se componen de un conjunto de normas, autoridades y procedimientos mediante los cuales regulan su vida social, resuelven sus conflictos y organizan el orden interno»[4].

Es necesario recalcar, lo dicho por Aragón Orlando, el eje cultural a que se refiere sobre los usos y costumbres, es el elemento que desarrollan como practicas constantes transformados en reglas, en donde estas reglas se vuelven obligatorios como un mecanismo de control social sobre los individuos en la comunidad, la finalidad de estas reglas es mantener la armonía y el orden de estos pueblos indígenas, así mismo, la importancia de estas reglas recae en la solución de sus conflictos de manera interna y la regulación de la vida social y política de la comunidad, a todo esto, engloba los usos y costumbres que identifican a estos pueblos originarios.

Parte importante de las costumbres de los pueblos y comunidades indígenas, se refleja en la aplicación de un sistema normativo interno, el autor Francisco López Bárcenas establece una definición que nos acerca a comprender mejor, y dice que por sistema normativo indígena se entiende, «como normas jurídicas orales de carácter Consuetudinario que los pueblos y comunidades indígenas reconocen como

[4] Aragón, Andrade, Orlando, *Boletín Mexicano de Derecho Comparado 118*, UNAM, Instituto de Investigaciones Jurídicas, México, 2007, pp. 17-18.

válidas y utilizan para regular sus actos públicos y que sus autoridades utilizan para la resolución de sus conflictos»[5].

En este sentido, López Bárcenas establece que a partir del Derecho Consuetudinario, es que estas comunidades originarias ponen en práctica los Sistemas Jurídicos propios, como mecanismos de control social de su población, garantizando de esta manera la sana convivencia, y a la vez buscando mantener el orden a través de la aplicación de las normas jurídicas indígenas en la regulación de los actos públicos y la utilización de la misma, es decir, en la resolución de conflictos que surjan dentro de su territorio y jurisdicción indígena.

Por otra parte, un avance muy importante lo dio el Convenio 169 de la OIT sobre los derechos de los pueblos originarios a nivel internacional, en su artículo 8, numeral 1, establece que, «al aplicar la legislación nacional a los pueblos interesados deberán tomarse debidamente en consideración sus costumbres o su derecho consuetudinario». Indudablemente que, el Derecho Consuetudinario satisface un sistema muy particular para estas poblaciones originarias, buscando preservar los derechos que les corresponde como pueblos ancestrales como lo indica el convenio antes referido.

Como se ha dicho, los usos y costumbres también conocido como Derecho Consuetudinario, representan la piedra angular para las poblaciones indígenas a nivel internacional, al respecto la autora Bucheli Hurtado Carla, retoma las palabras de Stavenhagen y dice que, «el Derecho Consuetudinario Indígena se considera como una parte integral de la estructura social y cultural de un pueblo. Junto con su lengua nacional, el derecho consuetudinario constituye un elemento básico de la identidad étnica de un pueblo, nación o comunidad»[6].

Por otra parte, el Derecho Consuetudinario aunque sea reconocido en legislaciones de algunas naciones, mientras no sea aplicado a la par con el derecho estatal, difícilmente se podrá erradicar y combatir el desprecio y la discriminación de la cual han sido objeto durante siglos y décadas estas poblaciones originarias a nivel internacional; para los pueblos indígenas esto representa una constante violación a sus derechos humanos y fundamentales, y esto genera problemas para la subsistencia de estos derechos ante los embates de las legislaciones del estado.

[5] López, Francisco y Espinoza, Guadalupe, *Los Derechos de los Pueblos Indígenas y el desarrollo Rural*, Centro de Estudios para el desarrollo Rural sustentable y la Soberanía Alimentaria, Cámara de Diputados, LXI Legislatura, Legislación y Desarrollo Rural, México, 2011, p. 89.

[6] Bucheli, Hurtado, Carla, *Justicia Indígena y Jurisdicción Ordinaria, Un paso al verdadero pluralismo jurídico*, Verlag, Alemania, 2016, p. 14.

III. EL DUALISMO JURÍDICO EN MÉXICO

Para abordar la figura del Pluralismo Jurídico, es necesario hacerlo desde el contexto de los pueblos y comunidades indígenas. La palabra pluralismo se denomina como el sistema en el cual se acepta, se tolera, se escucha y reconoce la variedad de doctrinas, posiciones, pensamientos, ideales tendencias o creencias dentro de una sociedad. El pluralismo es una de las características más importantes de las democracias modernas a nivel global, pues supone el reconocimiento de la diversidad y la promoción del diálogo, así como la inclusión, el respeto y la tolerancia hacia el otro y hacia su derecho no solo de ser diferente, sino también de expresar su diferencia y porque no, de manifestarlo de acuerdo con sus intereses.

Las preguntas que surgen, en la sociedad pluricultural y multiétnica en México es ¿Realmente lo establecido en la Constitución Política de los Estados Unidos Mexicanos, se cumple a cabalidad sobre los derechos de los pueblos y comunidades indígenas en esta nación? ¿La norma Estatal y el Derecho Consuetudinario coexisten, o representan un conflicto en el ámbito jurídico y de jurisdicción al momento de la aplicación en un espacio de territorialidad, en cuanto a la aplicación de esta Pluralidad de Sistemas Jurídicos? ¿Se puede llevar a la realidad de los pueblos originarios el dualismo jurídico, o bien se da solamente en discurso?

Son varias las preguntas que surgen en torno al Pluralismo Jurídico, manifiesta que no solamente el sistema jurídico del Estado puede ejercer una hegemonía o un monopolio, sino que se debe de reconocer otras fuentes de derecho como son los sistemas jurídicos de los pueblos originarios, a partir de ahí la implementación y aplicación del dualismo jurídico. Al respecto, el autor Morales Rey Rubén dice que el Pluralismo Jurídico es «la coexistencia de varios sistemas o regímenes jurídicos dentro de un espacio social particular. El pluralismo da lugar a varios tipos de normas o reglas jurídicas, mecánicas de poder, legitimidad y del funcionamiento»[7].

En esa línea, Morales Rubén rescata la idea de que se vive en un Estado plural, y en ese sentido, aplica el concepto sobre el pluralismo jurídico en donde más de dos sistemas jurídicos pueden convivir en un espacio y un territorio determinado; de cierta manera, el sistema jurídico indígena ha sido menospreciado por el Estado, a partir de negarse a tomar en consideración situaciones de índole jurídico que se presentan cuando se trata de aplicar en condiciones de igualdad, frente a la ley en casos muy particulares y tratándose de personas de origen indígena fundamentalmente.

Por otra parte, es importante disponer de las cifras sobre las poblaciones indígenas en México, porque a partir ahí se puede ubicar las características

[7] Morales, Rey, Rubén, Fernando, *Pluralismo Jurídico, Consideraciones sobre un Derecho alternativo*, Leyer, Colombia, p. 184.

sociodemográficas, y tomar medidas que vallan encaminadas en beneficio de estas sociedades vulnerables, y no queden al margen de las políticas públicas que implementa el Estado, el criterio para identificarlo es la condición de ser hablantes de alguna lengua nacional. De acuerdo a la Encuesta Intercensal realizado en el año de 2015:

En México hay 7 382 785 personas de 3 años y más de edad que hablan alguna lengua indígena, cifra que representa 6.5% del total nacional; de las cuales 51.3% son mujeres y 48.7% hombres. En términos de relación hombre-mujer, hay 95 hombres por cada cien mujeres. La distribución por grupos de edad y sexo de este grupo de población para 2015, muestra que 45.3% de la población que habla lengua indígena tiene menos de 30 años, mientras que poco más de la mitad (50.9%) de la población total del país se encuentra en ese rango de edad. La proporción de niños y jóvenes hablantes de lengua indígena es inferior respecto a la población nacional; para el caso de los hablantes de lengua indígena de entre 3 a 14 años, representa 20.4% y para los jóvenes de 15 a 29 años, 24.9 por ciento; en tanto para el total de la población en el país, 23.6% es población infantil y 27.3% jóvenes[8].

En este sentido, el Pluralismo Jurídico y el Derecho Consuetudinario deben de actuar como un binomio de normas jurídicas encaminados a buscar el bien común de las sociedades multiétnicas. Un ejemplo se puede observar en México, en donde existen diversidad de etnias que conviven y comparten un territorio, por ello es importante la figura del dualismo jurídico y su aplicación, en ese tenor, a partir de los movimientos de 1994 hechos por el Ejercito Zapatista de Liberación Nacional (EZLN), se puso mayor atención a las comunidades étnicas y al reconocimiento de una autonomía y la libre determinación de algunos municipios, principalmente en los Estados de Chiapas, Oaxaca, Guerrero y Michoacán.

Con estos antecedentes y la presión social hacia el gobierno mexicano, este se vio obligado a reconocer los derechos de la minorías étnicas, estableciendo en el artículo 2º de la Constitución Política de los Estados Unidos Mexicanos, los preceptos que debe de llevar a cabo el Estado, para garantizar los derechos humanos y fundamentales de estas poblaciones originarias; con esto, el movimiento Zapatista cumplió un objetivo que era el tener la atención a nivel nacional e internacional y sobre todo la ayuda que recibieron de los movimientos sociales que reclamaban la aceptación de una pluriculturalidad de facto, y el impacto al reconocimiento y aceptación de sus sistemas jurídicos dentro de los sistemas jurídicos contemporáneos.

Por otra parte, el documento llamado Pacto Internacional de Derechos Civiles y Políticos nos habla también sobre el reconocimiento de la existencia de

[8] Instituto Nacional de Estadística y Geografía (INEGI) 2015. www.inegi.org.mx/saladeprensa/aproposito/2016/indigenas2016_0.pdf

las minorías y establece en su artículo 27 lo siguiente: «En los Estados en que existan minorías étnicas, religiosas o lingüísticas, no se negará a las personas que pertenezcan a dichas minorías el derecho que les corresponde, en común con los demás miembros de su grupo a tener su propia vida cultural, a profesar y practicar su propia religión y a emplear su propio idioma»[9].

Sin lugar a duda, este pacto internacional vino a reconocer la existencia real de las minorías étnicas como lo hizo el Convenio 169 de la OIT en su momento, y por consecuencia, en la búsqueda y rescate de los derechos de las poblaciones originarias. Lo primero que se debe puntualizar de esta norma jurídica de derecho internacional, es que en ella los titulares de los derechos siguen siendo los individuos en lo particular y no como grupo étnicos, es decir, lo que en ella se modifica es la forma de ejercer ese derecho, y se expresa en una protección frente a las mayorías.

Mientras tanto, el derecho indígena y la relación que guarda con el derecho estatal, lo establece el autor Jorge González Galván quien define al derecho indígena como el «conjunto de normas que el Estado establece en relación con los derechos de los pueblos indígenas y el conjunto de normas internas de estas. La iniciativa se refiere al primer ámbito, donde se encuentra el reconocimiento al segundo, es decir, el reconocimiento de los sistemas normativos de los pueblos indígenas llamados usos y costumbres»[10].

En este sentido, el derecho indígena tiene una relación con la norma estatal como lo maneja puntualmente González Galván, en donde el derecho estatal ya reconoce la existencia del derecho indígena en la Constitución Mexicana, es decir, se tiene la seguridad de la existencia de un pluralismo de sistemas jurídicos, en donde coexisten y conviven estas normas en una sociedad indígena basado en los usos y costumbres, y por el otro lado una sociedad no indígena con la norma estatal conocido como derecho positivo.

Por otra parte, cabe puntualizar que solo a través de la diversidad cultural, etnolingüística y la aplicación de un pluralismo de sistemas jurídicos existentes, se puede llegar a la coexistencia de estos sistemas, basado en la libre participación y una ideología sin ataduras, manifestando la libertad de decidir lo que es bueno y qué puede beneficiar a las comunidades originarias, respetando siempre los derechos humanos y fundamentales de los pueblos y comunidades indígenas, como una utopía para alcanzar la igualdad jurídica que demandan estas poblaciones étnicas.

[9] Pacto Internacional de Derechos Civiles y Políticos, entrada en vigor el 23 de marzo de 1976 https://indotel.gob.do/media/6206/declaracio-de-los-derechos-civiles-y-polticos.pdf

[10] González, Galván, Jorge, *El Estado, los Indígenas y el Derecho*, UNAM, Instituto de Investigaciones Jurídicas, México, 2010, p. 317.

IV. UNA CRÍTICA A LA NUEVA LEY DE LOS DERECHOS DE LOS PUEBLOS Y COMUNIDADES INDÍGENAS PARA EL ESTADO DE SINALOA

Indudablemente que, con las reformas a la Constitución Política de los Estados Unidos Mexicanos realizadas en el 2001 y 2011, en donde se incluyó el reconocimiento de los derechos humanos y fundamentales de los pueblos indígenas, no así en la aplicación de una pluralidad de sistemas normativos, es decir, se manejan dos discursos por parte del Estado, primeramente en donde dice si al reconocimiento de los derechos humanos y derechos de los pueblos indígenas; pero por el otro lado, se aplica un porcentaje mínimo sobre el dualismo jurídico de lo que establece la Constitución Mexicana.

Sin duda alguna, con la inclusión y el reconocimiento de los derechos humanos y fundamentales de los pueblos y comunidades indígenas, se elevó a rango Constitucional los derechos que demandaban las etnias originarias en México, es así como se tiene que, en el artículo 2º, apartado a, fracción II de la Constitución Mexicana, se reconoce la aplicación de los sistemas jurídicos de los pueblos originarios, sujetándose a los principios generales de la Constitución mexicana, en la regulación y solución de sus conflictos internos, sin embargo, esta utopía de los pueblos originarios distan de ser realidad.

En tanto, en la Constitución del Estado Libre y Soberano de Sinaloa, se acogió a lo que dice la Constitución Federal, plasmándolo en la Constitución Local en el artículo 13 bis, en donde refiere de la existencia de pueblos y comunidades indígenas en la entidad, prevaleciendo una composición pluricultural y que son aquellos que descienden de poblaciones que habitaban en el territorio actual del Estado al iniciarse la colonización y que conservan sus propias instituciones sociales, económicas, culturales y políticas, o parte de ellas.

En este sentido, la lucha constante de sociedades y asociaciones civiles pero sobre todo, de un gran luchador social y defensor de los derechos de los pueblos indígenas como lo es el Doctor Gonzalo Armienta Hernández, junto con varios compañeros de diferentes etnias en el Estado de Sinaloa, presentaron una iniciativa de ley indígena en el 2004, cristalizándose esta, con la aprobación en el congreso local, la Ley de los Derechos de los Pueblos y Comunidades Indígenas para el Estado de Sinaloa[11], el 25 de octubre del 2017; el nacimiento de esta Ley representa para la población indígena un paso hacia la inclusión de los mismos.

Si bien es cierto, que esta ley no está del todo mal, hace falta depurarlo y pulir algunos aspectos muy importantes, por ejemplo se tiene que, en el artículo 1º,

[11] Ley de los Derechos de los Pueblos y Comunidades Indígenas para el Estado de Sinaloa, Publicado en el Periódico Oficial No. 019 Primera Sección de fecha 09 de febrero de 2018.

párrafo segundo de esta ley, hace referencia de la conservación de instituciones sociales, económicas, culturales y políticas, así como de un Pluralismo de Sistemas Jurídicos propios, pero no hace la aclaración y deja al libre albedrio en su interpretación sobre la mecánica de su aplicación. La figura del Dualismo Jurídico representa la piedra angular, en comunión con la norma estatal y el derecho Consuetudinario, como una forma de garantizar esos derechos humanos y fundamentales.

Otro derecho que debe de contemplar esta Ley y que es fundamental en la vida de las comunidades indígenas, es en materia de justicia ante la ley, en donde deben de existir tribunales especializados para garantizar los derechos de estas poblaciones indígenas, normalmente los integrantes de estos colectivos cometen delitos menores, por tanto se debe de tomar en consideración sobre esta particularidad, por ejemplo se tiene que algunas personas de origen indígena son juzgados por robar un pedazo de pan o una botella de agua en alguna tienda departamental para sobrevivir, son sentenciados hasta por ocho meses de prisión, solamente porque no tienen para pagar una fianza.

En esa tesitura, la existencia de tribunales especializados debe de ser una realidad en Sinaloa y esta nueva Ley Indígena la debe contemplar, en donde debe recoger las inquietudes más importantes de estas poblaciones vulnerables, es así como, los Jueces y Ministerios Públicos deben de tener un conocimiento amplio sobre los usos y costumbres o bien del sistema jurídico indígena, para poder valorar las circunstancias especiales de cada individuo y sean juzgados de la mejor manera posible, sin transgredir los derechos humanos y fundamentales de esta población vulnerable.

El nacimiento de esta nueva Ley Indígena en Sinaloa, trajo más dudas que aciertos, por ejemplo contempla un órgano desconcentrado y no descentralizado, es decir, seguirá dependiendo de una secretaria del gobierno estatal que manejara los recurso destinados a estas poblaciones minoritarios, de ahí la inconformidad que existen entre la población indígena en la entidad, en ese sentido, para garantizar plenamente los derechos humanos y fundamentales de todos los pueblos y comunidades originarias y residentes en la entidad en comento, se debe realizar modificaciones a la nueva Ley Indígena y adecuarlo a las necesidades más apremiantes de estas poblaciones nativas.

V. CONCLUSIONES

PRIMERO: Para que los derechos de los ciudadanos de origen indígena sean respetados, se debe de valorar mediante consenso de las asambleas comunitarias que el Estado debe de respetar, las necesidades más apremiantes con el fin de garantizar sus derechos humanos y fundamentales, anteponiendo las costumbres culturales de estas poblaciones étnicas.

SEGUNDO: Se debe de valorar la creación de jurisdicciones especiales indígenas, como mecanismo para garantizar la aplicación del dualismo jurídico, es decir, en comunión con el derecho estatal y los sistemas jurídicos indígenas.

TERCERO: Los pueblos y comunidades indígenas, deben de tener representación en el senado y en la cámara de diputados a nivel federal y local, como una forma de garantizar estos derechos humanos, fundamentales y consuetudinarios, como lo marca la Constitución Política de los Estados Unidos Mexicanos.

CUARTO: Contemplar un apartado especial en la ley administrativa de cada estado, y en la nueva ley indígena de Sinaloa con claridad, sobre sanciones ejemplares para aquellos servidores públicos que incumplan, en la aplicación del dualismo jurídico.

QUINTO: Que en las fiscalías de cada entidad federativa y dependencias encargadas de la administración y procuración de justicia, se debe de tener interpretes traductores, que tengan conocimiento de los sistemas jurídicos y cultura de aquellas personas de origen indígena, al momento de encontrase en un proceso judicial, para dar cumplimiento a la figura del pluralismo jurídico.

SEXTO: Los fenómenos que originan la discriminación hacia estas poblaciones étnicas, son los prejuicios culturales y el desconocimiento de la sociedad dominante, sobre las prácticas y costumbres de estas poblaciones ancestrales.

EL NUEVO SISTEMA DE JUSTICIA PENAL FRENTE AL DERECHO SIN FRONTERAS

Guadalupe Davizón Corrales[1]

El nuevo orden mundial exige a todos los países del orbe, asumir compromisos de combate a la criminalidad a través de norma internas y externas de orden internacional que garanticen la impartición y procuración de justicia, derribar los muros geopolíticos, transfronterizos, con un interés común de buscar e instrumentar mecanismos jurídicos, políticos que les permita transitar de un sistema jurídico a otro de países comprometidos a través de convenios, tratados y/ convenciones.

Los juicios orales en México, a diferencia de otros países de américa latina como Guatemala, el desarrollo de las audiencias en el caso concreto, entre otros donde los medios de comunicación no pueden transmitir ni grabar las audiencias. Aunque sí pueden estar presentes periodistas y público en general, en México, en el juicio previo y presunción de inocencia de los presuntos culpables sólo permite que reporteros describan y escriban para los medios de comunicación, pueden escribir una crónica para los periódicos, pero no pueden grabar audio ni video, creo todavía es una limitante en nuestro país, la falta de cobertura completa, transmitir y gravar, por ahora hay que trabajar en impulsar estas medidas.

La publicidad y transparencia que deben tener los juicios penales, tiene varias vertientes y es importante discutirlas porque la credibilidad del sistema de justicia penal depende de la capacidad de encontrar la solución correcta para cada país insertos en el nuevo sistema penal acusatorio sobre todo de América latina.

[1] Doctora en Derecho por la Universidad Nacional Autónoma de México, profesor e investigador de tiempo completo de la Universidad Autónoma de Sinaloa, miembro del Sistema Nacional de investigadores (2010-2017), integrante del Núcleo Académico Básico del Programa de Maestría y de Doctorado en Ciencias del Derecho de la Facultad de Derecho Culiacán, de la UAS. Integrante del Núcleo Académico Básico de la Facultad de Derecho y ciencia Política de la UAS. Los Mochis, Sinaloa. Miembro del cuerpo Consolidado, Clave:UAS-CA-260, con líneas de investigación en Derecho Público, Derecho Social y Derecho Privado.

México siguió la línea de otros países, incluyendo el sistema federal de justicia estadounidense que no permite cámaras, pero sí reporteros que después escriben o reportan el juicio y las audiencias, o publican dibujos de lo que sucedió en el tribunal, se entiende que hay que seguir perfeccionando el nuevo sistema penal que por ende se encuentra en proceso de consolidación

I. DESAFÍOS DE LA TRANSNACIONALIDAD

Algunas jurisdicciones estatales, como California, sí permiten cámaras. Pero cuando uno recuerda el juicio de O. J. Simpson y conocemos el show mediático que fue su juicio de asesinato donde el juez, los abogados y los testigos estaban más preocupados por sus ratings que por el juicio también se entiende por qué hay que limitar por lo menos las cámaras en el recinto. Es una experiencia que hay que observar para perfeccionar nuestro sistema de justicia a través de instrumentos jurídicos acordes a nuestra realidad social y mediática.

La interrogante es: ¿Será suficiente la presencia de reporteros y público en los tribunales para darle credibilidad a los resultados de los juicios contra gobernadores mexicanos? Tenemos mucho que aprender de los guatemaltecos.

La reforma constitucional vigente en todos los estados del país, busca como objetivo principal *«mejorar el funcionamiento de las diferentes instituciones que integran el sistema de justicia en México»*, obtener y presentar resultados objetivos eficientes y eficaces en materia de seguridad pública, procuración e impartición de justicia, así como la reinserción social; por lo que con la entrada en vigor de la reforma, la administración de justicia, enfrenta los impactos de carácter humano, regulativo, procedimental, organizacional, estructural, tecnológico, así como lo referente a equipamiento e infraestructura, no sólo de los órganos jurisdiccionales, sino de los auxiliares y logísticos que soportan el nuevo aparato de justicia en México.

En sí, este nuevo Sistema, tiene actualmente todavía bastantes deficiencias sobre todo en materia de capacitación, sean policías, fiscales, peritos y jueces, el nuevo sistema no es perfecto, hay que seguir vigilando, supervisando y evaluando el comportamiento y desempeño profesional de los encargados de procurar y administrar justicia para evitar actos de corrupción en el momento de la detención del inculpado, actualizar el sistema jurídico que dio origen a la reforma, y seguir en la búsqueda de nuevos ordenamientos jurídicos que den mayor certeza, seguridad y fortaleza, considerando las opiniones, experiencias y todo lo referente a su situación para la consolidación de este sistema en nuestro país.

La reforma al Sistema de Justicia Penal en México, es una realidad y un gran reto que están enfrentando los policías investigadores, peritos, agentes del ministerio público en algunos estados y fiscales en otros como Sinaloa, jueces y abogados que a la fecha están quedando a deber una actuación profesional que de seguridad a la sociedad.

El proceso de justicia penal es un tema de interés público, porque salvaguarda los intereses y se preservan las garantías constitucionales de las víctimas así como de los procesados e imputados de algún delito. Es sumamente importante fortalecer las instituciones y actores involucrados en el proceso de procuración e impartición de justicia con el objetivo de tener un sistema equitativo, eficiente y eficaz. La reforma constitucional en materia de justicia penal y seguridad pública del año 2008, hoy instrumentada en todo los estados de nuestro país, reemplaza el sistema de juicios tradicionales, caracterizado por depositar la revisión del proceso en un solo juzgado, por un modelo de corte acusatorio oral en el cual se encuentran separadas las funciones de investigación, acusación y resolución del hecho ilícito, que permita consolidar un sistema de justicia eficiente y eficaz que atienda el propósito de prevenir, perseguir y castigar el delito, así como de impartir justicia de manera expedita y orientado al esclarecimiento de los hechos, a la reparación del daño a las víctimas, disminuir la impunidad y proteger a los inocentes para construir un entorno que aumente la confianza de la ciudadanía en las instituciones.

Es preocupante el comportamiento de la sociedad en el comportamiento que documenta la Encuesta Nacional de Victimización y Percepción sobre Seguridad Pública, 93.7% del total de delitos ocurridos en el país en 2015 no fueron denunciados o no derivaron en una investigación por parte de la autoridad; entre los principales motivos que mencionaron las víctimas para no denunciar fueron la desconfianza en las autoridades y por considerar una pérdida de tiempo acudir con el Ministerio Público, que no les garantiza el interés particular a la víctima afectada por un delito.

La reforma constitucional jurídicamente garantiza los derechos de la víctima y del inculpado al introducir nuevas formas de operación del proceso judicial, como la posibilidad de resolver conflictos INEGI[2], mediante acuerdos entre los involucrados directos en el acto delictivo, a través de los mecanismos de oportunidad, mediación y conciliación, sin que ello signifique una violación al principio de legalidad.

Principales instituciones involucradas en el nuevo sistema de justicia penal son:

Poder Judicial, Procuradurías o fiscalías, Defensores públicos, Secretarías de Seguridad Pública, Instituciones para adolescentes, Justicia Militar, Mediadores, Unidades de atención a víctimas Unidades de Medidas Cautelares, Unidades de Policía Procesal, Sistema penitenciario[3].

[2] Estadísticas judiciales en el marco del nuevo sistema de justicia penal en México. 2017.

[3] Fuente: Secretaría Técnica del Consejo de Coordinación para Implementación del Sistema de Justicia Penal.

Con los nuevos procedimientos se espera una investigación del hecho delictivo más ágil y efectiva; así como brindar atención integral a las víctimas, asegurándoles además la reparación del daño y su participación directa en los juicios; primacía del principio de presunción de inocencia en todo el proceso; uso de mecanismos alternativos en la solución de controversias; prestación de servicios de defensoría pública; uso restringido de la prisión preventiva; igualdad de condiciones entre las partes para argumentar y presentar pruebas; y presencia directa de los jueces en todas las audiencias, entre otras determinaciones establecidas en la reforma. Uno de los más grandes desafíos de la citada reforma es que la ciudadanía conozca su trascendencia y prerrogativas básicas, además dos retos fundamentales: el primero es lograr un cambio cultural en la manera como se asume la justicia en México, con base en los postulados de eficiencia, legalidad, respeto a los derechos humanos, atención a víctimas, y cumplimiento del debido proceso; el segundo, que las personas conozcan sus procedimientos básicos para evitar interpretaciones erróneas.

II. ORGANIZACIONES DE LA SOCIEDAD CIVIL

Estas han desarrollado trabajos sustentados en el uso de información estadística, tanto de fuentes públicas como la generada por instrumentos propios de las mismas organizaciones, independientemente de su origen, muestran una serie de análisis o evaluaciones sobre la actuación del nuevo sistema de justicia, entre otras organizaciones, actúan las siguientes:

- México Evalúa tiene amplios estudios en materia de justicia y seguridad, tales como el esquema de evaluación ciudadana denominado Justicia a la medida: 7 indicadores sobre la calidad de la Justicia Penal en México.
- RENACE, a través de su Observatorio Ciudadano de la Justicia, realiza una serie de informes a través del análisis de información estadística sobre el NSJP, para dar cuenta sobre el monitoreo y el fortalecimiento del sistema en diferentes estados de la República Mexicana.
- Observatorio Nacional Ciudadano de Seguridad, Justicia y Legalidad ha realizado una serie de análisis sobre datos derivados de la incidencia delictiva para mostrar reportes sobre el comportamiento de delitos de alto impacto.
- CIDAC elaboró mediante un ejercicio de análisis un reporte denominado Hallazgos 2015: evaluación de la implementación y operación a ocho años de la reforma constitucional en materia de justicia penal.
- Alto al Secuestro presentó un informe que compila diversas fuentes públicas relacionadas con información sobre el delito de secuestro y víctimas registradas a fin de evidenciar en que entidades federativas es más recurrente, entre otros elementos.

Por su parte, entre los esfuerzos gubernamentales, se encuentran los trabajos realizados por el INEGI, el Secretariado Ejecutivo del Sistema Nacional de Seguridad Pública (SESNSP) y la Secretaría Técnica del Consejo de Coordinación para la Implementación del Sistema de Justicia Penal (SETEC).

El INEGI, a través del Subsistema Nacional de Información de Gobierno, Seguridad Pública e Impartición de Justicia (SNIGSPIJ), cambió la forma de producir estadísticas oficiales en los temas sobre seguridad y justicia, ya que proporcionó canales de comunicación con distintas unidades del Estado para fortalecer los métodos y técnicas de generación de información. Gracias al SNIGSPIJ, el INEGI ha sistematizado la generación de proyectos relacionados con la producción de información estadística sobre crimen, delincuencia y datos afines mediante diversos instrumentos: censos nacionales de gobierno, encuestas de victimización y percepción, y el aprovechamiento de los registros administrativos, proponiendo además instrumentos regulatorios para obtener datos oficiales sobre la comisión de conductas delictivas, como es la «Norma Técnica para la Clasificación Nacional de Delitos del Fuero Común para

Fines Estadísticos[4]. El Inegi, hace aportaciones de suma importancia a la sociedad, por su infraestructura, recursos financieros, administrativos, humanos y los distintos mecanismos de medición, encuestas, entrevistas de profesionales debidamente capacitados para realizar tareas de información calificada sobre el hacer y pensar del ciudadano.

III. JUSTICIA SIN FRONTERAS

III.1. *Baltasar Garzón se pronuncia a favor de justicia sin frontera*

III.1.1 Madrid, 17 (AFP). El juez español Baltasar Garzón, que instruye un sumario por genocidio y terrorismo durante las pasadas dictaduras en Argentina y Chile, se pronunció a favor de la «entrega temporal» de detenidos con fines judiciales en el Cono Sur, tal como rige en la Unión Europea (UE) y dijo que la justicia debe ser transnacional.

Baltasar Garzón, juez español, quien se manifiesta a favor de la transnacionalidad de la justicia. (Laserfoto de archivo.) / ABC Color.

> «Si para el crimen no hay fronteras, sería demasiado torpe que nosotros las impusiéramos a la justicia. Lo que no significa que no existan reglas; hay principios que se aplican a través de diferentes convenios y que son con los que podemos actuar», dijo Garzón al diario El Comercio de España.

[4] INEGI. Estadísticas judiciales en el marco del nuevo sistema de justicia penal en México. 2017.

Durante su conferencia en Guayaquil, destacó la transparencia e independencia de los jueces al momento de emitir sus fallos, en vista que pueden tener influencias sobre todo el área política.

En su opinión, «la sociedad necesita creer en la función judicial, la cual ha sido desacreditada por introducir en la administración de justicia ejes de corrupción que desgraciadamente han sido manejados por los jueces»

«Los jueces deben ser independientes, agregó Garzón, y no debemos doblar la rodilla ante un poder establecido que vaya en contra de los derechos universales del hombre. Debemos justicia y no someternos a la corrupción

«La acción de la justicia puede verse obstruida cuando los poderes económicos presionan para que una investigación no se produzca», expresó. El juez español dijo, además, que la lucha contra el terrorismo y el narcotráfico debe ejecutarse, pero más aún la lucha en contra del tráfico de personas, que genera por lo menos 8 millones de dólares.

IV. ENTREGA TEMPORAL DE PRESOS

> «Siempre he dicho que mi idea fundamental es ir hacia una justicia sin fronteras, hacia espacios judiciales amplios y únicos, como lo estamos consiguiendo en Europa con la convergencia de normas, que debe suponer suprimir las trabas formales para hacer efectiva la justicia; y soy de los que abogan que no deben existir mecanismo de extradición», afirmó Garzón en declaraciones a la AFP.
> «No hay dificultad entre sistemas procesales garantistas que a través de convenios internacionales prevean la entrega de personas para interrogar, juzgarles y luego acordar el lugar para cumplir la pena».

Consideró el magistrado de la Audiencia Nacional, principal instancia penal española.

«Si somos capaces de separar los campos de lo que es cooperación judicial y acciones políticas, es el modelo que hay que exportar», subrayó Garzón.

Preguntado acerca de si esa fórmula podría aplicarse para con los más de 40 ex represores cuya extradición desde Argentina a España reclamó Garzón al menos en dos ocasiones, el magistrado reiteró que no debería existir ninguna traba para que se produzca «la administración de justicia y el resarcimiento de las víctimas». Para mejor comprensión se presenta la «Entrevista Fernando Delgado con el tema Justicia sin fronteras:

[youtube=http://www.youtube.com/watch?v=FvpJCE8kcnI&w=297&h=211]

Caricato da *TVCajaCanarias* in data 01/gen/2012.

Charla de Baltasar Garzón y Dolores Delgado moderada por Fernando Delgado en el ciclo La Justicia que Queremos dentro de El Mundo Que Queremos 2011.

V. LA JUSTICIA SIN FRONTERAS

La Corte Penal Internacional es el último recurso que muchos países tienen para combatir la impunidad de los crímenes contra los derechos humanos. Este concepto de jurisdicción universal abrió la posibilidad a tribunales nacionales de sancionar violaciones de los derechos humanos cometidos fuera de competencia territorial.

Baltasar Garzón armó el primer caso en el que se ha aplicado el principio de la jurisdicción universal a un ex Jefe de Estado. La actuación de Garzón en el caso del exdictador chileno Augusto Pinochet, supuso un hito en la historia del derecho. Este caso aportó un gran avance en la persecución de los crímenes internacionales contra los derechos humanos al fundamentar la declaración de extradición en la comisión de crímenes internacionales, que no estaban cubiertos por la inmunidad que el derecho internacional otorga a los ex Jefes de Estado. Como es sabido, por razones de humanidad, el Gobierno de su Majestad británica decidió autorizar el retorno del declarado extraditable a su país (marzo del año 2000). Esta autorización permitió solucionar un punto de conflicto entre Inglaterra y Chile, cuyas históricas relaciones de amistad ambos Estados tenían

Seguramente interés en preservar los casos llevados por el que fuera Juez de la Audiencia Nacional se estudian actualmente en las facultades de derecho de Universidades de todo el mundo, entre las que se encuentran Harvard y Yale. Atesora más de 20 Doctorados Honoris Causa, y ha recibido el apoyo de la Comisión Internacional de Juristas (CIJ), integrada por 59 presidentes y ex presidentes de Cortes Supremas, magistrados y abogados de países representados en Naciones Unidas que tiene su sede en Ginebra. El 23 de julio de 2010 Garzón participó en los cursos de la Universidad de Verano de Adeje-ULL con una clase magistral sobre la justicia universal.

La fiscal de la Audiencia Nacional María Dolores Delgado se pondrá a la cabeza del equipo de la Corte Penal Internacional (CPI) que investigará los posibles crímenes cometidos por el régimen libio de Muamar el Gadafi en la represión a la revuelta iniciada el pasado 15 de febrero. Delgado, una vez resuelva algunos asuntos pendientes en la Audiencia Nacional, se incorporará en comisión de servicio al tribunal con sede en La Haya. La fiscal tendrá que participar en la redacción de la orden de detención que la corte formule si es pertinente contra el líder libio y sus círculo próximo.

Delgado intervino en la causa contra el exmilitar argentino Adolfo Francisco Scilingo, condenado a más de 1.000 años de cárcel por asesinato y detención ilegal en la Escuela Superior de Mecánica de la Armada (ESMA). La fiscal coordina en la actualidad los casos sobre terrorismo islamista en la Audiencia Nacional.

VI. EFICIENCIA EN EL SISTEMA ORAL ADVERSARIAL

Con el lema justiciero de*»Es mejor arriesgar que se salve un culpable que condenar a un inocente». Voltaire.*

En el tema de la justicia sin fronteras en el sistema oral adversarial, se exploran, análisis y propuestas viables sobre objetivos que marcan la problemática que experimentan algunos países latinoamericanos entre ellos México, y otros de Europa como España con sistema de justicia oral penal, que busca internacionalizar los métodos y mecanismos jurídicos en materia de justicia sin fronteras. Exhibir el sistema de justicia penal actual de un estado que por razones de idiosincrasia responde a una determinada ideología, que a lo largo de la historia ha girado en torno al papel que debe cumplir frente al fenómeno del delito como una aspiración universal de seguridad y bienestar social en el mundo moderno. Detectar y determinar los excesos que limitan la impartición de justicia, evaluar alternativas viables, observación irrestricta a los derechos humanos y el debido proceso.

La pregunta obligada que nos hacemos al abordar este tema de corte internacional, desde la justicia sin fronteras que busca razonablemente obtener eficacia en la aplicación de los nuevos sistemas de justicia oral. Por ello es necesario hacernos cuestionamiento de pertinencia objetiva sobre hacia ¿dónde vamos? ¿será hacia una mejor procuración e impartición de justicia? hacia un verdadero estado de derecho? O ¿hacia una justicia más eficiente, transparente y objetiva? Es de suponer que vamos por esas respuestas: México forma parte ya del grupo de países latinoamericanos que en forma total han instaurado en todo su territorio los tribunales de justicia oral, entre los que se encuentran argentina Bolivia, Colombia, Costa Rica, Chile; Ecuador, El Salvador, Guatemala, Honduras, Nicaragua, Paraguay Perú, República Dominicana y Venezuela que han transitado de un sistema de justicia penal de corte inquisitivo o mixto en algunos de los casos hacia uno de corte acusatorio.

España es un país con voces críticas, que califican sus procesos de ineficiente y tardío en el estudio que nos ocupa, por lo que considero nunca es tarde para corregir y delinear nuevas políticas que trasciendan el orden internacional en la materia. Como una respuesta oportuna a la problemática, es el diseño del III Coloquio internacional de investigación en derecho: Desafíos de la justicia constitucional y convencional. Con ideas y experiencias desde nuestros propios países, en el que vamos juntos!

Los países latinoamericanos que iniciaron en la última década del Siglo xx con instituciones judiciales débiles, ineficientes y políticamente vulnerables en materia procuración y administración de justicia, se colapsaron en el proceso penal inquisitorio y dieron lugar a sistemas de justicia penal, con la premisa de la oralidad, características y principios que se estudian.

VII. PROBLEMÁTICA CRIMINAL TRANSFRONTERIZA

Para entender el fenómeno criminal que está sucediendo en distintos países del orbe, habrá que responder a los planteamientos de la filósofa Martha Nussbaum, desarrolla el enfoque para una teoría de los derechos básicos de los seres humanos, cuyo respeto representa el requisito mínimo de lo que la autora entiende por dignidad humana. Base imprescindible sobre las capacidades humanas, que se refiere a las personas que son efectivamente capaces de hacer y ser en el marco de una vida humana digna, que permitan plantear desde esta perspectiva, la idea de un mínimo social básico de justicia[5]. Para su logro se necesita la observación objetiva de que el Contrato Social es la base de una de las teorías de Justicia más poderosas y duraderas del mundo occidental. Se sigue en espera de una respuesta que resuelva los graves problemas de justicia que las sociedades demandan para transitar a una verdadera impartición de justicia eficaz con exigencias de cumplimiento oportuno y pertinente[6]. Aun así está en deuda el Contrato Social con respecto a la dignidad de la sociedad humana, a través de la vigencia del principio pro persona.

Existen problemas de criminalidad en distintos países, y el nuestro no es la excepción trastocan fronteras, con casos ejemplares que dieron origen a sentencias absolutorias, el caso de Florense Casses de nacionalidad francesa, que por falta de un debido proceso, exigencia jurídica nacional e internacional, la Corte en México y a juicio de la Primera Sala de la Suprema Corte de Justicia de la Nación, resolvió «la vulneración de los derechos fundamentales de la acusada en el proceso penal puede provocar, en determinados supuestos, la invalidez de todo el proceso, así como de sus resultados, lo cual imposibilitaría al juez para pronunciarse sobre la responsabilidad penal de una persona», En esa lógica en sesión de la Suprema Corte de Justicia de la Nación de 23 de enero del 2013, y condenada a 60 años de prisión en México por secuestro[7]. El proyecto de la ministra Sánchez obtuvo tres

[5] Di Tulio Arias, Ana Bella, ¿Hacia una justicia sin fronteras? El enfoque de las capacidades de Martha Nussbaum y los límites de la justicia, Revista Internacional de Filosofía, pág. 51.

[6] Principalmente J. Rawls: *Teoría de la justicia,* México, Fondo de Cultura Económica, 1978, y *El liberalismo* político, Barcelona, Crítica, 1996.

[7] Resolución de la SCJN que puso en libertad a Florence Cassez, El Economista, 06 de junio 2017.

votos a favor y dos en contra, lo que permitió que Cassez quedara en libertad por violaciones en el proceso judicial en su contra.

Otros casos de mexicanos detenidos en el extranjero por denuncias penales del gobierno mexicano, hicieron posible algunas detenciones en otros países, como el caso del ex gobernador de Veracruz en Guatemala, el de otro ex gobernador de Quintana Roo en Panamá, por autoridades extranjeras que tienen sistema de justicia oral y que han cuidado todos los protocolos y legislaciones para un debido proceso y pronta extradición a nuestro país, ambos privados de la libertad con apego a convenios y tratados internacionales y cumplimiento de sus protocolos.

Es una aspiración universal de seguridad y bienestar social en el mundo moderno, lograr con la existencia de Sistemas de justicia Penal, eficentar los mecanismos de procuración de justicia, sea ésta, pronta y expedita, objetivo que se puede lograr con la actuación oportuna y pertinente de una responsable institución de procuración de justicia, utilizando las herramientas técnicas de investigación y científicas en materia criminal que proporcione seguridad jurídica a las partes que intervienen en el sistema adversarial con las garantías constitucionales que de acuerdo al marco legal se obtenga una eficiente aplicación de la norma en la materia así como la observancia irrestricta a los derechos humanos, sin violentar ningún precepto jurídico de derecho constitucional o supranacional, como son los organismo de las ONG, los Derechos Humanos entre otros.

Los problemas a los que se han enfrentado algunos países en la aplicación del sistema oral son muy diversos, podemos identificar tres que fueron destacados por varios de los países: la falta de recursos económicos, la falta de formación en capacitación y el apego al sistema escrito.

VII.1. *Internacionalización de justicia oral*

Es muy importante hacer notar que prácticamente todos los países declaran que la aplicación del sistema oral logró la agilización de los procesos así como la reducción de la mora judicial, aunque todavía se presentan deficiencias sobre todo en nuestro país.

Analizando las fases del proceso penal en que está prevista la audiencia oral, encontramos que nueve países (Chile, Ecuador, El Salvador, Guatemala, Honduras, Perú, Puerto Rico, República Dominicana y Venezuela) tienen prevista la audiencia oral en todas las fases del proceso penal: Inicial, intermedio, juicio, ejecución y recursos.

En Argentina, la audiencia oral sólo está prevista en la fase del juicio y en el recurso de sentencia; en Brasil se previene en la fase inicial e intermedia. En Uruguay está prevista para la inicial, intermedia y juicio; en Bolivia y Colombia la audiencia oral se puede llevar a cabo en la fase inicial, intermedia, el juicio y los recursos, mientras que Costa Rica, Paraguay y Portugal la establecen para la fase intermedia, el juicio, la ejecución y el recurso de sentencia. Cabe señalar que actualmente en Costa Rica la ley no prevé expresamente que la fase inicial sea oral o escrita, por lo que el país está en un proceso de oralidad cada vez mayor de la fase inicial.

Asimismo, a través de un juicio público, sólo posible en el ámbito de la oralidad, la sociedad ejerce legítimas facultades de conocimiento y control acerca del verdadero contenido de la actividad de sus jueces y tribunales. Mismos que no basta su fundamentación jurídica, hay que legitimarlos frente a la sociedad a través de los distintos actores, abogados litigantes y autoridades partes en el proceso oral.

LA COLABORACIÓN PÚBLICO-PRIVADA EN LA IMPLEMENTACIÓN DE LA ADMINISTRACIÓN ELECTRÓNICA: LOS GESTORES ADMINISTRATIVOS

José Luis Domínguez Álvarez[1]

I. INTRODUCCIÓN

Los cambios legislativos producidos en nuestro país durante la última década pretenden incorporar las nuevas tecnologías de la información y la comunicación en los diferentes procedimientos y actuaciones de las Administraciones públicas. La implementación de la e-Administración supone uno de los retos más importantes del Sector Público español, requiriendo una profunda transformación tanto de la estructura como de las actuaciones administrativas, pero al mismo tiempo conlleva grandes ventajas y permite abrir nuevos horizontes: la aproximación de la Administración a la ciudadanía, la mejora de la eficiencia y la eficacia administrativa o el fomento de la transparencia son solo algunos de los beneficios de este cambio de paradigma. Ante este contexto, los profesionales colegiados, especialmente los Gestores Administrativos, se convierten en colaboradores necesarios de las Administraciones públicas, promoviendo la digitalización de un gran número de procedimientos administrativos, apostando por incrementar la simplificación, agilidad y proximidad de los diferentes trámites, fomentando la integración del conjunto de la ciudadanía en la Sociedad de la Información y el Conocimiento, e incluso salvaguardando derechos fundamentales mediante la realización de múltiples obligaciones administrativas.

[1] Investigador en Formación (FPU) Área de Derecho Administrativo, Universidad de Salamanca.

II. LA DIGITALIZACIÓN DE LA ADMINISTRACIÓN PÚBLICA ESPAÑOLA

II.1. *Ley 11/2007, de 22 de junio, de acceso electrónico de los ciudadanos a los servicios públicos*

La Ley 11/2007, de 22 de junio, de acceso electrónico de los ciudadanos a los Servicios Públicos supuso el punto de partida en la aplicación de las nuevas tecnologías de la información y la comunicación (TIC) en la actividad administrativa. De esta forma se reconoce el derecho de los ciudadanos a relacionarse con las Administraciones Públicas por medios electrónicos, regulando los aspectos básicos de la utilización de las tecnologías de la información en las diferentes actuaciones administrativas, en las relaciones entre las diferentes Administraciones Públicas, así como en las relaciones de los ciudadanos con las mismas con la finalidad de garantizar sus derechos, un tratamiento común ante ellas y la validez y eficacia de la actividad administrativa en condiciones de seguridad jurídica.

De esta forma, se inicia un lento pero progresivo cambio de paradigma en la Administración Pública española, con el que se pretenden implementar de manera decidida las ventajas o potencialidades derivadas de las nuevas tecnologías de la información y la comunicación en las diferentes actuaciones administrativas:

- Facilitar el ejercicio de derechos y el cumplimiento de deberes de los administrados por medios electrónicos.
- Facilitar el acceso por medios electrónicos de los ciudadanos a la información y al procedimiento administrativo, con especial atención a la eliminación de las barreras que limiten dicho acceso.
- Crear las condiciones de confianza en el uso de los medios electrónicos, estableciendo las medidas necesarias para la preservación de la integridad de los derechos fundamentales, y en especial los relacionados con la intimidad y la protección de datos de carácter personal, por medio de la garantía de la seguridad de los sistemas, los datos, las comunicaciones, y los servicios electrónicos.
- Promover la proximidad con el ciudadano y la transparencia administrativa, así como la mejora continuada en la consecución del interés general.
- Contribuir a la mejora del funcionamiento interno de las Administraciones, incrementando la eficacia y la eficiencia de las mismas mediante las TIC.
- Simplificar los procedimientos administrativos y proporcionar oportunidades de participación y mayor transparencia, con las debidas garantías legales[2].

[2] *Cf.* Artículo 3 Ley 11/2007, de 22 de junio, de acceso electrónico de los ciudadanos a los Servicios Públicos.

Esta apuesta decidida por la implementación de las nuevas tecnologías de la información y la comunicación en las actuaciones administrativas se ve reforzada de forma muy significativa con la promulgación de la Ley 19/2013, de 9 de diciembre, de Transparencia, Acceso a la Información Pública y Buen Gobierno con la que se pretende tanto incrementar y reforzar la transparencia de la actividad pública, como reconocer y garantizar el derecho de acceso a la información pública por parte de la ciudadanía al mismo tiempo que se establecen una serie de obligaciones de buen gobierno que deben cumplir los responsables públicos[3].

II.2. *Comisión para la reforma de las Administraciones Públicas*

En octubre de 2012, el Consejo de Ministros llevo a cabo la aprobación del Acuerdo por el que se crea la Comisión para la Reforma de las Administraciones Públicas (CORA).

Dicha Comisión se enmarca dentro del proceso reformista iniciado por el Gobierno en el año 2012, con la finalidad de buscar alternativas que permitieran mejorar la situación de inestabilidad económica que vivía España[4]. El objeto de la citada Comisión, adscrita a la Secretaría de Estado de Administraciones Públicas, no era otro que el de realizar un estudio integral de las Administraciones Públicas que permitiera diseñar medidas que contribuyeran a hacer estas más ágiles, eficientes y próximas a la ciudadanía[5], las cuáles deberían elevarse al Ministerio de Hacienda y Administraciones Públicas antes del 30 de junio de 2013.

De esta forma se pretende alcanzar la simplificación de los procedimientos administrativos, reducir las cargas administrativas a los ciudadanos y empresas, implantar definitivamente el funcionamiento electrónico, así como evitar solapamientos y duplicidades entre las distintas Administraciones públicas españolas.

El resultado de los trabajos desarrollados por la Comisión para la Reforma de las Administraciones Públicas se plasma definitivamente en el informe presentado ante el Consejo de Ministros el 21 de junio de 2013.

[3] *Vid.* Sanmartín Mora, M. A. «El marco normativo de la transparencia para las entidades locales aragonesas. Las obligaciones de publicidad activa1», *Anuario Aragonés de Derecho Local 2015*, pp. 345-392, 2016.

[4] *Cf.* Acuerdo del Consejo de Ministros de 26 de octubre de 2012, por el que se promueve la creación de la Comisión para la Reforma de las Administraciones Públicas.

[5] *Cf.* Real Decreto 671/2014, de 1 de agosto, de modificación del Real Decreto 199/2012, de 23 de enero, por el que se desarrolla la estructura orgánica básica del Ministerio de la Presidencia y se modifica el Real Decreto 1887/2011, de 30 de diciembre, por el que se establece la estructura orgánica básica de los departamentos ministeriales.

En el informe en cuestión se recogen 218 medidas encaminadas a mejorar y simplificar el funcionamiento de la Administración pública española. Entre estas medidas podemos destacar las siguientes:

- Implantación de un sistema de medición de la productividad y la eficiencia.
- Desarrollo de un *Plan de Racionalización Normativa*, con el objetivo de revisar y simplificar la normativa administrativa. Fruto del mismo se elaboraron dos disposiciones normativas con la finalidad de regular tanto el Régimen Jurídico de las Administraciones Públicas, como el Procedimiento Administrativo Común, disposiciones que dieron lugar a:
  - Ley 39/2015, del Procedimiento Administrativo Común de las Administraciones Públicas (LPACAP).
  - Ley 40/2015, del Régimen Jurídico del Sector Público (LRJSP).
- Reforma de la Ley 38/2003, de 17 de noviembre, General de Subvenciones.
- Elaboración de un Anteproyecto de Ley Orgánica de Control de la Deuda Comercial en el Sector Público.
- Reestructuración del Sector Público Empresarial y Fundacional.
- Creación de una central de información económico-financiera de las Administraciones públicas, etc.[6].

Tras la publicación del Informe CORA, se crea la Oficina Para la Ejecución de la Reforma de la Administración (OPERA), con la finalidad de ejecutar, impulsar y llevar a cabo el seguimiento de las medidas contenidas en citado Informe[7].

II.3. *Ley 39/2015, de 1 de octubre, del procedimiento administrativo común de las Administraciones Públicas*

La Ley 39/2015, de 1 de octubre, de Procedimiento Administrativo Común de las Administraciones Públicas señala que la tramitación electrónica debe constituir la actuación habitual de las Administraciones, por tanto, con la promulgación de esta norma la digitalización de la Administración española deja de ser una aspiración para convertirse en realidad, en cambios tangibles que permitan fomentar de manera decidida la eficiencia y la eficacia en las actuaciones administrativas llevadas a cabo para satisfacer mejor los intereses generales.

[6] *Cf.* Informe CORA. «Reforma de las Administraciones Públicas». Ministerio de la Presidencia, Madrid, 2013.

[7] Cf. Real Decreto 479/2013, de 21 de junio, por el que se crea la Oficina para la ejecución de la Reforma de la Administración.

En lo que respecta a los profesionales colegiados, esta Ley contiene una serie de disposiciones que afectan de forma neurálgica a la profesión y al desarrollo de la gestión administrativa.

En primer lugar, el artículo 14.2 LPACAP señala que, en todo caso, estarán obligados a relacionarse a través de medios electrónicos con las Administraciones Públicas para la realización de cualquier trámite de un procedimiento administrativo, al menos, los siguientes sujetos:

a) Las personas jurídicas.

b) Las entidades sin personalidad jurídica, como por ejemplo, las comunidades de vecinos.

c) Quienes ejerzan una actividad profesional para la que se requiera colegiación obligatoria, para los trámites y actuaciones que realicen con las Administraciones Públicas en ejercicio de dicha actividad profesional. En todo caso, dentro de este colectivo se entenderán incluidos los notarios y registradores de la propiedad y mercantiles.

d) Quienes representen a un interesado que esté obligado a relacionarse electrónicamente con la Administración.

Por tanto, la Ley 39/2015 establece la obligación expresa para los Gestores Administrativos de relacionarse a través de medios electrónicos para la realización de cualquier trámite administrativo que se enmarque dentro de las funciones desarrolladas profesionalmente, ya que para el ejercicio de la profesión se requiere la previa colegiación de los profesionales, tal y como se establece en el Reglamento Regulador del Ejercicio Personal de la Profesión de Gestor Administrativo.

En segundo lugar, el artículo 5 LPACAP establece que los interesados con capacidad de obrar podrán actuar por medio de representante, entendiéndose con este las actuaciones administrativas, salvo manifestación expresa en contra del interesado.

Las personas físicas con capacidad de obrar y las personas jurídicas, siempre que ello esté previsto en sus Estatutos, podrán actuar en representación de otras ante las Administraciones Públicas.

Para formular solicitudes, presentar declaraciones responsables o comunicaciones, interponer recursos, desistir de acciones y renunciar a derechos en nombre de otra persona, deberá acreditarse previamente la representación, mientras que para los actos y gestiones que supongan un mero trámite esta se presumirá.

Adicionalmente se señala que la representación podrá acreditarse mediante cualquier medio válido en Derecho que deje constancia fidedigna de su existencia, entendiéndose acreditada la representación realizada mediante apoderamiento *apud acta* efectuado por comparecencia personal o comparecencia electrónica en la correspondiente sede electrónica, o a través de la acreditación de su inscripción en el registro electrónico de apoderamientos de la Administración Pública competente.

En tercer lugar, y vinculado a lo señalado con anterioridad, la Ley objeto de estudio introduce una serie de indicaciones en lo que respecta al registro de los apoderamientos, estableciendo que la Administración General del Estado, las Comunidades Autónomas y las Entidades Locales dispondrán de un registro electrónico general de apoderamientos, en el que deberán inscribirse, al menos, los de carácter general otorgados *apud acta*, presencial o electrónicamente, por quien ostente la condición de interesado en un procedimiento administrativo a favor de representante, para actuar en su nombre ante las Administraciones Públicas. También deberá constar el bastanteo realizado del poder.

En el ámbito estatal, este registro se corresponderá con el Registro Electrónico de Apoderamientos de la Administración General del Estado.

Los registros generales de apoderamientos no impedirán la existencia de registros particulares en cada Organismo donde se inscriban los poderes otorgados para la realización de trámites específicos en el mismo. Cada Organismo podrá disponer de su propio registro electrónico de apoderamientos.

Adicionalmente, se establecen una serie de requisitos que deben cumplir los diferentes registros electrónicos de apoderamientos, como la exigencia de que estos sean plenamente interoperables entre sí[8], de modo que se garantice su interconexión, la compatibilidad informática, así como la transmisión telemática de las solicitudes, escritos y comunicaciones que se incorporen a los mismos[9].

De esta forma se pretende que los registros electrónicos generales y particulares de apoderamientos permitan comprobar válidamente la representación de quienes actúen ante las Administraciones Públicas en nombre de un tercero, mediante la consulta a otros registros administrativos similares, al registro mercantil, de la propiedad, y a los protocolos notariales[10].

Esta cuestión reviste una importancia fundamental en el caso de los Gestores Administrativos, ya que no debemos olvidar que según lo establecido en el artículo

[8] La interoperabilidad se presenta, por tanto, como el desafío más importante que se plantea a la gestión administrativa en la primera mitad del siglo XXI. Hace posible que los datos situados en un punto de un sistema (por ejemplo, los que contenga un expediente administrativo electrónico confiado a un concreto órgano administrativo) puedan ser utilizados de manera electrónica por el conjunto de dicho sistema (por ejemplo, por todos los órganos de una misma Administración) y cruzarse asimismo por medios electrónicos para su uso por los interesados y por otras entidades públicas y privadas.

[9] Vid. GAMERO CASADO, E., «Interoperabilidad y Administración electrónica: conéctense, por favor». *Revista de Administración Pública*, núm. 179, Madrid, 2009, págs. 291-332.

[10] *Cf.* Artículo 6 de la Ley 39/2015, de 1 de octubre, del Procedimiento Administrativo Común de las Administraciones Públicas.

2 del Decreto 424/1963, de 1 de marzo, por el que se aprueba el Estatuto Orgánico de la profesión de Gestor Administrativo, los gestores administrativos actúan ante los órganos de las Administraciones públicas en calidad de representantes, de forma habitual, retribuida y profesional, sometiéndose por ello imperativamente al cumplimiento de una serie de normas establecidas en el Estatuto Orgánico de la profesión.

Por último, la nueva Ley del Procedimiento Administrativo Común de las Administraciones Públicas introduce una serie de previsiones acerca la identificación y los medios de firma de los interesados a la hora de realizar trámites en el marco de un procedimiento administrativo. Así, según el artículo 9 LPACAP, las Administraciones Públicas están obligadas a verificar la identidad de los interesados en el procedimiento administrativo, mediante la comprobación de su nombre y apellidos o denominación o razón social, según corresponda, que consten en el Documento Nacional de Identidad o documento identificativo equivalente, pudiendo identificarse electrónicamente ante las Administraciones Públicas a través de cualquier sistema que cuente con un registro previo como usuario que permita garantizar su identidad, entre los que destacan:

- Sistemas de firma electrónica reconocida o cualificada y avanzada basados en certificados electrónicos reconocidos o cualificados de firma electrónica expedidos por prestadores incluidos en la «Lista de confianza de prestadores de servicios de certificación».
- Sistemas de sello electrónico reconocido o cualificado y de sello electrónico avanzado basados en certificados electrónicos reconocidos o cualificados de sello electrónico incluidos en la «Lista de confianza de prestadores de servicios de certificación».
- Cualquier otro sistema que las Administraciones Públicas consideren válido, en los términos y condiciones que se establezcan[11].

Si bien, debemos ser conscientes que las Administraciones Públicas solo requerirán a los interesados el uso obligatorio de firma para: formular solicitudes, presentar declaraciones responsables o comunicaciones, interponer recursos, desistir de acciones o renunciar a derechos, tal y como se establece en el artículo 11 LPACAP.

Adicionalmente, de lo establecido por la Ley 39/2015 se deriva también que no solo los Colegios o los Consejos de colegios están obligados a presentar a través de medios electrónicos los documentos de todo tipo dirigidos a las Administraciones, sino que también las propias Administraciones deben notificar por dichos

[11] *Cf.* Artículo 10 de la Ley 39/2015, de 1 de octubre, del Procedimiento Administrativo Común de las Administraciones Públicas.

medios los actos administrativos y las resoluciones dirigidas a las Corporaciones profesionales. Los órganos administrativos a los que le corresponda la tramitación de un procedimiento están además obligados a tramitar un procedimiento de subsanación en el plazo de diez días en relación las solicitudes o comunicaciones presentadas inicialmente en papel a partir de la fecha de entrada en vigor de la Ley 39/2015, solicitando que se presenten electrónicamente.

III. LA COLABORACIÓN PÚBLICO-PRIVADA COMO MECANISMO DE IMPULSO DE LA ADMINISTRACIÓN DIGITAL: EL PAPEL DE LOS GESTORES ADMINISTRATIVOS

El impulso de la e-Administración hace que los Gestores Administrativos cobren una relevancia fundamental, no solo a la hora de contribuir a impulsar la digitalización de las diferentes actuaciones administrativas, sino también al convertirse en muchos casos en vehículos imprescindibles para la realización de los derechos y obligaciones de la ciudadanía[12].

Por todo ello, podemos decir que el imparable desarrollo de la e-Administración convierte en actores protagonistas e imprescindibles a los Gestores Administrativos, encargados de paliar tanto la brecha generacional como la brecha geográfica que derivan de la desigual capacidad de acceso a los recursos electrónicos.

Todos estos cambios normativos y procedimentales, han exigido numerosos esfuerzos por parte de los profesionales especializados en gestión administrativa, no solo en lo que se refiere a la necesaria formación continua de los Gestores Administrativos, sino también a la adopción de nuevos mecanismos y nuevas herramientas para hacer frente a una tramitación predominantemente electrónica en su relación con las Administraciones Públicas.

A continuación, analizaremos algunos de los acuerdos adoptados por los Gestores Administrativos con la finalidad de potenciar el desarrollo de la e-Administración.

III.1. *Convenios de colaboración*

Las Leyes 39/2015 y 40/2015 permiten celebrar convenios que apuestan por dejar en manos de profesionales cualificados la tramitación de los procedimientos administrativos, convirtiéndose el gestor administrativo en un regalo para la sociedad, encargados de ser realizadores puente de los derechos previstos en la Ley

[12] *Vid.* Rivero Ortega, R. [Conferencia] «El Gestor Administrativo y la realización de los Derechos de la ciudadanía», *Máster Universitario en Gestión Administrativa*, Salamanca, 2017.

39/2015 superando el paso del desierto de la tele-tramitación administrativa y supliendo el agotamiento de la función pública[13].

De esta forma, el artículo 11 LRJSP establece la posibilidad de que la realización de actividades de carácter material o técnico de la competencia de los órganos administrativos o de las Entidades de Derecho Público podrá ser encomendada a otros órganos o Entidades de Derecho Público de la misma o de distinta Administración, siempre que entre sus competencias estén esas actividades, por razones de eficacia o cuando no se posean los medios técnicos idóneos para su desempeño.

Debemos de tener en cuenta que la encomienda de gestión no supone cesión de la titularidad de la competencia ni de los elementos sustantivos de su ejercicio, siendo responsabilidad del órgano o Entidad encomendante dictar cuantos actos o resoluciones de carácter jurídico den soporte o en los que se integre la concreta actividad material objeto de encomienda[14].

Por su parte, el artículo 25.9 EOGA establece de forma similar que los Gestores Administrativos podrán colaborar con la Administración pública con la finalidad de agilizar la tramitación de los procedimientos y para ello, cuando las circunstancias de los mismos así lo aconsejen, se podrá acordar entre los órganos administrativos competentes y Colegios de Gestores Administrativos la adopción de las medidas procedentes para facilitar la presentación de documentos, sin perjuicio de las facultades administrativas de compulsa, que se podrán ejercitar siempre que se estime procedente, y con respeto a los derechos reconocidos al ciudadano[15].

Fruto de este marco regulador, el Consejo General de Colegios de Gestores Administrativos de España, como órgano encargado de ostentar la representación de la profesión tanto a nivel estatal como internacional[16], ha llevado a cabo la firma de numerosos convenios –muchos de los cuales han adoptado la forma de encomienda de gestión– con la finalizar de extender las atribuciones para la actividad profesional.

III.1.1. Colaboración con la Administración General del Estado

Los Convenios más relevantes que los Gestores Administrativos han firmado con la Administración General del Estado (AGE), como colaboradores sociales de las Administraciones Públicas, son los siguientes:

[13] Ibídem.

[14] *Cf.* Artículo 101 de la Ley 40/2015, de 1 de octubre, del Régimen Jurídico del Sector Público.

[15] *Cf.* Artículo 2 del Decreto 424/1963, por el que se aprueba el Estatuto Orgánico de la profesión de Gestor Administrativo.

[16] *Cf.* Artículo 51 del Decreto 424/1963, por el que se aprueba el Estatuto Orgánico de la profesión de Gestor Administrativo.

- **Jefatura Central de Tráfico (JCT).** El 27 de septiembre de 2007 se firma el Convenio de colaboración de gestión administrativa telemática entre el Organismo Autónomo Jefatura Central de Tráfico y el Consejo General de Gestores Administrativos de España, dando lugar a una de las encomiendas de gestión más importantes para la profesión. A través del mismo, se encomienda a los Gestores Administrativos el desarrollo de actuaciones telemáticas encaminadas a facilitar a la ciudadanía la tramitación para la expedición o renovación de autorizaciones de circulación de vehículos, así como la realización de anotaciones en el Registro de Vehículos[17].
- **Agencia Estatal de Administración Tributaria (AEAT).** El primer convenio se suscribe en el año 1996[18], en relación a la gestión de la presentación telemática de declaraciones fiscales en representación de terceros. Posteriormente en 1999, se hace extensiva esa representación de terceros a la realización de cualquier tipo de trámite ante la AEAT mediante el uso de medios electrónicos. En el año 2011 se lleva a cabo la firma de una nueva Adenda que permita la tramitación del Impuesto Especial sobre Determinados Medios de Transporte[19].
- **Tesorería de la Seguridad Social (TGSS).** En el año 2004 se firma un convenio con la finalidad de implementar el Sistema RED, servicio que ofrece la TGSS a empresas, agrupaciones de empresas y profesionales, cuya misión es permitir el intercambio de información y documentos entre ambas entidades a través del uso de las nuevas tecnologías de la información y la comunicación.

En 2005 se establece un nuevo convenio de colaboración que permitía a los Gestores Administrativos participar en el proceso de regularización de trabajadores extranjeros.

[17] *Cf.* Apartado 1 del Convenio de colaboración de gestión administrativa telemática entre el Organismo Autónomo Jefatura Central de Tráfico y el Consejo General de Gestores Administrativos de España.

[18] Cf. Acuerdo de Colaboración entre la AEAT y el Consejo General de los Colegios Oficiales de Gestores Administrativos de España, de 16 de abril de 1996.

[19] Cf. Orden EHA/3496/2009, de 17 de diciembre, por la que se aprueba el modelo 568 de solicitud de devolución por reventa y envío de medios de transporte fuera del territorio, el lugar, forma y plazo de presentación y se establecen las condiciones generales y el procedimiento para su presentación telemática por Internet y se modifica la Orden EHA/1981/2005, de 21 de junio, por la que se aprueba el modelo 576 de declaración-liquidación del Impuesto Especial sobre Determinados Medios de Transporte, el modelo 06 de declaración del Impuesto Especial sobre Determinados Medios de Transporte, exenciones y no sujeciones sin reconocimiento previo, se establecen las condiciones generales y el procedimiento para la presentación telemática por Internet de las declaraciones correspondientes al modelo 576 y se modifica la Orden de 30 de septiembre de 1999, por la que se establecen las condiciones generales y el procedimiento para la presentación telemática de las declaraciones-liquidaciones correspondientes a los modelos 110, 130, 300 y 330.

Finalmente, en 2010 se adoptó un nuevo convenio relativo a la difusión de información y a la formación para la realización obligatoria de todos los trámites referentes a la TGSS a través del Sistema RED y de la plataforma electrónica TESOL[20].

- **Instituto Nacional de la Seguridad Social (INSS).** En el año 2010 se firma un Convenio de colaboración entre el INSS y el Consejo General de Colegios de Gestores Administrativos de España, por el que se permite a estos últimos la utilización de la plataforma TESOL para la solicitud por vía telemática de prestaciones económicas de la Seguridad Social[21].
- **Dirección General del Catastro (DGC).** En el año 2006 se lleva a cabo un acuerdo de colaboración por el que se promueve la creación de Puntos de Información Catastral en los Colegios de Gestores Administrativos[22], de conformidad con lo establecido en el artículo 72 del Real Decreto 417/2006, de 7 de abril, por el que se desarrolla el Texto Refundido de la Ley del Catastro Inmobiliario.
- **Dirección General de Política de Pequeña y Mediana Empresa (DGPYME).** En el año 2008 se firma un convenio con la finalidad de convertir las gestorías administrativas en Puntos de Asesoramiento e Inicio de Tramitación, como un servicio con el objeto de facilitar a los emprendedores información acerca de la constitución de sus empresas a través de las tecnologías de la información y la comunicación[23].
- **Ministerio de Presidencia.** El 20 de octubre de 2010 se suscribe un convenio de colaboración entre el Ministerio de Presidencia y el Consejo General de Colegios de Gestores Administrativos de España con la finalidad de impulsar la tramitación telemática desde las gestorías administrativas.
- **Agencia Estatal del Boletín Oficial del Estado (AEBOE).** Ese mismo año tiene lugar la firma de un convenio con la AEBOE por el que se permite la presentación y el pago telemático por parte de los gestores, de aquellos anuncios

[20] Vid. Ministerio de Empleo y Seguridad Social. Sede Electrónica de la Seguridad Social, Madrid, 2018.

[21] Vid. Torres Verdugo, F. & Rodríguez Rodríguez, P. «Gestores Administrativos: Historia de una profesión viva». Consejo General de Colegios de Gestores Administrativos de España, Madrid, 2016.

[22] Cf. Resolución de 10 de octubre de 2006, por la que se aprueba el Convenio de colaboración celebrado por la Dirección General del Catastro con el Consejo General de Colegios de Gestores Administrativos.

[23] Cf. Convenio de colaboración entre la Administración General del Estado, a través del Ministerio de Industria, Turismo y Comercio (Dirección General de Política de la Pequeña y Mediana Empresa) y el Consejo General de Colegios Oficiales de Gestores Administrativos de España para el establecimiento de Puntos de Asesoramiento e Inicio de Tramitación (PAIT) integrados en la RED CIRCE.

a publicar tanto en el Boletín Oficial del Estado como en el Boletín Oficial del Registro Mercantil por parte de los clientes de las Gestorías Administrativas.

- **Ministerio de Justicia.** En julio de 2016, el Consejo General de Colegios de Gestores Administrativos y la subsecretaría del Ministerio de Justicia suscribieron un protocolo de colaboración por el que los Gestores Administrativos se convertían en el primer colectivo profesional en tramitar de manera telemática y totalmente online, solicitudes de nacionalidad por residencia[24].
- **Consejo de Transparencia y Buen Gobierno.** También en el año 2016, los Gestores Administrativos firmó un convenio con el Consejo de Transparencia y Buen Gobierno para promover la difusión de la cultura de la transparencia y los valores del buen gobierno.

Como hemos podido comprobar el Consejo General de Colegios de Gestores Administrativos desarrolla una actividad frenética en la promoción de acuerdos de colaboración con los diferentes órganos de la Administración General del Estado, con la finalidad de facilitar y extender la labor desarrollada por los profesionales a los que aglutina.

III.1.2. Colaboración con las comunidades autonómas

La colaboración con la Administración autonómica se impulsa a través de los Colegios y Consejos Autonómicos, entidades encargadas de firmar acuerdos con las Consejerías encargadas de la gestión tributaria de las Comunidades Autónomas principalmente. También destacan los convenios en materia de turismo, comercio, agricultura o industria.

En el caso de Castilla y León, podemos destacar el convenio existente con la **Consejería de Economía y Hacienda de la Junta de Castilla y León** con el que se pretende que las gestorías administrativas pertenecientes a los distintos colegios que actúan en el ámbito territorial de la Comunidad Autónoma puedan realizar telemáticamente la presentación y pago de tributos, tasas e impuestos gestionados automáticamente.

III.1.3. Colaboración con las entidades locales

En lo que respecta a las Entidades Locales, los Colegios y Consejos Autonómicos se encargan de la promoción de convenios con los organismos autónomos

[24] Cf. Convenio entre el Ministerio de Justicia y el Consejo General de Colegios de Gestores Administrativos de España, de habilitación para la presentación electrónica de solicitudes de nacionalidad española por residencia en representación de los interesados.

de recaudación de las Diputaciones provinciales, Cabildos o Consejos Insulares, los cuales centralizan la gestión tributaria de gran parte de los municipios de España.

Adicionalmente, se encargan de impulsar acuerdos de colaboración con los municipios de gran población, a fin de extender las atribuciones de los gestores administrativos en relación a ámbitos como la gestión fiscal, la gestión urbanística y la gestión administrativa general.

En este sentido, podemos destacar los convenios establecidos entre el Colegio Oficial de Gestores Administrativos de Castilla y León con diferentes organismos: **Organismo de Recaudación y Gestión Tributaria de la Diputación de Salamanca (REGTSA), Organismo Autónomo de Gestión Económica y Recaudación del Ayuntamiento de Salamanca (OAGER), etc.**

IV. CONCLUSIONES

Como hemos visto la implementación de las nuevas tecnologías de la información y la comunicación en las actuaciones y procedimientos administrativos ha sido una constante en la última década de nuestro país. La implementación de la e-Administración entraña grandes dificultades, pero al mismo tiempo conlleva grandes ventajas y permite abrir nuevos horizontes como la aproximación de la Administración a la ciudadanía, la mejora de la eficiencia y la eficacia administrativa o el fomento de la transparencia. En toda esta labor adquieren una relevancia fundamental los Gestores Administrativos, encargados de impulsar la digitalización administrativa, facilitar el ejercicio de los derechos de la ciudadanía y el cumplimiento de las obligaciones de los interesados o administrados.

Con el transcurso del tiempo, la complejidad de los procedimientos administrativos ha crecido exponencialmente, impidiendo que la Administración pública pueda hacer frente a la totalidad de las actuaciones administrativas mediante el empleo exclusivo de sus propios medios. Esta situación ha dado lugar a la adopción de nuevas formas de tramitación administrativa, potenciando la colaboración de la Administración con sujetos y entidades externas, lo que ha propiciado en última instancia el incremento de las atribuciones de los Gestores Administrativos. De esta forma, los Gestores Administrativos se han convertido en actores primordiales para garantizar tanto la incorporación del conjunto de la población a la Sociedad de la Información y el Conocimiento, como para facilitar la realización de los derechos y las obligaciones atribuidas a la ciudadanía en el nuevo marco de relaciones con las Administraciones públicas, el cual se caracteriza por ser predominantemente digital.

EL CONSTITUCIONALISMO COMO HERRAMIENTA DE CONVERGENCIA DE DIFERENTES SISTEMAS DE DERECHO

JUAN DANIEL ELORZA SARAVIA[1]

I. INTRODUCCIÓN

MIENTRAS EL SISTEMA DE DERECHO ANGLOSAJÓN, cede en su vieja tradición puramente judicialista y tiende hacia una mayor codificación de las normas, el Sistema de Derecho continental europeo se separa de su secular tradición legalista, convirtiéndose en un Sistema cada vez más jurisprudencial. Esta idea, expresada de manera tan sencilla puede dar la impresión de que se trata de un fenómeno de acercamiento mutuo entre dos Tradiciones Jurídicas históricamente diferenciadas, y, de hecho, así lo pregonan entusiastas algunos autores constitucionalistas, pero este diagnóstico tiene mucho más de deseo que de realidad, pues la dirección de este proceso ha estado marcada más por el afán de *convergencia* operativa que por las aspiraciones globales de *integración*. En todo caso, este movimiento implica transformaciones profundas en el modo en que se conciben los Estados mismos, y en cómo se distribuye dentro de ellos el poder para crear las normas que son obligatorias para los ciudadanos.

Ese conjunto de prácticas e instituciones que llamamos «Sistema de Derecho» es el resultado de una historia cultural y una manera de concebir el mundo en convivencia; puede decirse que es casi una *cosmovisión* sobre quién determina lo que es justo en una sociedad dada. Estas cosmovisiones tienen un proceso muy lento de conformación y sus particularidades se afianzaron como símbolo de estabilidad de la *cultura jurídica*, incluso en contextos de profunda transformación social. Sin embargo, desde la segunda mitad del siglo XX hemos asistido a una vertiginosa aceleración en la configuración de una *cultura jurídica común* en Occidente que, a partir de las necesidades de un sistema económico-político en permanente expansión, desdibuja las tradicionales diferencias entre los dos Sistemas de Derecho.

[1] Profesor de Derecho Constitucional e Investigador del Instituto de Iberoamérica, Universidad de Salamanca.

¿Se puede considerar que estamos en el escenario de configuración de un nuevo Sistema jurídico que funde estas dos tradiciones en un solo Bloque Occidental? Y si la respuesta es afirmativa ¿Cuál es la orientación de esa fusión?

II. LA CONVERGENCIA DE LAS TRADICIONES JURÍDICAS ¿NECESIDAD O MERA FACTICIDAD?

Si revisamos la historia del Siglo XX en términos jurídicos, fue el Sistema Anglosajón quien resultó vencedor en la Segunda Guerra y las fuerzas de ocupación de la Posguerra se encargaron de «orientar» los procesos constituyentes en los países vencidos, introduciendo en las nuevas Constituciones europeas claros mecanismo e instituciones de anglosajonización de un Sistema que respondía a una *Tradición Jurídica* forjada durante siglos. El principal es la Jurisdicción Constitucional: la herramienta reina para movilizar el tránsito del Estado legicentrista hacia una especie de juristocracia constitucional[2].

A partir del comienzo de la Guerra Fría, y más aceleradamente tras la caída del Muro de Berlín y la transición al capitalismo de los sistemas prosoviéticos, las *democracias constitucionales* se han convertido en el sistema de organización política de mayor crecimiento en el mundo. Esta ha sido la forma de distribución del poder escogida por múltiples pueblos, independientemente de su opción ideológica o religiosa. Países con culturas muy disímiles han entrado a este club, y no siempre lo han hecho de manera voluntaria, ya que pertenecer a él se ha convertido en una exigencia de la Comunidad Internacional y del comercio global. Por esa razón, sería un error incurrir en generalizaciones al hablar de estos fenómenos de convergencia jurídica, ya que ellos se dan de manera diferente dependiendo de los contextos. Para ejemplificar esto bastaría con comparar la experiencia de Europa con la de otra región de sólida tradición constitucionalista como América Latina. La construcción de las repúblicas latinoamericanas estuvo fuertemente influenciada desde sus comienzos por la Carta de Estados Unidos; el sistema presidencial se impuso en sus Constituciones, y en muchos casos –no siempre pacíficos– la organización federal del Estado se impuso sobre el centralismo. Todos estos elementos e instituciones de la tradición estadounidense han convivido con un Sistema de Derecho europeo continental que extendió sus raíces a lo largo del periodo Virreinal en combinación con las instituciones del Derecho Indiano. En ese entendido, la relación de los países latinoamericanos con el Sistema de Derecho anglosajón es difícilmente equiparable a la relación que se ha mantenido con éste desde Europa donde la referencia contrastiva primaria es el *Common Law* inglés. Esto determinó

[2] Pokol, Béla, *El Estado Juristocrático. Proceso de difusión y posibilidades de mejora*, traducción de Anna Víragh, Dialóg Campus, Budapest, 2018, pp. 37-56.

que la dogmática jurídica que se enseñaba en las universidades de América Latina tomara su Sistema de Fuentes del Derecho y avanzara de la mano de la dogmática europea.

Generalmente, el Constitucionalismo de la Segunda Posguerra se estudia como un sistema de límites institucionales al poder público mediante la división de poderes y la garantía de derechos y libertades; pero en este artículo me interesa un abordaje muy diferente, propongo acercarme al fenómeno desde otra perspectiva: aquella que lo entiende más bien como una *herramienta de convergencia* entre dos Tradiciones Jurídicas.

II.1. *Los enfoques teóricos de la convergencia*

Es precisamente en Europa donde despunta aquella comprensión del constitucionalismo que lo concibe como un expediente que principalmente se ocupa de la protección de los derechos fundamentales. Este conjunto de tesis ha tenido serios problemas para encontrar una denominación adecuada[3]. Muchos han sido los esfuerzos por bautizar este aparato teórico con un rótulo idóneo. «Neoconstitucionalismo» es el más difundido, pero resulta ser el más equívoco y ambiguo de todos, tal vez porque fue creada por los críticos de este nuevo enfoque jurídico (la escuela positivista de Génova). Por su parte, los teóricos de la argumentación (especialmente la escuela alemana y la de Alicante) prefieren el rótulo de «Post-positivismo», pero a mi entender, esta tendencia no se agota en la mera superación del positivismo jurídico, sino que presenta unos rasgos propios que la hacen merecedora de una denominación propia. Otros autores han propuesto denominaciones como «Constitucionalismo de los derechos», «Principialismo» o «Iusmoralismo», pero ninguna de ellas es lo suficientemente comprensiva de la complejidad y variedad de tesis y fenómenos de los que se ocupan estos modelos teóricos.

En otros escritos he sostenido que esta dificultad en la nomenclatura se produce porque se confunden los niveles de análisis[4]. Es decir, se identifica al mal llamado Neoconstitucionalismo con la Teoría de la Argumentación Jurídica, pero ellos son dos construcciones intelectuales bien diferenciadas que, aunque mantienen entre sí una relación metodológica, no pueden considerarse como una y la misma cosa.

Para poder dar una denominación adecuada a estas teorías hay que mantener su distinción conceptual y no confundir sus respectivos objetos, es decir, que no

[3] Desafortunadamente el problema del «nombre» de esta teoría constitucionalista ha ocupado buena parte de sus discusiones. Hasta el punto que cada vez que estos teóricos del Derecho se reúnen dedican una buena parte de su tiempo a tratar de responder una pregunta que se ha hecho recurrente entre ellos: ¿Cómo nos llamamos?

[4] Elorza-Saravia, Juan Daniel, *Valores y Normas, Argumentación jurídica y moral crítica,* Thomson Reuters ARANZADI, 2015, pp.25-40.

estamos hablando de uno solo sino de dos aparatos conceptuales. Dependiendo desde dónde se les mire: en un caso, el abordaje de la Constitución y la jurisprudencia se hace desde una perspectiva garantista de derechos y libertades, y en el otro caso desde la perspectiva analítica de justificación de los razonamientos jurídicos de los jueces. Teniendo en cuenta esa diferenciación, sostengo que uno es el abordaje teórico que bien podría denominarse «Constitucionalismo judicialista de los derechos», y otro es el abordaje metodológico o pragmático que he denominado «Iusmoralismo Constitucional Discursivo». Soy consciente de que, en aras de la precisión y completitud, estos rótulos (que corresponden a diferentes maneras de ver los fenómenos) resultan bastante farragosos. En esa medida, en lo que sigue me referiré a estos dos enfoques teóricos sólo con sus iniciales: CJD e ICD respectivamente, siglas que utilizare, tanto para referirme a las teorías como a los teóricos que las sostienen y defienden[5].

Dicho esto, en este trabajo se sostiene que el CJD y el ICD, uno nacido de los entusiastas constitucionalistas deseosos de potenciar las posibilidades iusfundamentales de las Constituciones, y el otro compuesto por filósofos del derecho de la corriente analítica y teóricos del lenguaje, han tejido entre sí una relación metodológica en el escenario de la «Justificación judicial». Esta relación ha permitido que, aunque ellos hayan nacido de manera aislada y se nutran de diferentes fuentes teóricas, el encuentro entre ambos se sea el mayor revulsivo para la integración del Sistema de Derecho anglosajón en Europa y posteriormente en Latinoamérica.

III. LA INFLUENCIA DE LA DOCTRINA CONSTITUCIONAL EN LA PRÁCTICA JURISPURDENCIAL REAL

El encuentro entre estos dos enfoques teóricos se fue fraguando en el Tribunal Constitucional Federal Alemán, que al comenzar su andadura necesitaba

[5] En vista de que algunos filósofos del Derecho como Manuel ATIENZA o Robert ALEXY, se han llegado a sentir incómodos –por no decir ofendidos– con mi denominación de ICD (Iusmoralismo Constitucional Discursivo), debo aclarar que este rótulo no pretende atacar ni ridiculizar a los teóricos de la Argumentación Jurídica (y mucho menos a quienes han sido mis maestros), sino dar cuenta de la complejidad de sus tesis y su terreno de estudio. El hecho de que autores como GARCÍA AMADO hayan utilizado la expresión «iusmoralismo» a secas para atacar a estas teorías desde el positivismo, no significa que esa sea mi intención, sino más bien la de construir una identificación más precisa de los alcances de estas tesis. En ese entendido, aquí me veo en la necesidad de aclarar el significado y la conveniencia de la denominación ICD: lo de «Iusmoralismo» tiene que ver con que ellos sostienen la vinculación conceptual entre Derecho y Moral, lo de «Constitucional», en cuanto que ellos representan una particular visión del constitucionalismo, y lo de «Discursivo», en la medida en que su método procedimental y analítico es el de la racionalidad discursiva. De ese modo, ICD, no es un epíteto para atacar sino una denominación más técnica (aunque no por ello más sonora) de las que actualmente maneja la doctrina.

herramientas para aplicar las normas de la nueva Ley Fundamental, especialmente las que reconocían derechos y libertades, estas normas no respondían a la estructura de las disposiciones jurídicas típicas, parecían declaraciones morales más que verdaderas disposiciones obligatorias. La redacción abierta y su fuerte carga axiológica convertían a estos artículos de la Constitución en algo extraño a los ojos de toda una generación de juristas formada en el positivismo jurídico.

La empresa de encontrar formas legítimamente justificables de motivar las decisiones constitucionales, llevó al TCF a experimentar con las más variadas teorías, e incluso a componer la suya propia, según la cual la Constitución es un «Orden objetivo de Valores». Los años 50 fueron época de incertidumbre respecto a las decisiones del Tribunal, que se sumergió en la llamada «Jurisprudencia de los Valores» (*Wertjurisprudenz*), de aquí surgieron importantes sentencias que fueron duramente criticadas desde la academia por su falta de fundamentación y su regusto iusnaturalista, desde la política por considerarlas decisiones movidas por el revanchismo anti-nazi, y desde los propios estrados judiciales donde no se comprendía cómo diferenciar la decisión moral de la decisión jurídica[6]. El TCF recogió prontos las velas y aligeró la carga axiológica o valorativa de sus sentencias, pero seguía sin encontrar una herramienta para la justificación de las decisiones moralmente problemáticas. Es en este escenario en el que aparece la tesis doctoral de Robert ALEXY, trabajo que más tarde se convertiría en su obra más importante: La teoría de la Argumentación Jurídica. A partir de la teoría del Discurso Racional de HABERMAS el joven Alexy elaboró un catálogo de reglas y condiciones para evaluar la racionalidad de un argumento jurídico. Esto significaba algo así como encontrar un método para disciplinar jurídicamente las valoraciones morales de los jueces cuando decidían en casos complejos o socialmente polémicos. La Jurisdicción Constitucional tenía ahora una especie de código de procedimiento discursivo.

En la década de los 80, cuando recién el TCF comenzaba a utilizar las herramientas analíticas propuestas por Alexy, ya este profesor y su equipo trabajaban sacaban a la luz su otra gran obra: una adaptación de la teoría de Ronald DWORKIN sobre la distinción entre principios y reglas al Sistema de Derechos Fundamentales de la Constitución alemana; además presentaba un método fiable (cuasi-matemático) para ponderar principios de derecho fundamental; propone un test de proporcionalidad aplicable a para determinar las medidas de restricción o prevalencia de los derechos; y como si fuera poco, fundamentaba filosóficamente

[6] Si bien, el punto culminante de esta tendencia axiológica de la jurisprudencia del TCF fue el famoso Fallo Lüth (BVerfGE 7, 198, 1958), antes se habían producido los fallos sobre la ilegalización de los partidos Socialista del Reich –SRP– y el partido comunista –KPD–, en 1952 y 1956 respectivamente. Todos ellos casos que tienen que ver con las consecuencias históricas del período Nazi.

la identificación entre la esfera axiológica de los valores morales y la esfera deontológica de los principios jurídicos.

La mesa estaba servida, la jurisprudencia constitucional alemana comenzó a ponderar valores y a expresarlos en una argumentación técnica de principios que resultó ser una gran evolución de la situación de los derechos fundamentales y sus garantías, primero en Alemania y como efecto reflejo en los demás países de Europa, el constitucionalismo español, y luego el constitucionalismo latinoamericano a partir de la década de los 90 con la Corte Constitucional de Colombia.

Las teorías de ALEXY, como él mismo lo advierte siempre, están pensadas para el sistema jurídico alemán y la manera de razonar alemana, y sin embargo, se han hecho inmensamente populares en países muy diversos. Hacen eco de ellas las facultades de Derecho latinoamericanas, y hasta se pueden encontrar fragmentos enteros de las obras de ALEXY en la parte motiva de muchas sentencias constitucionales. Parece ser que la «pretensión de universalismo» que alienta a las Teorías de la Argumentación hacen que el contexto de creación de estas tesis pase a un segundo plano, y ellas sean vistas como el invento que se necesitaba, ya que esta teoría define categorías, aporta un procedimiento para ponderar derechos fundamentales en conflicto, y aplica una serie de instrumentos de prueba como el famosísimo «test de proporcionalidad». Muchos Tribunales, Cortes o Salas constitucionales de América Latina han hecho suyas sus tesis y métodos, muchas veces sin llegar a entenderlos en profundidad. Y hasta un artículo de la Constitución de Ecuador de 2008 exige a los jueces la «obligación de ponderar».

Nos guste o no, la Teoría de la Argumentación Jurídica (no solo la de ALEXY, sino también la de ATIENZA, AARNIO o MacCORMICK), ha desempeñado un rol muy importante en los cambios pragmáticos de la jurisprudencia constitucional, tanto en Europa como en Latinoamérica; estos cambios han permeando paulatinamente a la Teoría del Estado y a la Dogmática Constitucional. Y es que no se puede olvidar que la Dogmática Jurídica anterior al constitucionalismo de la Segunda Posguerra se apoyaba fuertemente en la Lógica –y especialmente en el *principio de la no exclusión*– para dictar sentencias académicas y fijar los dogmas técnicos acerca de cuáles elementos teóricos pueden o no operar juntos bajo las mismas circunstancias. Con base en las premisas lógicas de aquél momento, se aseguraba que muchos de los elementos que hoy conforman los contenidos constitucionales nunca hubiesen podido coexistir.

A día de hoy, el constitucionalismo judicialista (como interpretación del diseño jurídico-institucional CJD) auxiliado por las Teoría de la Argumentación Jurídica (como teorías sobre la justificación de la aplicación de la Constitución a los casos concretos ICD) han logrado que la rigidez de la dogmática ceda terreno a las aspiraciones humanas de convivencia. Estos aparatos teóricos defienden una «dogmática fluida o flexible» que piensa las Constituciones actuales con una *lógica de apertura* que las reconoce como un marco de convergencias posibles, y no como un campo de batalla por la supremacía política o ideológica[7]. La Constitución surgida de la Guerra debería permanecer lo suficientemente plural como para que pudieran gobernar bajo ella tanto los partidos de una izquierda y una derecha moderadas. La creación y extensión por Europa de la falsa dicotomía entre socialdemocracia y democracia cristiana moldeó el mapa político del viejo continente. Esto posibilitó la formación de la Unión Europea y la convirtió en un modelo de experimento democrático, que supone que los Sistemas de partidos de los Estados Miembros puedan competir por el poder sin atentar contra las reglas del juego constitucionales. Una decisión sabia, pero que tiene poca vocación de perdurar, pues en momentos de crisis de legitimidad de la representación política, se desborda la aparente calma democrática bipartidista con la aparición de nuevas propuestas que ofrecen soluciones políticas que pasan por el cambio de régimen.

IV. CONOCER LA DIFERENCIA PARA ENTENDER LA CONVERGENCIA

Es común leer en tantos relatos sobre el Constitucionalismo de la Segunda Posguerra que su origen se encuentra en las revoluciones sociales europeas del siglo XIX o en las crisis sociales del período de entreguerras, o incluso en el impacto que tuvieron en Europa los desajustes económicos con ocasión del *Crack* de 1929 –que se hizo sentir primero y de manera devastadora en el sistema bancario alemán– y las posteriores medidas paliativas del *New Deal*. Pero, a pesar de la enorme importancia de estos acontecimientos en la configuración del mapa social y político en el viejo continente, ellos no determinaron necesariamente el cambio en las estructuras del modelo de Derecho Público europeo en la direccion que marcaba la tradición norteamericana. De tal suerte, no todo lo que explica la aparición del constitucionalismo contemporáneo explica también cada una de sus características

[7] La expresión *«dogmática fluida»* es de la traducción castellana del texto de ZAGREBELSKY,: «»La dogmática constitucional debe ser como el líquido donde las sustancias se vierten –los conceptos– mantienen su individualidad y coexisten sin choques destructivos... El único contenido «sólido» que la ciencia de una Constitución pluralista debería defender rigurosa y decididamente contra las agresiones de sus enemigos es el de la pluralidad de valores y principios.» *Op.Cit,* p.17. HÄBERLE prefiere la locución *«dogmática abierta»:«*Toda democracia, toda teoría social realista, así como toda teoría que se repute «científica», se encontrará necesariamente dentro del ámbito propio del pluralismo... La «teoría constitucional pluralista», nos exige pues unir teorías epistemológicas con otras puramente científicas propias del racionalismo crítico, junto con las aportaciones genuinas dimanantes de doctrinas propias de la sociedad plural, o del llamado pluralismo social.». En esencia las dos expresiones hacen referencia al mismo fenómeno, y en las dos se puede perseguir una fuerte influencia del concepto popperiano de «sociedad abierta».

definitorias, y en este caso, el influjo de la cultura jurídica estadounidense sobre la europea-continental.

No se trata aquí de intentar condensar dos siglos y medio de historia constitucional de Occidente en unas pocas líneas, mi intención sólo es resaltar algunos aspectos que considero claves para para comprender la importancia del constitucionalismo como *marco teórico de convergencia* para estas dos tradiciones de Derecho. Considero que teniendo presente el origen de algunas diferencias se ve más claramente la magnitud del proceso de su superación. Pues si hablamos de que el CJD y el ICD se ocupan centralmente de la interpretación y aplicación de los derechos individuales incluidos en la Constitución, debemos entender qué se ha entendido en una y en otra cultura por esos dos conceptos: «derechos individuales» y «Constitución». Y es que el Constitucionalismo de la Segunda Posguerra no fue un *borrón y cuenta nueva* para Europa, todas esas innovaciones político-jurídicas –la mayoría provenientes de los Estado Unidos– debieron aterrizar en un terreno con una cultura jurídica muy fuerte y muy antigua, y con ideas muy elaboradas sobre lo que eran los derechos y libertades y sobre el rol de la Constitución en la sociedad.

Decir que el *Bill of Rights* y la *Declaración de los derechos del Hombre y del Ciudadano* son documentos hermanos en cuanto a la defensa histórica de las libertades suena bastante tópico. Pero más allá de esta afirmación tan repetida, es importante entender cómo se conciben estas dos cartas de derechos en uno y otro lado, pues la conceptualización es el elemento definitivo en la tarea de su fundamentación. Es bien conocido que los derechos individuales que ambas tradiciones revolucionarias promueven son los mismos, al menos nominalmente, pero a ellos subyace una reivindicación institucional y una pretensión de garantía radicalmente distintas. Los revolucionarios americanos reaccionaron, en principio, contra un determinado órgano del imperio, el *English Parliament,* al que acusaban decidir sobre sus derechos sin contar con su representación, en lo que era una clara reivindicación de los derechos históricos acuñados por la Metrópili[8]. *Contrario sensu,* los revolucionarios franceses no podrían haber recurrido a una concepción historicista de los derechos subjetivos, ya que ello hubiese significado aceptar el esquema de

[8] Concretamente, en el ámbito tributario, los colonos opusieron a la Corona inglesa uno de los principios más caros de su propia tradición, me refiero al «*no taxation without representation*» proveniente de la Carta Magna de 1215. Es decir, que lo que se pretendía era el efectivo aseguramiento del acervo de libertades conseguidas en el seno mismo de la tradición histórica inglesa; libertades que se juzgaban conculcadas por las decisiones del Parlamento. Adhiriendo al significativo patrimonio histórico de derechos ya recogidos por la Metrópoli, los americanos no tenían problemas en confiar al poder jurisdiccional –del mismo modo que ya lo hacía la madre patria– la defensa material de aquél patrimonio; teniendo en cuenta que se presume al legislativo como una de sus más fuertes amenazas

libertades que se había labrado bajo el absolutismo monárquico[9]. Para ellos, el sistema jurídico-social en su conjunto –entendido como una gran urdimbre de privilegios– era lo que vulneraba los derechos, y no uno solo de sus órganos; de ahí que la principal motivación de la revolución sea la *ruptura* con el régimen anterior.

Esta fractura cristalizará en el desplazamiento del poder soberano (y por tanto el poder de limitación de los derechos) hacia la *Nación,* un ente abstracto (conformado por todos los individuos representados en las cámaras legislativas) capaz de expresar su *voluntad general* mediante un acto de origen individual a la vez que reconocible como estatal: la Ley. Así, para la tradición que despunta con la Revolución Francesa la mejor defensa de los derechos es entregárselos enteramente a la ley, pues quién mejor que ella –que es producto del querer de todos los ciudadanos– podría velar por sus intereses y sustraerlos de los veleidosos caprichos de personas o estamentos privilegiados. El juez, en cambio, era visto como un residuo del *ancient regime*, un funcionario que, al igual que el recaudador de impuestos, estaba estigmatizado por su fuerte ascendiente monárquico. No podía ser a éste a quien se confiase la tutela los recién conseguidos derechos individuales[10].

Así, mientras en Francia se impone esa mezcla de *individualismo* y *estatalismo*, en Norteamérica el *individualismo* se combinó con el *historicismo*, y esta amalgama fue posible por razones opuestas a las que se esgrimieron en el país europeo. No existe, según esta concepción, el temor al Legislador que los angloamericanos profesaron desde el principio. Para el pensamiento revolucionario francés, el Legislativo, por ser el traductor de la voluntad de la sociedad, sería incapaz de atentar contra sus propios derechos. Es la ley entonces ese lazo que une a los derechos naturales individuales con la soberanía de la nación y sus legisladores. En otras palabras, la ley es el vínculo entre individualismo y estatalismo, las dos enseñas de la tradición liberal que desde Francia se expande en el siglo XIX por toda Europa continental y por los procesos de independencia en América Latina. Desde esa posición medular que ocupa la ley, tanto en el ordenamiento jurídico como en la sociedad política

[9] El profesor Maurizio Fioravanti hace una buena exposición del carácter *historicista* de los derechos defendido por la Revolución Americana, y su contrapartida *estatalista* en el caso de la Revolución Francesa. De hecho, en la primera parte del texto que aquí referiré describe su tipología de estudio de los derechos fundamentales, basada en cuatro tradiciones, la *Historicista* (y su posible degeneración en el inmovilismo), la *Estatalista* (que tiene su corrupción en el despotismo), la *Individualista* (que corre el riesgo de degradarse hacia el privatismo económico) y la *Contractualista* (en cuya radicalización se esconde el germen del voluntarismo). FIORAVANTI, M., *Los derechos fundamentales,* traducción Manuel Martínez Neira, Universidad Carlos III, Trotta, Madrid, 1996. pp. 77-85.

[10] Sobre el carácter *extra-estatal* de los derechos individuales en la tradición norteamericana y su comprensión del Estado como mero «instrumento» para asegurar la vigencia y desarrollo de los mismos puede verse De AGAPITO SERRANO, R., *Estado Constitucional y proceso político,* Ediciones Universidad de Salamanca, Salamanca, 1989, pp.62ss.

que surge de la Revolución Francesa, bien se puede hablar de «legicentrismo», indicando con este término la situación en la cual la norma legislativa trasciende la posición de un simple instrumento del Derecho o un recurso técnico para garantizar libertades, y pasa a convertirse en un *valor en sí.* Análoga posición ocupa la Constitución en la tradición norteamericana en donde también podría afirmarse que ella es el valor por antonomasia (*value itself*) del sistema jurídico.

Esta centralidad del documento constitucional en la tradición angloamericana, permite calificarla como «constitucionalista», por encima de cualquier otra característica que ella pueda presentar. La concentración del *imperium* en el Legislador, no era vista por los estadounidenses como una garantía, sino como una amenaza a la preestatalidad los derechos, y la manera más idónea de asegurarla era encontrar una norma de la que el poder legislativo no pudiese disponer[11]. Una norma que contuviera todas aquellas cuestiones, que por su importancia, no conviniera dejar a merced de las coyunturales mayorías políticas que determinan los dictados de la ley[12].

IV.1. *La Diversidad de ideas de Constitución*

El hecho de que cada uno de estos dos contextos revolucionarios diera origen a una concepción diferente de los derechos individuales –así como también la percepción de su amenaza por parte de diferentes tipos de actores– se tradujo en una diversa configuración de su defensa en sede jurídico-institucional y, en general, en una imagen muy diferente de lo que el ordenamiento jurídico debería ser. En esa medida, también las *ideas de Constitución* que resultan de cada uno de estos contextos resultan ser muy distintas. El diverso alcance de este concepto a los dos lados del Atlántico sugiere que desde su origen fue concebido con algunas particularidades que merecería la pena traer a colación. Como idea preliminar hay que tener en cuenta que, independientemente del contexto al que nos refiramos, la idea de Constitución apareja una *pretensión de validez* y una *cualidad jurídica* que no surgen espontáneamente con ocasión de su nacimiento, sino que derivan

[11] «La idea inicial que subyace pues a este nuevo estado es la de la limitación de la capacidad de intervención del Estado en la sociedad. Y en ella se hacen patentes las ideas propias de la concepción liberal negativa: la legislación ha de ser la mínima necesaria, y la libertad se extiende a todo lo que no está regulado, de forma que lo no regulado se entiende como un cuasi-derecho contra la posible intervención del Estado». De AGAPITO SERRANO, R., *Estado Constitucional y proceso político, Op.Cit.*, p.64.

[12] El pensamiento iuspúblico angloamericano, al no tener un *ancient regime* por oposición al cual definirse, pudo atesorar elementos institucionales de Inglaterra que le fueron de bastante utilidad, todos ellos bajo el supuesto de considerarse también hijos legítimos y merecedores del legado del *common law*

directamente de una *magnitud* especial de la cual dependen todas sus características; me refiero al «poder constituyente» [13,14].

Podría afirmarse que para los revolucionarios franceses la realidad del poder constituyente viene dada por la *soberanía*, radicada en una unidad política con capacidad de expresar su voluntad, llamada Nación; y para los norteamericanos, viene dada por un conjunto inviolable y rígido de reglas relativas a las libertades y la estructura básica del Estado denominado *Constitución*[15]. Ahora bien, con sendas

[13] Es común encontrar en textos de derecho constitucional aquella polémica acerca de a quién corresponde la verdadera autoría del concepto de «poder constituyente», si a la revolución americana o a la francesa. Pero, más allá de esta vieja querella, lo que debe comprenderse es que esta noción se asocia a diferentes fenómenos en cada una de esas tradiciones. Si se pregunta por el origen de la locución «poder constituyente», es claro que habrá que remitirse a la Francia revolucionaria del abate Sieyès, donde el *pouvoir constituant* comienza a hacer carrera como una limitación a la acción monárquica sobre la base del poder político originario e ilimitado del pueblo para darse una Constitución. (SIEYÉS, E.J., *El discurso revolucionario: 1789-1793. Textos de Emmanuel Joseph Sieyés*, traducción, introducción y notas de Víctor Méndez Baiges, Sendai, Barcelona, 1993). Pero, si se busca un significado más contemporáneo de la expresión, en el sentido de entender que del ejercicio de ése poder surge un documento constitucional garantizador de libertades y con la capacidad de imponerse jurídicamente sobre cualquier otro poder en el Estado, concluiríamos que el origen –no de la expresión sino del concepto– es más bien atribuible a los primeros constitucionalistas estadounidenses.

[14] Si se quisiera ser más riguroso aún, habría que entender que la pregunta por el poder constituyente es susceptible de ser planteada desde varias perspectivas; al respecto escribe BÖCKENFÖRDE: «Si se atiende a un punto de vista genético, la cuestión gira en torno al origen histórico-político de la Constitución, a su aparición y a las fuerzas que participaron en ella. Desde el punto de vista de la teoría del Derecho lo que se plantea es la pregunta por el fundamento normativo de la validez de la Constitución, del que deriva la pretensión de tal validez. Si esta pregunta va más allá del terreno formal, entonces se pasa a una perspectiva propia de la filosofía del Derecho, la cual se interesa por el fundamento de la validez normativa de la Constitución. Y si la Constitución se entiende, como ocurre hoy día, como el orden jurídico fundamental de la comunidad, la pregunta se amplía hasta cuestionar el fundamento jurídico (material) del Derecho en general. En una dirección semejante, aunque no igual, la teoría de la Constitución se ocupa del tema de la instancia y de la fuerza subyacente que presta a la Constitución su legitimación (democrática) y su legitimidad. Pero, finalmente, la pregunta puede ser planteada también desde el punto de vista de la dogmática constitucional, y entonces lo que interesa es la posibilidad de diferenciar entre una reforma ordinaria de la Constitución, que se realiza a través del poder de reforma previsto en la propia Constitución, y una reforma fundamental que altera el núcleo esencial de la Constitución o que incluso la deroga». BÖCKENFÖRDE, E.W., «*El poder constituyente del pueblo. Un concepto límite del derecho constitucional*», en *Estudios sobre el Estado de Derecho y la democracia*, traducción Rafael de Agapito Serrano, Trotta, Madrid, 2000, p.161.

[15] Acerca del significado que asume el poder constituyente en cada uno de los dos contextos afirma Fioravanti: «Asociado al concepto de soberanía, entendida como el poder del pueblo soberano de decidir sobre la constitución y sobre las reglas del juego, en el caso de la revolución francesa; y asociado al concepto de rigidez constitucional, entendida como la máxima forma de tutela de los derechos y libertades contra el posible arbitrio del legislador, en el caso de la cultura revolucionaria americana». FIORAVANTI, *Op.Cit.*, p.90.

diferencias de base en las dos tradiciones jurídicas, forzosamente la Constitución y sus objetivos han de tener características bien distintas en cada una de ellas.

En lo que toca a las pretensiones regulativas de la tradición angloamericana, podría decirse que la Constitución es concebida de una manera más escueta, –o más modesta si se me permite. Luego de la consagración de algunos asuntos, que por su importancia deben ser sustraídos al conocimiento de los poderes constituidos o de los Estados miembros de la Unión, se deja una cláusula general de competencia a la dinámica democrática y a la autonomía privada, para que en cada momento histórico, el libre juego entre estas dos dimensiones decida sobre la manera en que se habrán de desempeñar los roles constitucionalmente indiferentes. Eso sí, siempre teniendo en cuenta el marco general instaurado desde la Carta a la manera de un «pacto de mínimos», pacto cuya principal función es la protección de los derechos y libertades de los individuos, estableciendo para ello las líneas generales de distribución del poder en el Estado. Esta preocupación esencial de constitucionalismo norteamericano hace que se identifique, en cierta manera, la defensa de la Constitución con la defensa de las libertades; y en esa medida, el llamado a la protección de ambos recae en la institución estatal con mayor capacidad de «mantener su neutralidad» dentro de las fronteras del ordenamiento: esto es el poder judicial[16].

Asumir la Constitución como una norma jurídica suprema e indisponible, cala muy bien dentro de los temores que suscitó el Legislativo en lo referente a la protección de los derechos y libertades; y en tal medida es entendible que la tutela de la integridad constitucional quede atribuida al poder jurisdiccional, haciendo así que el esquema institucional se resuelva en un cierto judicialismo. Son los jueces entonces los que, a través de los sucesivos pronunciamientos judiciales (bien de los jueces ordinarios, bien de la Suprema Corte) han ido construyendo paulatinamente las notas específicas del sistema sobre unas pocas pero sólidas bases aportadas por la Constitución.

Por su parte, el constitucionalismo europeo-continental presentó una mayor densidad regulativa; fue –por decirlo así– más pretencioso, ya que aspira a sobrepasar ampliamente la imagen de pacto sobre lo esencial. En lugar de las meras reglas de un juego –a la manera estadounidense– la Constitución, entendida a la europea, apostó por ser algo así como el manual de instrucciones de un mecano;

[16] Son los jueces, amparados en el principio capital de la concepción anglosajona de los *checks and balances* (la autonomía jurisdiccional), quienes mejores posibilidades tienen de permanecer incontaminados por el debate político; y esto les convierte en la fuerza apropiada para vigilar que en los casos concretos la aplicación de ninguna norma jurídica de orden subconstitucional atente contra la integridad de la Carta política. Sobre el control difuso de constitucionalidad, CARRIÓ, G., «*Una defensa condicionada a la Judicial Review*», en *Fundamentos y alcances del control judicial de constitucionalidad,* CEC, Madrid, 1991. pp.141-154.

un elemento que participa activamente en cada paso de la construcción de un proyecto político, social y económico. Así, las particularidades de ese proyecto determinarían las reglas de la Constitución. Tratándose de un proyecto liberal, los contenidos de la Carta versarían sobre el aseguramiento de un haz de libertades necesarias para afianzar dicho modelo (autonomía de la voluntad, derechos de propiedad, y libertades económicas) . Tratándose de un modelo con mayor tendencia social, la Constitución contendría regulaciones sobre todas las materias que el poder constituyente haya considerado importantes para la realización de aquél proyecto (reglas del ámbito laboral, educativo, de salubridad o de seguridad social, etc.). Para Europa la idea de *Poder Constituyente* no se agotó en los confines de un documento jurídico que sirviera de límite a la acción posterior de lo político, sino que pretendió perpetuarse en su ejercicio en cabeza de los representantes del pueblo. Será entonces el Legislativo quien ejerza en última instancia la ilimitada voluntad general. Inevitablemente, la soberanía del pueblo terminará por diluirse en la soberanía del Estado. Es por esta razón por lo que en la concepción iuspublicista europea del siglo XIX y parte del XX, la Constitución tropezó con dificultades prácticamente insalvables para asegurar su fuerza normativa frente a los poderes constituidos[17].

Dependiendo de la situación histórica o el contexto político al que nos refiramos en cada uno de los países europeos que hicieron suya esta concepción constitucional tendremos que, unas veces la Constitución fue conducida desde el legislativo, otras desde el ejecutivo, y en ocasiones simplemente ignorada por ambos[18]. En cualquier caso, en oposición a la tradición estadounidense y su signo judicialista, el constitucionalismo que se desarrolla en Europa se resolvió más bien en el *legalismo* y, en consecuencia, dependió de las mayorías políticas circunstanciales (y de sus respectivas agendas políticas) que los contenidos programáticos

[17] A este respecto PRIETO SANCHÍS, *Neoconstitucionalismo y ponderación judicial, Op.Cit.*, p.126.

[18] Muestra de esta heterogeneidad en lo desarrollos de los distintos Estados europeos es el caso alemán, en donde la relación del Parlamento y como auxiliar del poder del Estado se constituye en una particularidad. A este respecto De Agapito Serrano comenta: «Con la unificación de *Reich* en un Estado nacional (1871), la burguesía acepta definitivamente a la monarquía constitucional, y sobre esta base se consolida una rígida separación entre la sociedad burguesa privada y la esfera política del Estado [...] La unidad del Estado se realiza a través del orden jurídico, y la «sociedad» como base real de la organización del Estado, se separa metodológicamente del Estado. El estado se concibe como *«Herrschafts und Willensverband»*, y la teoría jurídica sistematiza la relación interna de esta asociación, pero en ella no cabe entender a los procesos reales de formación de la voluntad política. El parlamento se mantiene como un mero auxiliar del poder del Estado». De AGAPITO SERRANO, R., *Estado constitucional y proceso político, Op.Cit.*, p.70.

constitucionales se hubiesen puesto en marcha o que no hubiesen pasado de ser bienintencionadas promesas en papel[19].

Considerando la distancia desde la que se parte, se puede apreciar la magnitud del movimiento conceptual en la tradición de derecho público europea-continental. Y teniendo en cuenta los dos extremos en los que éstas tradiciones se ubicaban, se puede comprender la razón por la que se ha popularizado la dicotomía «*legalismo* versus *judicialismo*», que aún hoy continúa siendo el fundamento de la mayor parte de las objeciones a la Justicia Constitucional.

V. LA CONJUGACIÓN DE LAS DOS TRADICIONES

Con el nuevo Orden Mundial que surge tras la Segunda Guerra, los Estados europeos (particularmente Alemania como el principal vencido de la contienda) reconstruyen sus sistemas jurídicos con elementos de la tradición constitucional angloamericana, tales como la estructura federal, la incorporación de un *Bill of Rights*, la *Judicial Review*, o las garantías de independencia del poder judicial[20]. El nuevo constitucionalismo que va surgiendo al compás de la reciente alineación de fuerzas utiliza en su preparación ingredientes de esos dos paradigmas del pensamiento iuspúblico. Parece como si, además de un bloque ideológico y económico, las democracias capitalistas hubiesen querido presentarse frente al nuevo adversario mundial –que se gestaba al otro lado del telón de acero– como un bloque también en lo jurídico. Independientemente de si ello pudo o no haberse conseguido, o de lo transitorio de esa dicotomía política global, lo que sí resulta claro es que las constituciones que van apareciendo –incluso las promulgadas en las repúblicas excomunistas– son el fruto de la conjunción de estas dos herencias referidas.

En esta conjunción, la *naturaleza* de la Constitución y su *aseguramiento* se extraen de la tradición angloamericana, mientras que el *contenido* y los *objetivos* constitucionales son derivados de la europea-continental. Efectivamente, la Constitución pasa a ser entendida como una norma con plenos efectos jurídicos, norma que además ocupa la posición cimera dentro del ordenamiento, afianzándose de

[19] «De modo que este constitucionalismo se resuelve más bien en el legalismo: es el poder político de cada momento, la mayoría en un sistema democrático, quien se encarga de hacer realidad o, muchas veces, de frustrar cuanto aparece «prometido» en la Constitución.». PRIETO SANCHÍS, L., *Neoconstitucionalismo y ponderación judicial, Op.Cit.*, p.126.

[20] En la mayor parte de los casos, la fuerza de ocupación impuso la obligación de incorporar en la Ley Fundamental estos elementos tan definitivos para la tradición norteamericana; excepción hecha del mecanismo jurisdiccional de control de la constitucionalidad de las leyes, en cuya implementación probablemente tuvo que ver más el repudio a las injusticias del período nazi que la influencia del modelo americano. En este sentido ver AHUMADA RUÍZ, Mª.A., *La jurisdicción constitucional en Europa. Bases teóricas y políticas, Op.Cit.*, p.36, (nota 25).

manera exclusiva y excluyente como la fuente de las fuentes del Derecho. El Legislador, antes visto como el imponderable poderhabiente de la voluntad soberana, pasa a ser objeto de una cierta desconfianza que se traduce en la investidura del poder judicial (en forma de jurisdicción constitucional) como el garante de la integridad y la supremacía de la Constitución; en otras palabras, en el guardián de su naturaleza. La norma suprema adquiere el carácter de un seguro para los derechos y libertades individuales, y ya no pude ser apreciada solamente como la propuesta o la declaración de su existencia. En lo que toca al legado europeo, el documento constitucional recibe aún más contenidos de un ambicioso programa normativo, cuyo propósito es convertirse en la brújula que indique la dirección política que ha de seguir la actividad estatal. Estos contenidos hacen posible que la Constitución se extienda en un espectro cada vez más amplio de asuntos de la vida del Estado y los particulares, reduciéndose drásticamente el ámbito de lo constitucionalmente indiferente[21].

La Constitución que surge de este encuentro cuenta con una cualidad transformadora y un vasto contenido normativo que supeditan las decisiones de la mayoría, asegurándose correlativamente la continuidad mediante la protección jurisdiccional. La dicotomía entre constituciones garantizadas pero sin contenido normativo, y constituciones normativas pero no garantizadas, queda resuelta por el constitucionalismo posbélico, pues este brinda las herramientas para articular la concurrencia de ambos modelos en una concepción de Constitución *normativa*, a la vez que *garantizada*[22]. El punto es que en el modelo resultante ésta *garantía normativa* es asignada a los jueces, y son ellos también los que primariamente estarán en contacto con las normas constitucionales, que ahora son de aplicación directa, tanto en los casos particulares entre los ciudadanos, como en los eventos de justicia constitucional.

Teniendo en cuenta estas profundas diferencias en cuanto a la conformación histórica e institucional de las dos tradiciones jurídicas que nos ocupan, también habrá que ser cauteloso a la hora de transpolar las críticas a la Justicia Constitucional producidas en estos diversos contextos. Así por ejemplo, no pueden ser

[21] Ante la progresiva intrusión de lo constitucional en el ámbito privado, asedio que cada vez –con la actividad interpretativa de la jurisdicción constitucional– cierra más y más el cerco sobre todo lo particular, se formulan –y con muy buenas razones– algunas críticas sobre la reducción de la libertad individual, pues a medida que avanza la *routine* de este modo de entender el Derecho, son menos los espacios que podríamos considerar como «libres de Constitución».

[22] Para PRIETO SANCHÍS una Constitución es normativa cuando: «además de regular la organización del poder y las fuentes del Derecho –que son aspectos de una misma realidad– genera de modo directo derechos y obligaciones inmediatamente exigibles. «A su vez, el carácter garantizado de la Constitución, supone que sus preceptos pueden hacerse valer a través de los procedimientos jurisdiccionales existentes para la protección de los derechos». *Neoconstitucionalismo y ponderación judicial, Op.Cit,* p.128.

coextensivas las críticas democráticas a la jurisdicción constitucional surgidas de los contextos legicentristas con las *objeciones contramayoritarias*, originadas en los Sistemas del *Common Law*[23]. En esa medida, es menester tener en cuenta en cada caso de dónde vienen las críticas que retumban desde hace décadas en los púlpitos del positivismo metodológico con el discurso de los defensores a ultranza de la representación parlamentaria. Expresiones como «judicialismo», «inseguridad jurídica», «indeterminación», «activismo judicial», «juez legislador», «juristocracia», etc... tienen un alcance sustancialmente diferente dependiendo del contexto donde se pronuncien.

No es de extrañar que en al ámbito del Derecho Continental sobrevinieran todo tipo de críticas si tenemos en cuenta la dificultad teórica y práctica para encajar de golpe tantos elementos ajenos a la tradición jurídica europea. En tal proceso de encaje resultan fundamentales aportaciones teóricas como la del jurista alemán Josef ESSER, quien intentó armonizar los conceptos más caros al razonamiento jurídico iusprivatista europeo-continental con las innovaciones que trajo consigo el constitucionalismo de estirpe anglosajona[24]. Sin embargo, Esser y otros autores que pueden considerarse como de «transición», no llegaron a convertirse en verdaderos auxiliares de la recién creada Jurisdicción Constitucional alemana, y sus aportes fueron mucho más útiles en el ámbito de la Jurisdicción Ordinaria, en la medida que sus reflexiones parten de las categorías de análisis forjadas en del Derecho Privado. Como ya se explicó arriba, cuando aparecen las tesis sobre la Argumentación Jurídica de Robert ALEXY, ellas caen como anillo al dedo al Tribunal Constitucional Federal alemán que tenía serios problemas para justificar sus decisiones constitucionales en los «casos difíciles» sobre derechos y libertades. En ese sentido, la teoría alexyana vino a llenar un vacío práctico en la jurisprudencia constitucional alemana.

[23] A manera de ejemplo se pueden revisar las sustanciales diferencias que subyacen a las críticas de un defensor de la Regla de la Mayoría como Jeremy WALDRON. En el pensamiento anglosajón, o DREIER en elpensamiento continental alemán.

[24] Por esa razón, se puede considerar a Esser como un «escritor de transición», al menos en cuatro aspectos: *a)*. Transición de los esquemas propios de un Derecho legal europeo de raíz romano-germánica a los de un Derecho de ascendencia jurisprudencial con fuerte influencia angloamericana tras la victoria aliada. *b)*. Transición del primado del pensamiento iusprivatista como modelo de análisis y aplicación de lo jurídico a un modelo de análisis cada vez más nutrido de los contenidos iuspúblicos y particularmente constitucionales *c)*. Transición de un Derecho de reglas basado en premisas de aplicación lógica a un Derecho en el que cada vez tienen más protagonismo las directivas morales y los fines políticos del ordenamiento. *d)*. Transición de la concepción restrictiva de la función judicial a una activación de la función interpretativa e integradora. pues su obra nació en el ojo del huracán. ESSER, J., *Principio y norma en la elaboración jurisprudencial del derecho privado,* traducción de Eduardo Valentí Fiol, Bosch, Barcelona, 1961. Versión original: *Grundsatz und Norm in der richterlichen Fortbildung des Privatrechs,* Tübingen, J.C.B., 1956.

Sin embargo, lo que le otorga el particular *sentido judicialista* a esta concurrencia de herencias constitucionales es la manera en la que ellas se articulan dentro del sistema jurídico de que se trate. Lo que me interesa mostrar entonces es que gran parte de tal articulación depende del tratamiento de los temas constitucionalmente relevantes en los casos concretos; en otras palabras, depende de la concepción (y de los límites) del *razonamiento jurídico* que se maneje. De ahí la importancia de la Teoría de la Argumentación Jurídica, pues ella es la herramienta metodológica en la que se ha escudado el tendencial judicialismo del sistema constitucional de Posguerra. Ella tiene un papel importante en la profundización de las implicaciones axiológicas que se desprenden del documento constitucional y de sus contenidos, papel que será más protagónico en cuanto mayor sea el peso que se conceda a la deliberación racional en la interpretación y aplicación del Derecho. Así, de la mano del ICD –como actitud integradora– la Constitución adquiere otro sentido y otra dimensión. Su significado actual se compone de la conjunción de principios de las dos culturas jurídicas descritas; los elementos de una la refuerzan y los de la otra extienden su señorío. Puede decirse que del lado americano del Atlántico le viene a la Constitución su *concepción como valor*, y del lado europeo la *amplitud de su contenido valorativo*.

Es precisamente aquí, en la confluencia de las características constitucionales de dos tradiciones jurídicas diferentes, donde se pone de manifiesto una aparente incongruencia del constitucionalismo en clave judicialista: la que se presenta entre el respeto que el sistema constitucional debe profesar al *principio democrático* (del cual obtiene su legitimación) y la defensa de la integridad de la Carta mediante los mecanismos de la *justicia constitucional* (cuyo origen y desarrollo son ajenos a la democracia).

VI. LA POLITICA CONSTITICIONAL Y LA LEGITIMACIÓN DE LOS JUECES CONSTITUCIONALES

Puestas así las cosas, la Constitución adquiere la forma de un escenario donde se dan cita los más variados contenidos –todos con posibilidades de actuar– pero sin que se de antemano se establezca entre ellos un orden rígido de aparición o de protagonismo. La puesta en escena y las diferentes combinaciones posibles de aquellos elementos no será ya una labor propia del Derecho constitucional, sino de la «política constitucional» y ésta dependerá de la orientación circunstancial de las fuerzas políticas del Estado y de las tendencias teóricas que sean capaces de influenciarla, tal y como sucede hoy con el modelo de razonamiento jurídico que defienden las Teorías de la Argumentación, que son las encargadas de determinar el equilibrio en los casos concretos. Será entonces la política constitucional quien, dentro del abanico de posibilidades que otorga la Carta, se encargue de conseguir el balance adecuado entre todas las piezas dispares que en ella se congregan. Las medidas adoptadas para ello deben verse como una *«realización»* de la Constitución y no como su «ejecución», toda vez que las opciones políticas que se tomen en cada caso no estarán previstas de manera precisa, sino que serán obtenidas a partir de las muchas posibilidades que alberga la norma. Por ello se ha hablado de que la Constitución propicia una «manera posibilista de pensar el Derecho», para diferenciarla de aquella otra manera basada en la necesidad[25]. De cualquier modo, esas «posibilidades» no son ni exclusiva ni preferentemente constitucionales, sino que vienen determinadas por cuestiones externas al derecho interno como la integración económica o el comercio internacional.

El constitucionalismo actual surge del Nuevo Orden que se configuró tras la Segunda Guerra Mundial y está diseñado como una herramienta para la construcción de un bloque cultural y económico. No es suficiente que el diseño constitucional sea instrumental a la Economía de Mercado, sino que debe también construir las condiciones para una identificación en cuanto a los Valores Morales de las sociedades a partir de la unificación en una sola a las dos vertientes de la cultura liberal de los derechos. El sistema de Garantías Constitucionales de los derechos fundamentales, que tantas transformaciones positivas ha traído a las sociedades donde opera, es el escenario en el que se funden dos Culturas Jurídica que hasta hace unas cuantas décadas se daban la espalda. En este escenario se han encontrado una teoría progresista que aquí he llamado CJD (Constitucionalismo Judicialista de los Derechos) y una teoría analítica sobre la justificación judicial correcta que denomino ICD (Iusmoralismo Constitucional Discursivo). La primera es una interpretación expansiva del constitucionalismo y la segunda un conjunto de tesis sobre la argumentación y la justificación jurídica.

El encuentro entre estos dos enfoques ha acelerado el proceso de integración porque ha concedido mediante la argumentación jurídica razonable de los fallos constitucionales una legitimación social a los Tribunales Constitucionales (Cortes o Salas en su caso), que los convierte en actores políticos que no pocas veces han salido en defensa de la institucionalidad democrática de los Estados. El peso que adquiere la jurisprudencia constitucional en los Sistemas Políticos, debe mucho a la justificación de los fallos.

[25] Cuando se habla de «pensamiento posibilista» se hace referencia a un pensar *en* y *desde* otras alternativas. Parte de la base de la esencial cuestionabilidad –en orden a su mejora– de cualquier argumento político dado como absoluto. La base de este tipo de pensamiento es el desarrollo del *pluralismo* sobre el que se construye la Constitución del Estado democrático. «El mantenimiento de posibilidades como factor siempre abierto en el seno de los ordenamientos constitucionales vigentes, representa el contenido central de los principios jurídico-constitucionales más relevantes.» HÄBERLE, P., *Pluralismo y Constitución. Estudios de teoría constitucional de la sociedad abierta*, *Op.Cit.*, pp. 62-74.

La manera en la que Robert ALEXY ha respondido a la crítica de la falta de legitimación democrática de los Tribunales Constitucionales, siempre ha sido recurrir a los que él considera una «Legitimación Argumentativa» de éstos. Yo he criticado en varias ocasiones esta oscura idea del profesor alemán, pero he de confesar que cada vez le encuentro más sentido[26]. Creo que es cierto que una Jurisdicción Constitucional se legitima por su trabajo, y en la situación actual, este trabajo se expresa en forma de argumentos jurídicos y democráticos plausibles. En ese sentido, el ICD ha sido crucial para la producción y armonización de la jurisprudencia en diferentes países de Sistema Continental en Europa y Latinoamérica. La popularidad de estas teorías entre los jueces y magistrados es innegable, y su presencia es creciente en las aulas de las Facultades de Derecho, mientras que el Derecho Romano y las Ideas Políticas casi han desaparecido del pensum académico. Los jueces, empoderados por esta manera de interpretar los equilibrios del Sistema, tienen mucho que decir sobre la vida política cotidiana, y cada vez más se convierten en personajes más mediáticos que argumentan con maestría ante las cámaras. Y es que no se puede negar que muchas veces los Tribunales Constitucionales han garantizado la estabilidad democrática de varios países, y ante la evidente crisis de representación que sufren nuestras democracias ellos se han presentado ante la ciudadanía como la cara más cercana del Derecho. Como los verdaderos actores de la Constitución.

El fuerte influjo de la Tradición Anglosajona sobre la Continental está claramente potenciado por el uso que hace el CJD del ICD en la «motivación de los fallos», una obligación que le impone la Constitución a los Jueces. Esta obligación se ha convertido en la fuente primordial para el desarrollo Carta a través de la Justicia Constitucional y de la Garantía de los Derecho Fundamentales. Sin embargo, no todo en este encuentro teórico es color de rosa. La misión expansiva del CJD ha terminado en muchas ocasiones por instrumentalizar al ICD, convirtiéndolo en un mero método para lograr una apariencia de racionalidad y corrección a lo que tan solo son intereses o ideología. No pocas veces, el favorecimiento de algún Poder del Estado, se logra utilizando intrincadas cadenas de argumentos cuidadosamente diseñados para dar una apariencia de defensa del orden constitucional cuando en realidad se trata de flagrantes ataques al mismo. Dependiendo del diseño institucional y de los mecanismos que en cada país se contemplen para la selección y nombramiento de los magistrados de los tribunales constitucionales, será mayor la inclinación que tengan éstos a favorecer uno u otro Poder Público. Así, el judicialismo en unos casos se resuelve a favor del Legislativo y en otros, desafortunadamente muy comunes en nuestros días, a favor de la agenda política del Ejecutivo.

[26] Elorza Saravia, Juan Daniel, *Valores y Normas. Argumentación jurídica y moral crítica, Op. Cit.*, pp.275-282

Las implicaciones de esta combinación entre las dos Tradiciones Jurídicas son enormes, casi podríamos decir que esa combinación es el verdadero trasfondo de todos los magníficos cambios que le atribuimos al Constitucionalismo de la Segunda Posguerra. Pues más allá de la construcción de un paradigma moral común a los Sistemas de Derecho a partir de homogenización de la concepción que subyace a la protección de los derechos y libertades, lo que no se puede perder de vista es que al fortalecer a los jueces, indistintamente de si su ámbito de decisión es el Derecho Público o el Privado, se está fortaleciendo la regulación privada de las relaciones jurídicas. Y es que los jueces se convierten en el poder del Estado que decide sobre lo que se pacta en los contratos entre individuos particulares. Es decir, que los que regulen los jueces con carácter último se les sustrae a las mayorías políticas. En el Derecho Privado y en Derecho Internacional el judicialismo es una invitación al imperio del Contrato como Ley para las Partes (o al Tratado Internacional como contrato entre Estados parte), y en el Derecho Público es una invitación a realizar las promesas de la Constitución mediante una interpretación concreta (en el sentido de una moral occidental de posguerra) de los valores y principios consagrados en sus normas.

VII. TERMINANDO POR EL COMIENZO –A MANERA DE CONCLUSIÓN–

Terminaré este escrito con la reflexión con la que lo comencé, pues ella es de mucha utilidad para determinar cuál ha sido la dirección de este acercamiento entre los dos Sistemas de Derecho. Me refiero a la pregunta de si éste es un movimiento mutuo y recíproco. Esto es, si se acerca de igual manera el Sistema Anglosajón al Sistema Continental para construir un *Sistema integrado* que tenga las fortalezas de ambos. Considero que la respuesta a esta pregunta es forzosamente negativa. Pues si bien el proceso de codificación de las normas jurídicas en Estados Unidos no ha parado de crecer desde la segunda mitad del pasado siglo XX, esto no significa necesariamente un cambio pragmático del Equilibrio de Poderes ni una modificación del Diseño Institucional. Es decir, que el hecho palpable de que cada vez exista una mayor cantidad de legislación no significa que correlativamente se esté quitando poder a los jueces para regular desde la práctica de los casos concretos el comportamiento social. A mi juicio, este hecho se explica por el alto nivel de tecnificación que la sociedad de la comunicación y el imperativo globalizador han impuesto al tránsito jurídico. Cada vez las comisiones del Congreso de ese país tienen que preparar Proyectos de Ley que regulan asuntos con una disparatada complejidad tecnológica y transnacional. El aumento de peso de las normas legales en Estados Unidos es más un recurso operativo a la complejidad actual de la regulación jurídica y no un guiño integrador en el Sistema de Derecho Continental Europeo.

Tras estas reflexiones la conclusión resulta bastante desalentadora, pues al parecer el desdibujamiento de la Tradición Continental de Derecho no se produce, como muchos aseguran, en el marco de una *integración* de cara a la construcción de un mejor constitucionalismo, sino que se produce como una exigencia para la *convergencia* en un nuevo sistema de influencia global con un solo país como actor hegemónico. Mientras la democracia se mueve peligrosamente por los caminos del formalismo y del procedimentalismo, vaciándose de contenido real, las violaciones masivas a los derechos individuales se ejecutan de maneras cada vez más sofisticadas, y muy poco es lo que los jueces pueden hacer al respecto desde los casos concretos.

La buena comprensión de los mecanismos de Argumentación jurídica por parte de jueces y magistrados, es la condición para que ellos no caigan en la tentación de utilizarlos como instrumento que enmascara con una apariencia de justicia y racionalidad las decisiones inicuas, sino que esta comprensión sirva para que esos jueces actúen siempre dentro de los límites de lo justificable. La mala prensa de la representación democrática actual y la entronización mediática de los magistrados constitucionales nos hace olvidar del riesgo que encarna la existencia de un Poder incontrolado dentro del Estado. Muchos proponen la implementación de mecanismos democráticos de control para los Tribunales y sus miembros, pero el remedio puede ser peor que la enfermedad, ya que se desnaturalizaría y politizaría aún más la judicatura.

Pese a las grandes dosis de *humanización del Derecho* que de modo tan extendido ha traído la Jurisdicción Constitucional, tenemos que reconocer que las grandes objeciones de fondo que le hicieran los críticos al comenzar la implementación del Constitucionalismo de Posguerra no han encontrado respuestas satisfactorias. A pesar de todas sus ventajas, esta *herramienta de convergencia cultural, moral y económica* sigue arrastrando los mismos problemas que cuando surgió, y algunos más que han ido emergiendo por el camino. Nuestra misión como juristas no parece ser otra que seguir buscando respuestas pragmáticas y teóricas a estos problemas.

FINANCIACIÓN POLÍTICA, «DISCLOSURE» Y CORRUPCÍON: MICROCOMPARACIÓN DE LOS SISTEMAS REGULATORIOS DE ESPAÑA, BRASIL Y MÉXICO

Marcelo Eugênio Feitosa Almeida[1]

I. INTRODUCIÓN

El presente trabajo tiene sus orígenes en el Congreso Internacional Balance Y Perspectivas del Estado Social y Democrático de Derecho en el Constitucionalismo Contemporáneo[2], evento que reunió investigadores de la Universidad de Salamanca/España y de la Universidad Autónoma de Sinaloa/México. En la ocasión, nos motivamos a presentar ponderaciones sobre la realidad de los partidos políticos en estos países, y Brasil, el país de este autor, centrándose en políticas de transparencia, demanda de importancia transcendental en los tres países.

Se trata de un estudio microcomparativo de las normas sobre transparencia partidista, con especial énfasis en las cuentas ordinarias y la financiación privada de dichas entidades. Reputamos el método comparativo como herramienta adecuada al enfoque transfronterizo de tema tan delicado.

Aunque los países planteados están distantes en lo que se refiere a las formas y sistemas de gobierno, siendo Brasil y México Repúblicas presidencialistas y España una Monarquía parlamentaria, los tres países, en cuanto al mérito de esta investigación, adoptan el pluripartidismo y sistemas de financiación de la política robustamente regulados, controlados y con motivaciones igualitarias[3].

[1] Doctorando en Estado de Derecho y Gobernanza Global por la Universidad de Salamanca

[2] Evento ocurrido en la Facultad de Derecho de la Universidad de Salamanca, el 4 y 5 de Octobre de 2018, bajo codirectoria de los Profesores Doctores Mercedes Iglesias Bárez y Gonzalo Armienta Hernández.

[3] Falguera, E. J.; Ohman, M., *El financiamiento de los partidos políticos y las campañas electorales - Manual sobre financiamiento político*, IDEA, Estocolmo, 2015, p.29.

El análisis microcomparativo entre los sistemas regulatorios de transparencia de los partidos, con un enfoque, como se ha dicho, financiero, además de la sensibilidad del tema, también está justificado por el delicado momento en que viven, de los escándalos retratados de corrupción política y consiguiente necesidad de rescatar la confianza de la sociedad en las instituciones y la democracia.

Brasil, España y México, en términos de percepción de la corrupción, según el *Corruption Perception Index*[4], respectivamente, ocupan 96ª, 42ª y 135ª posiciones, entre 180 países analizados. Se tratan de posiciones preocupantes en el caso español y alarmantes en los casos brasileño y mexicano, que reivindican reflexión y pronta respuesta para cambiar los indicadores y, consecuentemente, la realidad.

En cuanto a la percepción de la calidad democrática, un tema que es indisociable de la corrupción, considerando el *Democracy Index*[5], Brasil y México son considerados «democracias imperfectas», ocupando, respectivamente, 49 ª y 66 ª posiciones entre 167 países. España ocupa el puesto 19, el último entre los países considerados como «democracia plena».

Por lo tanto, considerando el corte metodológico presentado, importa cuestionar: ¿Qué importancia tiene la transparencia, sobre todo financiera, de los partidos políticos para la democracia?

Una democracia es inconcebible sin un sistema de partidos capaz de sumar los intereses de los ciudadanos y ofrecer alternativas políticas. En este escenario, los partidos políticos ocupan una posición central en el seno de la democracia, luego, saber cuánto reciben, cómo gastan y quién los financia constituyen elementos de información clave para combatir la corrupción y para la formación de la opinión ciudadana y consiguiente destinación del voto en las elecciones[6].

Para que la información sea acogida por la sociedad, es necesario que esté disponible, divulgada en detalle y a tiempo, tener accesibilidad, ser comprensible y

[4] La agencia no gubernamental «Transparencia Internacional» publica anualmente el *Corruption Perception Index*, que mide, en una escala de cero (percepción de muy corrupto) a cien (percepción de ausencia de corrupción), los niveles de percepción de corrupción en el sector público en un país particular y consiste en un índice basado en encuestas a expertos y empresas.

[5] El *Democracy Index* es una clasificación hecha por la unidad de inteligencia del semanario inglés *The Economist*, a través de la cual se pretende determinar la percepción de la cualidade democrática en 167 países. El índice se basa en 60 indicadores que se agrupan en cinco categorías diferentes: proceso electoral y pluralismo, libertades civiles, funcionamiento del gobierno, participación política y cultura política.

[6] Olivera, A.; Isunza, E., «Rendición de cuentas: los fundamentos teóricos de una práctica de la ciudadanía», Ziccardi, A. (Coord.), *Participación ciudadana y políticas sociales en el ámbito local*, IES, Ciudad de México, pp. 335-358.

tener un alto grado de evidenciación, elementos fundamentales para una efectiva transparencia[7].

Será muy importante para cada Estado que pretenda ser reconocido como auténtico «Estado Constitucional Democrático de Derecho», con niveles aceptables de corrupción y calidad democrática, garantizar el respeto a los derechos en materia de transparencia con los que cuentan los ciudadanos para formación de sus convicciones políticas y para que juzguen conscientemente los partidos y candidatos por medio del voto[8,9].

De hecho, la centralidad de los temas financiación privada de la política y la transparencia, sea tocante a la lucha contra la corrupción, o concerniente con la información ciudadana, requiere profundidad y urgencia en relación con las estrategias para la transformación de la realidad. El análisis microcomparativo de esta cuestión entre los tres países puede servir de punto de partida para reflexiones sobre los caminos que se están tomando y las perspectivas que se pueden asumir en el futuro.

Comenzaremos por vincular los temas de finanzas políticas, *disclosure* y corrupción, analizando como la opacidad de los datos partidistas, especialmente sobre sus fuentes de ingresos, puede contribuir a la formación de un ambiente favorable a la corrupción política.

A continuación, presentaremos los sistemas regulatorios sobre transparencia partidista, de acuerdo con los límites metodológicos ya presentados, estableciendo, al final, un análisis comparativo entre dichos sistemas normativos.

II. FINANCIACIÓN POLÍTICA, *DISCLOSURE* Y CORRUPCIÓN

Los partidos, dentro del teatro político, desempeñan funciones estructurales en términos de representatividad democrática. Así, son indispensables para dar coherencia a la voluntad popular, servir de enlace entre el gobierno y la opinión pública, seleccionar a los que deben dirigir los destinos del estado, diseñar la política de gobierno y ponerla en movimiento[10].

A pesar de libres, los partidos políticos están sujetos a limitaciones constitucionalmente establecidas en función de la preservación del régimen democrático. La

[7] Olivera, A.; Isunza, E., *op cit.*, p. 341.

[8] Torres, E.; Villatoro, M., «Los partidos políticos en México. El paradigma de la rendición de cuentas en el marco de las reformas en materia de transparencia y acceso a la información», Anuario da Facultade de Dereito da Universidade da Coruña, n. 21, pp. 229-258.

[9] Fox, J., «Sociedad civil y políticas de rendición de cuentas», *Revista Perfiles Latinoamericanos,* n. 13.27, pp. 33-68.

[10] Armagnague, J., *Derecho electoral y parlamentario argentino y latinoamericano.* Lerner Editora, 2010, Córdoba, p.34.

noción de los partidos políticos como entidades de interés público es esencial para comprender las exigencias de transparencia que se los deben imponer, especialmente en términos de financiación privada[11].

La financiación privada mal regulada, marcada por la opacidad, contribuirá con la contaminación de la agenda pública por y en favor de grupos específicos donantes, desacreditando la democracia y promoviendo los niveles de percepción de la corrupción experimentados por los países planteados[12]. La transparencia, especialmente financiera, con altos grados de evidenciación, es esencial para mantener los partidos dentro de los parámetros esperados de una entidad de interés público encargada de sostener la democracia.

La transparencia es concretizada por un conjunto de técnicas y principios, figurando el *disclosure*, es decir, la evidenciación de datos institucionales, administrativos, financieros que pueden influir en la percepción de las partes interesadas sobre el partido, cómo elemento de especial importancia. Cuanto más exhaustiva y detallada sea la divulgación, mejor el nivel de evidenciación y más eficaz será el *disclosure*.

Sin embargo, la divulgación no se limita a un alto nivel de evidenciación, porque la complejidad y la tecnicidad de los datos pueden impedir que un ciudadano común los entienda, aunque presentada de manera sistematizada. A pesar de la información en un lenguaje técnico, sólo accesible a los iniciados, servir a los órganos de control, para el ciudadano común es necesario que los datos informados tengan legibilidad, es decir, que sean comprensibles para una gran escala de interesados.

Al mismo tiempo, no es suficiente que las informaciones sean completas, útiles para los órganos de control y aún legibles para los ciudadanos, si no son accesibles. La accesibilidad, en la contemporaneidad, pasa necesariamente por la disponibilidad de la información de forma gratuita, en cualquier momento y a través de la red mundial de ordenadores, deseablemente en los sitios de los partidos y de los organismos de control, preferiblemente con enlaces de fácil acceso en las primeras capas del sitio electrónico.

Para que una democracia funcione, necesitamos, por lo tanto, votantes conscientes y capaces de tomar decisiones políticas fundamentales. La ignorancia ciudadana pone en peligro la concepción de la democracia como un régimen que sirve a los intereses de la mayoría toda vez que la ausencia de información, o mismo la desinformación, sobre todo en tiempos de posverdad, facilita a la manipulación de los electores por los políticos y por los partidos[13].

[11] Armagnague, J., *op. cit.*, p.41

[12] Falguera, E. J.; Ohman, M., *op. cit.*, p.38.

[13] Emmerich, G., «Transparencia, rendición de cuentas, responsabilidad gubernamental y participación ciudadana.», *Revista Polis,* n. 2, pp. 67-90.

Los partidos opacos se han aprovechado, a lo largo de muchos años, de la doctrina de la inviolabilidad de su vida interna, por lo que se han degenerado y convertido de entes de interés social, mediante los cuales los ciudadanos pueden acceder a cargos de representación popular y formar parte de del gobierno, en entes de interés individual con rasgos antidemocráticos[14].

Es fundamental ampliar eses deberes de transparencia más allá de los órganos de las administraciones públicas para alcanzar a los partidos políticos, con los instrumentos y normatividad suficientes para hacerlos rendir cuentas ante la ciudadanía y ante los organismos de control.

Para concluir, la transparencia en los partidos políticos, con efectivo *disclosure*, permite un doble mecanismo de control. Por una parte, los organismos oficiales encargados del control de la actividad partidista[15] cuentan con mecanismos eficientes para sujetar a los partidos a las exigencias previstas en ley. Por otra, los ciudadanos, informados y conscientes gracias a las nuevas disposiciones en materia de transparencia, podrán mejor controlar los referidos partidos, premiándolos o castigándolos a través de sus votos.

III. SISTEMAS REGULATORIOS DE TRANSPARENCIA PARTIDISTA EN BRASIL, ESPAÑA Y MÉXICO

En el caso brasileño, la obligación de *disclosure* partidista de las cuentas ordinarias tiene *status* constitucional[16] y reglamentación más específica en la Ley 9.096/95 y *Resolución del Tribunal Superior Electoral 23.464/2015*.

La información financiera de las cuentas ordinarias, presentadas anualmente, incluirán, entre otros, los siguientes elementos de evidenciación: discriminación de los valores y asignación de recursos del fondo partidista; origen y valor de las aportaciones y donaciones y desglose detallado de los demás ingresos y gastos.

La legislación electoral[17] determina que los ingresos y gastos deben transitar por el tipo específico de cuenta bancaria abierta según la naturaleza del recurso, cuyo el secreto bancario puede ser rompido no interés de los órganos de control.

La prueba de todos los gastos partidistas debe hacerse por contratos, facturas, prueba de la entrega de bienes y prestación de servicios, actas y listas de asistencia para demostrar gastos con reuniones y otros eventos, notas explicativas e informes de viaje para justificar desplazamientos, alojamiento, billetes aéreos, combustibles,

[14] Torres, E.; Villatoro, M., *op.cit.*, pp. 229.

[15] *Tribunal Superior Eleitoral* en Brasil, Instituto Nacional Electoral en México y Tribunal de Cuentas en España.

[16] Art. 17, III, de la Constitución de Brasil.

[17] Art. 32 de la Ley 9.096/95 y el art. 28 de la Resolución TSE 23.464/2015.

peajes, siempre con indicación de itinerario, fechas, identificación de pasajeros y prueba de su conexión con el partido.

Las cuentas partidistas, con todos los datos y documentos mencionados en el párrafo anterior, serán juzgadas y divulgadas por la Justicia Electoral[18]. Las cuentas podrán ser aprobadas, cuando regulares; aprobadas con reservas, cuando tengan inconsistencias que no comprometan la regularidad; desaprobadas, si irregulares o consideradas no rendidas, cuando no se presenten documentos indispensables.

La información requerida por la legislación mencionada, de alta complejidad y baja legibilidad, se publican sólo en los órganos oficiales de prensa[19], y se ha hecho disponible electrónicamente solo en el sitio del órgano de control electoral. Los partidos, voluntariamente, pueden exponer sus datos y cuentas en sus sitios electrónicos. Sin embargo, por regla general, no lo hacen.

La investigación de los sitios electrónicos de los cuatro partidos con más votos en la última elección presidencial, PSL, PT, PDT y PSDB, constata que ninguno han publicado informaciones financieras de cualquier naturaleza[20].

Independientemente del régimen de *disclosure* específicamente imposto a los partidos políticos por la legislación electoral, sectariamente objeto de estudio del Derecho Electoral, el marco legal brasileño de la transparencia, la Ley 12.527/2011, no ha incluso expresamente a los partidos políticos como una entidad sujeta al deber de transparencia, lo que crea dificultades para acceder a la información, especialmente en términos de transparencia pasiva.

En el caso mexicano, el deber de provisión de información también tiene asiento constitucional[21], y la reforma de 2014 buscó consolidar las instituciones electorales y sujetar los partidos políticos a disposiciones de *disclosure* y rendición de cuentas que podrán ser utilizadas tanto por los ciudadanos como por las autoridades electorales para promover la transparencia partidista[22].

Bajo ese contexto, aún en 2014, se expide la Ley General de Partidos Políticos – LGPP, en la cual se incluye un capítulo específico denominado «De las Obligaciones de los Partidos Políticos en Materia de Transparencia.»

Las principales disposiciones en materia de transparencia que establece la LGPP son: permitir la práctica de auditorías y verificaciones, así como la entrega de la

[18] Las direcciones partidistas municipales deben presentar sus cuentas ante la justicia electoral del municipio; Las direcciones partidistas de los estados ante los Tribunales Electorales Regionales y las direcciones nacionales ante Tribunal Electoral superior, utilizando un sistema electrónico con un modelo estandarizado de rendición de cuentas e presentación de documentos.

[19] Diario Oficial de la Unión – D.O.U.

[20] Los sitios fueran examinados el 09/01/2019.

[21] Art. 6º, A. I. de la Constitución del México

[22] Torres, E.; Villatoro, M., *op.cit.*, p. 231.

documentación que les sea requerida en materia de ingresos y egresos; obligación de cumplir con sus obligaciones en materia de transparencia y acceso a su información; respetar las disposiciones de la Ley en materia de transparencia y acceso a la información, asimismo se establece la competencia del INAI[23] para conocer de los asuntos relacionados con la transparencia, acceso a la información y protección de datos relacionados con los referidos partidos; publicar en sus páginas de internet para el público en general documentos básicos, padrón de sus militantes, contratos y convenios suscritos para la adquisición, arrendamiento, concesiones y prestación de bienes y servicios, entre otros[24].

La LGPP ha instituido un sistema de contabilidad y régimen financiero que simplificarán las actividades de las autoridades fiscalizadoras competentes. Según ese régimen, para la financiación privada de los partidos deberán expedir recibos foliados en el que aparezca el nombre completo y domicilio, clave de elector y, en su caso, Registro Federal de Contribuyentes del aportante si la aportación se realiza con cheque o transferencia bancaria, la cuenta de origen deberá estar a nombre del aportante; obligación de entregar una relación mensual de los nombres de los aportantes, cuyas cuotas deberán depositarse en cuentas bancarias a nombre del partido[25].

Los partidos también están obligados a informar la remuneración de sus integrantes, incluyendo no solo el sueldo base, sino también prestaciones, gratificaciones, comisiones, dietas, bonos, viáticos, entre otros; la información de los programas de subsidios, estímulos y apoyos, especificando la manera en que son distribuidos y ejercidos; datos financieros sobre presupuesto asignado, así como los informes del ejercicio trimestral del gasto; los resultados de las auditorías que les sean realizadas; el inventario de bienes muebles e inmuebles en posesión y propiedad, entre otros.

Hay, además, obligaciones específicas establecidas en la Ley General de Transparencia y Acceso a la Información Pública – LGTAIP, la cual dispone que, además de las obligaciones comunes los partidos nacionales y locales, deberán poner a disposición del público, relacionada con finanzas de los partidos: los responsables de los órganos internos de finanzas; montos de las cuotas aportadas por militantes; listado de aportantes a las precampañas y campañas políticas; recursos destinados al desarrollo del liderazgo de las mujeres; mecanismos de control.

En España, de acuerdo la Ley Orgánica 8/2007, sobre Financiación de los Partidos Políticos, los partidos políticos deben llevar libros de contabilidad detallados que permitan en todo momento conocer su situación financiera y patrimonial.

23 Órgano central del Sistema Mexicano de Transparencia.

24 Torres, E.; Villatoro, M., *op.cit.*, p. 233.

25 Torres, E.; Villatoro, M., *op.cit.*, pp. 234.

Dichos libros contables, con alto grado de evidenciación, deberán contener: inventario anual de todos los bienes; cuenta de ingresos, consignándose como mínimo la cuantía global de las cuotas y aportaciones de sus afiliados, ingresos procedentes de su propio patrimonio, ingresos procedentes de las donaciones, subvenciones públicas, rendimientos procedentes de las actividades del partido, herencias y legados recibidos; la cuenta de gastos, consignándose como mínimo gastos de personal, gastos de adquisición de bienes y servicios corrientes; gastos financieros de préstamos y gastos de las actividades propias del partido; operaciones de capital relativas a créditos o préstamos de instituciones financieras, inversiones, deudores y acreedores.

En la actualidad, y como consecuencia de la aprobación de la Ley Orgánica 5/2012, de reforma de la Ley Orgánica 8/2007, se ha adicionado un apartado que determina que los partidos políticos, una vez emitido por el Tribunal de Cuentas el informe de fiscalización correspondiente a un determinado ejercicio, están obligados a hacer públicas, preferentemente a través de su página web, el balance y la cuenta de resultados y, en particular, la cuantía de los créditos que les han sido concedidos, el tipo de entidad concedente y las condonaciones de deuda correspondientes a tal ejercicio, de forma que esta información sea de gratuito y fácil acceso para los ciudadanos.

También, con propósito de impulsar una mayor transparencia, en la reforma producida por la Ley 5/2012, se establece que los partidos políticos deberán prever un sistema de control interno que garantice la adecuada intervención y contabilización de todos los actos y documentos de los que se deriven derechos y obligaciones de contenido económico, conforme a sus estatutos. El informe resultante de esta auditoría acompañará a la documentación a rendir al Tribunal de Cuentas.

En cuanto a la sujeción de los partidos políticos españoles a las disposiciones de transparencia, la Ley de Transparencia, Acceso a la Información Pública y Buen Gobierno establece expresamente que sus disposiciones serán también aplicables a los partidos y señala qué tipo de información deben de tener a disposición de la ciudadanía.

La Ley General de Transparencia obligó los partidos políticos a contar con dos organismos internos que buscan materializar la reforma en materia política-electoral en cuestiones de transparencia. Son las Unidades de Transparencia y los Comités de Transparencia, responsables por la implantación de un sistema y una plataforma nacional para garantizar a los ciudadanos el acceso a la información de los partidos y demás sujetos obligados por dicha, formando el Sistema Nacional de Transparencia y la Plataforma Nacional el Transparencia[26].

[26] SANTOS, J.; MOLINA, J.; GUIMARÃES, J., «Direito de Acesso à Informação: uma análise a partir das realidades espanhola e brasileira», *Informação & Sociedade: Estudos*, v. 27, n. 2, pp. 111-124.

Como rasgos comunes para los tres países, en términos de transparencia partidista, podemos presentar las siguientes líneas generales: rendición periódica obligatoria de cuentas ordinarias[27]; rendición de cuentas específica de las campañas electorales; identificación obligatoria de los donantes; informes con buen nivel de evidencia de ingresos privados[28], transacciones financieras[29] y gastos en general[30]; órganos públicos de supervisión con facultades de profundización de análisis e imposición de sanciones[31].

A pesar de la sede constitucional de la obligación partidista de rendir cuentas en el caso brasileño, la experiencia del país sudamericano está muy abajo de los otros países de la comparación, especialmente en tres aspectos fundamentales: la falta de claridad en la inserción de los partidos en el sistema brasileño de transparencia, legibilidad y accesibilidad de la información.

En cuanto al primer aspecto, el Brasil, que tiene un sistema nacional de transparencia todavía nuevo y en consolidación, no aclara si los partidos políticos están sujetos a las obligaciones de transparencia aparte de lo previsto en la legislación electoral, en particular en términos de transparencia pasiva. En los casos españoles y mexicanos sus respectivas reglas de transparencia son expresas cuando incluyen a los partidos políticos, imponiendo, también, deberes además de lo previsto por sus leyes electorales.

En cuanto a la legibilidad, las legislaciones españolas y mexicanas son expresas con el fin de determinar la divulgación de información de fácil entendimiento a las partes interesadas. En el caso brasileño, no hay ninguna norma en este sentido, por lo que la información, en el lenguaje contable estandarizado por el órgano electoral, es de difícil comprensión para la ciudadanía. Algunos pocos partidos, sin embargo, presentan, voluntariamente, datos de fácil entendimiento en sus sitios electrónicos[32].

[27] En el caso mexicano la rendición de cuentas es trimestral, mientras que Brasil y España son anuales.

[28] Cuantía global de las donaciones, contribuciones de sus afiliados, ingresos de su propio patrimonio, ingresos de las subvenciones privadas, representaciones provenientes de las actividades del partido, herencias y legado recibidos.

[29] Préstamos de instituciones financieras, inversiones, deudores y acreedores.

[30] Gastos corrientes, con personal, servicios, gastos financieros de préstamos, gastos en general de administración, gastos de las actividades del partido.

[31] En común, las sanciones por violación de los términos de financiación privada son multas y pérdida de la financiación pública. La España criminalizó la violación de las reglas de financiación privada, elevando la preocupación sobre el tema a otro nivel.

[32] Apenas uno, el NOVO, de los cinco partidos con más votos en las últimas elecciones presidenciales, ha publicado informe financiero en su página web institucional.

En cuanto a la accesibilidad de la información, la ley brasileña sólo habla en la publicación en medios de prensa oficiales, de ninguna visibilidad entre los ciudadanos. Los partidos, voluntariamente, pueden divulgar sus cuentas y informes en sus sitios electrónicos u otros medios. Como se ha dicho, el análisis de los cuatro partidos con más votos en las últimas elecciones para el presidente de la República apunta que no hay ninguna publicación en el sitio electrónico de los informes financieros.

En los casos españoles y mexicanos, como se ha visto, sus respectivas legislaciones imponen una mayor accesibilidad, incluso en los sitios electrónicos de los partidos.

IV. CONCLUSIONES

La política, en los días de hoy, es impensable sin recursos financieros, restando el dinero como un factor determinante para el éxito electoral, por lo que es crucial reglamentar la financiación de la actividad política, y, fundamentalmente, su *disclosure*, con el objetivo de reducir potenciales efectos negativos del dinero en la política[33].

La transparencia en los partidos políticos, con altos niveles de evidenciación, legibilidad y accesibilidad, es decir, con efectivo *disclosure*, permite un doble mecanismo de control. Por una parte, los organismos encargados cuentan con mecanismos eficientes para examinar y sujetar a los partidos; Por otra parte, los ciudadanos, informados gracias a las nuevas disposiciones en materia de transparencia, podrán, a través de la emisión del sufragio, ejercer un control más consciente sobre los referidos partidos.

En general, los tres países se alinean cuanto a las normas básicas en términos de transparencia democrática, con buenos niveles de *disclosure* y régimen sancionador en caso de incumplimiento. Normativamente, México y España tienen sistemas regulatorios más robustos, marcadamente el país centroamericano, e, inequívocamente, los partidos están incluidos en sus sistemas nacionales de transparencia, lo cual es esencial para crear un entorno de transparencia partidista.

El sistema normativo de Brasil necesita avanzar mucho en relación con sus pares comparados, cuyos modelos normativos podrían, *mutatis mutandis*, incorporarse a la realidad brasileña. Destacamos la urgente necesidad de incluirse formalmente a los partidos políticos en el sistema brasileño de transparencia.

En cuanto a México, es posible proyectar que los avanzos normativos mexicanos en términos de transparencia partidista contribuirán, a su tiempo, si aplicados

[33] Torres, E.; Villatoro, M., *op.cit.*, pp. 244.

efectivamente, a mejorar sus índices de percepción de la corrupción y la calidad democrática.

Ya la realidad española tiene un fuerte marco normativo de transparencia partidista que, además de las exigencias y la vigilancia de la Unión Europea sobre la materia, puso al país a un nivel más alto en este asunto en comparación con los países americanos aquí examinados.

En la praxis, investigando los datos disponibles en los sitios electrónicos de los partidos actualmente en el poder en los países en comparación –PSL en Brasil, PSOE en España y MORENA en México– utilizando 10 indicadores de transparencia partidista[34], se concluye que España[35] está realmente adelante en la materia, especialmente en términos de accesibilidad de la información a la ciudadanía.

La experiencia española, cruzando las informaciones abiertas de los tres partidos, aunque podría divulgar más datos, seguramente aporta a los demás países caminos que pueden ser trillados hacia un *disclosure* más efectivo, especialmente em términos de accesibilidad y legibilidad.

Mirando atentamente el sitio del partido español investigado, se percibe que el *disclosure* con superior evidenciación, sin perder su legibilidad, aunque la ley no lo exija de determinada forma o nivel, puede ser incluso una estrategia de atractividad al elector que busca informarse antes para formar sus convicciones políticas después.

Por todo lo expuesto, la cuestión de la crisis de confianza a la que se enfrenta la política de estos tres países es vasta, con concausas que trascienden los límites de este estudio, pero hay un punto que nos parece corregible, relacionado al estrechamiento entre los partidos políticos y la ciudadanía, siendo la transparencia de los partidos clave en esta corrección de rumbo.

[34] Aunque este análisis, por la limitación de indicadores cuantitativos o por el número de partidos analizadas, no puede señalar exactamente lo que ocurre en los tres países en términos de transparencia partidista, es un análisis comparativo del cual se puede avizorar un panorama de la cuestión. Fueron utilizados los siguientes indicadores: a) Evidenciación de las donaciones recibidas por el partido; b) Evidenciación de la deuda financiera del partido; c) Informe con la relación de préstamos en vigor; d) Informes de auditoria de las cuentas del partido realizados por organizaciones independientes; e) Evidenciación de los justificantes de gastos realizados por el partido; f) Evidenciación de las cuentas de las entidades vinculadas al partido; g) Divulgación de la identidad de los donantes que aporten una cantidad mayor a 5.000 dólares; h) Existencia de un portal de transparencia o información de transparencia de forma estructurada en el sitio institucional; i) Evidenciación de los bienes inmuebles del partido; j) Divulgación del presupuesto del partido. Los sitios electrónicos de los partidos fueron examinados em 09/01/2019.

[35] Los resultados fueron los siguientes: 1º PSOE (España) con 5/10 indicadores (con los siguientes indicadores a, b, c, h, j); 2º MORENA (México) con 4/10 (con los siguientes indicadores a, b, c, h); 3º PSL (Brasil) 0/10 (ningún indicador disponible en el sitio electrónico).

EL VALOR SUPERIOR DE LA IGUALDAD (COMPLEJA) DE MUJERES Y HOMBRES EN EL 40 ANIVERSARIO DE LA CONSTITUCIÓN ESPAÑOLA DE 1978

Ángela Figueruelo Burrieza[1]

I.

Celebramos el cuarenta aniversario de nuestra ley fundamental con vientos que soplan en direcciones diferentes apostando bien por la permanencia literal del texto o por introducir cambios que se consideran necesarios. Fue redactado el texto constitucional de 1978 bajo la influencia directa de las constituciones italiana y alemana de 1947 y 1949 –respectivamente– pero también influyó la Constitución Española de 1931 que proclamó la II República en nuestro país. Aunque no deja de ser cierto que en el texto de 1978 se percibe un tono más profesoral que en la de 1931 cuya redacción (sobre todo en la parte dogmática) manifiesta y expresa un tono mucho más político (Basile, Silvio, 1981).

Se aprecia con claridad meridiana que está escrita en masculino genérico pues fueron siete «los padres de la Constitución» que formaron la Ponencia Constitucional que redactó el primer borrador de la norma suprema. Solamente fueron 27 las mujeres que estuvieron presentes en el Congreso y en el Senado en la legislatura constituyente y de ahí que la influencia que ejercieron en la tramitación parlamentaria fuese menor de lo deseable (Sevilla, Julia, 2006). Sin embargo y a pesar de lo previamente resaltado a regular la igualdad la ley de leyes vigentes dedicó varios preceptos contemplándola como valor superior (art. 1.1) como mandato promocional (art. 9.2) y como principio y derecho subjetivo en el art. 14; no obstante, el tema de la igualdad de mujeres y hombres –sujetos de derechos y obligaciones en la misma medida– ha recorrido un camino muy desigual en su implementación en estas décadas (Balaguer, Mª Luisa, 2005). No puede olvidarse el papel desempeñado por los operadores públicos nacionales pero, el impulso mayor nos vino de influencias externas a nuestro país. En el ámbito internacional destaca la labor de la ONU y las distintas Conferencias Mundiales sobre la Mujer y la relevancia de la CEDAW; desde Europa soplaron aires renovados gracias a las distintas Directivas y

[1] Catedrática de Derecho Constitucional, Universidad de Salamanca.

en el marco del Derecho originario sobre todo al Tratado de Ámsterdam y después la Carta de los Derechos Fundamentales de la Unión Europea (Carta de Niza del año 2000) en vigor desde el año 2009 con el Tratado de Lisboa. No puede dejarse a un lado la protección multinivel de los derechos ejercida por el Tribunal de Luxemburgo en el ámbito de la Unión Europea y por el Tribunal de Estrasburgo que en el marco del Consejo de Europa vela por la garantía de los derechos reconocidos en el Convenio de Roma de 1950. La Jurisprudencia de ambos tribunales supranacionales ha influido en los operadores públicos nacionales, pero especialmente en los tribunales tanto en los ordinarios como en el Tribunal Constitucional en cuanto supremo intérprete constitucional (Ventura, Asunción, 1999).

Tampoco podemos olvidar el papel relevante de algunos partidos políticos, sobre todo en la década de los años 90 del pasado siglo, que en el marco de sus Estatutos comenzaron a introducir la exigencia de cuotas femeninas tanto en sus órganos directivos como en sus listas electorales. Destacan los partidos de ideologías de izquierda y progresistas (Iglesias, Mercedes, 2008). Sin duda alguna ello fue un precedente a tener en cuenta en la redacción de las normas que regularon estos temas y que fueron aprobadas posteriormente en la primera década del siglo XXI.

Lo previamente expuesto es un breve resumen que aporta una visión panorámica de lo que sucedió en España hasta el año 2004 en que ganó las elecciones generales el PSOE y alcanzó la Presidencia del Gobierno el Sr. Rodríguez Zapatero, quien gobernó en nuestro país en dos legislaturas, 2004-2008 y 2008-2011.

II.

El programa electoral con el que concurría a las elecciones el líder socialista destacaba por el acento puesto en los temas referentes a la implementación de las políticas igualitarias de mujeres y hombres; para ello se aprobaron una serie de normas jurídicas con rango de ley que han sido un referente a nivel internacional. A este respecto destacan la Ley Integral contra la Violencia de Género aprobada en 2004 por unanimidad parlamentaria; la denominada comúnmente como Ley de la Dependencia, el proyecto de Ley de Igualdad de Trato… que no terminó su andadura parlamentaria y ¡cómo no! La Ley Orgánica para la Igualdad Efectiva de Mujeres y Hombres (LOI) aprobada y vigente desde marzo del año 2007, después de muchas vicisitudes y tras un año largo de tramitación en ambas Cámaras. Nació con vocación de convertirse en una ley-código de la igualdad de mujeres y hombres y a esos efectos modificó más de veinte leyes vigentes en nuestro ordenamiento jurídico.

Es costumbre, en mi opinión de carácter positivo, realizar un balance de los efectos producidos por las normas jurídicas una vez que ha transcurrido un cierto periodo de tiempo, teniendo en cuenta los cambios de gobierno o las circunstancias sociales y políticas por las que ha transitado la vida de un país; es conveniente que esos análisis para ser efectivos se realicen desde distintos enfoques. Aquí me interesa realizar un análisis jurídico de los 40 años de CE y de los más de diez años de vigencia de la LOI y con ello intentar responder a la reiterada pregunta: ¿qué función cumplen las normas jurídicas en una sociedad políticamente organizada? La respuesta es evidente: intentar dar respuesta desde el derecho a los problemas generados en el ámbito social.

Así las cosas, la cuestión siguiente se centraría en conocer si las cuatro décadas de la CE de 1978 y la década de la LOI han conseguido resolver el reto de la igualdad real y efectiva de mujeres y hombres (Figueruelo, Ángela, 2017). Si la respuesta fuese positiva podemos defender sin cortapisas que la sociedad española «viviendo en Constitución» ha logrado establecer una sociedad democrática avanzada (Preámbulo de la CE de 1978). El espíritu y la letra tanto de la CE como de la LOI no permiten críticas adversas: ambas normas reconocen la igual titularidad formal de derechos y deberes de las personas portadoras de dignidad humana en igual medida, en el marco de nuestro Estado social y democrático de Derecho. Sin embargo, las mujeres han sufrido a lo largo de la historia grandes discriminaciones, algunas de las cuales siguen persistiendo en la actualidad.

La igualdad como valor filosófico y político ha sido una de las grandes aspiraciones de la humanidad; su importancia y su necesidad han hecho correr ríos de tinta a la hora de buscar garantías efectivas y eficaces en el ámbito jurídico y social. La discusión se centra en poder conocer de forma aproximada el grado de igualdad tolerable en una sociedad liberal, la igualdad de oportunidades frente a la igualdad de resultados; la compatibilidad entre el derecho a la igualdad individual y el derecho de los colectivos a las diferencias y a la preservación de su diversidad. La igualdad como categoría fundamental posee un carácter multiforme, complejo y multidimensional que la convierten en un concepto controvertido y polisémico. La utilidad del valor relacional de la igualdad compleja es importante porque vivimos en sociedades muy desiguales en las distintas facetas de la vida social, cultural, económica, política y jurídica. En el mundo globalizado que habitamos lo natural son las enormes desigualdades que el sistema genera y lo artificial es la igualdad jurídica que debe ser creada por el mundo del derecho. En este proceso creativo que implica el paso de la desigualdad real a la igualdad jurídica juegan un papel destacado el reconocimiento y la garantía de los derechos fundamentales (Aguilera, Rafael, 2007).

Teniendo en cuenta su escasa densidad normativa reconocemos que se trata de un principio jurídico muy fecundo y de importancia decisiva en el momento de su concreción, porque solo a partir de un juicio de comparación podemos concluir si dos situaciones concretas pueden ser tratadas de forma idéntica o de manera diferente. Los juicios sobre la realidad y la coherencia del sistema normativo no son suficientes para expresar el contenido esencial de la igualdad compleja porque, si tenemos en cuenta que se identifica con la prohibición de discriminaciones materiales, un análisis último obligará a efectuar un juicio de la realidad social y jurídica que le sirve de fundamento (Figueruelo, Ángela, 2008).

III.

Aplicando lo previamente señalado al balance que debemos hacer en estos años de democracia ya consolidada, a los avances en el tema de la igualdad real y efectiva tenemos que poner el acento en los últimos tiempos tras la entrada en vigor de la LOI del año 2007. En el resultado apreciamos luces y sombras y destacamos que podría haber sido más positivo si no hubiéramos atravesado el largo periodo de crisis globalizada, el cambio del partido en el Gobierno de nuestro país y si la LOI hubiese sido redactada de forma diferente: los términos en que están escritos los distintos artículos de la Ley en cuestión aparecen, casi todos en forma de recomendaciones (que carecen de fuerza obligatoria) y no en imperativo; únicamente se redactaron en forma imperativa (obligatoria) los preceptos que afectaban a la reforma de la LOREG en lo referente a la composición de las listas electorales que a partir de la entrada en vigor de la LOI (2007) deberían estar compuestas de forma equilibrada; es decir deberían moverse en la horquilla del 40-60% de mujeres y hombres, sin precisar la norma a qué sexo corresponderían dichos porcentajes. De no ser así, las Juntas Electorales competentes no procederían a su proclamación. Gracias a ello en la actualidad el Congreso de los Diputados está compuesto por cerca de un 40% de mujeres parlamentarias (Sevilla, Julia, 2011).

Además los resultados de la aplicación de la LOI son diferentes en la primera etapa (hasta que entramos en la fase más aguda de la crisis y luego un cambio del partido en el Gobierno de la Nación) y en la segunda etapa que se extiende hasta la denominada «superación de la crisis económica» y el nuevo cambio de gobierno tras haber sido ganador el PSOE de la moción de censura presentada al PP en la primavera de 2018. El problema de fondo que subyace, en mi opinión, es que la igualdad no vende... y no se rige por las leyes del mercado liberal. Así pues, cualquier excusa ha sido buena para relegar sus contenidos a un segundo plano y a un momento posterior. Las políticas neoliberales de los últimos años, basándose en la tan manida crisis, pretendían devolver a las mujeres al ámbito privado-doméstico; solo la fuerza resilente del sexo femenino, mayoría de la población mundial, ha permitido afrontar los efectos de la crisis y permanecer en el espacio público conquistado. Lo que acabo de señalar es una manifestación más de que la igualdad formal contenida en las normas jurídicas, en cuanto punto de partida, no coincide con la igualdad material en cuanto punto de llegada, donde se podría ya alegar que las mujeres disfrutan en su plenitud de los derechos de los que son titulares en la misma medida que los hombres (Figueruelo, Ángela, 2017).

El análisis de la LOI tras diez años largos de vigencia no aporta los resultados deseados por el colectivo femenino: siguen existiendo el techo de cristal o de hormigón y el suelo pegajoso que hacen que sean los hombres en porcentajes muy elevados los titulares del PODER escrito en letra mayúscula... y ello a pesar de los contenidos normativos de la Ley de Igualdad. Ellos siguen detentando el PODER con carácter preferente en el ámbito político, en el económico, en el de las ciencias y las artes, en el de la cultura, en los medios de comunicación social, en el ejército, en las Reales Academias... en las instituciones internacionales como la ONU (actualmente es Secretario General el portugués Sr. Guterres, y nunca ha habido al frente mujer) en la UE donde su Comisión solo tiene 1/3 de Comisarias y donde las mujeres son minoría tanto en el Consejo, como incluso en el parlamento (única institución cuya composición se corresponde con el principio democrático). Algo similar sucede con los Premios Nobel, Premios Cervantes, Premios Princesa de Asturias o aquellos que se otorgan en los grandes festivales cinematográficos. La visibilidad del talento femenino deja mucho que desear y queda aún un largo camino para alcanzar la igualdad real y efectiva de mujeres y hombres.

Debemos preguntarnos ¿a qué se debe el lento avance del camino hacia la igualdad a pesar de los esfuerzos realizados en las últimas décadas? En mi opinión son dos las causas principales a tener en cuenta: a) el ordenamiento jurídico no ha cumplido la función histórica de dar respuesta a los problemas sociales, y b) la falta de formación en perspectiva de género en nuestros operadores públicos.

IV.

El constitucionalismo del siglo XXI en los Estados Sociales y Democráticos de Derecho debe tener entre sus contenidos y preocupaciones fundamentales compaginar la estructura normativa y la realidad política. El derecho, en cuanto ordenamiento jurídico debe ir más allá de la estructura estricta de las normas, y por ello a cualquier construcción teórica reconocida a nivel normativo se le exige ser susceptible de aplicación a la realidad. Aquí destaca la función del derecho en pro de las grandes reivindicaciones de las últimas décadas, entre las que destaca la lucha de las mujeres por sus derechos públicos y privados (Balaguer, Mª Luisa, 2005). Aunque la Constitución Española reconoce los postulados de la igualdad material (art. 9.2) y de la igualdad formal ante la ley (art. 14), no aparece reconocido de forma expresa el derecho de la ciudadanía a la igualdad de oportunidades aunque pueda deducirse de la interpretación conjunta de los artículos 14 y 9.2 de la CE.

La realidad compleja del concepto plural de la igualdad impide que sólo podamos entenderlo en su sentido literal; la igualdad no implica que los seres humanos deban ser iguales, sino que deben ser tratados conforme a unos mismos parámetros (Figueruelo, Ángela, 2008). De entre las distintas corrientes doctrinales que se ocupan de analizar este tema nos interesan destacar aquellas que ponen el acento en la igualdad como punto de partida, que exige la no discriminación por medio de obstáculos arbitrarios para alcanzar posiciones sociales y para acceder en las mismas condiciones que los otros a los distintos procesos de producción, de distribución de bienes y servicios o de participación en la toma de decisiones en el sector público. Esto que acabo de resaltar coincide con la igualdad ante la ley o igualdad formal en correspondencia con el valor superior de la libertad, al exigir la desaparición de las trabas que dificultan el desarrollo de los seres humanos.

Ahora bien, si cuestionamos la importancia de la igualdad de oportunidades como punto de partida (igualdad formal) hemos de resaltar que no coincide con la igualdad de resultados (igualdad material) como punto de llegada. Es en este momento donde se hace imprescindible la entrada de la igualdad como resultado en cuanto instrumento corrector; ello implica que debemos seguir insistiendo en la función de las normas jurídicas y de los operadores públicas para intervenir en el proceso de normalización y de conversión de los individuos en sujetos de derechos (Durán, Maria, 2005).

El constitucionalismo de la igualdad no puede ser guardián de órdenes jurídicos excluyentes y opresivos y no debe permitir que se mantengan situaciones sociales y jurídicas que impiden que las mujeres, siendo más de la mitad de la población mundial, no ocupen en la realidad del siglo XXI el lugar que por naturaleza les corresponde. Es decir que la propia configuración de la estructura social exige del derecho una actitud proclive a la hora de alcanzar la igualdad material que se persigue. La ciudadanía ha de recordar de forma permanente a los legisladores y funcionarios públicos que su labor consiste en realizar sus tareas conforme al interés público definido por la voluntad popular mayoritaria y respetando los derechos de las minorías. El Estado de Derecho funcionará correctamente en todos sus ámbitos cuando se potencien los espacios de interactuación para la fortaleza de las instituciones y la calidad de la democracia. Es en este ámbito donde hay que destacar el activismo de las organizaciones feministas que construyen otra forma de estar en la sociedad; esto a su vez requiere la construcción jurídica del género en el ámbito del ordenamiento jurídico que es donde encuentran la debida respuesta los problemas sociales (Sevilla, Julia, 2011).

V.

Pienso, además, que se da otro problema que debemos añadir a lo previamente expuesto: se trata de la ausencia, hasta la actualidad, de la perspectiva de género en el método jurídico. El Derecho en cuanto instrumento de cambio y de dominación de la sociedad ha sido concebido hasta fechas recientes para la defensa de los derechos de un justiciable masculino (varón, de raza blanca y con cierta capacidad económica). El lenguaje jurídico redactado en masculino genérico es una prueba más de que las normas estaban pensadas para unos únicos destinatarios (los hombres). Aunque las mujeres progresivamente se han ido incorporando al mundo jurídico como sujetos de derechos, la modificación de las normas al respecto no ha sido satisfactoria; y esto se debe a la dificultad que hemos tenido las mujeres para acceder al Derecho tanto en la fase de su generación como en el de su aplicación (Chicano, Enriqueta, 2005).

El ámbito jurídico ha regulado conductas que son valoradas y entendidas por unos operadores públicos que responden y se comportan de acuerdo a unos modelos predeterminados por condicionamientos de género. Construir el Derecho con perspectiva de género requiere asumir y llevar a la práctica el convencimiento de que la igualdad no se consigue cuando en la ley se tienen reconocidos los mismos derechos que los hombres, sino cuando nos encontramos en una situación que permite elaborar normas jurídicas que responden a la suma de los dos géneros. Esto es un reto a conseguir por el constitucionalismo del Estado Social en los momentos que vivimos.

Siguiendo el razonamiento jurídico previo cabe preguntarnos: ¿nuestros operadores públicos están formados con perspectiva de género? En la respuesta yo pongo de manifiesto mis dudas al respecto. Porque, introducir la perspectiva de género en el método jurídico propone y requiere explicar y aplicar el Derecho relacionándolo con los distintos hechos o discursos sociales. Una de las propuestas más novedosas es la interdisciplinariedad que es nota característica de los estudios de género y que permite la revalorización crítica de todos los conceptos tradicionales de las disciplinas académicas y en especial de los conceptos jurídicos. De este modo el discurso jurídico interactúa con los demás discursos y se crea una comunicación en la que los conocimientos del mundo del Derecho dialogan con las otras disciplinas académicas abiertamente; así se producen avances de la modernidad cruzando las políticas públicas en educación, cultura, salud, trabajo, etc. De este modo lograremos nuevos conceptos de mujeres y de hombres con vocaciones renovadas en la sociedad, en la familia y el mundo jurídico y en las relaciones de poder (Figueruelo, Ángela, 2012).

Hasta fechas recientes apenas se percibían los cambios sociales y políticos en materia de igualdad real y efectiva de mujeres y hombres a pesar de la existencia de un abundante elenco normativo al respecto. Quizás porque no se han adoptado con la fuerza suficiente las políticas públicas que erradiquen las relaciones institucionalizadas entre los sexos, no sólo en el ámbito público sino también en lo privado; es decir donde se generan los vínculos del poder y de la efectividad. Por ello se hacen imprescindibles políticas de igualdad que determinen los límites constitucionales de la acción igualitaria de la ley y la reivindicación individual y colectiva de la diferencia. Únicamente partiendo de la necesidad de las normas jurídicas y del convencimiento de su insuficiencia, conforme al método jurídico tradicional, para la consecución de la igualdad material, se entenderá la necesaria alianza entre la acción institucional y la perspectiva de género para erradicar el concepto de igualdad defendido desde una concepción liberal como el tratamiento indiferenciado de todos los ciudadanos por parte de los poderes públicos. La perspectiva de género en una sociedad democrática avanzada exige una consideración distributiva de la igualdad como derecho a ser tratado de forma diferente. Crear el Derecho para mujeres y hombres debe abordarse desde distintas perspectivas, aunque no todas tienen las mismas realidades ni intensidades a la hora de implementar la igualdad. Por ello la meta final es la constitucionalización de derechos con perspectiva de género para modificar la estructura patriarcal del Estado que solo beneficia a un sector de la sociedad (Collado, Concepción, 2008).

VI.

No obstante, conviene destacar que las cosas han dado un cambio sustantivo desde la primavera del 2018, fecha en la que se han producido una serie de acontecimientos en el ámbito político, económico, social, cultural, etc., que nos permiten suscribir que «el camino para obtener la igualdad real y efectiva se va liberando de obstáculos y la reivindicación de las mujeres por sus derechos es una lucha que ha venido para quedarse». Sin ánimo de exhaustividad podemos tener en cuenta los siguientes hitos:

- La moción de censura constructiva de fecha 1 de junio puso en el Gobierno al PSOE y al frente de su gobierno al Sr. Sánchez en cuanto Presidente del Gobierno de España. Su Gabinete está compuesto por 18 miembros (incluido el Presidente) de los cuales 11 son mujeres. Es decir, el 63% del total. Esta cifra supera con creces la presencia de mujeres en los gobiernos de los países más avanzados y por vez primera no se habla de «mujeres cuota», es decir, que en la opinión pública y publicada se piensa que han sido nombradas por su mérito y capacidad.
- En el mundo de la economía se ha llegado al momento de dar visibilidad a la mujer, pues, por vez primera en sus 48 años de historia el Fondo Económico Mundial (WEF) celebrado en Davos, aunque apenas el 21% de la participación es femenina, ha estado presidido y dirigido por mujeres. En el caso español la Presidenta del Banco de Santander Doña Ana Patricia Botín, ha declarado públicamente que ella hace diez años no se ocupaba del tema, pero que a día de hoy se considera feminista.

- España por vez primera tiene una mujer magistrada, seleccionada frente a dos hombres y con una gran polémica suscitada al respecto de su CV, para hacer parte de los jueces del Tribunal de Estrasburgo: María Elósegui. No sucede lo mismo con las instituciones europeas a las cuales no enviamos mujeres comisarias y donde al frente del BCE pusimos a un hombre: Luis de Guindos.
- En el ámbito cultural destaca el movimiento #Me Too, con su réplica en España # yo también y a pesar de la contrarréplica de importantes mujeres francesas hace que desde la meca del cine hacia el mundo entero se pida a las actrices que han sufrido acoso y conductas sexuales delictivas por parte de quienes detentan el poder en ese ámbito, que denuncien dichas conductas. En el mundo árabe la activista iraní Viola Movahed quitándose el pañuelo blanco y ondeándolo en el extremo de un palo # «al viento» tiene un lugar destacado en esta revolución; así lo tienen también gestos como el de la actriz Kristen Stewart quitándose los zapatos de tacón sobre la alfombra roja de Cannes. El mismo objetivo de denuncia, tienen los gestos de famosas actrices vistiéndose de un color determinado en la entrega de premios al gran reconocimiento: Óscar, Goya, festival de Cine de San Sebastián...
- Las grandes manifestaciones de mujeres que ha tenido lugar este año en fechas resaltadas como son el día 8 de mayo y el día 1 de mayo, días de la mujer e internacional del trabajo respectivamente, obedecen no sólo a las denuncias de la brecha salarial y la precariedad en el empleo, sino también a la violencia machista, al ninguneo y la discriminación que sufren las profesionales bien formadas en cualquier disciplina sin apenas distinción. Aunque debemos citar el carácter excepcional de que El País (periódico nacional de gran tirada) desde hace poco tiempo y por vez primera en su historia lo preside una mujer: Soledad Gallego Díaz. Pero aún está sobre la mesa y con solución difícil la elección del equipo de dirección del ente público RTVE.
- Hemos tenido ya dos mujeres Vicepresidentas del Gobierno (una lo es actualmente y al tiempo lleva la cartera de igualdad). Las Cámaras Parlamentarias han sido presididas por mujeres; dos mujeres han sido Fiscalas Generales del Estado (una lo es ahora con el Gobierno del Sr. Sánchez). Mª Teresa Fernández de la Vega es la primera mujer en presidir el Consejo de Estado. Pero el TC solo ha tenido 6 mujeres en 40 años y hay muy pocas magistradas en el TS, cúpula del Poder Judicial. Y siguen dictándose sentencias como la comúnmente denominada «de la manada» que ha suscitado grandes manifestaciones populares de repulsa.
- En el ámbito académico resaltamos que en un año hemos alcanzado la cifra de 7 mujeres rectoras en las 50 universidades públicas. Hace un año solo

había una. Siguen siendo muy escasas las mujeres propuestas y nombradas como doctoras honoris causa; aunque la USAL, en su octavo centenario ha nombrado a tres mujeres doblando el escaso número existente. Sigue habiendo muy pocas mujeres en las Reales Academias, y se echan en falta mujeres en la RAE que defiendan el lenguaje inclusivo. También en el ámbito académico destacan los movimientos #no si mujeres y #sí con mujeres que promueven la celebración de eventos académicos donde participen más de dos personas y en los cuales se considere imprescindible que se visibilice el talento femenino. Algo parecido sucedió con la Comisión encargada del estudio para la reforma del CPenal y de la LECrim, en el tema de los delitos sexuales. En un principio solo estaba formada por hombres y ante las protestas de afamadas Catedráticas de Derecho Penal actualmente son mayoría las mujeres que forman parte de dicha comisión de expertas/os.

- Los Presupuestos Generales del Estado para 2018 (en vigor desde el 5 de julio) han incrementado el permiso de paternidad hasta cinco semanas. La LOI solo prevé 13 + 2 días y la aspiración es llegar a igualar los permisos de maternidad y de paternidad con carácter personal e intransferible. Al respecto el TC, dada su trascendencia constitucional, ha admitido a trámite en recurso de amparo (promovido por la Asociación PPiiNA) para debatir si la diferencia entre permisos de paternidad y maternidad vulnera derechos fundamentales reconocidos en la CE.
- Entre los objetivos del Gobierno Sánchez, destacan la igualdad de género y la transición energética (ambos de carácter transversal). Sigue existiendo techo de cristal en las altas esferas del PODER y aunque la S.S. ha alcanzado los 19.000.000 de cotizantes y entre ellos se debe aludir a que las mujeres alcanzan la mayor cifra de la historia. Razones que le han permitido a un conocido Obispo español declarar que ante esta situación «él está seguro que también la Virgen iría a la huelga».
- Asignatura pendiente: educación en igualdad y con perspectiva de género. Porque desde el feminismo progresista se rechaza una sociedad regida por un ordenamiento jurídico en el cual quepan discriminaciones. Para dar un nuevo contenido a la igualdad, desde la perspectiva de género, hay que superar los planteamientos contrapuestos, ya sean de trato idéntico o de trato diferenciado, para poner el acento en el análisis del poder que regula las relaciones entre sexos. La desigualdad no es una cuestión de identidad y diferencia sino de dominio y subordinación y por ello tienen mucho que ver con el poder y su incorrecta distribución (Figueruelo, Ángela, 2017).

VII. BIBLIOGRAFÍA

Aguilera Portales, Rafael: La multidimensionalidad de la igualdad como valor normativo, axiológico y político fundamental». En «Igualdad ¿para qué? A propósito de la Ley Orgánica para la igualdad efectiva de mujeres y hombres». Comares. Granada, 2007.

Balaguer Callejón, Mª Luisa. Mujer y derechos constitucionales. La construcción jurídica del género. En T. Freixes y J. Sevilla: «Género, Constitución y Estatutos de Autonomía». Goberna, INAP. Instituto Nacional de la Administración Pública. Madrid, 2005.

Basile, Silvio: «Los valores superiores, los principios fundamentales y los derechos y libertades públicas». En «la Constitución Española de 1978». A. Predieri y E. García de Enterría. Civitas, Madrid, 1981.

Chicano Jávega, Enriqueta. Análisis y evaluación de las políticas de igualdad. En T. Freixes y J. Sevilla. «Género, Constitución y Estatutos de Autonomía». Goberna, INAP. Instituto Nacional de la Administración Pública. Madrid, 2005.

Collado Mateo, Concepción. Mujeres, poder y Derecho. En Nieves Montesinos Sánchez y otras «Mujeres y Derecho». Colección Feminismo/s, nº 8. Centro de Estudios sobre la Mujer de la Universidad de Alicante. Alicante. 2003.

Durán Ferrer, María. La constitucionalización de los derechos de género. En T. Freixes y J. Sevilla. «Género, Constitución y Estatutos de Autonomía». Goberna, INAP. Instituto Nacional de la Administración Pública. Madrid, 2005.

Iglesias Bárez, Mercedes: «La ilegalización de partidos políticos en el ordenamiento jurídico español». Comares, Granada, 2008.

Figueruelo Burrieza, Ángela: «La igualdad compleja en el constitucionalismo del siglo XXI (referencia especial a la no discriminación por razón de sexo». En Los derechos sociales en el siglo XXI. Revista Jurídica del Ilustre Colegio de Abogados de Madrid. Madrid. 2008.

Figueruelo Burrieza, Ángela: «La dogmática jurídica y el método jurídico. La perspectiva de género en el método jurídico». Fundación Isonomía. Universidad Jaume I, Castellón 2012.

Figueruelo Burrieza, Ángela: «Diez años de la Ley Orgánica para la Igualdad Efectiva de Mujeres y Hombres: Balance y perspectivas». Comares. Granada, 2017.

Sevilla Merino, Julia: «La presencia equilibrada en la Ley de Igualdad». En «Estudios Interdisciplinares sobre Igualdad». Álvarez, Figueruelo, Nuño (directores). IDP y Editorial Iustel. Mardrid. 2011.

Sevilla Merino, Julia: «Las mujeres parlamentarias en la legislatura constituyente». Cortes Generales y Ministerio de la Presidencia. Madrid, 2006.

Ventura Franch, Asunción. Las mujeres y la Constitución Española de 1978. Instituto de la Mujer. Madrid. 1999.

MUJERES ÉTNICAS VÍCTIMAS DE VIOLENCIA EN UN CONTEXTO CULTURAL (ESTUDIO VICTIMOLÓGICO)

LIZBETH GARCÍA MONTOYA[1]
GONZALO ARMIENTA HERNÁNDEZ[2]

I. INTRODUCCIÓN

En México existe más de 24,135.55 indígenas, donde un poco más de la mitad corresponde al sexo mujer, perteneciendo dicha cifra a 65 pueblos distintos, cuya diversidad cultural se hace presente entre otras cosas con actitudes estereotipadas, conductas que para ellos por falta de conocimiento y; por cultura, se visualiza como actos normales, no obstante estos actos en muchos casos violaciones a derechos humanos, sobre todo en los casos donde la mujer tiene que aceptar vivir con algún tipo de violencia dentro del hogar, pues tomar ese rol de sumisión es lo que han aprendido y; lo que están enseñando a sus descendientes.

Con el fin de tener un parámetro descriptivo de la situación que emerge con respecto a la violencia en las mujeres ejercida por sus parejas con las que se encuentran relacionadas sentimentalmente en dichos pueblos, nació la inquietud por un equipo de investigadores de indagar este tema, visualizándonos en un futuro poder estar en posibilidades de hacer una propuesta; no sólo legislativa; sino también social (a través de políticas públicas) mediante las cuales se pueda trabajar para una mejor prevención. La parte del estudio que se presenta en este capítulo se llevó acabo en el año 2015, siguió una metodología cuantitativa , tomando como

[1] Doctora en Criminología por la Universidad de Castilla La Mancha, España, Profesora e Investigadora de Tiempo Completo de la Universidad Autónoma de Sinaloa, Adscrita a Posgrado de la Facultad de Derecho Culiacán. Miembro del Sistema Nacional de Investigadores. Lizbeth.garcia@uas.edu.mx.

[2] Doctor en Derecho por la Universidad Nacional Auctónoma de México, Profesor Investigador de Tiempo Completo de la Universidad Autónoma de Sinaloa, Integrante del Sistema Nacional de Investigadores Nivel II, Líder del Cuerpo Académico de Derecho Constitucional CA-187-UAS, Coordinador de Posgrado en Derecho de la Universidad Autónoma de Sinaloa. Notaria183@yahoo.com.mx.

base con una muestra de 195 mujeres indígenas entre 15 a 60 años, mujeres originarias de las comunidades de: San Juan (Oaxaca), Oxchuc (Chiapas) y Villa Juárez (Sinaloa), obteniendo como resultado que el 39.5% de las mujeres indígenas de esas regiones han vivido violencia en el ámbito familiar, donde su principal agresor fue su pareja. Asimismo, el que el 85.3% no denunció, principalmente porque la «*policía ya lo sabía*»

II. MARCO CONTEXTUAL DEL MALTRATO FAMILIAR

II.1. *La violencia familiar y sus manifestaciones*

La violencia es en gran parte una conducta aprendida del entorno social en el que nos desarrollamos, siendo la familia quien representa la principal institución transmisora de patrones estereotipados, pues es en ésta donde nos enseñan desde chicos cómo debemos asimilar la construcción social a la que nos enfrentamos, haciendoce presente esto incluso e incluso desde antes de nacer.

La violencia familiar en palabras de Ramírez Patiño

> «se puede visualizar desde una doble perspectiva, por un lado la violencia que les afectó en su niñez y en su convivencia familiar, dándoles una formación en el carácter que puede ser de timidez, de ser introvertidas, pero también resentidas ante la figura paterna y en general en su relación con los varones; y por otro lado, si todavía la padecen hace que lleguen al estudio de la profesión con una autoestima muy baja, y por ende sin disposición para el estudio»[3].

Cabe destacar que la violencia familiar permite un ciclo vicioso, éste se da dentro de la relación con distintas etapas; siendo éstas: Acumulación de tensión, Etapa de explosión, Luna de miel y la Repetición del acto.

Pérez Contreras explica de una manera muy detallada en qué consiste cada una de ellas:

> «En la primera etapa el agresor acumula ansiedad y tensión que lo lleva al enojo, y después culpa a la mujer, por lo que está sucediendo y la comienza a agredir verbalmente, por lo que produce una confusión en la víctima, por tal motivo ésta trata de justificar los actos del agresor.
>
> La segunda etapa se presenta cuando, una vez disculpado el primer acto de agresión, nuevamente el agresor explota, pero esta vez los hechos van más allá de insultos, pues se presentan los primeros.

[3] Ramírez Patiño Eduardo y Valdez Ortiz Kathia Lizbeth, Los obstáculos que tienen las estudiantes universitarias, Jus Revista Jurídica, Cuerpo Académico de Derecho Constitucional, Sinaloa, México, n 2, julio-diciembre de 2016. p. 37.

En la última etapa, la víctima puede percibir que el agresor le es imposible cumplir su palabra, que los periodos de la luna de miel son más cortos (hasta prácticamente desaparecer) y que cada vez que se presenta un momento de agresión, los insultos y explicaciones son menos frecuentes para comenzar sin más preámbulo con los golpes»[4].

Después de que se cumple una vez este ciclo, es probable que se siga repitiendo, pero cada vez sus actos se presentan con mayor gravedad y el ciclo suele presentarse en lapsos de tiempo menos prolongados.

Este círculo permite que la víctima vaya cayendo en un estado de indefensión y; por ello proclive a no salir por sí sola de esa dinámica de violencia. La víctima suele desarrollar síndromes, que dan pie para hacer preguntas que muchas veces no tienen respuesta apegada a la realidad, como por ejemplo. ¿Por qué lo hago enojar?, ¿Tal vez si me portara bien no me sucediera esto? De esta manera la víctima empieza hacer afirmaciones en donde se desprestigia y se culpa de los actos acontecidos.

Por su parte Loredo Arturo establece que el ciclo de la violencia:

> «Es el que plantea el proceso mediante el cual el comportamiento violento es transmitido de una generación a otra. Esto es que los padres maltratadores fueron hijos maltratados o que el esposo maltratador creció en un hogar donde su madre y/o hermanas eran golpeadas, y lo mismo se puede decir de una mujer víctima de violencia doméstica»[5].

Lo anterior es importante, pues el ciclo de la violencia es naturalizado por los descendentes dentro de la institución familiar, de tal manera que no sólo aprende el vìctimario a ejecutar maltrato hacia la víctima, sino ésta aprende también a aceptar dicho maltrato, siendo difícil salir de situación, pues se encuentra en un estado de indefensión por presentar distintas posiciones psicológicas que se lo impiden, naturalizando la víctima la violencia vivida, pues es lo que han visto siempre y consideran ésta como algo normal.

Es complejo pensar que la violencia experimentada en la familia constituye una causa del maltrato en dicha institución, pues de ser así estaríamos en presencia de un problema no multifacético ni multifactorial y se atacaría el problema, sólo bajo esa causa. Es evidente que el maltrato infantil del victimario por sus progenitores

[4] Pérez Contreras Ma. De Monserrat, Violencia intrafamiliar, Boletín Mexicano de Derecho Comparado, nueva Serie, XXXII, 95, 1999, p. 557-558.

[5] Pérez Contreras Ma. De Monserrat, Violencia intrafamiliar, Boletín Mexicano de Derecho Comparado, nueva Serie, XXXII, 95, 1999, p. 556. Citado en Loredo Arturo, maltrato a menores, conferencia presentada en el diplomado de violencia Intrafamiliar, Organizado por la Universidad Autónoma Metropolitana y Comisión Nacional de Derechos Humanos, 26 de julio de 1995.

no es una causa, pero si es un factor preponderante en ellos a ejecutar violencia en parejas futuras.

Lo anterior se podría respaldar en estudios realizados como el que desarrolló 2010 al 2013 la Dra. Lizbeth García Montoya en la ciudad de Culiacán, Sinaloa, el 87% de los victimarios habían sido víctimas en su momento de infancia en su hogar por alguno de los progenitores[6].

Ahora bien, cabe precisar que no todos los estudiosos del fenómeno[7] de la violencia intrafamiliar aceptan que dicho ciclo sea un factor preponderante en todos los casos y que estos quedan explicados siempre bajo este esquema. Lo anterior también es válido, pues hay que recordar que la violencia nunca se presenta de la misma forma, pues como ya se ha venido argumentando es multifactorial y multifacética siendo precisamente esto lo que hace dificulta su prevención.

II.1.1. La violencia familiar como una conducta patriarcal y androcéntrica

Es evidente que la familia es una intuición donde en promedio se representa las relaciones de poder entre sus miembros y éste constituye un factor preponderante al ejercicio y recepción de violencia, independientemente del sexo que ejecute el acto. Lo anterior si le damos una visión criminológica, podríamos decir, que esto suele ocurrir con frecuencia, pues los miembros de la familia en este caso, la pareja, pasan mucho tiempo juntos y conocen muy bien el lado vulnerable de cada una de ellas. En este sentido esto se convierte en un predictor de la violencia e indiscutiblemente, la posible puerta de entrada al tipo de maltrato que se ejecuta.

Ramírez Patiño y Valdez Ortiz establecen que:

> «El ámbito familiar es el lugar donde se tiene una mayor confianza, donde se expresan sentimientos y pasiones que quizás se controlan fuera del mismo, y es el lugar donde se dicen y se hacen cosas ante las cuales se cuenta de alguna manera con que va a existir mayor tolerancia que podrían mostrar los extraños y que es una relación que perdura a pesar de todo. El núcleo familiar tiene en esos casos una función contenedora y de descarga de conflictos internos e internos de la misma cuya consecuencias pueden ser toleradas durante bastante tiempo, hasta que éstas resultan distorsionadoras y de structuras para un miembro de la familia»[8].

Sin duda, la violencia familiar como ya se ha venido diciendo se presente por muchos factores que se han tratado de explicar desde un ámbito sociológico,

[6] García Montoya, Lizbeth, Violencia en el Hogar: un estudio de las características del maltratador desde el punto de vista criminológico. Edit. PUBLICIA, España, 2014.

[7] Como por ejemplo Estudios realizados por Daley Pagelow, Mildred, Family violence, new york, Praegere special publishers, 1984, p223

[8] Ramírez Patiño Eduardo y Valdez Ortiz Kathia Lizbeth, Op cit.38.

víctimológico, criminológicos, pero también antropológicos, donde la cultura cobra un peso importante en su explicación.

Haciendo alusión a lo manifestado por la antropología, que hasta cierto punto ha dado cavidad a la teoría de género, Gálvez Montes establece que:

> «la violencia familiar encuentra su origen en patrones de relaciones desiguales en la que hay un abuso de poder sustentado en la figura patriarcal por la que se otorgaba el *pater familia* la calidad de dueño y la posibilidad de disponer como considerara conveniente, tanto en los bienes como en las personas que se encontraban bajo su potestad»[9].

Asimismo, Echeburúa, Fernández Montalvo y De Cuesta argumentan que:

> «La violencia familiar es un asunto complejo con implicaciones legales, sociales y psicológicas. La gravedad de este problema requiere soluciones eficaces que exige de la participación de todas las áreas afectadas»[10].

Por ende, el problema doméstico debe ser estudiado y atacado desde distintas ciencias como: la psicología, el derecho y; otras más que han sido señaladas con anterioridad. Los resultados de estos estudios son indudablemente los que nos hacen acercarnos a la realidad, con ello poder determinar una política en enfocada a la epistemología del problema, obteniéndose mejores resultados.

III. LA ENCRUCIJADA DE LA VIOLENCIA FAMILIAR EN LAS COMUNIDADES DE ORIGEN ÉTNICO EN MÉXICO

III.1. *Estrategias normativas rumbo al combate de la violencia familiar en comunidades étnicas*

Lamentablemente en México según la Encuesta Nacional Sobre Dinámicas de Relaciones en los Hogares «ENDIREH» 2016, el 66.1% de las mujeres mexicanas mayores de 15 años manifestaron haber vivido algún tipo de violencia por sus parejas[11].

En nuestro país las mujeres indígenas no son un grupo exento a sufrir violencia. Por lo contrario, constituyen un grupo vulnerable a la ejecución de la misma, ya

[9] Gálvez Montes Carmen, violencia de género: el terrorismo en casa, edit. Formación Alcalá, España, 2005 p.256

[10] Citado en: Garrido V. Psicópatas y otros delincuentes violentos. Tirant Lo Blanch. Valencia. 2003, p.297.

[11] Resultados de la Encuesta Nacional Sobre la Dinámica de las Relaciones en los Hogares (ENDIREH) 2016, consultado en *http://www.inegi.org.mx/saladeprensa/boletines/2017/endireh/endireh2017_08.pdf*, el 12 de agosto de 2017.

que no sólo se ejerce violencia contra ellas por el simple hecho de ser mujeres, sino también por ser indígenas, en ocasiones pobres y en muchos casos más por ser analfabetas. Así pues estas mujeres son sujetas a múltiple discriminación y constituyen uno de los sectores más rezagados en cuanto a la protección y goce de sus derechos y acceso a la justicia. Como antecedente de lo anterior citamos el caso de Valentina Rosendo Cantú y otra.

Valentina Rosendo Cantú, una mujer indígena, mexicana y menor de edad, fue violada por un militar, quien ejercía funciones de «salva guarda de la seguridad de las y los guerrerenses» en el momento de su violación. Rosendo Cantú acudió a las autoridades para levantar la denuncia contra el militar que la había violentado, tiempo después fue apoyada por la Organización Indígena de Pueblos Mixtecos y Tlapanecos asociación civil, el Centro de Derechos Humanos de la Montaña «Tlachinollan» asociación civil y el Centro de Derechos Humanos Miguel Agustín Pro Juárez asociación civil, debido a violaciones de derechos humanos que en el proceso judicial de resolución del caso había experimentado Rosendo Cantú, así pues dichas organizaciones expusieron una queja ante la Corte Interamericana de Derechos Humanos, por graves violaciones, a sus derechos durante el proceso, resolviendo ésta a favor de la señora Rosendo Cantú y condenando al Estado mexicano a indemnizar a la parte lesionada.

El anterior caso es una prueba de la existencia de violencia hacia la mujer indígena en nuestro país; no sólo Rosendo Cantú fue violentada sexualmente por un militar; sino también fue revictimizada por los órganos encargado de impartición de justicia en nuestro Estado mexicano, violentándose uno tras otro derecho. Por tanto es inverosímil pensar que la problemática no está palpable en un país donde la verdadera democracia está viciada; es decir las y los servidores públicos encargados de procurar la justicia en este grupo minoritario, pareciera que no le dan interés como a muchas cosas más que acontecen en México y que son problemas.

No obstante, este caso es sólo uno de otros más donde la mujer es víctima de violencia y que han llegado a la Corte Interamericana, donde se condena al país a la reparación del daño. Estos casos constituyeron un parteagua para la implementación de todo un marco normativo y estrategias rumbo al combate de la violencia hacia la mujer, pues como ya se dijo, las mujeres indígenas en México, se encuentran en varias situaciones que las ponen en un estado de vulnerabilidad.

Hasta hace poco se ha venido trabajando en nuestro país para que las mujeres indígenas puedan gozar de los derechos establecidos en el artículo primero de la Constitución Política de los Estados Unidos Mexicanos[12]; así como en tratados internacionales que nuestro país ha ratificado.

[12] Artículo 1 Constitucional. «En los Estados Unidos Mexicanos todas las personas gozarán de los derechos humanos reconocidos en esta Constitución y en los tratados internacionales de los que

Dentro los tratados internacionales que México ha firmado en protección de los derechos de las mujeres indígenas, se encuentran: Declaración Universal de los Derechos Humanos, la Declaración y Programas de Acción de Viena, el Pacto Internacional de los Derechos Civiles y Políticos, Convención sobre la Eliminación de Todas las Formas de Discriminación contra la Mujer «CEDAW», la Convención Interamericana para Prevenir, Sancionar y Erradicar la Violencia contra la Mujer «BELÉM DO PARÁ», Declaración Internacional de los Derechos de los Indígenas, Convenio de la Organización Internacional del Trabajo «169», por citar algunos.

A continuación nos centraremos específicamente en precisar un poco las aportaciones de la CEDAW y BELÉM DO PARÁ en materia de derechos humanos de las mujeres, se escogieron estos dos tratados, no porque sean más importantes que otros, pero si porque son específicamente disposiciones en dónde se hace mención a la discriminación y violencia contra la mujer, tema de esta contribución.

En principio la Convención para Erradicar Todas las Formas de Discriminación contra la Mujer su numeral 14 establece lo siguiente:

> «Los Estados Partes tendrán en cuenta los problemas especiales a que hace frente la mujer rural y el importante papel que desempeña en la supervivencia económica de su familia, incluido su trabajo en los sectores no monetarios de la economía, y tomarán todas las medidas apropiadas para asegurar la aplicación de las disposiciones de la presente Convención a la mujer de las zonas rurales.
> Los Estados Partes adoptarán todas las medidas apropiadas para eliminar la discriminación contra la mujer en las zonas rurales a fin de asegurar, en condiciones de igualdad entre hombres y mujeres»

---

el Estado Mexicano sea parte, así como de las garantías para su protección, cuyo ejercicio no podrá restringirse ni suspenderse, salvo en los casos y bajo las condiciones que esta Constitución establece.

Las normas relativas a los derechos humanos se interpretarán de conformidad con esta Constitución y con los tratados internacionales de la materia favoreciendo en todo tiempo a las personas la protección más amplia.

Todas las autoridades, en el ámbito de sus competencias, tienen la obligación de promover, respetar, proteger y garantizar los derechos humanos de conformidad con los principios de universalidad, interdependencia, indivisibilidad y progresividad. En consecuencia, el Estado deberá prevenir, investigar, sancionar y reparar las violaciones a los derechos humanos, en los términos que establezca la ley.

Está prohibida la esclavitud en los Estados Unidos Mexicanos. Los esclavos del extranjero que entren al territorio nacional alcanzarán, por este solo hecho, su libertad y la protección de las leyes.

Queda prohibida toda discriminación motivada por origen étnico o nacional, el género, la edad, las discapacidades, la condición social, las condiciones de salud, la religión, las opiniones, las preferencias sexuales, el estado civil o cualquier otra que atente contra la dignidad humana y tenga por objeto anular o menoscabar los derechos y libertades de las personas».

Esta Convención ha emitido por parte de su Comité a México más de 8 informes, Sin embargo en el octavo informe se recomendó abatir la pobreza y la discriminación de las mujeres en la vida rural. No obstante, no se han hecho o dirigido por parte de México acciones concretas con el objetivo de contrarrestar la violencia familiar en estas comunidades, pues no se han visualizado políticas públicas estructurales con impacto positivo en este problema[13].

Por su parte la Convención Interamericana para Prevenir, Sancionar y Erradicar la Violencia Contra la Mujer en su numeral 3 establece que toda mujer tiene derecho «aquí entran ámbito rural, ámbito urbano, público y privado» a vivir sin violencia. Pero también en su disposición 4 establece lo siguiente: «Toda mujer tiene derecho al reconocimiento, goce, ejercicio y protección de todos los derechos humanos y a las libertades consagradas por los instrumentos regionales e internacionales sobre derechos humanos».

Algunos de estos derechos son:

a) El derecho a que se respete su vida;

b) El derecho a que se respete su integridad física, psíquica y moral;

c) El derecho a la libertad y a la seguridad personal;

d) El derecho a no ser sometida a torturas;

e) El derecho a que se respete la dignidad inherente a su persona y que se proteja a su familia;

f) El derecho a igualdad de protección ante la ley y de la ley;

Sin duda, nos damos cuenta que estrategias normativas para combatir la violencia contra la mujer existen y son reconocidas por el Estado mexicano, pero desafortunadamente falta voluntad política de todos los operadores de procuración de justicia para que garanticen los derechos de las mujeres étnicas, tal y como lo marca nuestra Constitución, pues, se visualiza en nuestro contexto social y por ende en la dinámica del día a día las violaciones a derechos humanos infringiendo leyes penales y constitucionales hacia grupos vulnerables, como lo son los indígenas.

En este tenor cabe preguntarse si esta violencia vivida por las mujeres étnicas se da de la misma forma e incidencia que la que se da en las mujeres que viven en zonas urbanizadas, donde la difusión y educación del tema no llega, donde la mayoría de las políticas públicas destinadas a este problema son insuficientes o simplemente las que existe parecieran no estar bien enfocadas a la prevención del

[13] Si se desea profundizar más en este tema, consultar el siguiente link http://www2.ohchr.org/english/bodies/cedaw/docs/AdvanceVersions/InformesPeri%C3%B3dicosMexico52.pdf

problema, pues es evidente que éste sigue permeando en las comunidades étnicas de nuestro país, excusándose en usos y costumbres que en algunos casos son violaciones a derechos fundamentales, cuyo goce nadie debe obstaculizar.

Una vez que evidenciamos algunos problemas que han salido a la luz pública no sólo en el ámbito nacional, sino en el internacional con relación al tema que nos ocupa, nos dimos la tarea de investigar cómo era la convivencia dentro de las comunidades étnicas dentro de los hogares, esto con el fin de tratar de evidenciar problemas de violencia; así como, la manera en la que éstas se presentan y; por su puesto indagar sobre las razones del problema multicitado.

Asimismo, nos interesó ver también, si estas posibles víctimas recibían o no apoyo de algún tipo por parte del gobierno mexicano, pues como ya pudimos ver ésta es una obligación; no sólo nacional; sino internacional.

A continuación presentamos el planeamiento de la investigación; así como sus principales resultados. En esta ocasión nos abocaremos a dar a conocer sólo los resultados de la violencia física y psicológica indagada.

IV. ESTUDIO DESCRIPTIVO

IV.1. *Estudio de Campo*

IV.1.1. Importancia y justificación del estudio

Hemos considerado pertinente centrar este estudio en grupos étnicos de Oaxaca, Chiapas y Sinaloa, por las razones siguientes:

Según el Censo de Población y Vivienda 2010 realizado por el Instituto Nacional de Estadística y Geografía «INEGI», el 6.7% de la población mexicana de 5 años y más hablan una lengua indígena[14] donde un poco más de la mitad son mujeres, asimismo, según datos de la Comisión Nacional de los Derechos Humanos «CNDH» en México 8.1 millones de mujeres indígenas sufren violencia en el ámbito familiar.

A pesar de que la CNDH ha revelado una cifra de mujeres indígenas que se estima que son víctimas de abusos domésticos, y que el ENDIREH refleja periódicamente cifras de mujeres mexicanas de 15 años y más que han vivido violencia familiar en alguna ocasión, es preocupante que estos estudios no indaguen el problema, reflejando las características específicas de estos grupos o comunidades

[14] Son consideradas indígenas por el INEGI todas aquellas personas que hablan alguna lengua indígena.

étnicas, pero tampoco indagan a diferencia del estudio al que se hace alusión en este artículo ciertos aspectos victimologicos que podrían ayudarnos a visualizar mejor el fenómeno, tales como: características sociodemográficas, principales manifestaciones de violencia, incidencia por tipo de violencia, denuncias interpuestas y cifra negra del problema, medidas tomadas por el Gobierno Mexicano ante estos hechos, así como las medidas llevadas a cabo por las víctimas con relación al último incidente vivido, por último, tampoco indagan en la relación de la pareja penal con sus descendientes y con sus ascendientes.

A través del conocimiento de los aspectos antes descritos, se pretende estar en posibilidades de hacer una propuesta de una política pública que ayude a disminuir el índice de la violencia en los hogares.

Por otra parte, según datos del Censo de Población y Vivienda 2010, son en las entidades de Oaxaca y Chiapas donde se concentra la mayor parte de las comunidades indígenas de nuestro país, pero además Sinaloa, aparte de tener también grupos étnicos originarios, constituye un estado donde la producción agrícola es una de las fuentes principales de sustento económico para los migrantes étnicos del sur.

Por último, consideramos interesante analizar y comparar la forma en la que se presenta la violencia en los grupos étnicos en estos tres estados: (Oaxaca, Chiapas y Sinaloa), pues debido a la diversidad cultural que existe entre los distintos grupos étnicos de un estado a otro nos planteamos la posibilidad de que la violencia y las características de las víctimas pudiesen presentarse de manera distinta. De esta manera nos planteamos los siguientes objetivos:

IV.1.2. Objetivos de la investigación

b.1) Objetivo General

Conocer y describir la situación actual de malos tratos domésticos hacía las mujeres pertenecientes a grupos étnicos en México.

b.2) Objetivos Específicos

OE1. Describir las características sociodemográficas de las víctimas de violencia doméstica que pertenecen a grupos étnicos de Chiapas, Oaxaca y Sinaloa.

OE2. Analizar factores de riesgo que ayudan a la ejecución de violencia doméstica en las mujeres pertenecientes a grupos étnicos de Chiapas, Oaxaca y Sinaloa.

OE3. Determinar la cifra negra de la violencia doméstica en las mujeres pertenecientes a grupos étnicos de Chiapas, Oaxaca y Sinaloa.

OE4. Conocer los tipos de malos tratos domésticos vividos con mayor incidencia en las mujeres pertenecientes a grupos étnicos de Chiapas, Oaxaca y Sinaloa.

OE5. Conocer la frecuencia en la que se presentan o presentaron los tipos de malos tratos domésticos vividos en las participantes.

OE6. Describir cuáles son las medidas más usadas por las víctimas para salir del ciclo vicioso en el que viven.

OE7. Conocer cuál es el tipo de violencia más usual dentro de los hogares de las participantes.

OE8. Conocer en qué estado de los investigados se encontró mayor incidencia de malos tratos ejercidos hacia las mujeres pertenecientes a grupos étnicos.

OE9. Describir cómo fue la relación de las mujeres étnicas que vivieron algún tipo de violencia durante su vida con sus padres y cómo es esta relación con sus descendientes.

OE10. Conocer la actuación de los órganos encargados de impartición de justicia del delito de violencia familiar ante esta problemática.

OE11. Describir cómo perciben las víctimas de violencia la violencia vivida

IV.2. *Diseño metodológico de la investigación*

a) Método

Se utilizó la metodología cuantitativa a nivel descriptivo, debido a que el objetivo de este estudio fue obtener un parámetro contextual del fenómeno investigado.

b) Muestreo

El muestreo utilizado fue aleatorio. No obstante no retomamos una muestra representativa, debido a que no pudimos conseguir nuestra «N» de cada población étnica a la que acudimos. Es importante decir, que debido a la dificultad para comunicarnos con las participantes, pues en su mayoría no hablaban el castellano, nos vimos en la necesidad de apoyarnos de dos alumnos del doctorado en Ciencias del Derecho de la Facultad de Derecho Culiacán de la UAS, uno de ellos de Chiapas y hablaba Tzeltal, la otra de Oaxaca Mixteco, siendo este aspecto el decisivo para retomar nuestra muestra en comunidades en las cuales se hablaba alguna de las dos lenguas maternas de nuestros alumnos.

La muestra quedó conformada por 195 mujeres entre 15 a 64 años de edad pertenecientes a grupos étnicos de Oaxaca, Chiapas y Sinaloa, quedando la distribución por edad y estado de la siguiente manera:

Tabla 1. Distribución muestra

Mujeres	De 15 a 24 años	De 25 a 49 años	De 50 a 64 años	Total
Chiapas (Oxchuc)	19	26	20	65
Oaxaca (San juan)	17	38	10	65
Sinaloa (Villa Juárez)	17	37	11	65
			Total	195

c) Instrumento metodológico

Este test pertenece al módulo «K» de la escala de tácticas de resolución de conflictos (CTS) elaborada en 1979 por Straus, Murray, A., y utilizado más tarde para una investigación sobre victimación general e intrafamiliar que se llevó a cabo en 1993, por los profesores Wolfgang Bilski, Cristian Pfeiffer y Peter Wetzels[15]. El apartado antes señalado de este cuestionario fue traducido y utilizado también en el Centro de Investigación Criminológica de la Universidad de Castilla La Mancha por las doctoras: Cristina Rechea Alberola y María José Benítez Giménez, con el fin de desarrollar una investigación denominada «Violencia Doméstica en el Municipio de Albacete.

El modulo «K» de este test, originalmente consta de 5 apartados, sólo que para efectos de esta investigación sólo nos centraremos en el apartado A, B y C[16], pues son los que contemplan los datos sociodemográficos y la violencia física «VF» y violencia psicológica «VP». Así pues estos dos apartados tienen las siguientes finalidades:

Apartado «A». Recabar datos sociodemográfico de las mujeres encuestadas y de sus respectivas parejas (en caso de tenerlas).

[15] Benítez Jiménez María José, Violencia contra la mujer en el ámbito familia, Cambios sociales y legislativos, EDISOFER, Instituto de la Mujer de Castilla La Mancha, Madrid, 2004, p4.

[16] Los apartados restantes tenían como finalidad lo siguiente: Apartado «D». Este apartado tiene como finalidad obtener la incidencia de la violencia sexual de las víctimas, saber quién fue su agresor, de qué manera se llevó a cabo el acto violento, conocer el periodo en el que ocurrieron estos actos, las consecuencias a corto y largo plazo del incidente y determinar la cifra negra de la violencia sexual. Apartado «E». A través de este apartado se intenta conocer un poco acerca de la infancia de las participantes, descubriendo la relación con su familia, así como la manera de criar a sus hijos/as (en caso de existir hijos/as).

Apartado «B». Recabar la incidencia de la VF de las víctimas, saber quién fue su agresor, de qué manera se llevó a cabo el acto violento, conocer el periodo en el que ocurrieron más actos violentos, así como determinar la cifra negra de la violencia física.

Apartado «C». Este apartado tiene como finalidad obtener la incidencia de la VP de las víctimas, saber quién fue su agresor, de qué manera se llevó a cabo el acto violento, conocer el periodo en el que ocurrieron estos actos, las consecuencias a corto y largo plazo del incidente y determinar la cifra negra de la VP.

IV.3. *Aspectos éticos en la recogida de datos*

Para realizar el trabajo de campo nos enfocamos en tratar de cumplir los principios rectores de la Declaración de Helsink[17], tomando en cuenta la necesidad de proteger en todos los aspectos a las participantes, dándole un conocimiento de lo que consistía el proyecto de investigación, la importancia de su participación en ella, aclarándoles que no era obligatorio participar, pero que si decidían hacerlo podían desistir en cualquier momento; resguardando sus datos personales y sus respuestas, pero además informándoles que, si había alguna pregunta o un apartado de la encuesta que no quisieran contestar lo podían hacer con toda la libertad.

Así pues el trabajo de campo se realizó de la siguiente manera:

Nos constituimos a dos comunidades indígenas; San Juan (Oaxaca) y Oxchuc (Chiapas) en búsqueda de mujeres que tuvieran entre 15 y 64 años de edad, la selección de estas comunidades fue en base a qué contábamos con la colaboración de dos estudiantes de posgrado pertenecientes cada uno a una de estas regiones, facilitando esto la ejecución del proyecto, pues las personas de esas comunidades hablan lenguas especificas (Mixteco y Tzeltal) lenguas cuyos estudiantes las dominaban colaborando con la traducción, cuidando en todo momento que las mujeres étnicas que participaron fueran personas que no conocieran a los estudiantes, esto con la finalidad de que pudieran explayarse del tema sin temor o vergüenza y; de esta manera procurar que sus respuestas fueran lo más fiables posibles.

Cabe destacar que las personas encuestadas no sabían escribir y mucho menos tenían firma como para otorgarnos un consentimiento o asentimiento informado (este último en caso de ser madres de menores de edad que colaboraron en el estudio) mediante el cual nos informaran de su aceptación de participación en el estudio, no obstante, al llegar a sus domicilios nos presentábamos y les hablábamos

[17] El trabajo de campo se llevó a cabo en 34 días (7 días en Oaxaca, 7 días en Chiapas y 20 días en Sinaloa).

un poco del proyecto y; de la importancia que era para nosotros[18] que ellas participaran en el mismo, les comentábamos los beneficios de su participación diciéndoles que servirían para poder proponer a través de los resultados acciones encaminadas a prevenir la violencia contra las mujeres, también se les explicaba que la encuesta era totalmente anónima, pues éstas no llevan nombre y tampoco datos que permitieran su identificación. Por otro lado, se les explicaba que los resultados de la investigación se publicarían y que una vez que se hiciera ésta se les daría a conocer mediante una plática por parte de los investigadores (a través de sus intérpretes) en las que se les comunicaría, también las estrategias preventivas sugeridas a instituciones gubernamentales. En este tenor es importante precisar que las participantes no recibieron ningún tipo de remuneración por aceptar participar, fue bajo libre albedrío.

De la misma manera se les explicó que sólo el equipo de investigación tendría conocimiento de su colaboración en el proyecto (esto con el objetivo de evitar miedo a represalias por parte de sus parejas u otras personas), se les otorgaba a quienes participaban una carta responsiva firmada por los responsable del proyecto en la que nos comprometíamos a no revelar ningún tipo de información extraída de sus participaciones, pero además de resguardar los resultados en una base de datos por un tiempo de 5 años al igual que todas las encuestas realizadas. Una vez que ellas otorgaban su consentimiento de manera verbal (siendo menores de edad o asentimiento en calidad de representantes de sus menores hija) para participar con nosotros en el proyecto se pasaba a comprobar que presentarán los criterios de inclusión que para efectos de este estudio se habían establecido previamente, siendo estos: ser mujeres, estar entre 15 y 64 años de edad y pertenecer a la comunidad indígena de San Juan o de Oxchuc, ser indígena[19], pero además haber vivido toda su vida allí.

Por último cabe aclarar que una vez que la encuesta era cumplimentada, éstas se depositaban junto con todas las demás en sobres cerrados dentro de una bolsa, todo esto para efectos de que los demás integrantes del equipo no supieran de la información que se extrajo de la participante, por ende esto implicaba que por participante sólo sabía sus experiencias vividas quienes aplicaban directamente la encuesta, siendo siempre investigadoras con experiencia en el tema y una interprete[20].

[18] Comité de investigación conformado por 3 doctores, especialistas en temas jurídicos, de género y violencia doméstica, pero además 5 colaboradores interpretes quienes también manejaban el tema.

[19] Para determinar si la participante era indígena tomamos en cuenta los requisitos establecidos por el Instituto Nacional de Estadística y Geografía (INEGI).

[20] Esto con el fin de que se sintieran más en confianza de hablar del tema.

IV.4. *Producción de resultados*[21]

APARTADO «A» CARACTERÍSTICAS SOCIODEMOGRÁFICAS

Figura 1. Edad de las participantes

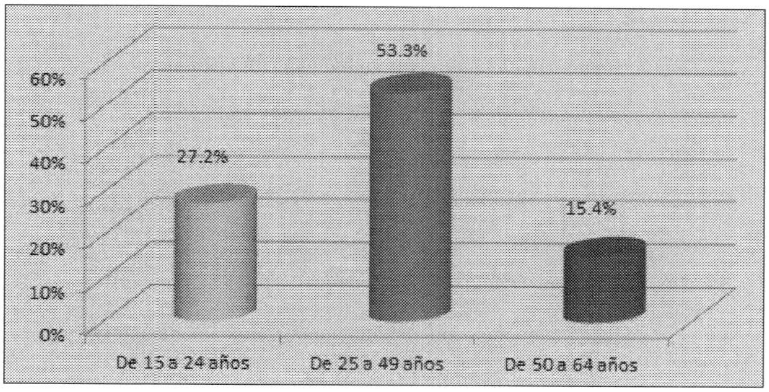

De la figura 1 se desprende que la mayoría de las mujeres encuestadas pertenecen al rango de «25 a 49 años» y el rango de edad que resultó con menor frecuencia es el de «50 a 64 años».

Figura 2. Estado civil de las participantes

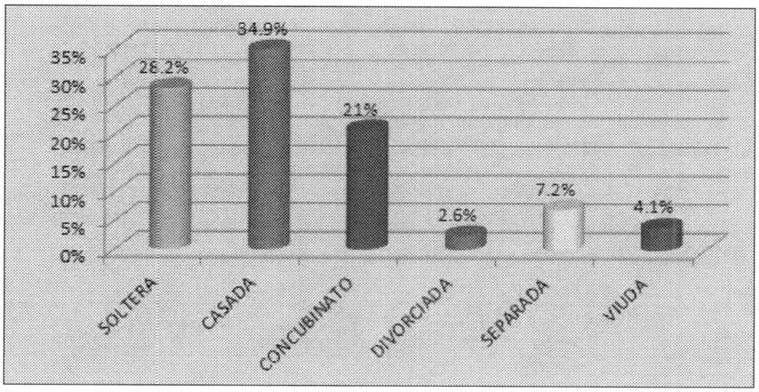

En la figura 2 se aprecia que la mayoría de las encuestadas son «casadas» correspondiéndole un 34.9%, seguida de quienes son «solteras» con un 28.2% y la última incidencia la tiene la categoría «separada», y finalmente el 21% viven en concubinato.

[21] El procesamiento de datos fue a través del programa SPSS Versión 20, se hicieron análisis descriptivos, frecuencias, tablas de contingencias y ANOVAS.

Figura 3. Nivel de instrucción

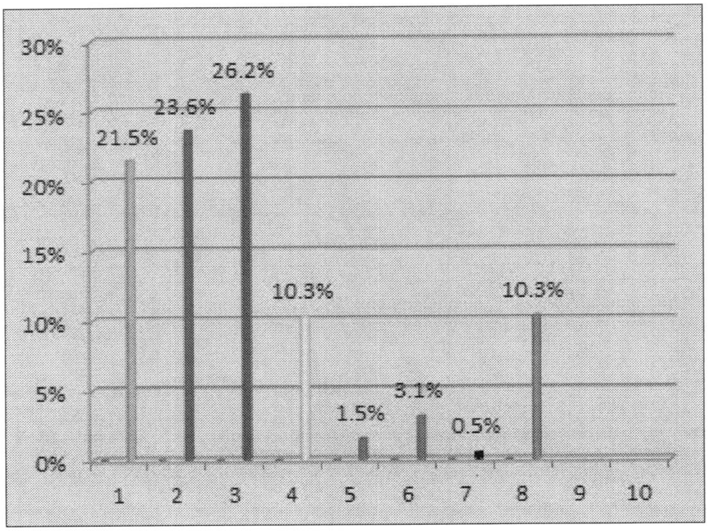

De la figura 3 se desprende que la mayoría de las mujeres encuestadas tenían como máximo nivel de instrucción «bachillerato» (26.2%). No obstante, empatados con un 10.3% se encuentran las categorías: «ninguno» y «licenciatura».

Figura 4. ¿Han trabajado las participantes?

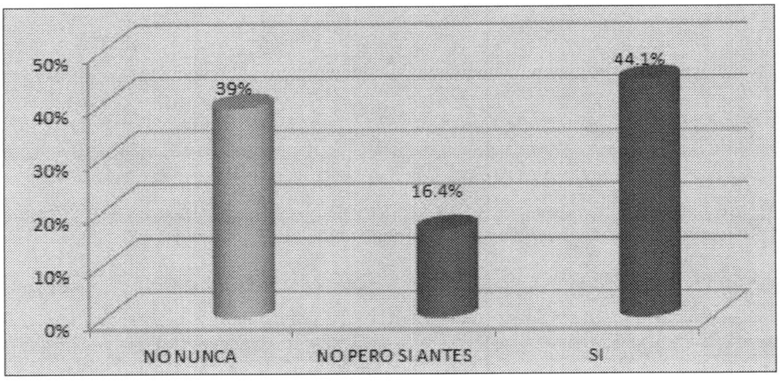

Al preguntarles a las encuestadas si trabajaban, la mayoría respondió con un 44.1% que «si», un 39% dijo que «no, nunca» y un menor porcentaje (16.4%) respondieron «no, pero si antes».

APARTADO «B» MALTRATO FISICO

Figura 5. VIOLENCIA FÍSICA VIVIDA EN ALGUNA OCASIÓN DURANTE SU VIDA

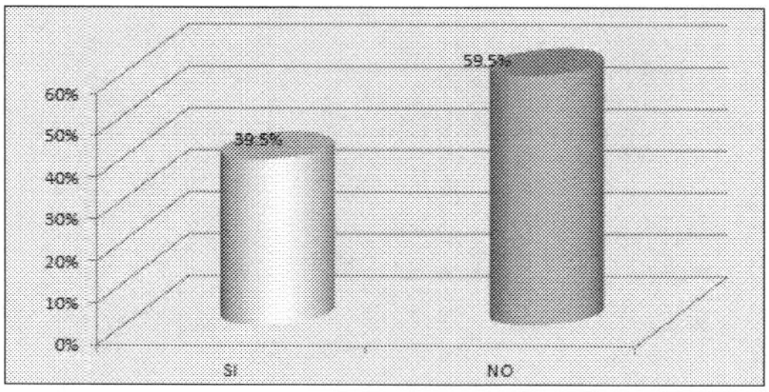

La figura 5 refleja que el 39.5% de la muestra respondió haber vivido algún episodio de VF en algún momento de su vida[22]. De este 39.5% el 69.6% manifestó que lo vivió en los últimos cinco años año[23].

Figura 6. PORCENTAJE EN LA QUE SE EJERCIÓ LA VIOLENCIA FÍSICA EN LOS ÚLTIMOS 5 AÑOS POR COMUNIDADES

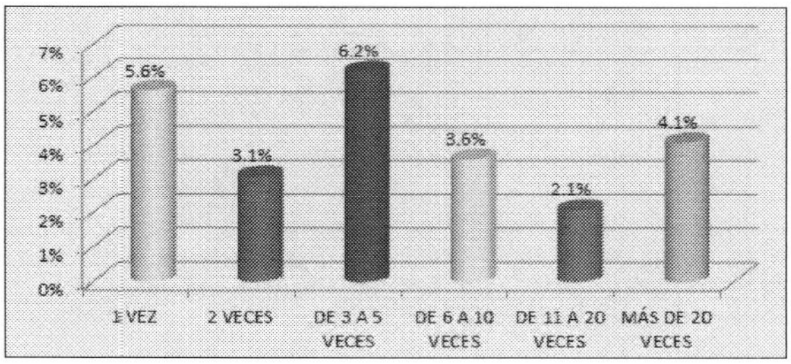

En la figura 6 se puede observar que las participantes que constituyen la M2 en su mayoría manifestaron haber vivido el maltrato entre «3 a 5 veces» correspondiéndole un porcentaje de 6.2, seguida de «una vez» con un 5.6% y «más de 20 veces» con un 4.1%.

Figura 7. DISTRIBUCIÓN DE LA VIOLENCIA FÍSICA VIVIDA EN ALGUNA OCASIÓN POR ESTADO

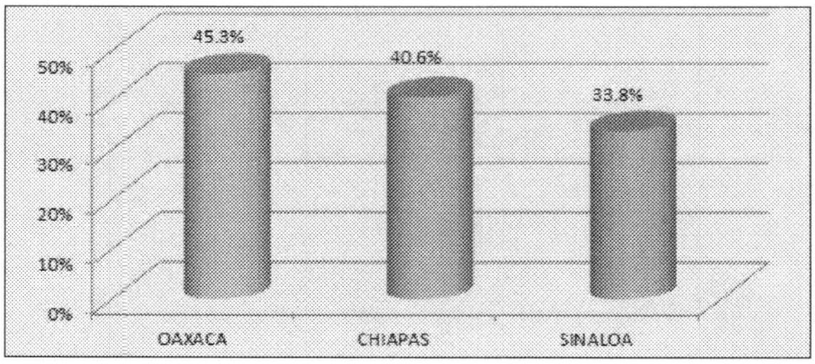

22 Esta muestra para efectos de este estudio la hemos denominado M1

23 Esta muestra para efectos de este estudio la denominaremos M2.

En la figura 7 se observa que las mujeres de etnia que pertenecen a San Juan, Oaxaca con un 45.3% han vivido VF en alguna ocasión, después con un porcentaje muy similar de 40.6% se encontró a Oxchuc, Chiapas. Como dato interesante encontramos que de las mujeres que dijeron haber vivido VF en los últimos cinco años en «Oxchuc, Chiapas» con un 43.1% fue donde se observó mayor frecuencia seguido de «San Juan, Oaxaca» con un 36.9% y nuevamente tenemos a «Villa Juárez, Sinaloa» con menor porcentaje (26.2%). También se encontró que la mayoría que vivieron VF en los últimos cinco años pertenecieron al rango de edad de «50 a 64 años» con un 50%, seguida de «25 a 49 años» con un 41.2% y; finalmente las «de 15 a 24 años» fueron las menos maltratadas, representadas por un 30.2%.

Figura 8. Violencia física vivida en alguna ocasión

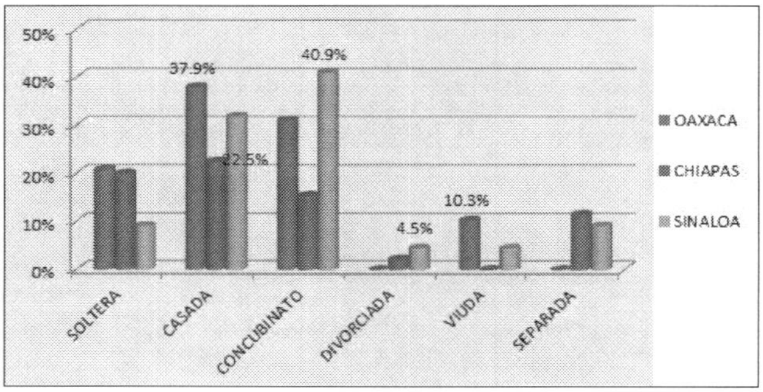

La figura 8, ilustra que en la M1 se observa que en «Oxchuc, Chiapas» y «San Juan, Oaxaca» la mayoría que manifestaron vivir violencia son casadas con un 22.5% y 37.9% respectivamente, a diferencia de lo anterior en «Villa Juárez, Sinaloa» la mayoría viven en «concubinato» (40.9%). Como dato interesante tenemos que en Villa Juárez, Sinaloa, hubo incidencia en todas las categorías, pero en «San Juan, Oaxaca» y «Oxchuc, Chiapas» hubo categorías en las que no hubo incidencia, por ejemplo en «San Juan, Oaxaca» no hubo incidencia en las categorías «divorciada» y «separada» y en el caso de «Oxchuc, Chiapas» sólo la categoría de «viuda» no tuvo incidencia.

Figura 9. Violencia física vivida en alguna ocasión y nivel de instrucción

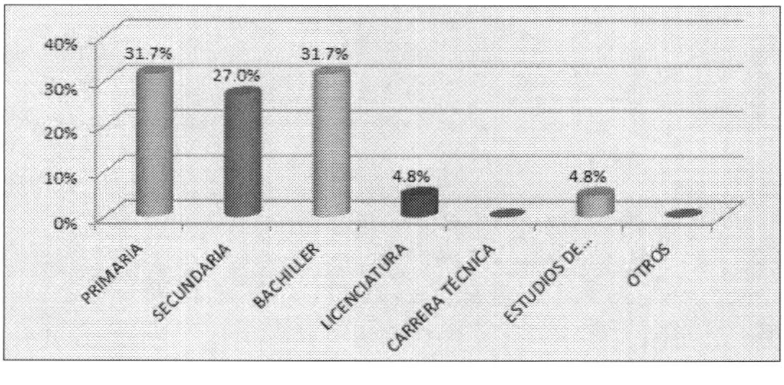

De la figura 9 se visualiza que de la muestra M1 la incidencia la tiene con un empate las categorías: «primaria» y «bachillerato» con un 31.7%, asimismo, encontramos sin incidencia las categorías: «carrera técnica» y «otros». Ahora bien, si desglosamos estos datos por violencia, nivel de instrucción y estado, se observa qué en San Juan, Oaxaca se reportó más violencia en las mujeres con nivel de instrucción «secundaria» (40.9%), y en Oxchuc, Chiapas y Villa Juárez, Sinaloa, ambas su mayor incidencia se encontró en «primaria» con un 36.4% y 47.4% respectivamente.

Figura 10. VIOLENCIA FÍSICA EN ALGUNA OCASIÓN Y TRABAJO FUERA DE CASA

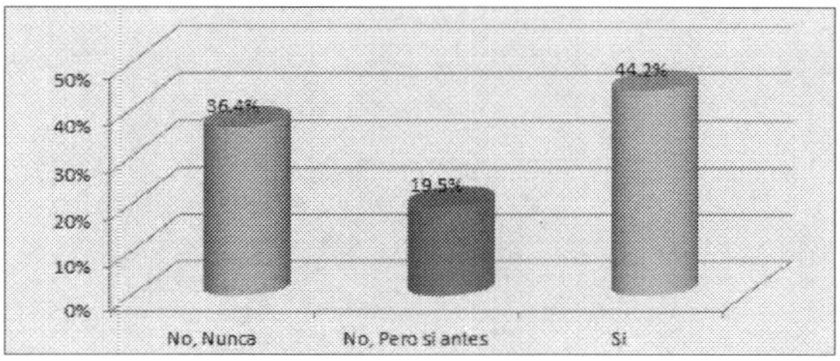

Al preguntarles a la M1 si trabajaban la mayoría de las que vivieron VF dijeron trabajan «fuera de casa» (44.2%), seguido de la categoría «no, nunca» y «no, pero si antes» con un 36.4% y 19.5% respectivamente.

Figura 11. PRINCIPAL AGRESOR EN LOS ÚLTIMOS CINCO AÑOS

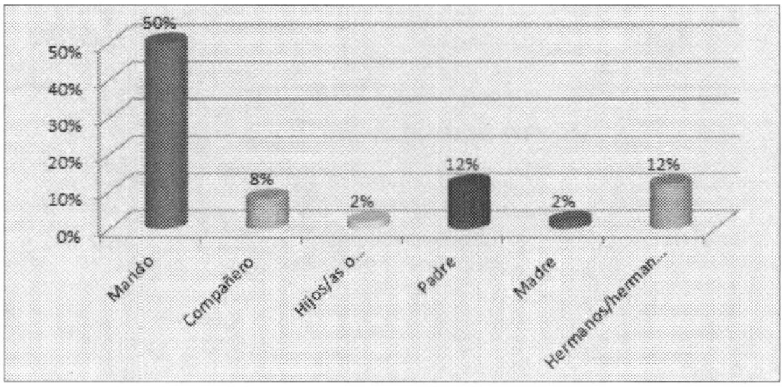

En la figura 11 se aprecia que el principal agresor de la M2 fue el «esposo» con un 50%, seguido de «padre» y «hermanos» con el mismo porcentaje de 12. Los «hijos/as» y «madres» fueron las que resultaron menos agresoras.

Tabla 2. DIFERENTES MALOS TRATOS FÍSICOS

2010-2015		MALOS TRATOS
B510	B610	Agarrado o empujado
B511	B611	Pegado una bofetada

2010-2015		MALOS TRATOS
B512	B612	Pegado un puñetazo, patada o mordida
B513	B613	Golpeado intencionalmente
B514	B614	Dado una paliza
B515	B615	Quemado intencionalmente
B516	B616	Intentado estrangularme
B517	B617	Usado un arma contra mi

Figura 12. Incidencia de malos tratos de la MG en 2014[24] y estado

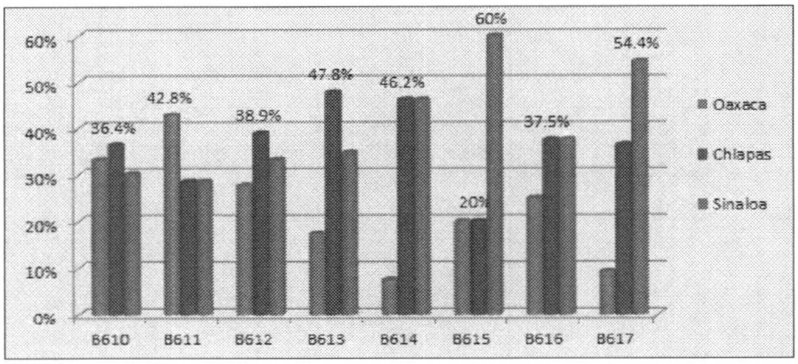

Al preguntarle a las participantes sobre la forma de maltrato que más experimentaron en el año 2014, el 47.8% de las participantes de «Oxchuc, Chiapas» dijeron que las habían «golpeado intencionalmente», por su parte la mayoría de las mujeres de «San Juan, Oaxaca» con un 42.8% «les han pegado una bofetada» y; finalmente el maltrato más común en «Villa Juárez, Sinaloa» con un 60%, lo obtuvo la categoría «quemado intencionalmente».

Figura 13. Porcentaje del número de los diversos tipos de maltrato físico vivido en los últimos cinco años

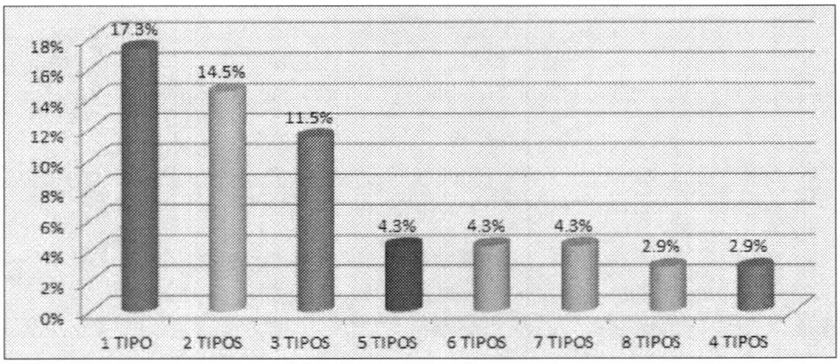

24 Último año concluido a la fecha en la que se realizó el estudio

En la figura 13 se observa que de la M2, la mayoría dijo haber experimentado «un tipo de violencia», seguida de «dos» y «tres tipos» representadas estas categorías por un 17.3%, 14.5% y 11.5% respectivamente, indicando esto que más de la mitad de la muestra no vivieron un episodio esporádico de violencia.

Tabla 3. Persona con la que habló sobre el último incidente vivido en los últimos cinco años

CATEGORÍA	PERSONA CON LA QUE HABLÓ SOBRE EL ÚLTIMO INCIDENTE VIVIDO	%
B101	Con la persona que lo hizo	10.2
B102	Miembro de la familia	44.9
B103	Mejor amiga	20.4
B104	Mejor amigo	4.1
B105	Amigos o conocidos	4.1
B106	Sacerdote	2.0
B107	Institución gubernamental de atención a víctimas de violencia familiar	0
B108	Empleado/a de un centro de asistencia	0
B109	Médico	2.0
B110	Asistencia social	0.0
B111	Otra persona	12.2
B112	Con nadie	22.4

Al preguntarles a las participantes que constituyen la M2 sobre quién fue la persona con la que habló sobre el último incidente vivido la mayoría con un 44.9% dijo que con «algún miembro de la familia», como dato interesante tenemos que ninguna de las participantes habló con alguna institución gubernamental encargada de asistencia a mujeres víctimas de violencia».

Figura 14. Denuncias de las víctimas que vivieron violencia física en los últimos cinco años

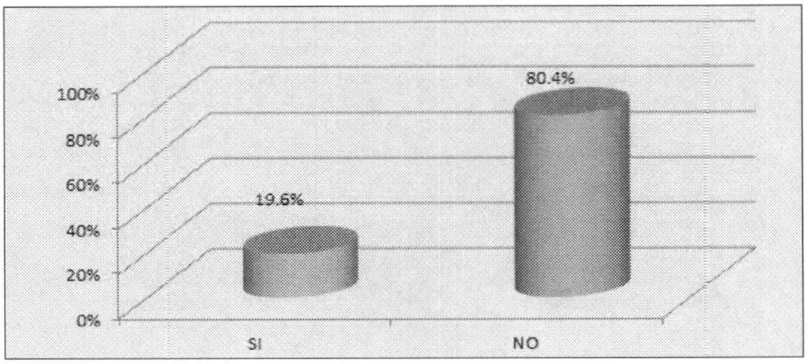

En la figura 14 se aprecia que sólo el 19.6% de la M2 denunció la violencia vivida. Asimismo al analizar las denuncias por estado, nos encontramos que de ese 19.6% se encuentra dividido igualitariamente por estado; es decir en cada uno de éstos denunciaron un 33.3%. De los motivos principales que tuvieron las mujeres para denunciar encontramos con un 100% a las siguientes razones: «porque no sabían que otra cosa podían hacer» y «porque otras personas las orillaron». Asimismo, un porcentaje considerable (45.5) dijo que lo había hecho «para que su agresor no lo volviera hacer».

Contrario a lo anterior tenemos que dentro de los principales motivos que dijeron tener la M2 para no denunciar, se encuentran con un 100% a: «porque la policía ya lo sabía», seguida de: «la persona se disculpó» ésta última la encontramos con un 25.6%.

Tabla 4. Medidas que se tomaron después del último acto violento

MEDIDAS	FRECUENCIA	PORCENTAJE
Ninguna en absoluto	24	54.5
Disculpas y compensación por parte de quien lo hizo	10	22.7
Asistencia/terapia sólo para quien lo hizo	3	6.8
Asistencia/terapia para la familia y quien lo hizo	1	2.3
Asistencia/terapia sólo para la víctima	1	2.3
La persona que lo hizo se marchó de casa	2	4.5
Fui yo quien se fue de casa	4	9.1
Fue castigada por la ley	1	2.3
Otra medida	2	4.5
Se firmó un convenio ante el AMP (Agente del Ministerio Público)	1	2.3

Figura 15. Medida que consideraron más oportuna para el último acto violento

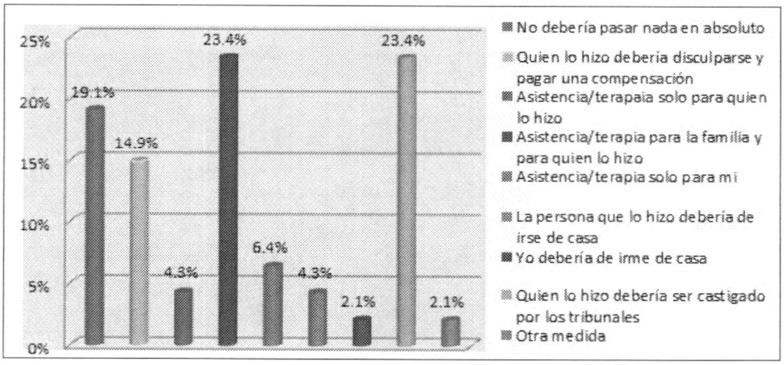

De la figura 15 se desprende que de la M1 la mayoría dijo considerar como las medidas más oportunas para el acto violento vivido con el mismo porcentaje de 23.4% a: «asistencia y terapia para la familia y para quien lo hizo» y «quien lo hizo deberían de ser castigados por los tribunales».

APARTADO «C» MALTRATO PSICOLÓGÍCO

Tabla 5. Maltrato psicológico vivido en las muestras: M1 y M2

CATEGORÍA	MALTRATO PSICOLÓGICO	M1 %	M2%
B54	Rehusado discutir el tema conmigo	59	52.5
B55	Echado de la habitación	36.7	32.7
B56	Gritado o protestado	67	61
B57	Amenazarme con golpearme o lanzarme objetos	50	48.3
B58	Lanzado o roto cosas, golpeando o dando patadas con algo	32.8	30
B59	Lanzado algún objeto	33.8	29.5
B516	Amenazado con un arma (cuchillo o arma de fuego)	10	11.8

La Tabla 5 refleja el maltrato psicológico vivido por la M1 y M2. Se observa en dicha tabla que en los dos tipos de muestra, el maltrato psicológico con mayor incidencia «más de la mitad en ambas muestras» corresponde a la categoría «B56», seguida de «B54». La categoría «B516» fue la que obtuvo menor incidencia en las dos muestras. Asimismo, si comparamos todos los porcentajes por muestra tenemos que la M1 es en la que casi todas las categorías (con excepción en la «B516») refleja mayor incidencias y va disminuyendo, esto si la comparas con la M2.

Figura 16. Maltrato psicológico en los últimos cinco años en la M2 por estado

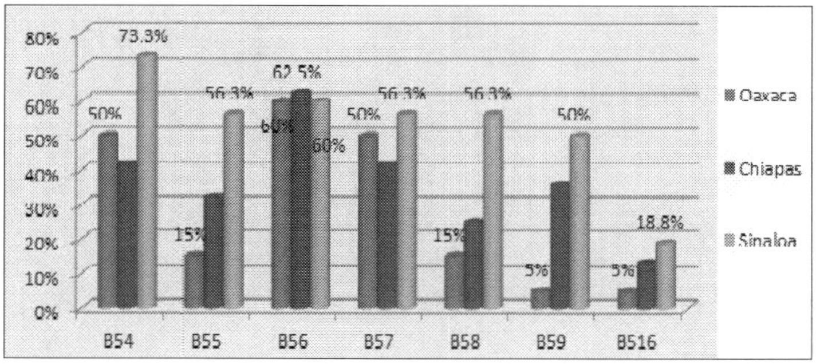

En la figura 16, se aprecia el maltrato psicológico experimentado por las participantes que constituyen la M2 por estado. Llama la atención que en «Villa Juárez,

Sinaloa» su máxima incidencia la obtuvo en la categoría «B54» con un 73.3%, pero «Oxchuc, Chiapas» y «San Juan, Oaxaca» la tuvieron en la categoría «B56» con 62.5% y 60% respectivamente, misma categoría en la que Sinaloa también obtuvo un alto porcentaje ascendiendo éste a un 60%.

Figura 17. Maltrato psicológico vivido en la M11. (muestra conformada por mujeres que manifestaron nunca haber vivido violencia)

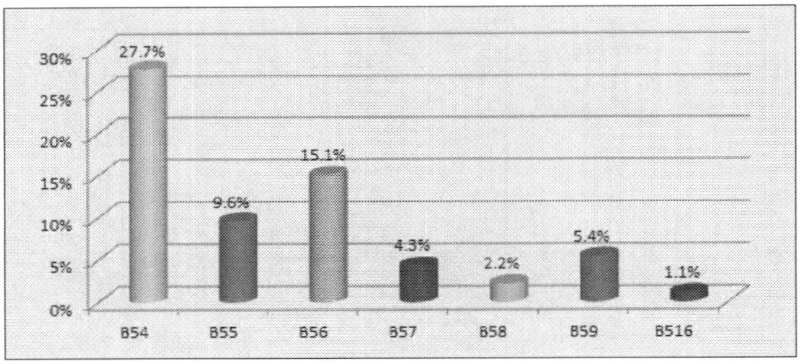

Al preguntarles a las mujeres que manifestaron nunca haber vivido violencia, encontramos que un 27.7% reflejó haber vivido el tipo maltrato psicológico, correspondiente a la categoría «B54» y un 15.1% en la categoría «B56», llama la atención que la categoría «B59» que corresponde a «lanzar objetos» es representada por un 5.4%.

Figura 18. Número de tipos de maltrato psicológico vivido por las muestras M11 y M1

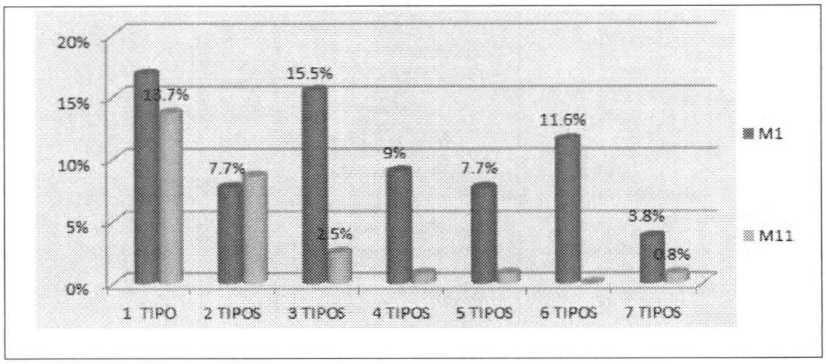

Cuando comparamos el maltrato psicológico entre las muestras M11 «mujeres que dijeron nunca haber vivido violencia» y M1 «mujeres que vivieron violencia en alguna ocasión» se observó lo siguiente: el 13.7% de la M11 dijo haber vivido «un tipo» de violencia psicológica. Asimismo, como dato curioso encontramos que en la M11 sólo el 7.7% «porcentaje mayor» dijo haber vivido «dos tipos» de VP, centrándonos en las categorías que reflejan más tipos de maltrato podemos decir incluso que un 0.8% de esta muestra resultó haber experimentado «siete tipos» de malos tratos psicológicos».

V. RESUMEN

- El 39.5% de las mujeres encuestadas expresaron haber vivido por lo menos en una ocasión VF durante su vida y de este porcentaje el 69.6% dijo haberla vivido en los últimos 5 años.
- En San Juan, Oaxaca es donde se observó más incidencia de mujeres violentadas en el ámbito familiar por lo menos una vez en su vida, pero es en «Oxchuc, Chiapas» donde las mujeres experimentaron más violencia en los últimos cinco años.
- La mayoría de las mujeres que vivieron violencia son: casadas, pertenecen al rango de edad de «50 a 64 años», trabajan fuera de casa (económicamente activas) y tienen nivel de instrucción bajo.
- Los datos arrojan que en un porcentaje bajo las mujeres viudas, separadas o divorciadas experimentaron violencia.
- Más del 8% de las mujeres que vivieron violencia, manifestaron haber experimentado más de un tipo o formas de maltrato, donde «bofetadas», «quemaduras» y «golpes» son los tipos de violencia más usuales por parte de su agresor: no obstante, la frecuencia (aunque no por mucha diferencia) de estas manifestaciones de violencia varía de un estado a otro.
- Ninguna de las mujeres encuestadas que experimentaron violencia habló con alguna institución gubernamental encargada de atender o prevenir la violencia en el ámbito familiar, sólo el 19.6% denunciaron a su agresor, porque no sabían que otra cosa podían hacer aparte de denunciarlos, pero también porque las orillaron hacerlo. Las razones que dieron todas para no denunciar fue que no tenía caso hacerlo, ya que la policía ya lo sabía y no habían hecho nada.
- La asistencia y terapia para las partes involucradas en la conducta violenta y que la persona que ejecuta la violencia se marche de casa son las dos principales medidas que las participantes expresaron como más oportuna después de un incidente violento vivido.
- Dentro de la VP vemos que destaca con mayor incidencia las «amenazas» de violencia física, a pesar que las amenazas con armas obtuvo la puntuación inferior, el porcentaje fue de 11.8% en la M2.
- Al igual que la VF, las manifestaciones de VP depende mucho al grupo étnico al que se pertenece, pues en «Villa Juárez, Sinaloa» la VP aparentemente es más sutil que en las comunidades de «San Juan, Oaxaca» y «Oxchuc, Chiapas».

- El miedo resalta como consecuencia del maltrato vivido, impactando esto en la decisión de las víctimas en no denunciar, pues en promedio, sólo el 85.3% denunció[25].

VI. CONCLUSIONES

Observando los datos descriptivos que arrojó nuestra investigación, es importante resaltar que la VF vivida por las mujeres en comunidades rurales no tiende a ser esporádica, pues hay que recordar que sólo un 6.6% dijo haberla vivido en una ocasión. Un sólo acto violento representa una situación que debe ser el parteaguas para poner atención al problema, debemos darle a éste la importancia que tiene sin necesidad de que los datos de investigaciones reflejen un caso o muchos casos concretamente. Lamentablemente, la gravedad del problema en ocasiones se mide por la incidencia y; no por la esencia de éste o por sus consecuencias del problema.

El hombre perteneciente a grupos étnicos suelen ser los principales agresores domésticos, ya sea desde la condición de esposo, padre o hermano, esto ineludiblemente representa un foco de alarma a un problema palpable que nuestro gobierno obligatoriamente debe atender, pues a través de las instituciones creadas por éste para combatir, prevenir y atender el problema de desigualdad y violencia entre los géneros deben de establecerse políticas públicas, mediante las cuales se trabaje no sólo el problema, a través de la atención y fomento a la denuncia «esto es evidente que no está funcionando»; sino también a través de una eficaz prevención.

La prevención de la violencia doméstica ha estado desde un punto de vista criminológico y víctimológico mal enfocada, pues se deja de atender la esencia del problema, debido a que la manera en la que se intenta prevenir, no toma en cuenta con la misma importancia los dos enfoques principales, siendo éstos: por una parte la prevención desde la atención a la mujer como principal víctima, pero por otra, la prevención desde un enfoque del principal ejecutor del problema; es decir el hombre como «victimario», esta es, a nuestro criterio lo que agudiza el problema y lo hace que se perciba como un fenómeno de difícil o imposible prevención y erradicación.

Como se visualiza en este estudio la violencia doméstica no obedece a factores causales específicos: es decir, la presencia de ésta es evidente, en este estudio se reflejó en las tres comunidades de manera similar; es decir, formas en las que se presenta el problema el tipo de violencia que se visualiza más, «VF», el tipo de violencia que se visualiza menos «VP», pero también las consecuencias individuales y sociales que son atribuidas a este problema son semejantes.

25 Este promedio se sacó tomando en cuenta el porcentaje de la VF y VS no denunciada.

Por otro lado, existe un desconocimiento grande del tema de violencia doméstica en las comunidades indígenas, pues se visualiza al maltrato que han vivido algunas mujeres, como algo normal, esto se sostiene cuando se observa que un porcentaje considerable del 32% de las mujeres que contestaron no haber vivido violencia nunca, con posterioridad se visualizó que sí habían vivido tanto VP; como VF, esto no es otra cosa que el reflejo de un desconocimiento del fenómeno, ya que no son capaces de identificar los actos que constituyen maltrato.

Asimismo, el maltrato aparentemente es considerado también por las mujeres víctimas como algo sin importancia, toda vez que la mayoría no tomó alguna medida después de los actos violentos, esta omisión puede deberse a lo que ya se comentaba con anterioridad, nos referimos al desconocimiento o poca información respecto a lo que deben o pueden hacer ante la presencia de maltrato doméstico.

Por último hay otra cosa no menos preocupante, nos referimos al porcentaje existente de víctimas que siguen permaneciendo a lado de su agresor, esto representa una situación alarmante, pues estos patrones conductuales suelen repetirse, de tal manera que éstos van siendo más graves a medida que se acortan los lazos de tiempo de un episodio del otro y la incidencia aumenta, convirtiéndose esto en un círculo vicioso difícil de parar, tornándose más difícil si la víctima o victimario no es atendido mediante un programa específico que ayude a las partes a parar el circulo, y si esto no sucede, este proceso vicioso puede terminar con la muerte de alguno de los implicados en la violencia; siendo generalmente las mujeres..

Para finalizar cabe decir que en México a pesar que contamos con una larga lista de leyes estatales, federales, pero también tratados internacionales firmados y ratificados, seguimos viendo que las mujeres correspondientes a grupos étnicos siguen estando desprotegidas.

En este contexto la Convención de BELÉM DO PARÁ y la CEDAW; así como la Comisión Interamericana y la Corte Interamericana han sido muy contundentes respecto a lo que debe hacer México para prevenir este problema desde un enfoque jurídico y poder garantizar que no se violenten ningún tipo de derechos de ninguna mujer, pertenezca o no a una comunidad étnica.

En este sentido debemos preguntarnos ¿Qué tendría que pasar para que nuestros gobernantes se integren a la lucha por la erradicación de la violencia contra la mujer? A caso están esperando más casos resueltos por la CIDH donde las víctimas sean mujeres indígenas «violadas, mutiladas, desaparecidas, golpeadas» cuyas sentencias sigan siendo condenatorias al país. ¿A caso hay necesidad de más pérdidas de vida, violaciones de integridad física, emocional y sexual de mujeres para que nuestro gobierno pueda sensibilizarse? Estas preguntas las dejamos a reflexión del lector.

EL SISTEMA NACIONAL DEL AGUA EN MÉXICO Y SU GARANTÍA DE PROTECCIÓN

Jorge Enrique Gómez Hernández[1]

I. DERECHO ADMINISTRATIVO, ADMINISTRACIÓN PÚBLICA Y PROTECCIÓN DEL MEDIO AMBIENTE

El Derecho administrativo –en particular el Derecho administrativo mexicano– presenta en la actualidad un gran número de retos que deben ser atendidos en razón de la modernidad y que deben afrontarse desde un sentido más amplio como lo es el tema de protección de los recursos naturales, ya que el ordenamiento administrativo actual contiene principios aplicables a la actividad administrativa desde diversos campos de acción que tienen un objetivo en común. Al respecto, RIVERO ORTEGA y GRANDA AGUILAR, apuntan que «el Derecho Administrativo es un ordenamiento porque no solo se compone de normas, sino que incluye verdaderas instituciones cuyo cometido es realizarlas»[2].

Con especial atención, se ha identificado a esa rama del Derecho público como un puente entre los particulares frente a los actos provenientes del poder ejecutivo y sus órganos descentralizados. Así podemos advertir –conforme al criterio de GARCÍA DE ENTERRÍA– que la Administración pública moderna contiene nociones jurídicas como: poder público, autónomo, subordinado, dotado de personalidad, y de unos privilegios denominado «potestades administrativas»[3]. «En efecto la Administración Pública es un poder público, esto es uno de aquellos entes que ejercen poder de imperio derivado de la soberanía del Estado»[4].

[1] Doctorando en Estado de Derecho y Gobernanza Global en la Universidad de Salamanca, España.

[2] Rivero Ortega, R. y Granda Aguilar, V. *Derecho Administrativo (Estudios Jurídicos 40)*, Editora Nacional-Universidad Andina Simón Bolívar, Quito, 2017, p. 43.

[3] Citado por Fernando Pablo, Marcos M. Ver. Fernándo Pablo, Gatta Sánchez et al. «Fundamentos Históricos-Constitucionales» en *Fundamentos de Derecho Administrativo*, 5ª Ed. Ratio Legis, Universidad de Salamanca, España, 2017, p. 15.

[4] Ibídem.

México, tradicionalmente, ha adoptado grandes aportes en la configuración del Derecho administrativo moderno. Es el caso del Derecho ambiental que engloba una serie de normas y principios a favor del de los recursos naturales: observables por parte de las administraciones públicas y que no solo trasciende al plano nacional sino también al contexto internacional[5].

En la práctica administrativa se visualiza, constantemente, la necesidad de fortalecer el sistema democrático de los estados a través de la participación de la ciudadanía en los asuntos públicos, como lo es la protección de las aguas, como un tema fundamental en la innovación administrativa e implementación de mecanismos sancionadores.

Coincidimos con BRAÑES que sostiene lo siguiente:

> Las infracciones a las leyes administrativas autorizan la imposición de sanciones administrativas. Así ocurre también con las leyes generales sobre el medio ambiente. Las sanciones administrativas consisten habitualmente en multas, clausuras, arrestos administrativos, decomisos y suspensión o revocación de autorizaciones, concesiones, licencias o permisos (...) así como que las propias sanciones administrativas sean utilizadas para reparar, en algún sentido, el daño ambiental[6].

Aunado a lo anterior, se ha ampliado la postura por la creación de tribunales especializados y de mecanismos encargados de la labor medioambiental ajenos a las estructuras formales administrativas. Es decir, la creación de órganos constitucionales autónomos. Lo que de ser así conlleva replantearse la idea sobre la conformación de tribunales especializados y órganos autónomos en materia administrativa ambiental y de protección del agua como una garantía. Respeto a la innovación administrativa –en relación con los asuntos de medio ambiente– somos de la postura que deben crearse tribunales especializados para la protección de los recursos hídricos. Para ciertos autores –principalmente de la doctrina española– como NAVARRO CABALLERO y EMBID IRUJO, se requiere de una planificación hidrológica nacional bajo una visión social, económica, ambiental, política

[5] Sumado a esta serie de nuevos paradigmas, ha surgido un Derecho Internacional Ambiental, que para Villa Orrego, es una de las más recientes ramas del ordenamiento jurídico internacional que no cuenta con una dogmática asentada, pero que debe continuar en un proceso de desarrollo acelerado y renovador de las instituciones tradicionales de del derecho internacional, para así hacer frente a la problemática más compleja que enfrentan las sociedades modernas: la protección de la vida en todas sus manifestaciones, amenazada en la actualidad por la alteración de los ecosistemas del planeta. Cfr. Villa Orrego, H. *Derecho Internacional ambiental: un análisis a partir de las relaciones entre economía, derecho y medioambiente*, Editorial Astrea, Universidad de Medellín, Colombia, 2013, p. 162.

[6] Brañes R. «El Derecho Ambiental en América Latina» en *Actas del IV Congreso Nacional de Derecho Ambiental*, Asociación de Derecho Ambiental Español (ADAME)/Aranzadi, Navarra, 2002, p. 118.

y administrativa[7]. Por ende, la concientización a favor del cuidado del agua y los recursos naturales es una tarea que debe ser constante. La Unión Europa es ejemplo de sistema de innovación de la administración con miras a la protección del medio ambiente. En particular, en la protección del agua los países han adquirido el compromiso de generar condiciones favorables para el medio ambiente a través de adecuaciones a sus ordenamientos jurídicos.

El Derecho Administrativo Mexicano se ha sustentado bajo la teoría francesa del control de los actos de autoridad que deben estar debidamente fundados y motivados frente al abuso del poder público, sin embargo, en cuanto a la protección del agua se comienzan a plantear teorías desde los aportes de la Escuela de Derecho Administrativo de Salamanca, que pugna por la innovación en la actividad propia del servicio público y por ende en la Administración pública[8]. En ese sentido, el estudio de casos suele ser importantes, ya que nos aproximan a la realidad sobre la actuación de la administración pública y nos permite conocer el efectivo control de la legalidad desde la postura del impacto ambiental.

Al respecto, existen dos posturas que se complementan en la comprensión del Derecho Administrativo del Medio Ambiente: *a)* Las que se basan en un derecho administrativo tradicional que concierne a los principios básicos del Derecho como son la seguridad jurídica, la legalidad, el bien común y la menor afectación; y *b)* Las que consideran que el Derecho Administrativo debe ser visto no sólo desde una pequeña porción del Derecho público, sino desde el Derecho internacional, en el cual se aplican los principios de progresividad[9]. Ello trae aparejado el denominado control de convencionalidad, que implica –en el caso de México–, que los

[7] Cfr. Embid Irujo A. «El estado de la planificación hidrológica en España y su proceso de revisión. Una visión perspectiva» en Navarro Caballero T. M. (Directora), *Desafíos del Derecho de Aguas: variables jurídicas, económicas, ambientales y de Derecho comparado (Monografía Asociada a Revista Aranzadi de Derecho Ambiental), Thomson Reuters Aranzadi, Navarra, 2016*, pp. 73 76.

[8] Véase por ejemplo Fernando Pablo M. quien sostiene que «la innovación en el campo del derecho, es no sólo posible, sino que el cambio mismo forma parte de la esencia y la historia del derecho, bien que, precisamente por ser un producto cultural, la innovación se presenta habitualmente como acumulación de cambios elementales y sólo extraordinariamente como una "ruptura" total». Fernando Pablo, M. *Iurisdocencia administrativa*, Ratio Legis, Salamanca, 2017, p. 102.

[9] De esta corriente es partidario Loperena Rota catedrático de Derecho Administrativo de la Universidad del País Vasco quien sostiene en el caso del derecho al agua que nos encontramos ante un verdadero Derecho Humano: «Es cierto que hay muchas Declaraciones y proyectos de Tratados además de doctrina que avalan esta tesis. Nos hallaríamos en el terreno siempre resbaladizo del *soft law*, sin fuerza vinculante directa. Sin embargo, a partir de la Observación 15 del Comité de Derechos Económicos, Sociales y Culturales del consejo Económico y Social de las Naciones Unidas podemos hablar con propiedad del derecho al agua como un Derecho humano vinculante en todos los países (148) que han firmado el Pacto Internacional de Derechos Económicos, Sociales y Culturales de 1966». Loperena Rota, D. «El agua como derecho humano» en González- Varas Ibáñez, S. (Coordinador), *Nuevo Derecho de Aguas*, Thomson Civitas, Murcia, 2017, p. 83.

tribunales deben garantizar derechos humanos establecidos en los tratados internacionales e inaplicar aquellas normas locales que vayan en contra de un derecho humano. Lo cual con base a la protección del agua y el medio ambiente se visualiza como un principio garantista.

En España, suelen presentarse conflictos jurídico-administrativos, en tratándose de la gestión del agua, debido a la imposición de medidas fiscales.

Así lo explica ADAME MARTÍNEZ:

> «A diferencia de lo que ocurre con otros elementos ambientales, en el caso del agua la articulación de medidas fiscales adquiere una especial complejidad. Evidentemente estamos ante un recurso imprescindible para la vida y escaso (...) cuya titularidad, hasta la llegada de la Ley de Aguas de 1985 quedaba prácticamente en manos de los particulares, a salvo algunas previsiones históricas en la legislación municipal (...) también ha incidido la entrada de las Comunidades Autónomas en el ciclo hídrico, como consecuencia de competencias, con el trasfondo más amplio del debate político sobre la descentralización del Estado(...) La disparidad de figuras tributarias y Administraciones públicas competentes ha determinado que la cantidad a pagar por los usuarios sea muy diferente según los usos y según los respectivos ámbitos territoriales»[10].

Por ello, es necesario implementar estrategias en México que vinculen a todos los entes administrativos en la conservación del medio ambiente y el aprovechamiento de los recursos hídricos. Desde el Derecho administrativo es posible realizar esta tarea, incluyendo la toma de decisiones para evitar la contaminación ambiental; así como el tratamiento de cuencas, ríos y aguas superficiales y del subsuelo desde la actividad administrativa puesta al servicio de los gobernados.

II. RÉGIMEN JURÍDICO DEL AGUA EN MÉXICO

Al analizar la eficacia administrativa en los asuntos de aguas nacionales, encontramos que se encuentra vigente normatividad aplicable en diversos casos[11] –ya sea

[10] Adame Martínez F. «Régimen económico-financiero del agua» en EMBRID IRUJO A. *Conflictos jurídicos en la gestión y uso del agua (Estudios de Derecho judicial 97)*, Junta de Andalucía/ Consejo General del Poder Judicial, Universidad de Zaragoza, 2017, pp. 249-250.

[11] Podemos destacar entre la normatividad aplicable la siguiente: 1. Constitución Política de los Estados Unidos Mexicanos en los artículos 4 «toda persona tiene derecho al agua»; artículo 27 «las aguas son propiedad de la Nación»; artículo 115 «los municipios tienen a su cargo los servicios de agua potable»; 2. Ley de Aguas Nacionales vigente desde 1992 y que reglamenta el artículo 27 constitucional; Así como la Ley General de Protección al Ambiente y el Equilibrio Ecológico de 1998; así como la Ley Federal del Procedimiento Contencioso Administrativo y los Códigos y Leyes en Materia Contenciosa Administrativa de los Estados sobre los procedimientos administrativos en general que pueden tener aplicabilidad según sean los casos sometidos al análisis de los Tribunales

para uso común, industrial o privado–, aunado a ello, el Poder Judicial Federal, ha sostenido que el agua es un bien público de interés común y de seguridad nacional[12].

La normatividad vigente aplicable al derecho de aguas, data de los años 80, por lo que requiere una necesaria adecuación a nuestros días y la eliminación de diversos preceptos que no se adaptan a la realidad social y, la inclusión de otros, que permitan generar condiciones de conservación de los recursos hídricos. Bajo tal circunstancia se necesita una reingeniería constitucional frente a una normatividad que está siendo rebasada.

El régimen vigente limita la implementación de acciones en lo que concierne a la regulación de mantos acuíferos, habida cuenta que desde hace muchos años no se favorece la especialización y la inversión en recursos financieros, técnicos y humanos, que permitan administrar de manera efectiva las presas hidrológicas y generar servicios de calidad, con respecto al aprovechamiento del agua en las regiones más aledañas. En tanto que se han centralizado las funciones administrativas. La Ley de Aguas Nacionales especifica que «la autoridad y administración en materia de aguas nacionales y de sus bienes públicos inherentes corresponde al Ejecutivo Federal»[13].

Para el cumplimiento y aplicación de la Ley de Aguas el Ejecutivo Federal tendrá las siguientes atribuciones:

I. Promoverá la coordinación de acciones con los gobiernos de los estados y de los municipios, sin afectar sus facultades en la materia y en el ámbito de sus correspondientes atribuciones. La coordinación de la planeación, realización y administración de las acciones de gestión de los recursos hídricos por cuenca hidrológica o por región hidrológica será a través de los Consejos de Cuenca, en cuyo seno convergen los tres órdenes de gobierno, y participan y asumen compromisos los usuarios, los particulares y las organizaciones de la sociedad, conforme a las disposiciones contenidas en esta Ley y sus reglamentos; II. Fomentará la participación de los usuarios del agua y de los particulares en la realización y administración de las obras y de los servicios hidráulicos, y III. Favorecerá la descentralización de la gestión de los recursos hídricos conforme al marco jurídico vigente[14].

Administrativos. La reglamentación vigente en el ámbito federal y estatal puede ser consultada en http://www.diputados.gob.mx/LeyesBiblio/index.htm.

[12] Tesis que se transcribe con sus datos de identificación: Época: Décima Época, Registro: 2001560, Instancia: Tribunales Colegiados de Circuito, Tipo de Tesis: Aislada Fuente: Semanario Judicial de la Federación y su Gaceta, Libro XII, Septiembre de 2012, Tomo 3, Materia(s): Constitucional, Tesis: XI.1o.A.T.1 K (10a.), Página: 1502, Rubro: agua potable. como derecho humano, la preferencia de su uso doméstico y público urbano es una cuestión de seguridad nacional

[13] Artículo 4º de la Ley de Aguas Nacionales.

[14] Artículo 5 de la Ley de Aguas Nacionales.

El sistema carece de un control efectivo del Derecho a la información en torno a las acciones que versan sobre el destino del agua en grandes cantidades. Pese a que existe un sistema de acceso a la información vinculado a organismos autónomos constitucionales[15], en la práctica muchas veces se limita el derecho a saber el uso de las cuencas hidrológicas.

Aunado a lo anterior, la contaminación de las aguas y los ríos se acrecienta en las grandes ciudades y afecta a las poblaciones más pobres del país, siendo éstas las que en su gran mayoría viven al margen de los ríos en donde se vierten desechos tóxicos contaminantes[16]. Se requiere crear un modelo que permita llevar agua potabilizada a todos los ciudadanos a través de la construcción de purificadoras que suministren el líquido libre de metales pesados y de contaminación a cada hogar para garantizar el mayor abasto de agua potable[17].

En cuanto al uso, planeación y cuidado de recursos hídricos, el régimen jurídico existente juega un papel importante con sus respectivos matices. Como ejemplo de ello, la Secretaría de Medio Ambiente y Recursos Naturales (SEMARNAT) a través de la Dirección General de la Comisión del Agua (CONAGUA), es la encargada de gestionar a nivel administrativo lo concerniente a las cuestiones técnicas y normativas respecto a las aguas nacionales.

[15] En ese sentido, en el año 2016 entró en vigor la Ley Federal de Transparencia y Acceso a la Información Pública que tiene por objeto garantizar el derecho de acceso a la Información Pública en posesión de cualquier autoridad, entidad, órgano y organismo de los poderes Legislativo, Ejecutivo y Judicial, órganos autónomos, partidos políticos, fideicomisos y fondos públicos, así como de cualquier persona física, moral o sindicato que reciba y ejerza recursos públicos federales o realice actos de autoridad, en los términos previstos por la Constitución Política de los Estados Unidos Mexicanos y la Ley General de Transparencia y Acceso a la Información Pública; por su parte, la Ley General de Transparencia y Acceso a la Información Publicada en el Diario Oficial de la Federación (DOF) de 2015, es reglamentaria del artículo 6o. de la Constitución Política de los Estados Unidos Mexicanos, en materia de transparencia y acceso a la información. Tiene por objeto establecer los principios, bases generales y procedimientos para garantizar el derecho de acceso a la información en posesión de cualquier autoridad, entidad, órgano y organismo de los poderes Legislativo, Ejecutivo y Judicial, órganos autónomos, partidos políticos, fideicomisos y fondos públicos, así como de cualquier persona física, moral o sindicato que reciba y ejerza recursos públicos o realice actos de autoridad de la Federación, las Entidades Federativas y los municipios.

[16] Conforme a la Comisión Nacional del Agua (CONAGUA), los ríos que se encuentran altamente contaminados son los siguientes: Balsas, Santiago, Pánuco, Grijalva, Papaloapan, Coatzacoalcos y Tonalá. Véase Atlas del Agua 2016 http://201.116.60.25/publicaciones/AAM_2016.pdf.

[17] En Salamanca, España, se cuenta con avances al respecto, a través de aqualia y el Excelentísimo Ayuntamiento de Salamanca, que conjuntamente coordinan esfuerzos para satisfacer de agua potable de calidad a la población, resultado de avances científicos, tecnológicos y financieros. http://www.aqualia.com/es/web/aqualia-salamanca.

Conforme al Reglamento Interior de la Comisión Nacional del Agua, corresponden al Director General de la Comisión: I. Ejercer las funciones que corresponden a la Comisión como órgano superior con carácter técnico, normativo y consultivo de la Federación; II. Ejercer la autoridad en lo concerniente a la gestión de los recursos hídricos y a la administración, gestión y custodia de las aguas nacionales y sus bienes públicos inherentes, de conformidad con lo establecido en la Ley, su Reglamento y este ordenamiento; III. Ejercer directamente o a través de las unidades administrativas competentes del nivel Nacional[18].

Es necesario armonizar las normas para integrarlas a un sistema único que favorezca el cuidado del agua y la participación, lo que conllevaría descentralizar el servicio y promover la inversión financiera e infraestructura tecnológica, que permita potabilizar el agua de cuencas hidráulicas para trasladarla a comunidades apartadas mediante un sistema racionalizado. El problema se hace patente en las administraciones municipales, en razón de que no siempre realizan una adecuada gestión del servicio de agua[19]. Sin embargo, la ejecución de políticas públicas relacionada con los servicios de agua están vinculadas a la prestación de servicios públicos deficientes[20]. La modernización de la Administración Pública debe abarcar a

[18] Artículo 13 del Reglamento Interior de la Comisión Nacional del Agua (...) Además de aquéllas que le estén expresamente reservadas en la Ley, son atribuciones del Director General: *a)* Dirigir proyectos, programas, estudios y construcción de obras de infraestructura hidráulica federales, así como la operación, conservación y mantenimiento de dichas obras; *b)* Establecer programas para fomentar y apoyar el desarrollo de sistemas de agua potable, alcantarillado, saneamiento, tratamiento y reúso de aguas nacionales, los de riego, temporal tecnificado o de drenaje, y los de control de avenidas y protección contra inundaciones; *c)* Emitir actos de autoridad que prevé la Ley, así como los que corresponda tratándose de los asuntos, proyectos, programas, construcción de obras, servicios y acciones que se señalan en los incisos anteriores; *d)* Dirigir acciones en materia de aprovechamiento integral del agua, su regulación, control y preservación de su cantidad y calidad, cuando las mismas correspondan o afecten a dos o más regiones hidrológico-administrativas, repercutan en tratados y acuerdos internacionales y en cuencas transfronterizas, cuando así lo disponga el Ejecutivo Federal (...).

[19] Datos del Instituto Nacional de Geografía e Historia (INEGI), apuntan que «en México solo 34 de cada 100 Municipios cuentan con servicio de aguas residuales municipales». A nivel nacional se cuenta con 1,941 plantas de tratamiento de aguas residuales del sector privado y paraestatal. De los 2,457 municipios y delegaciones en nuestro país, solamente 827 (34%) cuentan con servicio de tratamiento de aguas residuales. En tanto, 1,628 que equivalen a 66%, no cuentan con este servicio y 2 municipios no proporcionaron información al respecto. El servicio de tratamiento de aguas residuales municipales se refiere al reporte de las autoridades, en que al menos una fracción de las aguas servidas municipales son sometidas a procesos físicos, químicos o biológicos con el objetivo de eliminar o reducir su carga contaminante. Véase INEGI: Comunicado de Prensa No. 127/17, http://www.inegi.org.mx/saladeprensa/aproposito/2017/agua2017_Nal.pdf.

[20] Para Añorve Baños, la prestación de servicio públicos municipales ha sido una de las preocupaciones permanentes de las autoridades municipales, porque al atender cada vez un mayor número de servicios públicos, se logra elevar las condiciones de vida y el bienestar de sus habitantes;

todos los sectores gubernamentales: incluyendo el dominio público hidráulico, el saneamiento y el tratamiento de aguas residuales en los Municipios.

En España las competencias en cuanto a la titularidad de los servicios de abastecimiento y saneamiento de las aguas están realmente delimitadas. Debe advertirse que la presencia de los Municipios en la Administración Pública del Agua (Junta de Gobierno y Consejo del Agua de los Organismos de Cuenca, Juntas de Explotación, etc.) tiene su fundamento exclusivo en su consideración como *usuarios* del dominio público hidráulico (en el caso del abastecimiento) y de *titulares de vertidos* (en el caso del saneamiento)[21].

Con base en SHMIDT-ASSMANN, las legislaciones sobre contaminación atmosférica, radiaciones ionizantes y sustancias peligrosas, tienen su origen en la policía administrativa, mientras que en la protección de la calidad de las aguas están presentes las tradiciones del Derecho de los bienes públicos y del régimen de utilización de los mismos[22]. Somos de la opinión que se requieren dos aspectos fundamentales para lograr un cambio de paradigma en la gestión de la administración pública del agua: *a)* la optimización de los recursos hídricos y *b)* la ética pública en su regulación.

Para el doctor RIVERO ORTEGA, el problema de la Administración en general se encuentra frente a la confluencia del abuso del derecho privado, es decir, se ha replanteado equiparar su eficacia a la de las empresas privadas, lo que conlleva para el sistema de garantías que protege a los ciudadanos «permitir a la Administración actuar como si fuera un particular»[23]. La gestión del agua hoy en día debe conducir a una serie de cambios en el régimen jurídico actual, basado en un constante proceso de innovación estructural, técnica y profesional, que genere avances significativos en estas tareas y que impliquen la realización de servicios de calidad de forma mucho más eficiente conforme a los retos que acarrean la globalización y el derecho administrativo global.

---

por otra parte, cabe mencionar que, «al ciudadano en general no le interesa realmente si existe o no suficiencia de presupuesto o complejidades técnicas en la planeación o prestación del servicio; lo único trascendente para él, es que sean adecuadamente cubiertas sus demandas». Cfr. Añorve Baños, M. *Servicios públicos municipales*, Porrúa, México, 1998, p. 88.

[21] Fanlo Loras, A. «Dominio público hidráulico y saneamiento de aguas residuales» en ESTEVE PARDO, J. (Coordinador), *Derecho del Medio Ambiente y Administración Local*, Diputación de Barcelona-Civitas, Madrid, 1996, p .307.

[22] Schmidt-Assmann, E. *La teoría general del* derecho *administrativo como sistema*, INAP-Marcial Pons, Madrid, 2003, p. 130.

[23] Rivero Ortega, R. *Administraciones públicas y derecho privado (Monografías Jurídicas)*, Marcial Pons, Madrid, 1998, p. 16.

III. ADMINISTRACIÓN HIDRÁULICA[24] Y DERECHO HUMANO AL AGUA

Sin lugar a dudas, la innovación tecnológica se presenta de manera favorable a los procesos administrativos, incluso, se habla de la inteligencia artificial aplicada al Derecho; destacando la creación de expedientes electrónicos y la optimización de los datos para propiciar el acceso a la información que facilite a los usuarios de los servicios administrativos conocer el destino de los recursos públicos. Pero, todo esto, quedaría pasaría a último plano, si es que no se tuviesen garantías de acceso al agua potable en forma sostenible. Bajo esta premisa, en el artículo 4º de la Constitución Mexicana, se estableció que «toda persona tiene derecho al acceso, disposición y saneamiento de agua para consumo personal y doméstico en forma suficiente, salubre, aceptable y asequible». Este dispositivo ha generado conflictos en el contexto hídrico, ya que el Constituyente mexicano decidió seguir la tradición de incorporar normas internacionales al Derecho doméstico, pero sin garantías de progresividad. Coincidimos con GARRIGUES que «el conjunto de normas internacionales generado por las instituciones supranacionales pone de manifiesto la conveniencia de adoptar una regulación lo más uniforme posible en el ámbito hídrico»[25].

El acceso al agua potable si bien tiene la calidad de un derecho humano, esto no ha resuelto aquellos problemas transfronterizos que se presentan al garantizar el acceso de la población al vital líquido. Este tema ha sido reflexionado en la Unión Europea. Ejemplo de ello es el Convenio Hispano-Luso sobre aguas internacionales. Al respecto, SERENO ROSADO, afirma que la mayoría de los Estados de la UE, se basan para la solución de sus conflictos en el concepto de dominio hídrico y en la mayor intervención administrativa en la gestión de los recursos, que tiende a evitar la aparición de conflictos[26]. Los organismos internacionales han advertido que el 18 por ciento de la población carece de acceso al agua potable, y que desde

[24] El término puede emplearse también como «administración hídrica», indistintamente, este último se suele usar con más frecuencia en España.

[25] Entre las declaraciones suscritas internacionales destacan la Carta del Agua del Consejo de Europa, del 6 de mayo de 1968, las recomendaciones número 51 a 55 del Plan de Acción de Estocolmo, derivado de la Conferencia Internacional sobre el Medio Humano, celebrada en Estocolmo en 1972, el Plan de Acción aprobado en la Conferencia de las Naciones Unidas, llevada a cabo en Mar del Plata en 1977, la Declaración de Río de Janeiro sobre el Medio Ambiente y el Desarrollo de 1992, junto con el desarrollo del Programa 21, la Declaración del Milenio adoptada en Nueva York en el año 2000 o la Declaración de Johannesburgo sobre Desarrollo Sostenible de 2002, y la Declaración de Salamanca sobre los Objetivos de Desarrollo Sostenible 2018 (Aporte y subrayado propio). Garrigues, A. *Palabras del agua: Tribuna del agua*, Expo agua, Zaragoza 2008, S.A. p. 38.

[26] Cfr. Sereno Rosado, A. *Río que nos separan aguas que nos unen: análisis jurídico de los Convenios Hispano-Lusos sobre aguas internacionales*, Lex Nova, Valladolid, 2011, p. 25.

hace más de una década, mueren 6000 personas por día, en su mayoría niños, por causas relacionadas con el agua[27], cifra que ha ido en aumento en nuestros días.

La Suprema Corte de Justicia de la Nación (SCJN) de México, ha comenzado a dar luces en cuanto a la garantía del derecho humano al agua, así lo demuestra en la siguiente tesis de que se transcribe con sus datos de identificación[28]:

IV. DERECHO HUMANO DE ACCESO AL AGUA. OBLIGACIONES QUE IMPONE A LOS ESTADOS Y A LOS AGENTES NO ESTATALES

De acuerdo con la Observación General Número 15, emitida por el Comité de Derechos Económicos, Sociales y Culturales de las Naciones Unidas, el derecho de acceso al agua impone tres tipos de obligaciones a los Estados, consistentes en: a) abstenerse de obstaculizar directa o indirectamente su goce (obligación de respetar); b) impedir a terceros toda injerencia en su disfrute (obligación de proteger); y, c) adoptar medidas legislativas, administrativas o presupuestarias, judiciales, de promoción y de otra índole adecuadas para hacerlo plenamente efectivo (obligación de realizar). Asimismo, cuando los agentes no estatales prestan los servicios de abastecimiento del recurso hídrico o están a su cargo, también están constreñidos a dichos deberes, los cuales dimanan de las leyes nacionales sobre el acceso al agua y a su uso.

En los últimos años, la contaminación de las aguas ha ido en aumento, siendo urgente generar las condiciones en que las personas puedan ser los receptores directos del derecho al agua con medidas equitativas. La garantía de suministro del agua requiere la interrelación del sector privado, organismos públicos y sociedad civil. Cierto es que el ciclo del agua presenta modificaciones. «Esta situación está marcada por una clara percepción del agravamiento de la situación que afecta a

[27] Palabras del Secretario General de las Naciones Unidas en ocasión del día mundial del agua, 22 de marzo de 2006, citado por Larios De Medrado, A.M. *La regulación internacional del agua dulce –práctica española.* Thomson-Aranzadi, Navarra, 2008, p. 27.

[28] Época: Décima Época, Registro: 2016922, Instancia: Tribunales Colegiados de Circuito, Tipo de Tesis: Aislada.

Fuente: Gaceta del Semanario Judicial de la Federación, Libro 54, Mayo de 2018, Tomo III, Materia(s): Constitucional, Tesis: XXVII.3o.12 CS (10a.), Página: 2541. Tercer Tribunal Colegiado del Vigésimo Séptimo Circuito. Amparo en revisión 452/2017. 31 de octubre de 2017. La Magistrada Selina Haidé Avante Juárez no abordó este tema, dado el sentido de su voto. Mayoría de votos de Jorge Mercado Mejía y Juan Ramón Rodríguez Minaya (Ponente). Secretaria: Casandra Arlette Salgado Sánchez. Esta tesis se publicó el viernes 18 de mayo de 2018 a las 10:23 horas en el Semanario Judicial de la Federación.

las aguas dulces del planeta y por la necesidad de un cambio de orientación en la normatividad aplicable a la gestión de los recursos hídricos»[29].

Como bien sostiene EMBID IRUJO, «hay obligaciones de los Estados partes en el plano internacional, no sólo en relación con sus nacionales y dentro de sus fronteras[30].» Por ello, es conveniente fomentar una cultura de cuidado del agua y una mejor gestión de los recursos hídricos –administración hidráulica– que abarque la garantía de protección del agua en condiciones de igualdad y seguridad jurídica.

En la práctica, en el derecho mexicano el derecho al agua debe ser garantizado, vía Juicio de amparo y a través de los procedimientos contenciosos administrativos. En el caso del Juicio de amparo, será procedente en caso de existir violación directa a los derechos humanos establecidos en la constitución.

Sobre la base de la protección de las aguas nacionales, se estableció en el artículo 27 dela Constitución Mexicana: «que las aguas del subsuelo y de los mantos acuíferos son propiedad de la nación[31]». De tal manera, que el Estado es el objeto directo del contenido del precepto normativo y tiene la potestad de generar el buen funcionamiento de los servicios de agua, con el fin de que se mejore la calidad de vida de los individuos a quienes está destinado que ese bien pueda llegar hacia sus hogares y comercios. La buena gobernanza hídrica administración no solo compete a la federación, ya que los Estados y Municipios, se encuentran sometidos a un marco federal de actuación en concordancia con los preceptos federales.

Para ello, la Comisión Nacional del Agua, tiene como fin el resguardo de las aguas nacionales y el ejercicio de una adecuada administración hídrica, siendo su

[29] Juste, J., «El derecho al agua en el marco internacional» en Irujo, E. (Director), *El derecho al agua*, Thomson-Aranzadi, Gobierno de Aragón, 2006, p. 275.

[30] «El derecho al agua en el marco de las evolución del derecho de aguas», en Embid Irujo, *op. cit.*, p. 24.

[31] Parece sencillo la aplicación de la normativa, no obstante, al concebirse el acceso al agua como un derecho humano no solo deben atenderse los términos mencionados por la norma constitucional mexicana, ya que en el contexto internacional aparece el concepto de «cuenca hidrográfica» mismo que fue objeto de discusión durante décadas pasadas en el Comité de Derecho Internacional de Naciones Unidas y que en México no solo suele emplearse en tratándose del curso de aguas internacionales, sino también en lo que se refiere a las cuencas de origen interno. Al efecto de emplear correctamente el concepto, Cardona Llorens propone: «*a)* En primer lugar, el curso de agua, está compuesto por una serie de componentes entre los que se incluyen los ríos, lagos, afluentes, canales, arroyos, acuíferos, aguas subterráneas, los deltas, desembocaduras u otras formaciones de agua salada; *b)* En segundo lugar, es de destacar la adopción del criterio geográfico para dar carácter internacional al curso de agua(…); *c)* Por último debe también señalarse el carácter "relativo" o "funcional" de la permanencia de los componentes al curso de agua internacional». Cardona Llorens, J. «La protección del medio ambiente de los cursos de agua internacionales en los trabajos de la Comisión de Derecho Internacional» en *Problemas Internacionales del Medio Ambiente*, VIII Jornadas, Universitat de Barcelona, 1985, pp. 199-200.

labor coadyuvar con la Administración Pública Federal, así como con los Estados y Municipios en una óptima gestión y optimización de las aguas nacionales; entre otras, facultades que se les han otorgado, como el otorgar permisos y concesiones para su aprovechamiento, con miras a garantizar el **derecho humano al agua** y el uso eficiente de las cuencas hidráulicas existentes en México.

V. REFLEXIONES FINALES

El problema de escasez de agua potable es un asunto real que está generando una crisis global debido a la insuficiencia cada vez mayor de este recurso. Las acciones emprendidas por los gobiernos deben tener como resultado favorecer a la población mediante la efectiva garantía de suministro del agua potable. Estas acciones deben ser compartidas dentro de un marco jurídico, en el que se establezcan las facultades cooperativas entre Federación, Entidades y Municipios, destacando la emisión de Decretos presidenciales como facultad exclusiva del Poder Ejecutivo que ejerce en los asuntos de aguas nacionales. El Derecho Administrativo del Medio Ambiente plantea la necesidad de que el actuar de la Administración pública sea siempre apegado a Derecho y que para el caso de la protección de las aguas nacionales se pueda concebir el tema como un asunto de seguridad nacional. Finalmente, se necesita coordinación entre entes administrativos públicos con la sociedad civil organizada, para consolidar del sistema de agua en México, así como la modificación a las leyes en la materia y la creación de una Ley Nacional del Agua que regule lo concerniente al vital líquido, desde la perspectiva de un derecho humano, ajeno al comercio; que debe ser garantizado sin que la Nación pierda la rectoría y propiedad de las aguas pero atendiendo a su naturaleza de bien limitado y de delicado y costoso tratamiento.

CONSECUENCIAS TRIBUTARIAS DE LA INESTABILIDAD POLÍTICA EN CATALUÑA

María Ángeles Guervós Maíllo[1]

I. INTRODUCCIÓN

En el contexto de un tema como el balance y perspectivas del Estado estado social y democrático de derecho en el constitucionalismo contemporáneo es necesario hablar sobre los problemas actuales del Derecho fiscal y financiero, y dentro de ellos, se hace imprescindible abordar la problemática generada en nuestro país por la situación política de Cataluña.

El intento de separación de Cataluña del Estado español por parte de sus actuales dirigentes ha provocado numerosos escenarios y noticias que necesitan una explicación jurídica y, en este caso, tributaria. Trataremos, por ello, en estas pequeñas líneas de dos perspectivas en cuanto a las posibles consecuencias tributarias que se plantean ante la situación catalana de inseguridad jurídica en una pretendida independencia de Cataluña del Estado español.

En primer lugar, explicaremos las consecuencias del cambio de domicilio social por parte de las empresas con sede en Cataluña, hecho más difundido y comentado por la prensa, que como veremos, sin embargo, no tiene, en principio, tanto recorrido. Y, en segundo lugar, explicaremos las consecuencias para los contribuyentes del pago a una Agencia Catalana Independiente, problema éste de mucha mayor trascendencia que el primero.

II. CONTEXTUALIZACIÓN: EL PODER FINANCIERO Y TRIBUTARIO DE LAS COMUNIDADES AUTÓNOMAS

Dado el carácter internacional de los destinatarios de estas líneas vamos a centrar brevemente algunos conceptos.

[1] Profesora Titular, Derecho Financiero y Tributario, Universidad de Salamanca.

Como señala LAGO MONTERO[2], la soberanía reside en el pueblo, que se autodota de un ordenamiento jurídico en cuya cúspide se encuentra la Constitución vigente. Ésta, como norma suprema del ordenamiento jurídico al que pertenece, tiene, entre otras, la importantísima función de atribuir el poder político, administrativo y financiero a las distintas instancias que ella misma crea y regula. Así, la Constitución Española de 1978 distribuye el poder político, y con él, el poder administrativo y el financiero entre tres niveles de gobierno identificables como el Estado, las Comunidades Autónomas y las Corporaciones Locales[3].

Que el poder financiero es una manifestación evidente del poder político, es una afirmación tradicionalmente sostenida por la doctrina, que identifica como titulares del poder financiero a quienes lo son del poder político, y viceversa[4].

La Constitución Española establece el marco del poder financiero autonómico en el triple plano normativo, aplicativo y sobre el producto con excesiva moderación. Cierto es que reconoce la autonomía financiera de las Comunidades Autónomas y que enumera el conjunto de recursos financieros de que éstas podrán disponer en el desarrollo de esa autonomía (artículos 156 y 157). Reconoce así

[2] Vid. Lago Montero, J.M.: *El poder tributario de las Comunidades Autónomas*, Aranzadi, Pamplona, 2000.

[3] Vid. Sainz de Bujanda, F.: *Hacienda y Derecho*, vol. II, Madrid, 1966, páginas 327-332; García Añoveros, J.: «Informe sobre modificación del sistema de financiación de las Comunidades Autónomas», *H.P.E.*, núm. 101, 1986, págs. 374-403. Igualmente, Lasarte Álvarez, J.: «Potestad legislativa y poder tributario de las Comunidades Autónomas», en *La Constitución Española y las fuentes del Derecho,* II, I.E.F., Madrid, 1979, páginas 1253 y siguientes, y *C.R.E.D.F.* núm. 22, 1.979, páginas 213 y siguientes; Ferreiro Lapatza, J.J.: «La Hacienda regional», *C.R.E.D.F.* núm. 14, 1977, páginas 343 y siguientes; Id: *La Hacienda de las Comunidades Autónomas en los diecisiete Estatutos de Autonomía*, Escola d'Administració Pública de Catalunya, Barcelona, 1985, páginas 5 y siguientes; Calvo Ortega, R.: «La financiación de las regiones», en *Las autonomías regionales* (obra colectiva dirigida por el profesor Tomás Ramón Fernández Rodríguez), Instituto Nacional de Prospectiva, Madrid, 1977, páginas 447-474; González García, E.: «La distribución de competencias tributarias en un Estado plural», *M.A.E.D.F. 1986*-87, vol. II, Madrid, 1988, páginas 911 y siguientes; Rodriguez Bereijo, A.: «Una reflexión sobre el sistema general de la financiación de las Comunidades Autónomas», *R.E.D.C.* núm. 15, 1985, páginas 65 y siguientes; Martín Queralt, J.: «La institucionalización de la Hacienda en los futuros Estatutos de Autonomía», *H.P.E.* núm. 59, 1979, páginas 113 y siguientes y Casado Ollero, G. : *El sistema impositivo de las Comunidades Autónomas (Una aproximación a las funciones del tributo regional)*, Instituto de Desarrollo Regional, Granada, 1981.

[4] En este sentido, Martin Queralt, J. Lozano Serrano,C. Casado Ollero,G. Tejerizo López, J.M.: *Curso de Derecho Financiero y Tributario*, 29ª edición, Tecnos, Madrid, 2018; Ramallo Masanet, J.: «El reparto de competencias tributarias entre los distintos niveles o ámbitos de gobierno», *M.A.E.D.F. 1986*-87, II, Madrid, 1.988, páginas 545 y siguientes, y C.*R.E.D.F.* núm. 60, 1988, páginas 501 y siguientes; Id: «El poder de gasto del Estado: subvenciones y orden competencial», *D.A.* núm. 232-233, 1993, páginas 403-421; Id: «La asimetría del poder tributario y del poder de gasto de las Comunidades Autónomas», *R.E.D.C.* núm. 39, 1993, páginas 43-62. Yebra Martul-Ortega, P.: *El poder financiero*, Editorial de Derecho Financiero, Madrid, 1977.

mismo los derechos históricos de los territorios forales (Disposición adicional primera). Pero no se percibe con la suficiente nitidez, de la simple lectura del texto constitucional, el alcance y el contenido de ese reconocimiento de la autonomía financiera[5].

A juicio del Prof. LAGO MONTERO[6], la autonomía financiera de las Comunidades Autónomas puede definirse como la medida del poder financiero que el ordenamiento jurídico reserva a éstas[7]. Con ello se hace especial hincapié en la nota de gradualidad que necesariamente presenta la noción de autonomía financiera y que ha sido destacada en la doctrina[8]. El principio de autonomía, amén de ambiguo, es un principio relativo, no absoluto, que para su necesaria concreción debe ser puesto en relación con los demás principios propios del poder financiero contenidos en la Constitución. Y precisar su contenido requiere adentrarse en el examen de los distintos institutos jurídico-financieros que nuestra Carta Magna pone en manos de las Comunidades Autónomas como instrumentos necesarios para el ejercicio de su autonomía política.

El artículo 157.1 de la Constitución dispone:

> «Los recursos de las Comunidades Autónomas estarán constituidos:
> a) Impuestos cedidos total o parcialmente por el Estado; recargos sobre impuestos estatales y otras participaciones en los ingresos del Estado.
> b) Sus propios impuestos, tasas y contribuciones especiales.
> c) Transferencias de un Fondo de Compensación Interterritorial y otras asignaciones con cargo a los Presupuestos Generales del Estado.
> d) Rendimientos procedentes de su patrimonio e ingresos de derecho privado.
> e) El producto de las operaciones de crédito».

[5] Como señala Ramallo Massanet, J.:*El poder de gasto del Estado: subvenciones y orden competencial...*, ob.cit, pág. 404, no existe en nuestro ordenamiento jurídico un concepto de autonomía financiera. Un loable esfuerzo por acuñarlo ha realizado Martínez García-Moncó, A.: *Autonomía financiera de las Comunidades Autónomas*, Lex Nova, Valladolid, 1.996. El propio Tribunal Constitucional en su Sentencia núm. 146/1.986, de 31 de enero, Fundamento Jurídico 4º, reconoce esa insuficiencia conceptual, y le atribuye la causa de los prolijos conflictos constitucionales al efecto.

[6] Vid. Lago Montero, J.M.: *El poder financiero...*, ob.cit.

[7] Vid. Garrido Falla, A.: *Tratado de Derecho Administrativo*, vol. I, Tecnos, 1989, págs. 270-273, quien ya definía la competencia como «la medida de la potestad que corresponde a cada órgano». Otras definiciones ensayadas por la doctrina, no muy divergentes en el fondo de ésta, pueden consultarse en Simón Acosta, E.: *La Autonomía financiera...*, ob.cit, págs. 22 y siguientes; y Casado Ollero, G.: *El sistema impositivo...*, ob.cit, páginas 21 y siguientes, con particular atención a la doctrina italiana.

[8] Cfr. Martínez García-Moncó, A.: *Autonomía financiera...*, ob.cit, pág. 30; vid. asímismo, De La Hucha Celador, F.: «Reflexiones sobre la financiación de las Comunidades Autónomas en la Constitución Española», *D.A.* núm. 232-233, 1.993, páginas 423-475; y Jiménez Compaired, I.: *La imposición propia...*, ob.cit, páginas 172 y siguientes.

Por su parte, los artículos 148 y 149 de la Constitución establecen la distribución de competencias administrativas entre el Estado y las Comunidades Autónomas, lo que en el ámbito financiero significa distribución de competencias de gasto entre ambos niveles de gobierno. Tenemos, pues, en estos preceptos un primer y tímido ensayo de distribución de poder financiero entre el Estado y las Comunidades Autónomas en materia de ingresos y gastos[9].

No podemos detenernos en detallar todas las polémicas cuestiones que hay que abordar dentro de esta materia, por lo que remitimos a la bibliografía señalada. Trataremos ahora brevemente de explicar las diferencias existentes entre los dos tipos de Comunidades autónomas en que se divide nuestro país según la Constitución, como hemos señalado hace unas líneas y que han provocado, por falta de solidaridad, la situación política catalana, entre otras razones. En primer lugar, hemos de resaltar que nuestro país se conforma por diecisiete Comunidades Autónomas y dos ciudades autónomas (Ceuta y Melilla). Todas ellas gozan de autonomía financiera. Pero dentro de la misma nos encontramos con dos grupos: 1. Las Comunidades de Régimen Común y 2. las Comunidades de régimen foral.

La diferencia fundamental entre las mismas en cuanto a su potestad financiera se encuentra en el modo de estructurar sus mecanismos de financiación. Así, las comunidades de régimen común funcionan, entre otras figuras, a través de tributos estatales cedidos. Es decir, tributos que establece el Estado y que cede en distinta proporción (normativa, aplicativa y sobre el producto) a las Comunidades autónomas. En estos tributos estatales la recaudación es del Estado que luego cede todo o un porcentaje a las citadas Comunidades autónomas de régimen común. A pesar

[9] Como señala Entrena Cuesta, R.: «Comentarios a la Constitución: artículos 156 a 158», *Comentarios a la Constitución*, (dirigidos por Garrido Falla, F.), 2ª edición, Civitas, Madrid, 1.985, páginas 2.317-2388, «... puede concluirse que en virtud de las exigencias insoslayables del principio de unidad financiera, impuesto por la necesidad de coordinación en este terreno de las Comunidades Autónomas con las Haciendas estatal y local, y por la necesaria solidaridad entre todos los españoles, no puede hablarse en rigor, de una autonomía en los ingresos de aquéllas; por lo que, en sentido estricto, la autonomía financiera únicamente se proyectará en la *vertiente del gasto*; sin perjuicio del control por el Tribunal de Cuentas (art. 153, d) y de las limitaciones que pueda imponer el Estado a través de las leyes de armonización (art. 150.3)»; vid. asimismo Cazorla Prieto, L.M.: «El esquema constitucional de la Hacienda de las Administraciones Públicas Españolas», *H.P.E.* núm. 59, 1979, págs. 25-60; e «Incidencia de la nueva Constitución en la legislación territorial tributaria», en *Hacienda y* Constitución, I.E.F., Madrid, 1.979, páginas 739 y siguientes. Ramallo Massanet, J.: *La asimetría...*, ob.cit, págs. 45-49, ha precisado con su habitual acierto el muy distinto grado de poder tributario y de poder de gasto de que disfrutan las Comunidades Autónomas, aseveración que hay que matizar tras la reforma de la L.O.F.C.A. operada por Ley Orgánica 3/1996, de 27 de diciembre, de modificación parcial de la Ley Orgánica 8/1980, de 22 de septiembre, de financiación de las Comunidades Autónomas, que incrementa notablemente el poder tributario normativo de las Comunidades Autónomas.

de cederse, como hemos señalado, capacidad legislativa, esa capacidad es menor que la que tienen las comunidades de régimen foral.

Por su parte, las Comunidades de régimen foral poseen el llamado sistema de financiación de régimen o convenio. Mediante el mismo la capacidad tributaria de estas comunidades (País Vasco y Navarra) es mucho más amplia que las de régimen común, al diseñar ellas sus propias leyes de cada tributo (tributos concertados). Son las Diputaciones forales las que regulan tributos y recaudan y después pagan un porcentaje, el llamado cupo, al Estado[10].

Estas diferencias han provocado a lo largo de estos años, desde la Constitución de 1978 hasta nuestros días, recelos entre los territorios y en concreto en Cataluña que ansía tener un sistema de financiación como el de las Comunidades autónomas de régimen foral. Han sido muchas las negociaciones que han perseguido tal fin pero que, al no conseguirlo, han provocado la situación política actual en la que de fondo y con mucho peso está presente este tema de la financiación y que nos lleva a hablar a continuación de las dos cuestiones que se plantean como consecuencia de la postura tomada por los dirigentes catalanes. Tal situación ha llevado a estos dirigentes a provocar que las empresas establecidas en Cataluña decidan cambiar a otras comunidades autónomas su domicilio social y algo más grave, a pretender crear una agencia tributaria independiente y un sistema tributario independiente del establecido por el Estado en la Constitución y en las leyes tributarias de desarrollo.

III. CONSECUENCIAS DEL CAMBIO DEL DOMICILIO SOCIAL

Respecto a la primera de las cuestiones, debemos realizar una serie de precisiones terminológicas en cuanto a lo que significa el domicilio fiscal y el domicilio social y las implicaciones fiscales que ambos conceptos pueden tener.

El domicilio fiscal es el lugar de localización del obligado tributario en sus relaciones con la Administración tributaria[11]. Así lo señala el artículo 48 de la Ley General Tributaria (LGT):

[10] Vid. Merino Jara, I.: «El régimen de concierto del País Vasco» en AAVV: *La financiación autonómica en los estatutos de autonomía*, Marcial Pons, 2008, págs.. 169-200.

[11] Vid. Alonso Fernández, F.: «El domicilio fiscal», *Comentarios a la LGT y líneas para su reforma, Homenaje a Fernando Sáinz de Bujanda,* vol. I, IEF, Madrid, 1991; Baena Aguilar, A.: *El domicilio tributario en Derecho español,* Aranzadi, Madrid, 1995; Cordón Ezquerro, T.: «Domicilio fiscal y residencia habitual de las personas físicas en la imposición personal (IRPF, IP e ISyD)», OL, *Revista Tributaria Oficinas Liquidadoras*, número 16, 2009; Peña Alonso, J. L.: «Competencia territorial de las comunidades autónomas y domicilio fiscal: reflexiones sobre cuestiones pendientes», Quincena Fiscal, número 21, 2009.

1. Para las personas naturales o físicas, el de su residencia habitual. Además, si la persona natural o física desarrolla principalmente actividades económicas, la administración tributaria podrá considerar como domicilio fiscal el lugar donde esté efectivamente centralizada la gestión administrativa y la dirección de las actividades desarrolladas.

2. El domicilio fiscal de las personas jurídicas y entidades residentes en territorio español será el de su domicilio social, siempre que en él esté efectivamente centralizada la gestión administrativa y la dirección de sus negocios.

En otro caso, se atenderá al lugar en que se realice dicha gestión o dirección.

En los supuestos en que no pueda establecerse el lugar del domicilio fiscal, de acuerdo con los criterios anteriores, prevalecerá aquél donde radique el mayor valor del inmovilizado.

Por ello el domicilio fiscal establece:

- El sistema fiscal aplicable
- La oficina tributaria de adscripción del contribuyente
- El lugar para la práctica de notificaciones
- El lugar físico vinculante para el obligado tributario a efectos de procedimientos administrativos y del control fiscal.

Para poder entender en qué figuras puede tener una implicación el cambio de domicilio fiscal tenemos que explicar brevemente el reparto de las distintas potestades: normativa, aplicativa y sobre el producto que existen en nuestro país con un reparto en el poder tributario entre tres niveles de gobierno: estatal, autonómico (de régimen común y de régimen foral) y local.

Fundamentalmente tenemos que hablar de la existencia de Impuestos estatales y de impuestos estatales cedidos o compartidos a las Comunidades Autónomas y a su vez, de la existencia de impuestos propios por parte de las Comunidades Autónomas (remitimos a la bibliografía citada para un mejor desarrollo del tema que excede de los límites marcados en esta aportación).

Tenemos dentro de los Impuestos estatales algunos cuyo poder normativo, aplicativo y sobre el producto reside exclusivamente en el Estado:

- Impuesto sobre Sociedades
- Impuesto sobre la Renta de No residentes
- Impuesto sobre Bienes Inmuebles de No Residentes
- Dentro de los Impuestos especiales (Impuestos sobre los seguros y carbón)
- Impuestos Aduaneros
- Impuestos energía

- Impuesto sobre el valor de la producción de la energía eléctrica
- Impuesto sobre la producción de combustible nuclear gastado y residuos radioactivos
- Impuesto sobre el almacenamiento de combustible nuclear gastado y residuos radioactivos en instalaciones centralizadas

• Impuesto sobre los gases fluorados de efecto invernadero
• Impuesto estatal sobre depósitos de clientes en entidades de crédito

En todos ellos, el cambio de domicilio social o fiscal de una Comunidad Autónoma a otra es indiferente. Por ello, el cambio tan comentado en la prensa de todas las empresas catalanas que han desplazado su domicilio social o fiscal en estos impuestos y fundamentalmente el que pagan todas ellas por sus beneficios (Impuesto sobre Sociedades) no tendrá ninguna repercusión ya que todas las potestades sobre el mismo seguirán en manos estatales y por tanto, nada se modificará tributariamente hablando.

Únicamente habría cambios si las empresas catalanas cambiaran su domicilio a los territorios forales, País Vasco y Navarra. En este supuesto dichas empresas tendrían que regirse por el sistema de Concierto o Convenio de dichos territorios, en los que las potestades de dichos impuestos pertenecen a las Diputaciones Forales que son quienes legislan, gestionan y recaudan, aportando después el «cupo» al Estado (dada la brevedad de estas líneas no podemos extendernos más en esta explicación y remitimos a otros trabajos sobre el particular).

El resto de impuestos estatales son cedidos o compartidos:

• Impuesto sobre la Renta de las Personas Físicas
• Impuesto sobre el Patrimonio
• Impuesto sobre Sucesiones y Donaciones
• Impuesto sobre Transmisiones Patrimoniales y Actos Jurídicos Documentados:
  - Impuesto sobre Transmisiones Patrimoniales
  - Impuesto sobre Operaciones Societarias
  - Impuesto sobre Actos Jurídicos Documentados
• Impuesto sobre el Valor Añadido (IVA)
• Impuestos Especiales (resto)

En ellos, las distintas potestades están cedidas o compartidas entre el Estado y las Comunidades Autónomas en distinta medida dependiendo de cada una de las figuras.

III.1. *Consecuencias del cambio de domicilio social*

- Podría haber pérdida recaudatoria para Cataluña, en alguna de las modalidades de impuestos cedidos. Las modalidades más utilizadas por las sociedades son el Impuesto de Transmisiones Patrimoniales (ITP) y el de Actos Jurídicos Documentados (AJD), como, por ejemplo, en las operaciones societarias.
- Igualmente podría haber pérdida recaudatoria en el IVA, cuya recaudación pertenece en un 50% a las Comunidades Autónomas.

IV. CONSECUENCIAS DEL PAGO A UNA AGENCIA TRIBUTARIA CATALANA INDEPENDIENTE

La Generalidad creó en 2007 la Agencia Tributaria de Cataluña (ATC), como ente encargado de la aplicación de los tributos cuya gestión corresponde a la Generalidad, como otras Comunidades Autónomas disponen también de sus propias Agencias Tributarias autonómicas. El problema surge porque la Generalidad aprobó disposiciones para impulsar la ATC y poder convertirla en la «Hacienda propia» de Cataluña

Así, en septiembre, el ex-presidente de la Generalitat, Carles Puigdemont, puso la Agencia Tributaria de Cataluña (ATC) como un ejemplo de que la Administración catalana está «preparada» para una supuesta independencia, ya que estaría en disposición de cobrar todos los tributos que se pagan en Cataluña.

Junto a su ex-vicepresidente económico, Oriol Junqueras, Puigdemont participó en un acto con el que el Gobierno catalán daba por completado el despliegue territorial y competencial de la Hacienda catalana, que desde el secesionismo siempre se ha considerado una de las «estructuras del Estado» necesarias de la virtual república catalana.

La Ley 17/2017, de 1 de agosto, del Código tributario de Cataluña y de aprobación de los libros primero, segundo y tercero, relativos a la Administración tributaria de la Generalidad, recurrida ante el TC y suspendida por el TC el 12 de septiembre de 2017 (ha anulado todas aquellas previsiones que excedían el marco constitucional y estatutario), ponía la clave en la creación de la Hacienda propia por parte de Cataluña y en dotarla de plena capacidad normativa y recaudatoria sobre la región.

De este modo, la Generalidad se encargaría de recaudar todos los tributos que se generaran en Cataluña, no sólo los impuestos propios o cedidos a las Comunidades Autónomas, y, posteriormente, negociaría con el Gobierno central una especie de cupo, a través de un concierto económico, para sufragar los servicios públicos que presta el Estado en esa región, así como una cuantía destinada a la «solidaridad» interterritorial.

El Departamento de Vicepresidencia y Economía y Hacienda que encabezaba Junqueras debía tramitar los decretos ley para crear

- el «Banco Central de Cataluña»;
- la «Autoridad Catalana de Inversiones y Valores» (equivalente a la Comisión Nacional del Mercado de Valores, CNMV);
- el «Fondo de Garantía de Depósitos, Inversiones y Seguros» de la república;
- la «Autoridad Catalana de la Competencia y de los Mercados» (copiada de la Comisión de los Mercados y la Competencia, CNMC);
- la Agencia Tributaria independiente, y los decretos ley «general tributario» y del «impuesto sobre la renta de las personas físicas no residentes».

Hay que dejar claro que Cataluña dispone de su propia Administración Tributaria, que es competente para: gestionar sus propios tributos y los impuestos estatales cuya recaudación le es cedida íntegramente pero igualmente claro es que no se considerarán presentadas las liquidaciones de impuestos estatales, ni pagadas las deudas derivadas de los mismos, que se presenten a la Agencia Tributaria Catalana. Por ello, si se produjera la entrada en funcionamiento de la Agencia Tributaria Catalana como institución encargada de cobrar todos los impuestos, ello generaría gran confusión en los contribuyentes que no sabrían a qué atenerse y podrían verse sometidos, hipotéticamente a dos Administraciones tributarias intentando recaudar tributos.

El pago exclusivo a la Agencia Tributaria Catalana de tributos de competencia estatal, en dicho hipotético supuesto tendría consecuencias graves si la AEAT no renuncia a liquidar y exigir los impuestos que le corresponden y al tenerse por no presentadas y no pagadas las liquidaciones de impuestos efectuadas[12], provocaría:

- duplicidades en el pago de impuestos,
- así como el pago de recargos e intereses si la AEAT inicia procedimientos de comprobación, liquida la deuda tributaria
- Imposición de sanciones
- procedimiento de apremio para hacer efectivo el importe de la deuda.

Para los tributos estatales o de competencia en cuanto a gestión estatal la normativa establece que los deberes de presentar las declaraciones y de pagar las deudas

[12] Vid. para entender el procedimiento y el órgano competente, Tejerizo López, J.M.; «El procedimiento de gestión tributaria» en AAVV Estudios en homenaje al prof. Pérez de Ayala, Dykinson, Madrid, 2008, págs. 421-447; Sánchez García, M.L.: *La gestión tributaria: órganos y procedimientos de gestión*, Tirant lo Blanch, Valencia, 2017.

tributarias sólo se tienen por cumplidos si se realizan en la Administración Tributaria competente.

Si se presentan ante otra Administración, las declaraciones se tendrán por no presentadas y las deudas por no pagadas[13]. Nos encontraríamos con las siguientes situaciones:

- Si el contribuyente que hubiera pagado a la Agencia Tributaria Catalana, de modo voluntario y sin haber mediado requerimiento de la Agencia Tributaria presentase una declaración extemporánea a la hacienda estatal, deberá abonar el recargo por declaración extemporánea, que será del 5%, del 10%, del 15% o del 20% en función de que la autoliquidación se presente dentro de los tres meses, de los seis, de los doce o después de los doce meses siguientes a la finalización del plazo voluntario para la presentación e ingreso. En este último caso, serán exigibles intereses de demora por el periodo comprendido desde los 12 meses siguientes a la finalización del plazo voluntario para la presentación e ingreso y el momento en que se presente la declaración y se practique el ingreso.
- Si el contribuyente está en período ejecutivo (es decir, al día siguiente del plazo de vencimiento en las deudas liquidadas por la Administración tributaria), los recargos del período ejecutivo aplicables serían los siguientes: recargo ejecutivo, del 5%, cuando se satisfaga la totalidad de la deuda no ingresada en periodo voluntario antes de la notificación de la providencia de apremio; recargo de apremio reducido, del 10% cuando se satisfaga la totalidad de la deuda y el propio recargo antes de la finalización del plazo previsto para las deudas apremiadas y del 20% cuando no sean aplicables los dos recargos anteriores. Este recargo del 20% aplicable cuando no se satisface la deuda en el plazo otorgado para ello, es compatible con los intereses de demora.
- Si pasado el período voluntario y el ejecutivo, la deuda no se ha abonado, la AEAT puede proceder al embargo de los bienes del contribuyente hasta satisfacer por completo la deuda.

Asimismo, el pago exclusivo a la Hacienda Catalana tanto de los impuestos como de las retenciones podría dar lugar a la comisión de infracciones tributarias, tales como la prevista en el artículo 191 de la Ley General Tributaria por dejar de ingresar la deuda tributaria que debiera resultar de una autoliquidación y a la imposición de sus correspondientes sanciones

Además, los administradores de las empresas pueden incurrir en responsabilidad tributaria, como responsables solidarios o subsidiarios del pago de la deuda

[13] Vid. Calvo Vérgez, J.: «La regulación de las actuaciones y de los procedimientos de comprobación de obligaciones formales en el ámbito de la Gestión tributaria», Revista Técnica Tributaria, número 232, 2009.

tributaria defraudada, en función de su grado de participación en la infracción tributaria cometida por la empresa.

Serían responsables solidarios cuando colaboraran activamente en la realización de la infracción y responsables subsidiarios cuando no hubiesen realizado los actos necesarios que sean de su incumbencia para el cumplimiento de las obligaciones tributarias, hubiesen consentido el incumplimiento por quienes de ellos dependan o hubiesen adoptado acuerdos que posibilitasen la infracción.

Más difícil de entender es qué conducta pueda ser constitutiva de delito fiscal, ya que exige dolo para su comisión.

Otra duda que puede surgir es qué repercusiones se pueden producir si la empresa obligada a retener a sus trabajadores ingresa las cantidades a la Agencia Tributaria catalana en lugar de hacerlo en la Hacienda estatal.

Las repercusiones para el retenedor serían las ya señaladas: las retenciones se considerarían no efectuadas y la AEAT podría practicar liquidación, imponer sanciones e iniciar el procedimiento de apremio para hacer efectivo su importe.

Y para el retenido: La falta de ingreso de las retenciones en la AEAT no tendría consecuencias en la liquidación del impuesto, quien debe computar en su declaración el rendimiento íntegro exigible y deducirse la retención practicada, con independencia de la Administración en la que hubiera sido ingresada.

Todas estas situaciones tributarias cambiarían radicalmente en caso de una declaración de independencia del Estado español al convertirse en un territorio ajeno en el que se regularía un nuevo sistema tributario, que esperemos no tener que llegar a conocer nunca.

LA PROHIBICIÓN DE PARTIDOS POLÍTICOS ANTIDEMOCRÁTICOS EN EUROPA: EL CASO DEL NPD Y LA SENTENCIA DEL TRIBUNAL CONSTITUCIONAL ALEMÁN DE 17 DE ENERO DE 2017[1]

Mercedes Iglesias Bárez[2]

I. EL ACTUAL «MOMENTO DEMOCRÁTICO» EN EUROPA: POPULISMO Y POLÍTICA DEL ODIO

En septiembre de 2018 se ha publicado en España el libro *Cómo mueren las democracias* donde los profesores de Harvard Levitsky y Ziblatt[3] muestran la diferencia que existe entre cómo eran derrocadas las democracias históricamente –mediante la violencia o el golpe de estado– y cómo estas se disuelven en la actualidad: de la mano de los propios representantes políticos elegidos democráticamente que a golpe, en este caso, de reforma constitucional –ya sea en América Latina o en Europa[4]–, o de practicar la desobediencia a las leyes y las sentencias de los tribunales convierten a los regímenes políticos constitucionales en mera retórica[5].

No cabe duda de que hoy vivimos bajo la amenaza de las democracias iliberales, que diría Zakaria, del constitucionalismo abusivo de Landau o de las democracias

[1] Este Artículo se inserta en el Proyecto de Investigación Referencia: DER2017-84733-R, entidad solicitante: Universidad Nacional de Educacion a Distancia centro: facultad de derecho, título: Partidos politicos: origen, función y revisión de su estatuto constitucional, cuyas investigadoras principales son las Dras María Salvador Martínez y Remedios Morán Martínez.

[2] Profesora de Derecho Constitucional, Universidad de Salamanca (merche@usal.es)

[3] Vid Steven Levitsky y Daniel Ziblatt, *Cómo mueren las democracias*, Ariel, 2018.

[4] Vid Susanne Gratius, «Bolsonaro, en el país latinoamericano que menos cree en la democracia», *Agenda Pública,* 30 de octubre de 2018; José Rama Caamaño y Carlos Fernández Esquer, «Aumenta la fragmentación política en Alemania», *Agenda Pública,* 28 de octubre de 2018; Alberto Fernández Gibaja «La vía sueca», *Agenda Pública,* 18 de enero de 2018.

[5] Vid Mercedes Iglesias Bárez, «El artículo 155 CE: teoría y práctica de la coerción estatal», en *Revista* AIS, Universidad de Salamanca, vol. 6, n. 1, pp. 367-371.

con libertades disminuidas de Luján[6]. La democracia actualmente se entiende como democracia electiva y se divorcia del Estado de Derecho, rompiendo con la idea de que nuestra democracia es y debe ser una democracia constitucional, una democracia de los derechos y de la defensa de la minoría frente al asalto de las mayorías. Por todo ello, podemos concluir que los problemas actuales de las democracias son problemas internos[7].

Otro de los fenómenos que se está viviendo en Europa ha sido el surgimiento –o, en ocasiones, resurgimiento– de partidos políticos de carácter populista, xenófobos y racistas –con una ideología de derechas fundamentalmente, pero también algunos de izquierdas–. El Informe del Consejo Europeo de Relaciones Exteriores de 2016 analiza la actual geografía del poder en Europa mediante el estudio de 45 partidos políticos de corte populista –que suman un total de 1.329 escaños en diferentes instancias representativas– en 25 países[8]. Este estudio no recoge los tristes acontecimientos que ocurrieron después de 2016: la entrada de Alternativa para Alemania en 2017 en el Bundestag con 90 diputados, o en el 2018 la victoria de la Liga Norte en Italia o el reciente triunfo de los Demócratas Suecos[9].

De conformidad con las conclusiones del Informe, elaboradas por Susi Denninson y Dina Pardijs, todos estos partidos políticos, con independencia de su ideología, se caracterizan por los siguientes rasgos:

1. El euroescepticismo o la falta de confianza en la Unión Europea. No se trata sólo, pues, de un problema británico derivado del Brexit, sino que dimana de la dificultad de las sociedades postcoloniales europeas de asumir su nueva posición y, por ello, es generalizado.

[6] Para estos conceptos vid Fareed Zakaria «El surgimiento de las democracias no liberales», en *Política Exterior,* n. 62, marzo-abril 1998; D. Landau, «Derechos sociales y límites a la reforma constitucional: la influencia de la jurisprudencia de la Corte Constitucional colombiana en el derecho comparado », Bogotá, Universidad Externado de Colombia, 2015; Daniel Soria Luján, «Las democracias con libertades disminuidas en Latinoamérica en el siglo XXI y la Carta Democrática Interamericana: ¿Dos modelos de democracia en la región?, *Revista PUCP,* n. 75, 2015.

[7] Vid en este sentido Timothy Snyder, *El camino hacia la no libertad*, Galaxia Gutenberg, 2018 y Jason, Brennan, *Contra la democracia*, Deusto Ediciones, 2018, donde este último autor reconoce que el año 2016 fue un mal año para la democracia.

[8] http://www.ecfr.eu/page/-/ECFR_181_-_THE_WORLD_ACCORDING_TO_EUROPES_INSURGENT_PARTIES.pdf. Última vez consultado el 23 de noviembre de 2018. Son 28 partidos de derechas, 13 partidos políticos de izquierda y 4 de centro.

[9] Para hacer frente al auge de los partidos neofascistas en Europa se ha dictado la Resolución del Parlamento Europeo sobre el auge de la violencia neofascista en Europa 2018/2869 (RSP), aprobada el 25 de octubre de 2018. https://oeil.secure.europarl.europa.eu/oeil/popups/ficheprocedure.do?lang=fr&reference=2018/2869(RSP) consultada la última vez el 22 de enero de 2019.

2. Estos partidos políticos se presentan como los adalides de la «nueva política». Son contrarios a los viejos partidos, a los que identifican con la «casta»[10] y la corrupción política. Los partidos clásicos representan para ellos el *establishment*, el sistema, y su irrupción en la política no sólo tiene meros efectos regeneradores, sino, en realidad, rupturistas, de deconstrucción del sistema político y económico y su sustitución por un nuevo contrato social.

3. Estos partidos muestran un acercamiento a Rusia y a la forma de ejercicio del poder personalista y autoritario de Vladimir Putin, y son contrarios a Estados Unidos. No cabe duda de que el fundamento de la admiración a Putin de los partidos políticos europeos populistas de derechas radica en la intención del mandatario ruso de recuperar la política imperialista y expansionista de Rusia –y del que el caso ucraniano es un buen ejemplo–. Este rasgo se ha trastocado con la elección de Donald Trump como Presidente en noviembre de 2016 y de ello da muestra el interés y apoyo que ha suscitado esta elección en algunos de los líderes de estos partidos políticos xenófobos en Europa, como el caso del UKIP, o de Marine Le Pen del Frente Nacional francés, cuyas primeras declaraciones tras la elección de Donald Trump fueron que era «el principio de un nuevo mundo». En realidad, esta nota es una consecuencia o efecto del sentido de añoranza de los Estados y de la pérdida de la hegemonía política o imperial, que pretenden ser superadas por Putin y que, por otra parte, es una de las claves de la victoria de Donald Trump –y que se plasma en su campaña *Make America Great Again*–.

4. Todos estos partidos políticos populistas cuestionan la democracia representativa y son partidarios de la democracia directa. La nueva forma de participación política se aleja de la participación mediante los partidos políticos y defiende el referéndum como instrumento de la nueva democracia. Se trata, pues, de una crisis de la democracia representativa[11], de nuevo, y de una crisis de los partidos, al menos de los viejos partidos[12].

5. Con independencia de su ideología, estos partidos comparten un discurso xenófobo, son partidarios del aislacionismo y el proteccionismo económico, de cerrar las fronteras y de una inmigración muy controlada. En este sentido, para 34 de los 45 partidos populistas analizados, la crisis de los refugiados y el terrorismo islámico constituyen las principales amenazas que sufre Europa y además entienden que estos problemas están relacionados, construyendo un relato que identifica al extranjero y, en concreto, al musulmán con un terrorista.

[10] Stella, Gian Antonio y Rizzo, Sergio, *La Casta. De cómo los políticos se volvieron intocables*, Capitán Swing, 2015.

[11] Garrorena Morales, Ángel, *Escritos sobre la democracia. La democracia y la crisis de la democracia representativa*, Madrid, CEPC, 2014, pp. 127 y ss.

[12] Mair, Peter, *Gobernando el vacío. La banalización de la democracia occidental*, Madrid, Alianza Editoral, 2013, pp. 4 y ss.

Este fenómeno del populismo y los discursos del odio no sólo es europeo. No cabe duda de que el desarrollo de la campaña electoral de Donald Trump y su posterior victoria es un buen ejemplo de la tendencia generalizada a la política xenófoba. Es curioso mostrar cómo este fenómeno del populismo es recogido también en el caso norteamericano[13]. Donald Trump presume de «cambio», de acabar con la vieja política representada por Hillary Clinton[14], de conocer lo que sabe y quiere el pueblo norteamericano –democracia de identidad–[15] y de reconocer a los «enemigos» con su discurso del odio que, en su caso, son los ciudadanos mexicanos o los islamistas. De devolver, en definitiva, a Estados Unidos su condición de Imperio.

Por tanto, se puede hablar de un fenómeno global, no sólo europeo: los discursos del odio como forma de la nueva política mundial y que ha tenido en la elección de Bolsonaro en Brasil el último de sus capítulos.

Frente a este delicado «momento democrático europeo» ha vuelto una vieja cuestión: la democracia militante[16], la democracia capaz de defenderse frente a sus enemigos, a sus enemigos internos, y la lealtad constitucional de partidos políticos y gobiernos[17]. La idea de democracia militante nace de la pluma de Loewenstein[18] en los años 30 del pasado siglo y opone la democracia formal o procedimental a la democracia material o de los valores y la necesidad de evitar el suicido de la propia democracia. El supuesto de la lealtad constitucional se incluye en el constitucionalismo de la segunda guerra mundial y alude a la necesidad de proteger los principios estructurales de la constitución, en especial, el principio democrático, frente a las infracciones graves de los mismos.

La traducción jurídica de una democracia militante es la posibilidad de limitar derechos fundamentales, –ya sea la libertad de asociación o de expresión–,

[13] Martín Granados, Ignacio, «10 claves para entender/explicar la victoria de Donald Trump», en Agenda Pública, http://agendapublica.es/10-claves-para-explicar-la-victoria-de-donald-trump/. Consultado la última vez el 2 de enero de 2019.

[14] La victoria más amplia y contundente de Hillary Clinton se ha producido en Washington DC, donde Clinton ha obtenido el 92,8% de los votos frente al 4,1 % de Trump.

[15] La noche preelectoral Donald Trump interpeló en un discurso al público asistente: «La pregunta del mañana es: ¿quién queréis que gobierne América, la clase política corrupta o la gente?».

[16] Vid Mercedes Iglesias Bárez, «Democracia militante y prohibición de partidos políticos que sustentan políticamente el terrorismo en España», en *La Ciencia del Derecho Constitucional Comparado. Estudios en Homenaje a Lucio Pegoraro,* Tomo III, Tirant lo Blanch, Valencia, 2017.

[17] Vid Leonardo Álvarez, *La lealtad constitucional en la Constitución española de 1978,* CEPC, Madrid, 2008.

[18] Loewenstein, Karl «Militant and Fundamental Rigths I/II», *American Political Science Review vol. XXXI,* EEUU, 1937.

actividades o ideologías. La prohibición de partidos políticos por razones ideológicas es precisamente una de las formas canónicas de la democracia militante[19].

II. LOS MODELOS DE PROHIBICIÓN DE PARTIDOS POLÍTICOS EN EL CONSTITUCIONALISMO EUROPEO Y EL SUPUESTO DE LA PROSCRIPCIÓN DE PARTIDOS POLÍTICOS POR EL TRIBUNAL EUROPEO DE DERECHOS HUMANOS

En el ámbito europeo la prohibición de partidos políticos es una limitación común del derecho de asociación política, que está presente en las constituciones –como es el caso de Alemania o Italia– o en las leyes de partidos, que sería el supuesto español.

En el constitucionalismo europeo Alemania, Francia y España representan tres modelos diferentes de prohibición de partidos políticos[20]. En cada uno de estos supuestos se debe tener en cuenta tanto el dato normativo como la experiencia histórica que lo contextualiza y le da lógica.

El caso alemán, y que se tratará con más profundidad en páginas posteriores, alude a una prohibición que se convierte en decisión constitucional en el art. 21.2 LFB, cuya competencia corresponde al Tribunal Constitucional en el marco de la lucha contra las ideologías totalitarias y la experiencia nazi, y alcanza *a priori* la prohibición de ideologías –hablamos, pues, de la inconstitucionalización de partidos–.

En el caso francés, la previsión se recoge en la legislación ordinaria, su pretensión es la lucha contra la violencia política y trae causa de una decisión del Presidente de la República. La Ley de 10 de enero de 1936 constituye la regulación vigente de la prohibición de partidos en Francia. La norma se dicta con la finalidad de luchar contra los numerosos grupos fascistas que surgen en Francia en los años 30 del pasado siglo. Se trataba de grupos muy poderosos, con una gran capacidad de movilización y un gran conjunto de seguidores, y que estaban consiguiendo desestabilizar el régimen político.

Según el artículo 1 de la Ley podrán ser considerados ilegales aquellos partidos:

i) Que provocasen a manifestaciones armadas en la calle.

ii) Que presentasen por su forma y su organización militares el carácter de grupos de combate o de milicias privadas[21].

[19] Vid Mercedes Iglesias Bárez, *La ilegalización de partidos políticos en el ordenamiento jurídico español*, Comares, 2008.

[20] Mercedes Iglesias Bárez, «La prohibición de partidos políticos en Francia, Alemania y España» en *Derecho en Libertad. Revista del Centro de Investigaciones Jurídicas de la Facultad Libre de Derecho de Monterrey*, México, n. 2, julio 2009.

[21] El artículo 431-13 del Código Penal de 1992 define qué son los grupos de combate: «toda agrupación de personas que tenga armas o tenga acceso a ellas, dotada de una organización

iii) Cuya actividad tendiera a hacer fracasar las medidas tendentes al restablecimiento de la legalidad republicana o se atentara contra la integridad del territorio nacional[22].

iv) Que tienen como objeto agrupar a los individuos que hubieran sido condenados por colaboración con el enemigo o que pretendieran exaltar tal colaboración[23].

v) Que provoquen a la discriminación, odio o violencia hacia personas o grupos por razón de su raza, etnia, o religión[24].

vi) Que provoquen actos de terrorismo[25].

En el caso español, se reconoce en la Ley 6/2002 de Partidos políticos, dentro del contexto de la lucha contra el terrorismo de ETA y corresponde decretarla a la Sala Especial del Tribunal Supremo, y proscribe la ilegalización de ideologías[26]. El caso español es, sin duda, el más garantista pues no sólo exige un procedimiento judicial para decretar la ilegalización del partido, sino que la disolución partidaria sólo puede traer causa de la realización reiterada y grave de un conjunto de actuaciones o conductas antidemocráticas, pero nunca de la expresión de una ideología contraria a los postulados de la Constitución española.

La primera vez que se aplicó la Ley de Partidos fue mediante la Sentencia del Tribunal Supremo de 27 de marzo de 2003, que decretó la ilegalización de Batasuna, Euskal Herritarrok y Herri Batasuna, por apoyar políticamente a la banda

jerarquizada y susceptible de perturbar el orden público». Con el Código Penal de 1992 todas las infracciones cometidas por los grupos de combate son consideradas actos terroristas, por lo que al final se identifica a estos grupos con las organizaciones terroristas. Vid «Francia», *La ilegalización de partidos políticos en las democracias occidentales,* España, Dykinson, 2008, nota 6 pp. 153 y 154.

22 Esta causa fue introducida por la Ordenanza de 30 de diciembre de 1944. Fue alegado como motivo de ilegalización de determinados partidos que atentaban contra la integridad territorial de Francia: el partido independentista tahitiano «Pupu Tiama Maohi» (Resolución del Consejo de Estado de 15 de julio de 1975); la organización nacionalista vasca Enbata, que pretendía la liberación del País Vasco francés y su reunificación con el País Vasco (Resolución del Consejo de Estado de 8 de octubre de 1975) y el Movimiento Corso para la Autodeterminación, que pretendía la independencia de Córcega (Resolución del Consejo de Estado de 16 de octubre de 1992).

23 Esta causa fue fruto de la reforma del artículo 1 de la Ley de 1936 por la Ley de 5 de enero de 1951. La primera aplicación de esta causa se dio en 1973 con la disolución del grupo Ordre Nouveau y la última con la disolución por Decreto de 28 de julio de 2006 de Tribu Ka, un grupo formado por personas de raza negra que animaba a discriminar a personas que no fueran de raza negra y a los judíos.

24 Causa introducida por la Ley de 1 de julio de 1972.

25 Este motivo se introdujo por la Ley de 9 de septiembre de 1986.

26 Vid Mercedes Iglesias Bárez, *La ilegalización de partidos políticos,* op cit; Mercedes Iglesias Bárez, «Derechos de asociación y participación políticas y prohibición de partidos políticos: el caso español», en *Terrorismo y Derecho bajo la estela del 11 de septiembre,* Tirant lo Blanch, Valencia, 2014, pp. 115-161.

terrorista ETA. Desde el año 2003 han tenido lugar diferentes procesos electorales a los que estos partidos ilegalizados han pretendido presentarse bajo el «disfraz» de otras formaciones políticas. La fórmula más recurrente ha sido la de servirse de agrupaciones de electores; no obstante, en posteriores convocatorias electorales han pretendido burlar su ilegalización mediante su sucesión fraudulenta por otros partidos políticos ya existentes o bien intentado la creación de un nuevo partido.

También en el ámbito del Consejo de Europa y a través del TEDH existe un modelo de prohibición de partidos políticos[27], que resulta fuertemente garantista debido a la transcendencia que tienen los partidos políticos en una democracia. En contra de lo que a menudo se piensa, en el TEDH el empleo de la democracia militante y la prohibición de partidos es un mecanismo excepcional, frente a la regla general de una democracia procedimental, donde cabe, pues, la defensa de muy diversos proyectos políticos, incluso de aquellos que sean contrarios a las disposiciones constitucionales o legales de los Estados, o que choquen e inquieten[28]. Y este juego binario de regla-excepción es el que ha guiado la resolución de los contextos de la prohibición de partidos en el ámbito del Consejo de Europa: la experiencia turca –y la excepcionalidad de las SSTEDH del caso del Partido de la Prosperidad de 2001 y 2003–; el escenario de los casos del resurgimiento de los partidos comunistas en la Europa del Este –STEDH Caso Partido Comunista de Rumanía contra Rumanía de 2005– o la jurisprudencia española en los supuestos de terrorismo –STEDH del Caso Herri Batasuna y Batasuna contra España de 2009–. En definitiva, la prohibición de partidos políticos, como medida de injerencia en el derecho de asociación política, no puede ser tratada ni jurídica ni políticamente como una afectación cualquiera del derecho de asociación, sino como una restricción en un derecho de asociación cualificado, lo que nos lleva a entender que la prohibición de partidos es una medida absolutamente excepcional en el marco del Convenio de Europa. Esta exigencia o cualificación se traduce jurídicamente en que se debilita el margen de apreciación del Estado, que en este ámbito es muy reducido, y se permite un mayor control del TEDH, es decir, se requiere un escrutinio estricto del Tribunal[29].

[27] Vid Mercedes Iglesias Bárez, «La prohibición de partidos políticos en la jurisprudencia del Tribunal Europeo de Derechos Humanos» en *Mecanismos de exclusión política en la democracia de partidos*, Ignacio Gutiérrez Gutiérrez, Director, Marcial Pons, 2017, pp. 119-139.

[28] Vid por todas la STEDH Caso Handyside contra Reino Unido de 1976, par. 49.

[29] Vid Luis López Guerra, «Prohibición de partidos políticos. La jurisprudencia del Tribunal Europeo de Derechos humanos», en *Estado constitucional, derechos humanos, justicia y vida universitaria. Estudios en homenaje a Jorge Carpizo,* Derechos humanos, Vol. 2, Coords. Miguel Carbonell, Héctor Fix-Fierro, Luis Raúl González Pérez, Diego Valadés, Instituto de Investigaciones Jurídicas, Serie Estudios Jurídicos, n. 716, UNAM, México, 2015., op cit p. 107. En este sentido se pronuncia en diversas ocasiones el TEDH, Vid por todas la STEDH Caso Partido de la Prosperidad contra Turquía de 2001 donde se establece que «el margen de apreciación del Estado a la hora de

III. LA PROHIBICIÓN DEL NPD Y LA SENTENCIA DEL TRIBUNAL CONSTITUCIONAL ALEMÁN DE 17 DE ENERO DE 2017

También en el caso alemán se ha difundido el mito de que su democracia militante permite la prohibición sin más de las ideologías contrarias a la constitución alemana. No es así. La Ley Fundamental de Bonn de 1949 reacciona frente a la democracia inerme de Weimar consagrando la defensa de la Constitución y recogiendo en el artículo 21.2 la prohibición de partidos: «aquellos partidos que, de acuerdo con sus objetivos o el comportamiento de sus seguidores, pretendan obstaculizar o destruir el libre orden democrático, o hacer peligrar la existencia de la República Federal son inconstitucionales». Existe, pues, esta previsión constitucional, pero los alemanes han interpretado y aplicado esta norma constitucional de forma muy restrictiva.

Así, solo han existido dos casos de prohibiciones de partidos en Alemania pero se practican en los años 50: la del Partido nazi (SRP) en 1952 y la del Partido comunista (KPD) en 1956. Pero ya en los años 60 se refundó el Partido comunista y también el NPD (Nationaldemokratische Partei Deutschlands), sucesor del antiguo partido nazi. Ambas refundaciones no fueron cuestionadas ante el Tribunal Constitucional Alemán.

La laxitud con que en sus comienzos se utilizó el mecanismo de la prohibición de partidos en Alemania sólo puede explicarse desde parámetros internos: el contexto histórico en que surge la democracia de Bonn y su mecánica reciente[30]. De la evolución histórica de la fórmula, desde las dos disoluciones dictadas por el Tribunal de Karlsruhe en los casos del SRP en 1952 y de la prohibición del KPD en 1956[31] hasta la actualidad, en la dirección de una política de *self restraint* del Tribunal Constitucional alemán , así como del sustrato histórico-político de las

---

disolver un partido político debería ser estrecho, dado que el pluralismo de ideas y partidos resulta inherente a la democracia», par. 80; STEDH del Caso Partido Republicano de Rusia contra Rusia, 2011, par. 76.

[30] En opinión de Stern «la actitud de la Ley Fundamental sólo es explicable a partir de esta experiencia y con el telón de fondo de un previo sistema totalitario», *Derecho del Estado de la República Federal Alemana*, Madrid, Centro de Estudios Constitucionales, 1987, p. 402.

[31] En castellano pueden consultarse Abendroth, Wolfgang «La prohibición del Partido Comunista de Alemania (KPD) por el Tribunal Constitucional Federal», en *Sociedad antagónica y democracia política*, Colección Teoría y Realidad, Ed. Grijalbo, Barcelona-México, 1973, Íñiguez Diego y Friedel, Sabine «La prohibición de partidos políticos en Alemania», en *Claves de la razón práctica*, Nº 122, 2002; Denninger, *Democracia «militante» y defensa de la Constitución*, Manual de Derecho Constitucional, IVAP, Marcial Pons, Madrid, 1996. Kirchheimer, O., *Justicia Política, Empleo del procedimiento legal para fines políticos* Comares, 2001; Hinajeros Parga, Alicia, «La prohibición de partidos políticos como mecanismo de defensa del Estado», en López Guerra y otros *La Defensa del Estado*, Tirant lo Blanch, 2004; Morlock, M, «La prohibición de partidos en Alemania» en Montilla Martos, J. A. (Dir.), *La prohibición de partidos*, Universidad de Almería, Almería, 2004.

prohibiciones declaradas ha dado buena cuenta la doctrina alemana[32]. En los dos únicos casos de la prohibición de partidos en Alemania, y pese a su distinta significación política, es difícil sustraerse a la idea de H. Meier, de que nos encontramos ante algo parecido a un «exorcismo ideológico»[33].

Son varias las circunstancias que han generado que en Alemania el instrumento del art. 21.2 LFB se haya convertido en «una espada oxidada»[34]. Resulta inevitable, en primer término, que el cambio en la variable socio-política haya motivado que en los últimos 60 años no haya vuelto a declararse inconstitucional un partido político en Alemania[35]. De la misma forma, la reciente decisión de 2017 del Tribunal Constitucional Alemán en el sentido de no prohibir el NPD[36], fundamentada principalmente en su escasa relevancia, no hacen sino confirmar la evolución de la democracia militante en Alemania y las críticas que suscita entre la doctrina.

El caso del NPD fue llevado ante el Tribunal Constitucional en 2003 pero la Alta Corte no admitió el caso[37] y más de una década después el Tribunal volvió a ocuparse de su inconstitucionalización. En su Sentencia de 17 de enero de 2017 el Tribunal Constitucional establece los parámetros de la interpretación constitucionalmente adecuada de la inconstitucionalización de partidos políticos. Algunos de estos elementos ya habían sido establecidos por el Tribunal en sus decisiones de los años 50 pero la Sentencia de 2017 representa un giro en su jurisprudencia, en tanto

[32] O. Kirchheimer, *Justicia Política…* op. cit., p. 190.

[33] Meier, H., *Parteiverbot und demokratische Republik: Zur Interpretation und Kritik von art. Abs 2 des Grundgesetzes,* Baden Baden, 1953, p. 410.

[34] K Stern, *Derecho del Estado de la República…* op. cit., p. 404.

[35] Ni siquiera se puso en marcha el procedimiento cuando en 1968 se fundó como partido político el Partido Alemán Comunista (DKP).

[36] El NPD (Partido Nacional Demócrata de Alemania) es un partido fundado en 1964 de ideología neonazi y neofascista.

[37] Relatan las desventuras de este intento de inconstitucionalización del NPD Iñíguez Diego y Friedel, Sabine, op cit nota 33, pp. 31 y 37-38. Se plantean tres demandas de inconstitucionalización contra el NPD-(Nationaldemokratische Partei Deutchlands): una del Gobierno Federal de 30 de enero de 2001 que fundamenta la demanda en que el fin del partido es la destrucción de la estructura básica de la democracia liberal, de forma activa, beligerante y agresiva, y sustituirla por un sistema social totalitario y autoritario que no reconozca los derechos humanos; además el partido utiliza una agitación racista y, en particular, antisemita y no pacífica, reviviendo la ideología nazi, lo que está dañando la reputación internacional de Alemania; también se interpone una demanda por el Parlamento Federal y una última del Consejo Federal de marzo de 2001. En las tres demandas se solicita al Tribunal Constitucional Alemán la inconstitucionalidad del partido. El Tribunal el 1 de octubre de 2001 admitió las demandas pero el 22 de enero de 2002 emitió un Auto donde resolvió suspender las vistas de los testigos al conocer que uno de los testigos era un espía de la Oficina Federal de Protección de la Constitución, en la que ocupaba un alto cargo y de la que recibía dinero para financiar las actividades del partido. En los días siguientes fueron aparecieron más espías-confidentes. Al final aparecieron 10 confidentes que representaban el 10% de los testimonios de la demanda. Ante estos hechos, en marzo de 2003 el Tribunal rechaza las demandas de inconstitucionalización.

en cuanto considera constitucional solo aquella prohibición de partidos políticos que supongan un peligro real y potencial[38] para los bienes jurídicos protegidos por el art. 21.2 LFB.

Conforme a esta regulación, la Constitución protege dos bienes jurídicos diferentes, que se convierten así en causas que pueden justificar la prohibición de un partido político. Por un lado, se prohíbe la pretensión de obstaculizar o destruir el «libre orden democrático», propugnando una ideología antisistema, o llevando a cabo acciones o realizando comportamientos contrarios al mismo. Se trataría, pues, tanto de una prohibición de fines o ideologías, como de una proscripción de actividades antidemocráticas. Por otro lado, se protege también otro bien jurídico diferente: la puesta en peligro de «la existencia de la República Federal».

No resulta fácil, sin embargo, determinar *prima facie* en qué consiste exactamente el bien jurídico protegido del «libre orden democrático». Desde luego, estamos en presencia de un concepto jurídico indeterminado y buena parte de la doctrina ha intentado precisar su contenido. Así, entre otros, Meier considera que lo que se protege bajo este bien jurídico son los principios básicos o esenciales de la democracia, es decir, los derechos fundamentales, el parlamentarismo y la división de poderes[39]. No obstante, la identificación del orden fundamental liberal-democrático ha sido sobre todo una labor jurisprudencial. En este sentido, la Sentencia de prohibición del SRP de 23 de octubre de 1952 afirma que el mismo supone un orden político basado en el Estado de Derecho sobre la base de la autodeterminación del pueblo según la voluntad de la mayoría, de la libertad y de la igualdad. Entre los principios básicos de este orden debe contarse como mínimo: el respeto a los derechos humanos concretizados en la Ley Fundamental, sobre todo el derecho a la vida y al libre desarrollo, la soberanía popular, la división de poderes, la responsabilidad del Gobierno, la legalidad de la Administración, la independencia de los jueces y tribunales, el principio de pluralidad de partidos junto con el derecho de formar y ejercer constitucionalmente una oposición (BVerfGE 2, 1 12-13).

En los siguientes años, la jurisprudencia ha ido concretando aún más la fórmula, de lo que podemos deducir que la relación de elementos de la Sentencia del SRP era más un estándar mínimo que un *numerus clausus*. La Sentencia de prohibición del PDK añade la dignidad del hombre como valor supremo en un orden democrático y libre, y destaca que la libertad de espíritu, el debate de ideas y la igualdad de trato de todos son presupuestos elementales y postulados del orden

[38] Vid por todos Pablo Fernández de Casadevante Mayordomo, «La prohibición de partidos políticos en Alemania. Del nuevo criterio de la potencialidad y la reciente reforma constitucional para la no financiación de formaciones antidemocráticas pero constitucionales», en *Revista de Derecho Político,* n. 102, mayo-agosto, 2018, pp. 235 a 273.

[39] Meier, H, *Parteiverbote und demokratische Republik: Zur Interpretation und Kritik von art 21 abs 2 des Grund Gesetzes,* Baden-Baden, 1953, pp. 288 y ss.

libre y democrático. Más tarde se integrarían a estos elementos que conforman el libre orden democrático: la libertad de expresión, la neutralidad religiosa y acerca de las concepciones del mundo; el proceso libre y abierto de formación popular de opinión y voluntad y la igual valoración de todos los ciudadanos en el ejercicio del derecho de sufragio.

En relación al otro bien jurídico protegido, la puesta en peligro de «la existencia de la República Federal», Denninger entiende que la existencia de la Federación comprende la «existencia y unidad estatal de la República Federal como tal, su capacidad de funcionamiento hacia el exterior (como sujeto de Derecho Internacional) e internamente (como poder social de ordenación), su integridad territorial y la existencia física de los habitantes del territorio federal»; y afirma que no toda amenaza a la existencia de la Federación es válida para utilizar el art. 21.2 LFB, sino que el ataque «debe afectar más bien a la existencia del Estado en su *sustantividad* territorial, humana o soberana»[40].

La prohibición del SRP en 1952 estuvo motivada por la necesidad de «delimitar terminantemente a los protagonistas del nuevo sistema político democrático-liberal como elemento distintivo esencial de la nueva república frente al régimen anterior»[41]. El Tribunal fundamentó su decisión de inconstitucionalización en la oposición del partido a los derechos fundamentales; en su concepto de la lucha partidista, que no se basaba en la concurrencia libre sino que procuraba expulsar al resto de partidos de la vida política, de modo que negaba el multipartidismo; en la falta de democracia interna del partido, que se regía por el *Füherprinzip* y, finalmente, en su ideología nazi.

La prohibición del KPD en 1956 supone la inconstitucionalización de un partido con apenas peso político, pero que representaba el «peligro» de la ideología comunista durante la guerra fría. Se trata de una decisión de gran interés pues pone de manifiesto los parámetros que el Tribunal va a utilizar para declarar la prohibición de un partido político:

i) No es suficiente con que el partido se oponga a medidas o instituciones previstas constitucionalmente, sino que un partido debe ser prohibido cuando pretende erosionar valores superiores del Estado constitucional democrático que la Constitución considera fundamentales.

ii) No se exige una conducta penal de los miembros del partido. La declaración de inconstitucionalidad no es una sanción penal sino una medida preventiva básica que pretende asegurar la permanencia del sistema democrático.

[40] Denninger, Ernst «Democracia «militante» y defensa de la Constitución», Manual de Derecho Constitucional, Madrid, IVAP, Marcial Pons, 1996, p. 466.

[41] Iñiguez Diego y Friedel, Sabine, op cit nota 33, p. 33.

iii) En la decisión debe quedar demostrado que el partido tiene una intención duradera y activa de atacar los postulados constitucionales. Es decir, se exige que el partido tenga un comportamiento agresivo-combativo. Esto no significa que el partido represente un concreto o potencial peligro para la democracia. Los indicadores de este comportamiento serán tanto los fines del partido (su ideología) como su actividad (el comportamiento de sus miembros). Lo que se valora en materia de fines del partido es su intención de obstaculizar o destruir el orden democrático, mientras que para ponderar la actuación de sus miembros es necesario probar que el comportamiento es achacable al partido.

iv) Como normalmente los partidos inconstitucionales no desvelarán sus verdaderos fines habrá que valorar cuidadosamente su programa político para determinar sus fines reales, a partir de la realidad de su conducta y de la de sus miembros y no sólo conforme a sus declaraciones estatutarias o las declaraciones de sus dirigentes.

v) La falta de democracia interna no es una causa autónoma de prohibición de un partido político, sino que es un indicio de comportamiento contrario al orden democrático que debe ir acompañado de otras pruebas.

En la Sentencia del NPD de 2017, si bien el Tribunal Constitucional confirma buena parte de esta doctrina, considera que cualquier ataque al régimen libre y democrático no sirve ni es suficiente para prohibir un partido, sino que el ataque tiene que ser real y de la suficiente entidad como para disolver el régimen democrático; de la misma forma, la puesta en peligro de la existencia de la República exige una amenaza real y grave a la propia sustantividad de la República. Los elementos a valorar no solo se refieren a los fines o ideología del partido, sino también a sus actividades, pero en todo caso, se requiere un peligro real y concreto o al menos potencial para la democracia alemana. Analizando y aplicando estos elementos el TC consideró que el NPD no suponía un peligro real, una amenaza significativa para el régimen democrático alemán, al no tener un peso relevante en la política alemana.

El caso de la Sentencia de 2017 es un claro supuesto de *self restraint* en la prohibición de partidos, de delimitación de la propia idea de democracia militante, un triunfo tardío de Kelsen frente a Schmitt. En la decisión del Tribunal Constitucional pesó, sin duda también, el diálogo con el TEDH y el entendimiento que éste tiene de la prohibición de partidos.

Ahora bien, el Tribunal Constitucional recomienda una reforma al legislador para prohibir la financiación pública y otras ventajas fiscales respecto de los partidos que no siendo prohibidos por no suponer un peligro concreto, tengan una ideología contraria a la Constitución, es decir, sean partidos antidemocráticos. Esta sugerencia ha tomado forma mediante una reforma de la Constitución alemana de julio de 2017 y en la aprobación el 29 de julio de 2017 de la Ley para la Exclusión de la Financiación de los Partidos contrarios a la Constitución.

La competencia en este caso para declarar la exclusión de la financiación pública corresponde también al Tribunal Constitucional, la decisión se tomaría por mayoría de 2/3 –no por mayoría simple–, duraría 6 años y alcanzaría a las organizaciones políticas sucesoras de estos partidos. Esta previsión supone una nueva lectura de la lealtad a la constitución que tienen que tener los partidos políticos en Alemania, plantea además soluciones alternativas a la prohibición de partidos, y problemas en torno al igual de trato de los partidos.

No cabe duda que el triunfo de Alternativa para Alemania en el otoño de 2017, unos meses después de la Sentencia de 2017, la manifestación de Chemnitz en el verano de 2018, donde de una forma masiva se volvieron a ver saludos nazis y violencia política, dejan la cuestión, de la prohibición de partidos políticos, abierta en Alemania.

De la misma forma, el auge de los partidos políticos xenófobos, racistas y de ideología extremista ha sido también un elemento de debate en Europa y ha provocado que el Consejo de Europa en su Recomendación n. 15 sobre Líneas de Actuación para combatir el Discurso del odio de 2015 haya planteado la posibilidad de prohibir los partidos políticos cuyos discursos del odio tengan como finalidad o quepa suponer razonablemente que va a tener el efecto de incitar a la comisión de actos de violencia, intimidación, hostilidad o discriminación contra aquellos a los que va dirigido.

Decía Primo Levi que «cada época tiene su fascismo». El nuestro es hoy el de los partidos xenófobos, racistas e islamófobos; son muchas las formas pero el juego no cambia. En esta ocasión, los partidos políticos démocratas deben ser los guardianes del orden libre y democrático, y la sociedad ese dique de hombres y mujeres que quieren seguir siendo libres.

CON EL AGUA AL CUELLO. EL IMPACTO DEL CAMBIO CLIMÁTICO EN LOS ESTADOS INSULARES DE BAJA ALTITUD

Estela Martín Pascual[1]

I. INTRODUCCIÓN

El cambio climático, definido por el primer artículo de la Convención Marco de las Naciones Unidas sobre el Cambio Climático (CMNUCC) de 1992 como un *cambio de clima atribuido directa o indirectamente a la actividad humana que altera la composición de la atmósfera mundial y que se suma a la variabilidad natural del clima observada durante períodos de tiempo comparables*, es un fenómeno transversal de gran envergadura, cuyas amenazas impregnan todos los ámbitos, ya sean estos jurídicos, políticos, sociales o económicos.

Este trabajo tiene por objeto analizar, únicamente, una de las consecuencias derivadas del cambio climático; en concreto, la subida del nivel del mar y los efectos que esta tendrá para los Estados insulares de baja altitud. Así, su propia condición de Estado será puesta en jaque y su población se verá irremediablemente afectada por las constantes inundaciones que sufrirá el territorio de manera previa a su completo hundimiento.

Se plantean, de esta forma, escenarios hace años inimaginables, como el hecho de que el territorio de un Estado desparezca bajo las aguas del océano, y la necesidad de reubicar a todos sus habitantes, que quedarían en situación de apatridia, tal y como reconocieron las Naciones Unidas ya en 2009[2].

[1] Investigadora predoctoral en formación. Contrato cofinanciado por la Junta de Castilla y León y Fondo Social Europeo. Universidad de Salamanca.

[2] «Muchos Estados insulares se enfrentan a la perspectiva de perder extensiones importantes de su territorio debido al aumento del nivel del mar y a las inundaciones, y algunos podrían quedar completamente bajo las aguas, con la amenaza consiguiente de apatridia para sus poblaciones». «El cambio climático y sus posibles repercusiones para la seguridad», Documento A/64/350, p. 24, disponible en http://www.acnur.org/t3/fileadmin/Documentos/BDL/2009/7257.pdf?view=1.

Sin embargo, y pese a la tangibilidad de los efectos del cambio climático, el Derecho Internacional va un paso por detrás de la realidad a la que nos enfrentamos, pues no existe un texto jurídicamente vinculante a nivel internacional que dote de protección a quienes se ven obligados a abandonar su hogar a causa de la degradación medioambiental.

II. DESAFÍOS

Los gobiernos de los países insulares de baja altitud son conscientes de los peligros a los que los enfrenta la subida del nivel del mar; inundaciones constantes de las zonas costeras más bajas, salinización del agua potable y de los cultivos, erosión del terreno, pérdida de infraestructuras costeras, etc., harán inhabitable, de manera gradual, la totalidad del Estado. Es por ello que, mientras llevan a cabo diferentes iniciativas para lidiar con estos efectos, también han lanzado una llamada de auxilio a la comunidad internacional[3], solicitando que se adopten instrumentos que protejan a la población afectada por estos impactos climáticos.

II.1. *Desaparición del territorio*

La elevación media sobre el nivel del mar ha sido objeto de estudio durante los últimos tiempos. Aunque algunos trabajos arrojan previsiones más moderadas que otros, todos ellos coinciden en que se producirá una subida relevante en los próximos años.

Dentro de los análisis más comedidos se encuentra el 5º informe de evaluación del Grupo Intergubernamental de Expertos sobre el Cambio Climático (IPCC), que sitúa la subida media del nivel del mar entre los 25 y los 30 centímetros para 2065, y entre los 40 y los 63 para 2100, dependiendo del escenario de emisión en el que nos movamos[4].

En la misma línea se sitúa otro de los estudios más recientes, publicado en febrero de 2018, que afirma que si los océanos continúan incrementando su nivel al ritmo actual, el nivel del mar podrá aumentar hasta 65 centímetros para 2100[5].

[3] Una de las iniciativas más llamativas a este respecto fue la reunión que tuvo el gabinete del gobierno de las Maldivas en 2009 en el fondo marino, donde se firmó un documento reclamando la reducción de emisiones de carbono. *Vid.* http://news.bbc.co.uk/2/hi/8311838.stm.

[4] Se pueden dar escenarios de mitigación, estabilización o de niveles muy altos de emisiones de gases de efecto invernadero.

[5] Nerem, R. S., Beckley, B. D., Fasullo, J. T., Hamlington, B. D., Masters, D., Mitchum, G. T., «Climate-change-driven accelerated sea-level rise», *Proceedings of the National Academy of Sciences*, 2018. Disponible en http://www.pnas.org/content/pnas/early/2018/02/06/1717312115.full.pdf.

Sin embargo, otros estudios consideran que los datos de estos informes serían estimaciones a la baja y que la subida real podría, prácticamente, doblarlos. En esta dirección apuntan, por ejemplo, los climatólogos Robert DeConto y David Pollard[6], o el trabajo de 2017 en el que participó la Universidad Complutense de Madrid, que señala un aumento que podría llegar hasta los 130 centímetros para 2100 en un escenario con altas emisiones de gases de efecto invernadero[7].

El mencionado informe del IPCC también recoge las principales causas de la elevación del nivel del mar, siendo la primera de ellas la expansión térmica de los océanos –esto es, que en la medida en que se calienta, el agua ocupa más espacio, se expande– y, la segunda, la suma del agua derretida de las zonas heladas que se deshielan en mayor medida debido al calentamiento global.

Si estos datos se confirmasen, los pequeños Estados insulares de baja altitud como Tuvalu, Kiribati, las Maldivas o las Islas Marshall, que se encuentran a una media de 2 metros sobre el nivel del mar[8], podrían sufrir el hundimiento total de su territorio, con todo lo que ello implicaría tanto para sus habitantes como para su propia condición de Estado.

En este escenario, pues, de desaparición de uno de los elementos que le confieren la estatalidad al Estado, surge la pregunta de si este desaparecería y las consecuencias que ello tendría para su población.

En principio, la respuesta sería afirmativa. Sin embargo, en la práctica los Estados se resisten a declarar la desaparición de un Estado establecido aunque reúna las condiciones para ser calificado de fallido, acudiéndose habitualmente al principio de continuidad[9]. Según este, las alteraciones que puedan producirse en la organización política interna de un Estado no afectan, en principio, a la condición internacional de este, salvo en el caso de la desaparición de todo gobierno. Ello

[6] Deconto, R. y Pollard, D., «Contribution of Antarctica to past and future sea-level rise», *Nature*, nº. 531, 2016, pp. 591-597.

[7] Mengel, M., Levermann, A., Frieler, K., Robinson, A., Marzeion, B., Winkelmann, R., «Future sea level rise constrained by observations and long-term commitment», *Proceedings of the National Academy of Sciences*, vol. 113, nº.10, 2016, pp. 2597-2602. Disponible en http://www.pnas.org/content/pnas/113/10/2597.full.pdf.

[8] Tuvalu's National Adaptation Program of Action, 2007, p. 13, disponible en http://unfccc.int/resource/docs/napa/tuv01.pdf; National Adaptation Program of Action, Republic of Maldives, 2007, pp. 20 y 77, disponible en https://unfccc.int/resource/docs/napa/mdv01.pdf; National Adaptation Program of Action, 2007, Republic of Kiribati, 2007, p. 3; https://www.nytimes.com/interactive/2015/12/02/world/The-Marshall-Islands-Are-Disappearing.html.

[9] Borrás, S., «La migración ambiental: entre el abandono, el refugio y la protección internacional», *PAPELES de relaciones ecosociales y cambio global*, núm. 132, 2016, pp. 39-40; Mcadam, J., «El desplazamiento provocado por el cambio climático y el derecho internacional», Evento paralelo al Diálogo del Alto Comisionado sobre los desafíos en materia de protección, Ginebra, 2010, p. 7, disponible en http://www.acnur.org/fileadmin/Documentos/BDL/2011/7460.pdf?view=1.

quiere decir que, con base en el principio de la seguridad jurídica que debe presidir las relaciones internacionales, cualesquiera cambios sobrevenidos en el régimen político de un Estado dejan inalteradas sus obligaciones internacionales frente a terceros países.

Lo que ocurre es que los precedentes únicamente existen respecto al elemento gobierno cuando este fracasa en su cometido de controlar su territorio y su población. En estos casos, lo habitual es acudir al principio de continuidad y, si hablamos de extinción de un Estado, se vincula con la sucesión de Estados[10], principio según el cual un nuevo Estado reemplaza al extinto en la responsabilidad de las relaciones internacionales[11].

Pero la pérdida del elemento territorio a causa de la subida del nivel del mar, o incluso el desplazamiento de la totalidad de la población al territorio de otro Estado, es un horizonte sin precedentes en el panorama internacional.

En este contexto habría que establecer una diferenciación para determinar las posibilidades de actuación planificada que se le presentan a ese Estado para proteger a su población, ya que la alternativa pasaría por situaciones indeseables como la migración de manera masiva o la evacuación en situación de emergencia.

Por lo tanto, se pueden dar dos situaciones consecutivas en el tiempo. En la primera de ellas, el territorio, antes de quedar devorado por las aguas del océano, devendría inhabitable a causa de las continuas inundaciones, la erosión del terreno y la salinización del agua dulce y de los cultivos. En este caso, dichas condiciones desfavorables podrían afectar exclusivamente a una parte del territorio, por lo que habrían de aplicarse estrategias de adaptación consistentes en la reubicación de la población de esas zonas hacia el interior[12]. En estas situaciones sería muy deseable seguir las recomendaciones establecidas por los Principios Rectores de los Desplazamientos Internos, que establecen que dicho traslado se llevará a cabo de manera que no menoscabe los derechos fundamentales a la vida, la dignidad, la libertad y seguridad de los afectados[13], al mismo tiempo que se deben asegurar unas condiciones satisfactorias de seguridad, alimentación, salud e higiene y que no se separa a los miembros de la misma familia[14].

[10] Park, S., «El cambio climático y el riesgo de apatridia: la situación de los Estados insulares bajos», *Series de investigación: política de protección y asesoría legal*, División de protección internacional (ACNUR), Ginebra, 2011, p. 13, disponible en http://www.acnur.org/fileadmin/Documentos/BDL/2013/9056.pdf.

[11] Artículo 2.1 de la Convención de Viena sobre la Sucesión de Estados en Materia de Bienes, Archivos y Deudas del Estado, de 1983.

[12] Park, S., «El cambio climático…» *op. cit.*, p. 32.

[13] Principio número 8.

[14] Principio número 7.

Otra opción que se podría llevar a cabo sería negociar acuerdos sobre migración con otros Estados, probablemente vecinos, que permitan un flujo ordenado y gradual de personas afectadas por estas circunstancias. Cabría la posibilidad de partir de iniciativas que ya se están llevando a cabo, si bien con otra finalidad, como la Categoría de Acceso del Pacífico[15], adaptándola a las circunstancias requeridas.

Si, por el contrario, fuera la totalidad del territorio del Estado la que se viese afectada por las condiciones de inhabitabilidad, las consecuencias serían las mismas que en la segunda de las situaciones que pasamos a exponer. En ella, el Estado perdería su territorio, pudiendo optar por varias vías.

Una de ellas, ya puesta en práctica por algunos países, sería la compra de tierras en otro Estado para trasladar allí a su población en caso necesario. Sin embargo, esta transacción privada entre dos sujetos soberanos traslada la propiedad sobre una extensión de terreno determinada, pero no otorga soberanía al país adquirente y, en ningún caso, da lugar a la creación de un nuevo Estado[16]. Por lo tanto, el gobierno del país que se traslada (si se sigue reconociendo como tal sin existir ya su elemento territorial) tendría serias dificultades prácticas a la hora de ejercer sus funciones, ya que su ámbito de acción dependería de los derechos que el Estado donde se localiza el territorio decidiera otorgarle.

Respecto a la población afectada que se trasladaría a ese nuevo territorio, por un lado, seguiría conservando su nacionalidad en tanto en cuanto el Estado mantuviera su condición de tal pero, incluso así, al desplazarse al territorio de otro Estado esas personas serían, *de facto*, apátridas. Y, por otra parte, en el momento en que se entendiera que el Estado desaparece, la población desplazada devendría apátrida también *de iure*, experimentando en ambos casos una importante pérdida de derechos. Tan precaria se considera la situación jurídica de la apatridia para las personas que la ostentan, que se han equiparado, inclusive, a una *res nullius*[17].

Si lo que se pretende es «trasladar» un Estado de un territorio inundado a otro localizado en tierra firme, conservando todos sus atributos, se debería optar por la cesión de parte del territorio de este al primero. Sin embargo, se trata de un escenario harto improbable. En él, el Tratado bilateral que se celebrase entre ambos Estados debería recoger la cesión de soberanía al gobierno del Estado «cesionario» para que este pudiese actuar con plenos poderes sobre el territorio cedido y sobre

[15] https://www.immigration.govt.nz/new-zealand-visas/apply-for-a-visa/about-visa/pacific-access-category-resident-visa.

[16] Yasunaga Kumano, M., «*Los Pequeños Estados Insulares en Desarrollo y los desplazados climáticos*», *IEEE*, nº. 4, 2016, p. 508.

[17] Weis, P., *Nationality and statelessness in international law*, Ed. Stevens & Sons Limited, Londres, 1956, p. 166.

su población. En este caso, la población desplazada a esa zona conservaría su nacionalidad.

Finalmente, otra de las alternativas para el Estado afectado por la pérdida total de su territorio pasaría por unirse con otro, dando lugar probablemente a una absorción o incorporación, mediante la cual el Estado incorporado desaparecería para integrarse en el Estado receptor, que permanecería. En este caso no habría ningún tipo de modificación territorial y, por lo que se refiere a la población del Estado que desaparece, pasaría a tener la nacionalidad del Estado receptor.

Visto el plano teórico, pasamos al práctico, donde encontramos una serie de experiencias relativas a estas posibilidades de actuación de los Estados más afectados por este fenómeno. Se puede tomar el ejemplo de Tuvalu, cuyos atolones presentan una altitud promedio de menos de 2 metros sobre el nivel del mar, y que puede ser el primer país en desaparecer a causa del cambio climático[18]. Consciente del peligro al que se enfrenta, este país fue pionero a la hora de buscar soluciones. Tras un intento fallido para comprar tierras en Texas en los años 80 y trasladar allí a su población[19], intentó que tanto Australia como Nueva Zelanda aceptasen acoger un número anual de tuvaluanos en su territorio. Mientras que Australia rechazó la propuesta, Nueva Zelanda permite, desde 2002, la entrada anual de setenta y cinco tuvaluanos con edades comprendidas entre los 18 y los 45 años, bajo un esquema de migración laboral, que también se aplica con respecto a Kiribati, Tonga y Fiyi, si bien varía el número de ciudadanos que se pueden beneficiar de esta oportunidad dependiendo de su país de origen.

En octubre de 2017, Nueva Zelanda ha dado un paso hacia el reconocimiento de los efectos del cambio climático como un motivo válido para buscar residencia en el país, quizás ayudada por los casos que reciben sus tribunales al respecto de esta cuestión. Al menos, así lo anunciaba James Shaw, ministro para el cambio climático, al informar que el gobierno neozelandés se estaba planteando crear un visado humanitario especial para las personas procedentes de las islas del Pacífico que se vean obligadas a abandonar sus hogares a causa del incremento del nivel del mar[20]. De esta manera, Nueva Zelanda prefiere optar por la adopción de medidas preventivas, adelantándose a la potencial situación de emergencia que se podría producir ante una avalancha de migrantes climáticos hacia sus fronteras.

Por su parte, el gobierno australiano ha asegurado que invertirá 226 millones de dólares durante cuatro años para ayudar a las islas del Pacífico a lidiar con el

[18] https://www.efe.com/efe/america/sociedad/tuvalu-amenazado-con-desaparecer-pide-a-trump-responsabilidad-el-clima/20000013-3264183.

[19] https://www.nytimes.com/1981/08/16/world/us-deal-embroils-tiny-island-nation.html.

[20] https://www.reuters.com/article/us-newzealand-climatechange-visa/new-zealand-considers-visa-for-climate-refugees-from-pacific-islands-idUSKBN1DH1JB.

cambio climático, pero ha señalado que no contempla desarrollar un plan migratorio similar al que propone Nueva Zelanda. Por el contrario, entiende que la mejor respuesta es la reubicación y la adaptación internas[21].

Por lo que se refiere a la República de Kiribati, un país con una altura promedio de 2 metros, sabemos que ha comprado dos mil hectáreas de tierra en la isla Vanua Levu, situada en Fiyi, donde planea trasladar a sus cien mil habitantes en caso de que su Estado se vuelva inhabitable[22]. El Presidente de Kiribati, Anote Tong, declaraba lo siguiente: «We would hope not to put everyone on [this] one piece of land, but if it became absolutely necessary, yes, we could do it»[23]. El problema es que Fiyi también debe lidiar con los efectos del cambio climático en su propio territorio, ya que desde 2012 ha tenido que enfrentarse a la reubicación de algunas de sus localidades costeras afectadas por las inundaciones[24].

Por último, se pueden mencionar también las Islas Marshall, cuya mayoría de islas se encuentran a algo menos de dos metros por encima del nivel del mar[25], teniendo algunas de ellas poco más de un kilómetro y medio de ancho. En el caso de este país, sus habitantes pueden emigrar libremente a Estados Unidos gracias a un Acuerdo de Libre Asociación formalizado entre los gobiernos de ambos Estados[26], y cuya segunda enmienda estará en vigor hasta 2023[27], aunque no existe la certeza de que se vaya a prolongar.

II.2. *La falta de protección de los migrantes climáticos*

Pese a que los movimientos poblacionales han sido siempre una estrategia habitual de adaptación humana, hoy en día debemos tener presentes las leyes estatales sobre la migración, que limitan la entrada de los extranjeros en los Estados de los que no son nacionales. Los países están obligados, únicamente, a dar protección a

[21] http://www.europapress.es/internacional/noticia-nueva-zelanda-planea-crear-visado-especial-refugiados-cambio-climatico-20171117162424.html.

[22] http://www.climate.gov.ki/2014/05/30/kiribati-buys-a-piece-of-fiji/.

[23] https://www.theguardian.com/environment/2014/jul/01/kiribati-climate-change-fiji-vanua-levu.

[24] http://newsroom.unfccc.int/es/cop23-bonn/asi-impacta-el-cambio-climatico-a-fiji/.

[25] «Most of the 1,000 or so Marshall Islands, spread out over 29 narrow coral atolls in the South Pacific, are less than six feet above sea level» (https://www.nytimes.com/interactive/2015/12/02/world/The-Marshall-Islands-Are-Disappearing.html).

[26] Nos estamos refiriendo al *Compact of Free Association Act* de 1986, en cuyo artículo IV, sección 141, se contempla el asunto de la inmigración. Dicho texto legal se puede consultar en: https://www.doi.gov/oia/about/compact.

[27] http://www.exteriores.gob.es/Documents/FichasPais/ISLASMARSHALL_FICHA%20PAIS.pdf.

las personas que cumplen las exigencias de determinados Tratados Internacionales de los que aquellos son parte, como es el caso de los refugiados o de los apátridas[28].

Es por ello que determinar quién es un refugiado y quién es estrictamente un migrante deviene fundamental, ya que implica que esa persona tiene un derecho legalmente establecido a recibir protección por parte del Estado de destino. A este fin es importante distinguir entre algunos términos que, a menudo, se confunden.

El primero de ellos es el de «migrante», un término muy complejo, pues admite numerosas tipologías no excluyentes. De acuerdo con el concepto de migrante que maneja la Organización Internacional para las Migraciones[29], se ha venido entendiendo que son personas que cambian su lugar de residencia habitual, de manera voluntaria, y por cuestiones económicas, principalmente. Sin embargo, no es difícil encontrar migrantes que se ven obligados a abandonar su lugar de residencia de manera forzosa, por lo que la migración, en términos generales, puede ser considerada como todo movimiento de personas que se desplazan hacia otro país o región desde su lugar de origen[30] sin tener en cuenta la razón de ese desplazamiento. Dicha consideración sobre el motivo del desplazamiento sí es importante, sin embargo, de cara a la aplicación de un régimen legal u otro a la persona migrante.

Podemos distinguir multitud de clases o tipos de migrantes, en función de determinadas variables. Por ejemplo, según el alcance de su movilidad tendríamos migrantes internos y migrantes internacionales; en función de la duración de ese desplazamiento hablaríamos de migraciones temporales, circulares («refugiados en órbita»)[31] o definitivas; si tenemos en cuenta la condición legal de los migrantes distinguiríamos entre migrantes regulares y migrantes irregulares; o si reparamos en la voluntariedad del desplazamiento, distinguiríamos entre migraciones voluntarias o forzadas.

[28] Mcadam, J., «El desplazamiento provocado...» *op. cit.*, p. 1.

[29] «Este término abarca usualmente todos los casos en los que la decisión de migrar es tomada libremente por la persona concernida por «razones de conveniencia personal» y sin intervención de factores externos que le obliguen a ello. Así, este término se aplica a las personas y a sus familiares que van a otro país o región con miras a mejorar sus condiciones sociales y materiales y sus perspectivas y las de sus familia», Glosario sobre migración, OIM, 2006.

[30] Atapattu, S., «Climate change: disappearing states, migration, and challenges for international law», *Washington Journal of Environmental Law & Policy 1*, 2014, p. 23.

[31] En palabras de Mariño Menéndez, los refugiados en órbita son *personas no reconocidas definitivamente como «refugiados» en sentido propio por ningún Estado* (...) *porque no hay acuerdo entre los Estados con los que el «buscador de refugio» haya tomado contacto, respecto a cuál de ellos debe otorgar su protección a la persona en cuestión.* Mariño Menéndez, F.M., «El concepto de refugiado en un contexto de derecho internacional general», *REDI*, vol. 35, nº. 2, 1983, p. 345.

La clasificación que a nosotros nos interesa en este momento es la relativa a la causa que motiva la migración, pudiendo distinguir entre causas económicas, familiares, medioambientales, políticas, religiosas, étnicas, violentas, sexuales, guerras… El problema que surge aquí es que la migración es un fenómeno multicausal en el que intervienen también factores sociales, económicos, políticos y demográficos. Por tanto, no podemos afirmar que el cambio climático sea el factor clave de los desplazamientos forzosos, pues es casi imposible aislar ese factor del resto[32]. Por ejemplo, un conflicto armado, una situación de subdesarrollo, el fuerte crecimiento demográfico, la inestabilidad política o una mala planificación urbana debilitan la resiliencia de las personas afectadas a la vez que agravan el impacto del cambio climático y la degradación del medioambiente[33].

Esto significa que, por lo que se refiere a la relación entre los movimientos migratorios y el cambio climático, se debe abandonar la idea de causa-efecto, pues si bien es cierto que el cambio climático tiene efectos reales sobre la migración, estos se producen de forma más compleja.

Quizá la mejor definición de migrante por motivos medioambientales con la que contamos, por ser una definición muy amplia que pretende reflejar la complejidad de la cuestión al incluir movimientos voluntarios, forzados, internos, internacionales, de gradación lenta y de gradación extrema, es con la que trabaja la Organización Internacional para las Migraciones, que entiende que «los migrantes por motivos ambientales son personas o grupos de personas que, principalmente en razón de un cambio repentino o progresivo en el medio ambiente, que incide adversamente en sus vidas o en las condiciones de vida, se ven obligados a abandonar el lugar habitual de su residencia, u optan por hacerlo, ya sea temporalmente o con carácter permanente, y que se desplazan dentro del país o al extranjero»[34].

Los movimientos de personas a causa del deterioro del entorno de los pequeños Estados insulares bajos que analizamos en estas líneas se pueden subsumir perfectamente en esta definición pues, aunque la degradación viene provocada por la mano del hombre, no dejan de ser cambios en el medio los que dan lugar a la emigración.

Asimismo, las personas en estas circunstancias pueden entenderse también como un subtipo de migrante medioambiental, que venimos denominando migrante climático, y cuya nota característica sería que esas modificaciones en el entorno

[32] Dun, O. y Gemenne, F., «Definir la migración por motivos medioambientales», *Revista Migraciones Forzadas*, nº. 31, 2008, pp. 10-11; o también Solà Pardell, O., «Desplazados medioambientales. Una nueva realidad». *Cuadernos Deusto de Derechos Humanos*, nº. 66, 2012, p. 38.

[33] Agenda para la protección de las personas desplazadas a través de fronteras en el contexto de desastres naturales, p. 3. Disponible en https://disasterdisplacement.org/wp-content/uploads/2015/03/02062016_Protection_Agenda_Final_SP.pdf.

[34] «Glossary on Migration», 2ª ed., *International Migration Law*, nº. 25, OIM, Ginebra, 2011, p. 33.

estarían relacionadas con el cambio climático antropogénico. De ese modo, la subida del nivel del mar a causa del cambio climático (circunstancia diferenciadora de este término), provocaría la inhabitabilidad progresiva de un Estado (cambio progresivo en el medioambiente) antes de hacerlo desaparecer bajo las aguas del océano, incidiendo adversamente en las condiciones de vida de sus habitantes, que se verían obligados a abandonar esa zona (mediante desplazamiento interno o internacional).

Habiendo abordado ya el término migrante, resta hacer una referencia a los desplazados y los refugiados, que son tipos particulares de migrantes. Ambos son movimientos forzados a causa de la violencia y se diferencian en base al ámbito geográfico de movilidad: si el desplazamiento es interno, dentro de las fronteras de su Estado, hablamos de desplazados, mientras que si es un movimiento que traspasa fronteras, hablamos de refugiados.

La importancia de englobar a estas personas en una u otra categoría reside en el hecho de que les va a corresponder un régimen jurídico u otro, del que surgirán determinados derechos y obligaciones, como ya venimos afirmando.

Hecha esta distinción, debemos preguntarnos si las personas que migran de manera forzosa a causa de los efectos del cambio climático entrarían dentro de la categoría de refugiado. No siendo así, estos individuos corren el riesgo de ser considerados inmigrantes irregulares en el país al que se hayan desplazado, encontrándose en una situación de abandono y desprovistos de protección legal.

Desde el punto de vista jurídico y con el marco del que disponemos para regular la figura del refugiado, la Convención de Ginebra de 1951 con su Protocolo de 1967, un migrante por causas medioambientales no sería un refugiado, pues para atribuirle tal condición debería reunir alguno de los motivos tasados del art. 1.2 de dicha Convención[35], debiendo ser perseguido por motivos de raza, religión, nacionalidad, grupo social u opiniones políticas.

Es por ello que pese al debate generado inicialmente y a los intentos de que la definición de refugiado de la Convención de Ginebra se aplicara también a los migrantes por causas medioambientales[36], lo cierto es que dicha equiparación no puede darse en términos jurídicos. Sin embargo, el término «refugiado medioambiental»

[35] Este artículo establece que «El término *refugiado* se aplicará a toda persona que debido a fundados temores de ser perseguida por motivos de raza, religión, nacionalidad, pertenencia a determinado grupo social u opiniones políticas, se encuentre fuera del país de su nacionalidad y no pueda o, a causa de dichos temores, no quiera acogerse a la protección de tal país; o que, careciendo de nacionalidad y hallándose, a consecuencia de tales acontecimientos, fuera del país donde antes tuviera su residencia habitual, no pueda o, a causa de dichos temores, no quiera regresar a él».

[36] *Vid.*, en este sentido, Rivillo Torres, J., «Refugiados climáticos y Territorios Frontera», *Redes.com*, nº. 13, 2016, pp. 167-196.

continúa en uso, principalmente por parte de movimientos ciudadanos, en un intento de generar mayor impacto en la opinión pública y de eliminar la connotación peyorativa que parece acompañar al término (in)migrante. Durante los últimos años, sin embargo, a causa de la guerra en Siria y la llamada «crisis de los refugiados»[37], este término también ha absorbido ese tinte negativo. Y no solo eso, sino que algunos de los pequeños Estados insulares han expresado, inclusive, que no quieren ser considerados refugiados, precisamente por la carga despectiva que acompaña al término[38], ya que la situación de desamparo e indefensión sin perspectivas de futuro de los refugiados no se corresponde con su situación particular y con el fuerte orgullo pacífico[39].

III. SOLUCIONES

Habiendo visto la complejidad y la situación de desamparo a la que se están sometidos aquellos que sufren en primera persona los efectos adversos del cambio climático, el siguiente paso será exponer la variedad de soluciones que se pueden plantear para tratar de colmar esa falta de protección.

Para ello, podemos diferenciar entre aquellas respuestas que se basan en instrumentos existentes, y las respuestas que pasarían por crear instrumentos *ex novo*.

Respecto a las primeras, una posible solución que se ha venido planteando sería modificar la regulación de Ginebra ampliando su definición de refugiado, de manera que pudiera dar cabida también a quienes huyen de su hogar por circunstancias medioambientales[40].

[37] *Vid.*, por ejemplo, González Enríquez, C., «La crisis de los refugiados y la respuesta europea», *Real Instituto Elcano*, 2015; https://www.eldiario.es/theguardian/mitos-crisis-refugiados_0_782522278.html; o https://cnnespanol.cnn.com/video/crisis-refugiados-amenaza-union-europea-transformacion-confirmacion-politica-continente-acuerdo-control-flujo-controversia-brexit-adriano-bosoni-entrevista-rodriguez-dinero/.

[38] http://insidestory.org.au/we-arent-refugees/; http://fijisun.com.fj/2016/12/13/people-displaced-by-climate-change-not-refugees-tuvalu-pm/; https://www.theguardian.com/vital-signs/2014/sep/18/refugee-camps-climate-change-victims-migration-pacific-islands.

[39] Mcadam, J., «Refusing 'Refuge' in the Pacific: (de)constructing climate-induced displacement in international law», 2010, p. 12, disponible en https://www.researchgate.net/publication/228196628_Refusing_%27Refuge%27_in_the_Pacific_DeConstructing_Climate-Induced_Displacement_in_International_Law.

[40] En apoyo a esta propuesta encontramos autores como Kolmannskog, V., «Climates of displacement», *Nordic Journal of Human Rights*, vol. 26, 2008, pp. 302-320; o Borrás Pentinat, S., «Refugiados ambientales: el nuevo desafío del Derecho internacional del medio ambiente», *Revista de Derecho*, vol. 19, nº. 2, 2006, pp. 85-108.

De optar por esta vía, las ventajas parecen claras: se estaría otorgando una elevada seguridad jurídica a estas personas, que disfrutarían de los mismos derechos que ostentan los refugiados en función de la Convención.

Por contra, el emprender la negociación de esta modificación podría dar lugar a una debilitación del sistema[41] que, pese a sus deficiencias, ha venido funcionando de manera aceptable. Asimismo, el sistema de 1951 también presenta limitaciones para acoger esta nueva realidad, ya que no fue pensado para la complejidad que presentan las migraciones climáticas. Por último, no debemos perder de vista la resistencia que muestran los Estados para debatir y tratar la cuestión dentro del sistema de refugio de la Convención.

Otra vía de actuación que sería posible plantear sería integrar el debate en el contexto de la CMNUCC aprovechando el éxito, en términos de rapidez y número de ratificaciones, que ha alcanzado el Acuerdo de París. Esa gran acogida del instrumento de la COP-21 vino a poner de manifiesto la preocupación compartida por el medioambiente y la necesidad de actuar en aras a combatir el cambio climático, reconociéndose mundialmente su existencia, su origen antropogénico, la amenaza que supone, y el vínculo entre migración, derechos humanos y cambio climático[42]. Además, la Convención proporciona un marco jurídico e institucional bien establecido que se podría aprovechar para este proyecto.

Sin embargo, este sistema tampoco está exento de limitaciones. Por ejemplo, el hecho de que fuera pensado para medidas de mitigación de emisión de gases de efecto invernadero, principalmente, puede suponer una desventaja. O también el hecho de que esta Convención se basa en establecer relaciones entre los Estados, y no entre los Estados y los individuos.

[41] En este sentido se pronunciaba el propio Antonio Guterres: «El ACNUR considera que con cualquier iniciativa para modificar esta definición se correría el peligro de una renegociación de la Convención de 1951, que en el entorno actual puede dar lugar a una reducción de las normas de protección del refugiado e incluso socavar todo el régimen de protección internacional de refugiado». Guterres, A., «Cambio climático, desastres naturales y desplazamiento humano: la perspectiva del ACNUR», documento de 23 de octubre de 2008, disponible en http://www.unhcr.org/497891022.pdf.

[42] Esta cuestión se debatió en la etapa de negociación del Acuerdo y, en un primer momento, se pensó en incluirla dentro del articulado del texto; sin embargo, finalmente se decidió lo contrario, «relegándola» a su Preámbulo, que recoge lo siguiente: «Reconociendo que el cambio climático es un problema de toda la humanidad y que, al adoptar medidas para hacerle frente, las Partes deberían respetar, promover y tener en cuenta sus respectivas obligaciones relativas a los derechos humanos, el derecho a la salud, los derechos de los pueblos indígenas, las comunidades locales, los migrantes, los niños, las personas con discapacidad y las personas en situaciones y vulnerables y el derecho al desarrollo, así como la igualdad de género, el empoderamiento de la mujer y la equidad intergeneracional (...)».

Descendiendo un escalón en el nivel de protección podríamos quedarnos en el ámbito del *soft law* y los principios generales, aunando esfuerzos para desarrollarlos y conseguir, con el paso del tiempo, su plasmación en tratados o acuerdos de carácter vinculante. Pensemos, por ejemplo, en los Principios Rectores de los Desplazamientos Internos de Naciones Unidas de 1998, que al ser recogidos en el articulado de la Convención de Kampala de 2012, pasaron a ser vinculantes en su ámbito regional de aplicación territorial[43].

En este marco tenemos también el exitoso ejemplo de la Iniciativa Nansen, lanzada en el año 2012 por Noruega y Suiza como un proceso de consulta internacional que pudiese generar un amplio consenso entre Estados sensibilizados con la problemática de los desplazamientos por razones medioambientales y del cambio climático[44]. A través del establecimiento de una agenda operativa, su principal objetivo consiste en poder evitar, en la medida de lo posible, que las personas afectadas por los eventos climatológicos extremos o la degradación del medio se vean obligadas a abandonar su hogar, desplazándose dentro de su propio Estado o más allá de las fronteras de este. Este propósito podría materializarse mediante la adopción de las medidas de prevención necesarias en cada escenario concreto[45] o, en el caso de que esta prevención no se haya podido realizar, con la iniciativa se pretende que los Estados otorguen una protección efectiva, determinada y consensuada a las personas afectadas por estos desastres medioambientales.

Los puntos fuertes a destacar de esta posición serían la mayor facilidad a la hora de negociar estos principios o recomendaciones y el apoyo de los Estados, todo ello debido al carácter no vinculante de aquellos. Asimismo, también sería posible que las negociaciones tuvieran en cuenta, en mayor medida, las necesidades regionales o nacionales, pudiéndose adaptar a ellas. Todo ello dota de agilidad al proceso pero, a su vez, nos resignamos a establecer un nivel de protección bajo cuya efectividad, finalmente, va a depender del compromiso y la voluntad de los Estados.

La segunda categoría de respuestas que se nos plantea implicaría la elaboración y el desarrollo de instrumentos nuevos. Así, podemos abordar la posibilidad de elaborar un Tratado internacional específico, *ad hoc*, sobre la cuestión de los migrantes

[43] Jaksa, B. y Smith, J., «África: de los principios voluntarios a las normas vinculantes», *Revista Migraciones Forzadas,* nº. especial, diciembre 2008, pp.18 y 19.

[44] *Vid.* Martín Cubel, F., «El esfuerzo por el reconocimiento del refugiado medioambiental: la Iniciativa Nansen», *IEEE*, nº. 5, 2017, pp. 435-449.

[45] Dichas medidas preventivas pueden ser muy variadas, pudiéndose implementar desde acciones de reducción del riesgo de desastres, hasta medidas de adaptación o de reubicación planificada, pasando por la mejora de las infraestructuras. *Vid.* Kälin, W., «La Iniciativa Nansen: crear consenso sobre el desplazamiento en el contexto de los desastres», *Revista de Migraciones Forzadas*, nº. 49, 2015, pp. 5-7.

climáticos. Este sería el caso de las propuestas de varias universidades, entre ellas la de Limoges, Harvard o Ámsterdam[46].

El proyecto que mayor repercusión parece estar teniendo, al menos en el ámbito académico y doctrinal, es el elaborado en la universidad francesa de Limoges[47], que ya va por su cuarta versión[48]. Se trata de un texto bastante completo que, bajo el formato de un Tratado con un preámbulo y un articulado dividido en capítulos, combina responsabilidad y protección. Su objetivo es garantizar los derechos de los desplazados ambientales, a los que define como personas físicas, familias, grupos y poblaciones que se enfrentan a un cambio repentino o gradual de su medioambiente que inevitablemente pone en peligro sus condiciones de vida, obligándoles a abandonar, en una emergencia o a largo plazo, su lugar de residencia habitual.

La conveniencia de optar por esta alternativa de adopción de un nuevo acuerdo es que conseguiríamos un instrumento actual y completo, ya que estaría adaptado a todas las necesidades y complejidades que presentan estos movimientos de población. También conllevaría la creación de toda una estructura institucional, propia y adaptada a las necesidades que surgieran, además de la estructura financiera correspondiente. De otro lado, si nos centramos en los puntos débiles de estas iniciativas, el principal y más complicado es el de evitar tanto la impasibilidad como la resistencia de la comunidad internacional a optar por alguno de estos instrumentos.

Si es cierto que lograr la aprobación de un acuerdo jurídicamente vinculante por parte de toda la comunidad internacional es, actualmente, una utopía, optar por la elaboración de acuerdos regionales o bilaterales puede ser una realidad más factible que podría extenderse con el tiempo.

En ese caso, no habría la necesidad de partir de cero en las negociaciones, pues podríamos partir de la base de acuerdos existentes como el de EEUU y las Islas Marshall que, si bien no fue diseñado para hacer frente al cambio climático y sus consecuencias para los desplazamientos humanos, puede servirnos de referente.

Si optamos por este tipo de acuerdos más restringidos, en principio encontraríamos una mayor facilidad para negociarlos y para alcanzar un consenso. Además, las respuestas estarían más adaptadas a las necesidades regionales, lo que es muy importante si tenemos en cuenta las previsiones que consideran que los

46 López Ramón, F., «Los derechos de los emigrantes ecológicos», *Cuadernos Manuel Giménez Abad*, nº. Extraordinario 6, 2017, pp. 13 y 14.

47 https://cidce.org/deplaces-environnementaux-refugies-ecologiques-environmentally-displaced-persons/.

48 La cuarta versión es muy reciente, pues data de mayo de 2018.

desplazamientos ocurrirán, prioritariamente, dentro del mismo país o de una misma región[49].

Pasando a señalar las desventajas de este tipo de acuerdos, nos encontraríamos, primero, con la posibilidad de que surgieran desequilibrios entre las distintas respuestas regionales y, segundo, con el riesgo de que dichas respuestas quedaran restringidas únicamente a los países y regiones más afectados por estos movimientos poblacionales que, presumiblemente, serán los que tomen la iniciativa a la hora de elaborar y tratar de aprobar estos acuerdos.

En cualquier caso, no debemos pasar por alto que existe un régimen de protección inamovible, como es el régimen de los derechos humanos.

Independientemente de las incertidumbres y complejidades que rodean a nuestro tema de estudio, las personas que se ven obligadas a abandonar su hogar a causa de la destrucción de su entorno no se pueden ver despojadas de sus derechos humanos más fundamentales, inherentes a toda persona.

Por tanto, ese vacío aparente de protección internacional podría verse colmado por esta rama del derecho. Entre otras cosas, de esta forma se solventaría la cuestión terminológica jurídica[50], pues al margen de las circunstancias personales de cada individuo, ya sea nacional, apátrida, refugiado o migrante, o incluso si no encaja en ninguna de estas categorías, sería igualmente objeto de protección acudiendo al régimen de los derechos humanos.

Así, además de los derechos humanos absolutos, como sería el derecho a la vida, sin el cual el resto de derechos no tendrían razón de ser, estas personas gozarían de otra serie de derechos que, bajo el principio de no discriminación, no admitirían, por el mero hecho de que una persona fuera extranjera, un tratamiento diferenciado del que recibiría un nacional[51]. Esos derechos serían, entre otros, la libertad de pensamiento, conciencia y religión, los derechos garantizados en un juicio o la prohibición de ser sometido a tortura o tratos crueles, inhumanos o degradantes.

IV. CONCLUSIONES

Como hemos visto, el cambio climático está poniendo a prueba la capacidad de la comunidad internacional para dar respuesta tanto a los impactos que este

49 http://acnur.es/noticias/notas-de-prensa/2669-preguntas-frecuentes-sobre-desplazamiento-por-cambio-climatico-y-desastres-naturales.

50 Espósito, C. y Torres Camprubí, A., «Cambio climático y derechos humanos: El desafío de los 'nuevos refugiados'», *Revista de Derecho Ambiental de la Universidad de Palermo*, nº. 1, 2012, p. 20.

51 Aleinikoff, A., «Un análisis sobre las Normas Jurídicas Internacionales y Migración», *Diálogo Internacional sobre la* Migración, nº. 3, OIM, Ginebra, 2002, disponible en http://publications.iom.int/system/files/pdf/idm3_sp.pdf.

fenómeno ya está causando, como a aquellos que no ha causado todavía pero que causará en un futuro más o menos cercano.

Sin embargo, pese a que los pequeños Estados insulares de baja altitud ya han dado la voz de alarma, el asunto no se concibe como un problema apremiante ni global por el resto de Estados que no se verían afectados de forma significativa por la subida del nivel del mar.

Y es que de poco sirve la gran cantidad de foros intergubernamentales relacionados con el cambio climático que han venido creándose en los últimos años, si finalmente los Estados no se muestran favorables a adoptar ningún instrumento legalmente vinculante que les obligue a prestar atención, ayuda y protección a las personas que se ven obligadas a huir y abandonar su hogar por circunstancias que vienen provocadas, en gran medida, por la actividad contaminante del hombre.

Como hemos visto, existen propuestas y proyectos que ofrecen soluciones, por lo que no cabe excusarse en la complejidad del problema o en la falta de alternativas. La comunidad internacional debe tomar en serio el principio de las responsabilidades comunes pero diferenciadas, no solo aportando su ayuda financiera o tecnológica a los países que más la necesitan, sino haciendo todo lo posible por adoptar una solución que preserve la dignidad y haga efectivos los derechos de los migrantes climáticos.

PARTICIPACIÓN Y REPRESENTACIÓN POLÍTICAS EN ESPAÑA: EVOUCIÓN Y CAMBIOS EN 40 AÑOS DE CONSTITUCIÓN

José Luis Mateos Crespo[1]

I. INTRODUCCIÓN

Recientemente, la Constitución española ha cumplido cuarenta años y ha llegado el momento de realizar un análisis acerca de la vigencia de su contenido. En concreto, en este trabajo nos disponemos a evaluar el desarrollo del derecho constitucional a la participación política en España desde 1978, al tiempo que se pretende contextualizar este derecho en el momento actual y su correspondencia con la representación política, que ha estado y sigue dominada por la cuasi omnipresencia de los partidos políticos.

En efecto, el papel de los partidos políticos permanece prácticamente intacto desde el año 1978, cuestión que también será abordada en el presente trabajo por cuanto supone la consolidación de la denominada *partitocracia* donde, en contraposición con el término Democracia, el poder real no reside en el pueblo sino en los partidos políticos. Desde luego, la representación política ha variado en cuanto a sus formas y métodos, se ha ido adaptando progresivamente al nuevo contexto social, sobre todo con la llegada de las nuevas tecnologías, pero ello no ha impedido que sean los partidos políticos quienes continúen monopolizando todavía a día de hoy la labor representativa.

No obstante, tras la ruptura del denominado bipartidismo como consecuencia del surgimiento de otras fuerzas políticas con un importante respaldo electoral, el escenario político ha variado notablemente en cuanto a la distribución de la representación. Ahora bien, no se puede deducir de los datos que serán puestos de manifiesto en este trabajo, que el interés hacia la política y la calidad de la democracia, hayan mejorado. Si acaso, ha significado un impulso hacia nuevas formaciones políticas que han logrado captar el voto antes no representado o engullido por la inercia en el sentido del voto hacia las formaciones políticas mayoritarias.

[1] Universidad de Salamanca.

II. EL ESTALLIDO DEL 15-M COMO ORIGEN DE LOS RECIENTES CAMBIOS

Como consecuencia de la crisis económica a la que siguió una crisis política que cristalizó en el surgimiento del *Movimiento 15-M*, denominación bajo la que se asoció a las movilizaciones iniciadas el 15 de mayo de 2011 en las principales plazas de las ciudades españolas. No hay duda, desde sus inicios, que las protestas del también llamado «movimiento de los indignados» y el posterior devenir en la política asociado a ellas, puede hablarse de un nuevo y verdadero movimiento social[2]. Las protestas se trasladaron a las plazas de las ciudades de todo el país, que fueron ocupadas durante días, en plena campaña de las elecciones municipales y autonómicas de 2011. El interés mediático que habitualmente copaban los partidos políticos y los líderes de las candidaturas durante las campañas electorales, se desvió a las plazas donde la ciudadanía se concentraba para reivindicar una democracia real y como muestra de su hartazgo hacia la corrupción política y el bipartidismo imperante.

Las concentraciones se mantuvieron también en la última semana de la campaña electoral y alcanzaron de forma inédita hasta el mismo día de las votaciones, incluyendo la jornada de reflexión, lo que motivó el pronunciamiento expreso de la Junta Electoral Central[3] ante las consultas realizadas por la Abogacía del Estado y la Junta Electoral Provincial de Salamanca. En su acuerdo, la Junta Electoral Central declaró «contrarias a la legislación electoral» las concentraciones solicitadas para su desarrollo en la jornada de reflexión y el día de las votaciones, si bien esta resolución contó con diversos votos particulares. Lo resuelto por la Junta Electoral Central no fue interpretado en sentido uniforme, pudiéndose aludir a dos tipos de interpretación: literal y lógica-sistemática[4]. Conforme a la primera interpretación, cabría la prohibición de todas las concentraciones convocadas por el movimiento 15-M durante las jornadas de reflexión y de votación, mientras que de acuerdo a la segunda interpretación, sólo se podrían prohibir aquellas concentraciones que tuvieran como finalidad la petición expresa de voto o exclusión de voto hacia determinadas formaciones políticas y las que se produjeran en inmediaciones de los locales electorales con posibilidad de entorpecer el ejercicio del voto por los electores, circunstancias que deberían valorarse en cada caso concreto por las Juntas Electorales Provinciales. La segunda interpretación conecta mejor con la jurisprudencia del Tribunal Constitucional al situarse en la perspectiva más favorable del

[2] Cruells, M. *et al*: *La democracia del futuro. Del 15M a la emergencia de una sociedad civil viva*, Ed. Icaria, Barcelona, 2013, pp.: 7 y ss.

[3] Acuerdo nº 349 JEC, de 19 de mayo de 2011.

[4] Gálvez Muñoz, L.: «La Junta Electoral Central ante las concentraciones del 15-M», *Revista Española de Derecho Constitucional,* núm. 95, 2012, pp. 389 y ss.

ejercicio de los derechos fundamentales, siendo adoptada por la mayoría de las Juntas Electorales Provinciales al permitir las concentraciones en las jornadas de reflexión y de votación[5].

Pero, más allá de la relevancia de las decisiones de las juntas electorales sobre las concentraciones, es importante analizar las principales causas y consecuencias del Movimiento 15-M en la política española desde su estallido hasta el momento actual. Antes de analizar las causas concretas conviene reconocer que, quizás, buena parte del éxito del Movimiento 15-M reside en que, desde el origen del mismo, hubo ausencia de liderazgos individuales por medio de «la evocación de un sujeto desconocido, *los indignados*, del que se sabía su existencia virtual pero no cuál podía ser su existencia política»[6]. La indignación fue el *leitmotiv* de las movilizaciones y la correa de transmisión para que la simpatía hacia los manifestantes fuera mayoritaria entre la sociedad española: dos tercios de los encuestados por Metroscopia en junio de 2011 declararon su simpatía hacia el Movimiento 15-M[7].

El contexto en el que se produce el estallido del citado movimiento, en la primavera del año 2011, tiene causas endógenas propias de la situación política y económica por la que atravesaba el país: coincide con el pico más agudo de la crisis económica que azotaba a media Europa –incluida España–, que sobre todo se manifestaba en un alto desempleo, el incremento de las desigualdades y recortes en el gasto público que afectaban sobre todo a los servicios propios del Estado del Bienestar. Sin duda, este movimiento catalizó el malestar ciudadano por la situación provocada por la crisis económica[8]. Al mismo tiempo, a medida que la crisis avanzaba, se empezaban a conocer casos de corrupción de la época de bonanza y que afectaba a las principales formaciones políticas del país. Este cóctel provocó la indignación de miles de españoles movilizados en las plazas de las ciudades, reunidos en asambleas y coreando frases como «no nos representan», «lo llaman democracia y no lo es» o «no hay pan para tanto chorizo». También concurrieron circunstancias de naturaleza política y económica exógenas como, por ejemplo, la influencia de los mercados financieros en las decisiones políticas en el ámbito europeo que, a su vez, exigían medidas a los Estados miembros de la UE.

No hay duda de la naturaleza política de las movilizaciones ciudadanas, en tanto el origen de las mismas y su expresión comparten esta misma naturaleza. No obstante, hay autores que encuadran al Movimiento 15-M también dentro de

[5] *Ibídem*, pp.: 390 y ss.

[6] Fernández de Rota, A.: «Las políticas de la multitud. De la antropología reflexiva al movimiento por una democracia real», *Etnicex: revista de estudios etnográficos*, núm. 2, 2011, p. 71.

[7] Urquizu, I.: La crisis de la representación en España, Madrid, Ed. Catarata, 2016, p. 23.

[8] Blanco Valdés, R.L.: «El año que vivimos peligrosamente: del bipartidismo imperfecto a la perfecta ingobernabilidad», *Revista Española de Derecho Constitucional*, núm. 109, 2017, p. 77.

las fuerzas propias de la *antipolítica*[9], por cuanto supone una ruptura con respecto a la situación política predominante hasta ese momento; es decir, catalogándolo como un ejercicio de política y antipolítica de forma simultánea. Ahora bien, en mi opinión, es poco discutible la definición como política de la acción de los indignados[10], en tanto el significado de gran parte de las causas por las que se produjeron las movilizaciones eran de naturaleza eminentemente políticas; y no es posible compartir que, en este caso, las acciones de los concentrados tuvieran también una finalidad antipolítica, aunque sí es cierto que la motivación de muchos era manifestar su oposición hacia las prácticas políticas existentes, que asociaban a los casos de corrupción y a los recortes en los servicios públicos; una verdadera sacudida al sistema, como llegaron a mencionar algunos medios durante esas fechas[11]. La poderosa asociación colectiva de la corrupción, los recortes y los efectos conducentes a mayor desigualdad, prendió la mecha para que las masas se movilizaran con el objetivo de pedir no el fin de la política, sino el asentamiento de unas bases sobre las que forjar un nuevo escenario político para superar el bipartidismo protagonista de las últimas tres décadas y que, como veremos a continuación, tal cambio de escenario se acabó produciendo en las elecciones posteriores más allá del año 2011.

III. EL NUEVO ESCENARIO POLÍTICO TRAS LA RUPTURA DEL *BIPARTIDISMO*

Tras casi cuarenta años de dictadura y desde la Transición política, el voto y la representación política parlamentaria en España se han concentrado fundamentalmente en torno a dos formaciones políticas: una del centro-derecha (UCD inicialmente y PP después) y otra del centro-izquierda (PSOE). Esta situación no ha impedido que haya habido otras formaciones políticas de ámbito nacional con representación, como fue el caso de Alianza Popular (AP) antes de la disolución de UCD o más tarde con casos como el CDS o UPYD, en el espectro del centro-derecha; o el Partido Comunista (PCE) inicialmente e Izquierda Unida después, en el espectro de la izquierda política. En términos generales, como veremos el Parlamento español ha sido plural en las cuatro décadas de democracia constitucional, aunque con un claro sesgo bipartidista.

9 Fernández-Savater, A.: «El 15-M y la crisis de la cultura consensual en España», *Periférica*, nº 13, 2012, p. 66.

10 Calvo, K., Álvarez, I.: «Limitaciones y exclusiones en la institucionalización de la indignación: del 15-M a Podemos», *Revista Española de Sociología*, núm. 24, 2015, p. 116, donde los autores indican que el movimiento 15-M tiene un marcado «carácter político vinculado con el deseo de modificar procesos, instituciones y comportamientos políticos».

11 «El 15-M sacude el sistema», publicado en la edición en papel del diario *El País*, el 22 de mayo de 2011.

En verdad, no podemos hablar de un sistema parlamentario bipartidista perfecto en nuestro país, puesto que ninguno de los dos principales partidos aglutinaba la totalidad de los votos de su espacio ideológico[12], sino que lo compartían con otras fuerzas políticas. Pero el sistema electoral español, desde 1977, tuvo una clara finalidad: la conformación de mayorías estables, por lo que adolece de un claro sesgo hacia la fabricación de mayorías y especialmente conservadoras[13], sobre todo por el desigual tamaño de las provincias y la desproporción existente entre la asignación de escaños a las provincias en función de la población, existiendo una clara sobrerrepresentación de las provincias menos pobladas y, a la vez, infrarrepresentación de las más pobladas. Lo que en un principio se articuló para favorecer mayorías de corte conservador –para favorecer a la UCD a finales de los años 70–, en realidad sirvió para favorecer amplias mayorías de corte progresista, como ocurrió con el PSOE tras las elecciones de 1982, 1986, 1989 y 1993.

Desde finales de los años ochenta, los dos partidos con presencia predominante en las instituciones han sido PSOE y PP, que hasta el momento se han ido alternando en los Gobiernos centrales y en la gran mayoría de las comunidades autónomas, salvo en aquéllas donde existe una fuerza política nacionalista o regionalista, donde participaban directa o indirectamente en la conformación de gobiernos. Pero esta tendencia, que ha tenido sus puntos álgidos en las elecciones generales de 2008 y 2011, con una concentración del voto y la representación parlamentaria superior al 80% entre PSOE y PP, se rompió en 2014 tras las elecciones al Parlamento Europeo, con la fuerte irrupción de nuevas fuerzas políticas como Podemos y Ciudadanos. El «pastel» representativo ya se empieza a repartir entre más formaciones políticas y eso ha traído sus consecuencias en las citas electorales posteriores.

Ahora bien, ¿es posible vincular las movilizaciones ciudadanas en torno al 15-M con el cambio de escenario político varios años más tarde? En mi opinión, existe una relación causal indudable entre ambos hechos: las movilizaciones y el cambio político posterior. Pero, en cambio, no es una relación causa-efecto de inmediatez, sino que tanto causa como efecto son fruto de la evolución de las circunstancias que los rodean. Las movilizaciones de los indignados no fueron el origen sino el síntoma de la crisis política existente y que llevaba años fraguándose entre la ciudadanía. La movilización social en torno al 15-M no era más que el reflejo del hartazgo ciudadano y la crisis de confianza en torno al sistema representativo por su falta de respuesta a las demandas sociales.

[12] Sánchez Muñoz, O.: «El fin (momentáneo) del bipartidismo en España: análisis de los resultados electorales de 2015 y 2016», *Revista Española de Derecho Constitucional,* núm. 109, 2017, p. 240.

[13] Ibídem, pp. 241 y ss.

No fueron en las elecciones inmediatamente posteriores a las movilizaciones, las municipales y autonómicas de mayo de 2011 ni en las generales de ese mismo año, sino que sus efectos electorales se manifestaron en las elecciones de 2014 y siguientes años con la conversión de los movimientos surgidos al calor del movimiento de los indignados y de la crisis económica, en verdaderas formaciones políticas con capacidad de movilización y apoyo electorales que posibilitaron la entrada a los órganos de representación de nuevos actores políticos que, además, abrió un nuevo ciclo político sin mayorías absolutas en los parlamentos autonómicos y en los ayuntamientos de las principales ciudades tras las elecciones de mayo de 2015, tendencia que también se consolidó en las elecciones generales de 2015 y 2016. La entrada de nuevas fuerzas políticas que rompía la tradicional tendencia de mayorías absolutas, tuvo repercusiones en la actividad parlamentaria autonómica: por ejemplo, un mayor protagonismo de la oposición en la tramitación de iniciativas y en el control de los ejecutivos[14].

De los resultados electorales registrados en los comicios citados, es posible inferir una verdadera crisis de representación. Debe matizarse que el rechazo, en general, no se produjo sobre la figura representativa sino hacia quienes hasta entonces tradicionalmente la ejercían, esto es, hacia los miembros de los partidos políticos mayoritarios PP y PSOE. Ello ha ocurrido porque se tiende a asociar las consecuencias de las crisis a los responsables políticos del momento, sobre todo a los que llevan más años, de modo que las preferencias del electorado viraron hacia nuevas formaciones políticas cuyos integrantes eran nuevos o menos conocidos para los electores y, precisamente eso, explica en buena medida el éxito de las formaciones políticas de nueva implantación; dicho de otro modo: «no tener pasado se ha convertido en una virtud»[15] en la política española de los últimos años.

Es preciso indicar que, lejos de dar por superada la crisis de representación en España, ésta sigue su profundización. La llegada de la recuperación económica y la salida de la crisis, no mejora la percepción de los españoles respecto a la representación política, puesto que siguen declarando un alto grado de insatisfacción hacia la principal institución representativa: el Parlamento. En el último Barómetro del CIS publicado[16], más del 70% de los encuestados declaraban estar insatisfechos o muy insatisfechos con el Parlamento español, manifestando el 75'9% del total de los encuestados que en el Parlamento se presta demasiada atención a problemas de poca importancia. Estos recientes datos sobre el Parlamento español nos conducen

[14] Bilbao Ubillos, J.M.: «Un nuevo ciclo político sin mayorías absolutas: los Parlamentos autonómicos recobran protagonismo tras las elecciones de 2015», *Revista Jurídica de Castilla y León*, núm. 42, 2017, pp. 25 y ss.

[15] Urquizu, I., *op. cit.*, p. 114.

[16] Barómetro del Centro de Investigaciones Sociológicas (CIS) de septiembre de 2018, Estudio nº 3223.

a una fácil lectura sobre el estado de su función representativa: hay una combinación de desconfianza hacia los representantes y desconexión entre representantes y representados. Pero el creciente distanciamiento de los ciudadanos respecto de las instituciones representativas, sobre todo lo que afecta a la clase política, «en modo alguno constata la existencia de una ruptura entre éstos y el sistema político»[17].

La ruptura real se produce entre los ciudadanos y determinadas formaciones políticas –PP y PSOE, los partidos políticos tradicionales–, no con el sistema político, para dar paso a nuevas fuerzas parlamentarias de ámbito nacional como son Unidos Podemos y Ciudadanos, que en la actualidad suman 103 escaños de 350, casi el 30% de la representación total. Ahora bien, la aparición de nuevas formaciones políticas puede llevarnos a una conclusión que, de hecho, es errónea: podríamos pensar que ante la aparición de mayor oferta partidista con éxito de obtener representación, la participación electoral se dispara; pero ha ocurrido precisamente lo contrario. En las elecciones generales del año 2008, la participación fue del 73'85%; en las de 2011 del 71'69%; en las de 2015 del 73'20%, y en las de 2016 descendió hasta el 69'84%[18]. De todas estas citas electorales, la suma del bipartidismo llegó a su punto álgido tras las elecciones del año 2008: las dos formaciones políticas mayoritarias, PSOE y PP, sumaron 323 escaños de los 350 posibles, es decir, el 92% de la representación se concentraba tan sólo en dos formaciones políticas; precisamente en las elecciones de mayor participación de las últimas cuatro elecciones generales. Luego es posible asegurar que el impulso dado por las nuevas formaciones políticas de implantación nacional, que en las elecciones autonómicas de mayo de 2015 obtuvieron un importante respaldo electoral, colocándose como tercera fuerza política en la mayoría de parlamentos autonómicos –en el caso de Podemos– o como cuarta o quinta fuerza –en el caso de Ciudadanos–[19], no ha dado como resultado una mayor participación electoral.

Aun así, la implantación y consolidación de nuevas fuerzas políticas más allá de las que han protagonizado la política española en las últimas décadas, es un hecho. Es más, no es descartable que el escenario político varíe hasta tal punto que se introduzcan más fuerzas políticas diferentes a las ya existentes con implantación nacional que se disputen el pastel de la representación parlamentaria, dando como resultado una mayor pluralidad representativa, aunque también tenga como contrapartida un incremento de la inestabilidad para la conformación de gobiernos. A estos movimientos del voto que se traducen en diferente representación a la existente contribuirán, sin lugar a dudas, los nuevos canales de comunicación a través de la utilización de las redes sociales, especialmente las aplicaciones de

[17] Marco Abato, M.: «Una aproximación a la participación de los ciudadanos en la elaboración de la ley», *Anuario de Derecho Parlamentario*, núm. 6, 1998, p. 214.

[18] Fuente: Ministerio del Interior.

[19] Blanco Baldés, R.L. *op. cit.*, pp. 81 y 82.

mensajería instantánea con una penetración casi completa en el público objetivo –el electorado– y ante lo que se deben tomar precauciones sobre el uso invasivo a la intimidad personal.

IV. CONCLUSIONES

La participación política como derecho, garantizado en la Constitución española, apenas ha sufrido cambios en su configuración legal y ninguno en el diseño dado por el constituyente, tras cuarenta años de vigencia. Ello no ha impedido, en cambio, que la sociedad haya variado los hábitos y modos de participación política, que sigue situando el voto en las citas electorales como elemento central, pero conforme a nuevos parámetros sobre todo gracias a la implantación de las nuevas tecnologías de acceso casi universal a la población en su conjunto.

La llegada de la televisión fue un hito social relevante, revolucionario en el caso de la comunicación política, pero la llegada de la red de redes –Internet– ha supuesto tantos o más cambios en la dinámica política como lo fue la generalización del consumo de televisión en la segunda mitad del siglo pasado. Es más, la capacidad de las redes sociales virtuales que han inundado los diferentes dispositivos de nueva generación incorporados a nuestra vida diaria –ordenadores, tabletas, teléfonos inteligentes,...– no sólo son instrumentos para recibir información, sino también para emitirla. El ciudadano individual no sólo es un consumidor de información política, sino también una poderosa fuente de información a tiempo real para las formaciones políticas.

El valor de cómo y qué comunicar se ha multiplicado, no sólo por el gran impacto que tiene en el público en el instante en que se emite una información por el medio elegido, sino por la capacidad de que ese contenido permanezca en este canal y se transmita a otros individuos. Nos referimos a la *viralización* –de viral, contagioso– de los contenidos, esto es, el potencial para que un contenido concreto sea compartido entre el entorno de cada uno, consiguiendo un efecto multiplicador y de contagio en pocas horas. Esta nueva dinámica es la que sobre todo está cambiando recientemente la forma en que la ciudadanía se informa y transmite a otros la información, aunque la práctica llegó de forma más analógica hace más de una década con el envío masivo de SMS y la coletilla final «pásalo».

Ahora bien, es importante poner el foco sobre este tipo de prácticas y dinámicas incorporadas recientemente a los usos y costumbres individuales, y que a su vez han servido para cambiar el modo en que se participa políticamente –aunque sólo sea compartiendo la información que llega al teléfono con terceros–, pues conlleva asociado un alto riesgo para el sistema representativo. La rapidez con que se difunde la información, en ocasiones, provoca a su vez un reclamo de inmediatez en las respuestas pero, en el desarrollo de la labor representativa a menudo, se abordan cuestiones complejas que precisan de una respuesta a la que debe llegarse una vez valoradas las diferentes alternativas y aristas de la decisión a tomar, no siendo la inmediatez aconsejable. El consumo de información «cuanto antes» produce ansiedad en la petición de respuestas ante una realidad conocida y perturba la toma de decisiones y la labor representativa. Dicho de otro modo: hoy en día la política se deja llevar por la inmediatez, pudiendo cometer errores por ofrecer respuestas incompletas a problemas complejos, siendo contraproducente a medio y largo plazo para la propia labor de representación.

Pero no sólo es ingente el volumen de información que nos llega diariamente, sino que debemos ser vigilantes sobre la calidad de la misma. El fenómeno de las «*fake news*» –noticias falsas– está provocando daños con consecuencias políticas, con mayor énfasis en las campañas electorales. Debería articularse algún tipo de control sobre aquellas noticias con riesgo de perturbar el normal desarrollo de, por ejemplo, las campañas electorales, si bien este objetivo no es en absoluto sencillo. Pero sí podrían crearse nuevos organismos encargados expresamente de velar por que la información circulante sea lo más veraz posible, con consecuencias para quienes transmiten masivamente datos erróneos con la intención de influir en los procesos políticos, en especial en los periodos electorales.

En todo caso, no hay duda del cambio en el escenario político en España, producido con la aparición de nuevas formaciones políticas, y la permanencia de esta situación donde la presencia predominante de dos formaciones políticas en las instituciones, ha llegado a su fin. Es indudable que esta nueva situación ha derivado directamente de las movilizaciones del mes de mayo de 2011, no porque debamos considerar en sentido estricto a las formaciones políticas de nueva implantación como herederas de aquello, sino porque el 15-M supuso un cambio de mentalidad política en la sociedad española, variable explicativa de lo sucedido con posterioridad en las preferencias del electorado.

Por último, destacar que la participación política ha cambiado en la forma en que lo ha hecho la sociedad misma. Ahora bien, la práctica del voto no ha variado, es decir, se sigue votando con papeletas, sobres y en urna, pero ello no quiere decir que el modo en que la ciudadanía se relaciona con la política y ejerce su derecho fundamental a la participación, ha permanecido invariable. A los cambios han contribuido, sobre todo, las nuevas modalidades de comunicación, pero también el escenario de crisis económica con consecuencias políticas que motivó la movilización ciudadana en contra del *status quo*. Lo que llevaría a pensar que, superado el periodo de crisis, la situación política volvería a lo anterior, pero no es así porque los cambios han llegado para quedarse.

EL DERECHO A LA DIGNIDAD HUMANA Y EL PRINCIPIO DE CAPACIDAD CONTRIBUTIVA PARA UN IMPUESTO SOBRE LA RENTA JUSTO EN MÉXICO: MÍNIMO VITAL

Guadalupe del Rosario Medina Ceballos[1]

I. INTRODUCCIÓN

El derecho a la dignidad humana y la solidaridad, en concordancia con los derechos esenciales a la vida, a la integridad personal y a la igualdad, en la modalidad de decisiones de protección especial a personas en situación de necesidad manifiesta dan vida jurídica a un derecho conocido como mínimo vital, que impone un límite a la potestad impositiva del Estado a fin de que no puedan afectarse los recursos materiales necesarios de las personas para llevar una vida digna

Si bien es cierto el artículo 31 fracción IV de la Constitución Política de los Estados Unidos Mexicanos, defiende que nuestro sistema fiscal ha de sujetarse a criterios de justicia y equidad principalmente, por consecuencia no debe sujetar a imposición a quienes se encuentran en una situación que no les permite satisfacer sus necesidades básicas para vivir con dignidad, es justo que se llame a tributar a quienes superan ese mínimo, teniendo la riqueza necesaria que les conceda la capacidad apta para contribuir al gasto público, esto es *capacidad contributiva,* en su aspecto subjetivo.

Es por ello que consideramos tiene relevante importante la inclusión de esta figura (derecho), en el sistema fiscal mexicano, pues se debe partir o concientizar de que no todas las personas se encuentran en las mismas condiciones de contribuir al gasto público, ya sea por situaciones personales o familiares inherentes, dejando de lado el egoísmo del Estado al hacerse de recursos, gravando los ingresos de los contribuyentes sin darle la menor importancia a la real capacidad o capacidad

[1] Estudiante de la Maestría en Ciencias del Derecho, con acentuación en Derecho Fiscal, de la Facultad de Derecho Culiacán, Universidad Autónoma de Sinaloa, plan incorporado al Programa Nacional Posgrados de Calidad del Consejo Nacional de Ciencia y Tecnología (CONACYT).

contributiva subjetiva que tenga el sujeto pasivo para aportar al erario público, es decir, tributar en la medida de su capacidad, no de sus ingresos.

II. EL DERECHO A LA DIGNIDAD HUMANA

En un sentido etimológico, el diccionario de la Real Academia Española[2] define la palabra dignidad como proveniente del latín «*dignitas,* y significa *cualidad de digno, excelencia, realce*», interpretando esas palabras como un valor intrínseco que posee cada individuo y que no depende de otro factores para poseerlo, es decir con el solo hecho ser humano ya posee una dignidad integra que debe ser respetada por los demás individuos que conforman un mismo conglomerado social.

La dignidad del hombre o dignidad humana, constituida como la base fundamental en la que se apoyan los derechos humanos, y que es definida como «el derecho que tiene cada ser humano, de ser respetado y valorado como ser individual y social, con sus características y condiciones particulares...»[3].

Estas condiciones son particulares simplemente porque cada persona tiene cualidades o atribuciones que la identifican o difieren de las demás, también se refiere, en obvio de repeticiones, a la nacionalidad, residencia, origen étnico, sexo color, religión, costumbres, lengua o las referentes a un estado de incapacidad física o clases sociales.

II.1. *Antecedentes*

La protección de los derechos humanos en México data de la época de la colonia –no es un secreto el mal trato que recibían los indígenas por parte de los conquistadores– gracias a la labor del español Bartolomé de las Casas quien abogó por su defensa, convirtiéndose sus trabajos en «...un antecedente importante que contribuyó al movimiento insurgente y a la defensa de los derechos humanos en el nuevo mundo»[4].

Cabe mencionar que también los mexicanos se rebelaron contra tal situación de injusticia, destacando «el indígena Francisco Tenamaztle, prisionero en Valladolid por su actividad "subversiva", y quien puso de manifiesto ante el Consejo de Indias

[2] Diccionario de la Real Academia Española, véase en *http://dle.rae.es/?id=DlX5ZXZ.*

[3] Véase en *https://es.scribd.com/document/282430960/Dignidad-Humana* consultado el 15 de septiembre de 2016.

[4] González Pérez, Luis Raul, «Dignidad humana a 200 años del inicio de la independencia y 100 años de la Revolución Mexicana», véase en https://archivos.juridicas.unam.mx/www/bjv/libros/6/2873/13.pdf consultada el día 15 de agosto de 2017.

la necesidad de proteger los derechos humanos de la población originaria en la Nueva España»[5].

Con ello se dio pautas para considerar que todos los seres humanos debemos tener la certeza de que se nos garanticen lo que hoy en día se considera como derechos fundamentales, tal es el caso del derecho a la vida, a la libertad, y seguridad principalmente.

Actualmente, la dignidad humana ha adquirido una categoría importante dentro de los preceptos legales de los países, alcanzando su máxima exigencia de protección, al menos los que conforman la Organización de las Naciones Unidas (ONU) –de la que México es parte desde el año 1945[6]– quien defiende su postura de la dignidad como derecho humano, es fácil deducir que su principal hipótesis es que estos–derechos– los poseemos por el simple hecho de existir, de ser seres humanos, entre los cuales no debe existir ningún tipo de preferencia o discriminación ya sea por nacionalidad, sexo, origen, color, religión, etc.

En efecto, su fin primordial es combatir la discriminación y persuadir la igualdad entre los miembros de la sociedad; pero aun así existen «problemas que rodean a los derechos humanos y que indiscutiblemente influyen mucho en el propio concepto de lo que son los derechos humanos y en el ejercicio efectivo de dichos derechos, forman parte, en realidad de esa enorme gama de problemas fundamentales suscitados por el hecho mismo de la existencia humana»[7].

Es por ello que en la época contemporánea los derechos humanos han alcanzado su mayor auge en cuanto a su protección, la limitación se encuentra en la práctica cuando se propone o no el Estado hacer efectivos estos derechos

Se puede advenir que la dignidad es la clave a la que recurren la mayoría de los juristas para la indagación, al afirmar que «el ser humano posee derechos incondicionados, inviolables, oponibles a cualquier organización social política nacional»[8], incluso aquellas de alcance internacional.

[5] Ídem.

[6] Nota: «México es uno de los 51 miembros fundadores de la Organización de las Naciones Unidas. La delegación mexicana estuvo representada por Ezequiel Padilla, Manuel Tello y Francisco Castillo Nájera, quienes firmaron la «Carta de las Naciones Unidas» el 26 de junio de 1945 y el 7 de noviembre de ese mismo año fue admitido a la ONU. Antes de esto México discutió amplias iniciativas relacionadas a las propuestas hechas en Dumbarton Oaks con los países latinoamericanos en la Conferencia Interamericana sobre Problemas de la Guerra y de la Paz, también conocida como Conferencia de Chapultepec de 1945». Véase en *http://www.unesco.org/new/es/mexico/communities/united-nations-system-in-mexico/mexico-to-the-united-nations/* consultado el 16 de agosto de 2017.

[7] Arévalo, Alvarez, Luis Ernesto, *El concepto jurídico y la génesis de los derechos humanos,* México, Lupus Magister, 1997, p. 25.

[8] Ídem.

La noción que exponemos de dignidad, inspirada en la naturaleza racional y espiritual de hombre, se basan en el contenido de las convenciones y declaraciones que consagran y defienden los derechos humanos, teniendo como bandera precisamente la protección de la dignidad del individuo como persona humana.

Una de las principales características de ser persona, que, como tal, implica la capacidad derivada de una necesidad de poder relacionarse con los demás individuos de la sociedad, para de esta forma poder interactuar de las maneras posibles. «Ello en virtud de que la sociedad ha sido creada por el mismo hombre, quien a su vez ha contribuido a organizarla conforme sus intereses, es decir, procurando alcanzar su felicidad. En esa búsqueda de felicidad, el ser humano ha diseñado mecanismos de defensa que le permitan salvaguardar uno de sus atributos más preciados: su dignidad»[9].

II.2. *La dignidad humana en el orden constitucional mexicano*

Es preciso reiterar, en primer lugar, que el derecho a la dignidad humana se encuentra reconocido en la legislación internacional encargada de velar y proteger la integridad y derechos del ser humano. Tal es el caso de la Declaración Americana de los Derechos y Deberes del Hombre, el Pacto Internacional de Derechos Económicos, Sociales y Culturales así como las Directrices de Maastrich sobre violaciones a los derechos económicos, sociales y culturales, instrumentos en los cuales se retoma la dignidad humana en sus preámbulos como punto de partida para referirse a estos derechos.

En México, después de la reforma constitucional del año 2011, en la cual hubo modificaciones relevantes, como cambiar de nombre al capítulo primero del título primero, denominándolo *De los Derechos Humanos y sus Garantías,* su principal exigencia o cambio fue la obligación de las autoridades de preservar, promover, respetar y garantizar los derechos humanos a todos los mexicanos en general, sin distinción de ningún tipo.

Consecuentemente el derecho a la dignidad humana se encuentra regulado como un bien jurídico más, en nuestra Carta Maga, y es delimitado específicamente en los artículos 1º (último párrafo) donde establece que «Queda prohibida toda discriminación motivada por origen étnico o nacional, el género, la edad, las discapacidades, la condición social, las condiciones de salud, la religión, las opiniones, las preferencias sexuales, el estado civil o cualquier otra que atente contra la dignidad humana y tenga por objeto anular o menoscabar los derechos y

9 García González, Aristeo, «La dignidad humana: núcleo duro de los derechos humanos, Revista Jurídica IUS, de la Universidad Latina de América, véase en *http://www.unla.mx/iusunla28/reflexion/La%20Dignidad%20Humana.htm.*

libertades de las personas»; en el numeral 2º (apartado A, fracción tercera), expresa que «Elegir de acuerdo con sus normas, procedimientos y prácticas tradicionales, a las autoridades o representantes para el ejercicio de sus formas propias de gobierno interno, garantizando que las mujeres y los hombres indígenas disfrutarán y ejercerán su derecho de votar y ser votados en condiciones de igualdad…»; el artículo 3º (fracción II, inciso C) hace referencia a la «diversidad cultural, la dignidad de la persona, la integridad de la familia, la convicción del interés general de la sociedad, los ideales de fraternidad e igualdad de derechos de todos, evitando los privilegios de razas, de religión, de grupos, de sexos o de individuos» y finalmente en el precepto 25 reconoce el derecho de los individuos a una vida digna y expresa que el Estado les garantizará los elementos necesarios para ello.

Consecuentemente ha sido motivo de disputa en la Suprema Corte de Justicia de la Nación, donde los ministros han emitido resoluciones diversas acerca del tema, por mencionar alguna, referimos una de las más recientes en la materia[10], emitida por la primera sala del máximo tribunal, en la cual resolvieron que la dignidad humana en la actualidad deja de ser solo un aspecto moral subjetivo del individuo, a un bien jurídico que debe ser tutelado por el sistema normativo de nuestro país, y debe fungir como un principio jurídico o derecho fundamental que ante todo exige respeto y cumplimiento.

Influimos de nueva cuenta que no basta con solo establecer que se debe cumplir cabalmente con la protección de los derechos humanos, sino llevarlo a la realidad social y aplicarlo literalmente.

[10] Tesis: 1a./J. 37/2016 (10a.), Semanario Judicial de la Federación, Décima Época, 26 de agosto de 2016. RUBRO: DIGNIDAD HUMANA. CONSTITUYE UNA NORMA JURÍDICA QUE CONSAGRA UN DERECHO FUNDAMENTAL A FAVOR DE LAS PERSONAS Y NO UNA SIMPLE DECLARACIÓN ÉTICA. La dignidad humana no se identifica ni se confunde con un precepto meramente moral, sino que se proyecta en nuestro ordenamiento como un bien jurídico circunstancial al ser humano, merecedor de la más amplia protección jurídica, reconocido actualmente en los artículos 1o., último párrafo; 2o., apartado A, fracción II; 3o., fracción II, inciso c); y 25 de la Constitución Política de los Estados Unidos Mexicanos. En efecto, el Pleno de esta Suprema Corte ha sostenido que la dignidad humana funge como un principio jurídico que permea en todo el ordenamiento, pero también como un derecho fundamental que debe ser respetado en todo caso, cuya importancia resalta al ser la base y condición para el disfrute de los demás derechos y el desarrollo integral de la personalidad. Así las cosas, la dignidad humana no es una simple declaración ética, sino que se trata de una norma jurídica que consagra un derecho fundamental a favor de la persona y por el cual se establece el mandato constitucional a todas las autoridades, e incluso particulares, de respetar y proteger la dignidad de todo individuo, entendida ésta –en su núcleo más esencial– como el interés inherente a toda persona, por el mero hecho de serlo, a ser tratada como tal y no como un objeto, a no ser humillada, degradada, envilecida o cosificada.

III. LA CAPACIDAD CONTRIBUTIVA, PRINCIPIO FUNDAMENTAL DEL SISTEMA TRIBUTARIO MEXICANO: ASPECTO SUBJETIVO

La capacidad contributiva surge en la doctrina Europea; sin embargo, ha ido adquiriendo auge en la doctrina mexicana, incluso en la Suprema Corte de Justicia, al adquirirla como un concepto que viene a complementar el principio de proporcionalidad tributaria, establecido tal cual en la Carta Magna[11].

A manera de hacer precisiones tomamos la definición del autor Bonifazel acerca del principio de capacidad contributiva:

Es el enfoque al problema de la equidad en la estructura impositiva conforme al cual la distribución de la carga fiscal debe hacerse de acuerdo con la habilidad para pagar de cada contribuyente, entendiendo por esta, el bienestar económico o nivel de vida de cada causante. Es la regla adoptada por la mayoría de las legislaciones modernas. Generalmente es aceptado que, dependiendo de los beneficios que reciban del gasto de los fondos públicos, los económicamente fuertes, los que disfrutan de un nivel de vida elevado, están obligados a contribuir con una porción mayor de su ingreso a satisfacer los gastos públicos, y que a medida que descienda el nivel económico, los causantes contribuyen con una porción cada vez menor de sus recursos...[12].

Como ya se sabe, principalmente «el objetivo o el fin de los tributos siempre va a ser recaudar dinero, es decir, hacer una detracción dineraria al contribuyente...»[13] detracción que el legislador no toma en cuenta al establecerlos y recaudarlos es la aptitud cualitativa del contribuyente, degradando así, la capacidad para contribuir.

Como referencia a lo anterior, la capacidad contributiva, se debe reconocer como un elemento mediante el cual se pondera la distribución de las cargas y beneficios, o bien la imposición de gravámenes entre los contribuyentes para evitar lo que actualmente ocurre y que ha sido motivo de disputa por la doctrina para defender que no existan cargas excesivas o beneficios exagerados, y que la exigencia de tributos sea siempre basándose en la justicia distributiva[14].

[11] Nota: Las doctrinas jurisprudencial y académica han aceptado pacíficamente que la capacidad contributiva como derecho fundamental se deduce del artículo 31, fracción IV, de nuestra Constitución federal, no obstante que no esté expresamente señalado como tal, sino que por interpretación jurisprudencial se ha introducido el principio de capacidad contributiva –elaborado doctrinalmente en Italia y España– en nuestro derecho... Véase en Ríos Granados, Gabriela, *Control de proporcionalidad en el Derecho tributario* mexicano, México, Porrúa-UNAM, 2009, p. 5.

[12] Chapoy Bonifaz, Dolores Beatriz, «Principio de capacidad contributiva» en Enciclopedia Jurídica Mexicana M-P, México, Instituto de Investigaciones Jurídicas, UNAM, Porrúa, 2002, t. V, p. 722.

[13] Véase en Ríos Granados, Gabriela, *Control de proporcionalidad en el Derecho... op cit.,* p. 67.

[14] Nota: La justicia distributiva reclama que el individuo se beneficie de los gastos públicos en función de sus necesidades. El bien común se distribuye en función de los méritos en la comunidad

A su vez, para Diego Freedman, los dos elementos a considerar para concretar la capacidad contributiva son: «... que el hecho imponible debe manifestar riqueza... el segundo elemento a considerar es que el sujeto incidido por el tributo no debe verse afectado en la satisfacción de sus derechos humanos»[15].

Compartimos esta idea, en función de que justo en la riqueza es donde se encuentra esta aptitud de aportar al erario, y la posee como consecuencia de haber concluido en primer término con sus necesidades primordiales –mínimo vital– y las de las personas que estén a su cargo, si es así, entonces podemos decir que cuenta con capacidad para contribuir.

Esta riqueza de que se habla obviamente debe ser la que posee en el momento actual, es decir, el legislador no puede tomar en cuenta la riqueza que en un momento poseyó el sujeto pasivo, o bien tampoco puede hacer deducciones sobre la riqueza que en un futuro se pueda obtener.

III.1. *Aspecto subjetivo*

Dentro del sistema tributario mexicano el Impuesto Sobre la Renta (ISR) es uno de los impuestos de mayor importancia, debido a que es el que aporta más ingresos al Estado para el financiamiento del gasto público. Sin embargo la idea no es que el estado siga adquiriendo tales ingresos de manera desconsiderada sin pensar un poco en lo que el contribuyente se priva para cumplir con su obligación fiscal.

Es por ello que nos basamos principalmente en la hipótesis de la subjetividad. Si bien es cierto existen dos tipos de renta: la renta neta objetiva y la renta neta subjetiva, la primera referida al ingreso total del contribuyente menos los gastos de producción del mismo; mientras que el sentido de la renta subjetiva va encaminado a aproximaciones más justas, pues toma en consideración «los gastos de mantenimiento necesarios del contribuyente para sí y su familia, que hay que cubrir inevitablemente mediante los ingresos en el sentido económico, y que por eso no son disponibles para el pago de los impuestos»[16].

(valor). El tributo tiene que mantenerse dentro de los límites delineados por el fin al que se orienta el bien común. La ley debe establecer un equilibrio adecuado para que se cumplan ambas exigencias. Véase en Amatucci, Andrea, «Los fundamentos del principio de capacidad contributiva en el pensamiento de Santo Tomás de Aquino», Revista Mexicana de Derecho Financiero y Tributario, México, vol. I, núm. 1, enero-junio de 2014, p. 20.

[15] Freedman, Diego, «Capacidad contributiva y pobreza. Crónica de una reformulación posible», *Lecciones y Ensayos,* Argentina, año 2004, núm. 80, p. 515.

[16] Armienta Calderón, Gonzalo y García Bueno, Marco César, «Elementos para una Reforma del Impuesto sobre la Renta de las personas físicas», *Revista de la Academia Mexicana de Derecho Fiscal,* México, año III, núm. 9, p. 16.

Respecto de la persona en su desenvolvimiento económico de «lo que se trata es de conocer la capacidad individual de una persona en un periodo determinado, los medios de que dispone en tal periodo sin consumir su propio patrimonio y sin tener que recurrir a medios ajenos (deudas)»[17].

El impuesto sobre la renta en México no se tributa sobre una renta bruta, ya que permite ciertas deducciones para calcular la base liquidable. Sin embargo, estas deducciones no permiten del todo abarcar la esfera de satisfacción del individuo, pues no le permiten cubrir lo más elemental para vivir; de modo que lo más adecuado sería determinar el impuesto a partir de una renta neta subjetiva.

Esta modalidad de renta, efectivamente, no está contemplada por la ley fiscal, pero es un aspecto sumamente importante a considerar al momento de gravar la renta; ya que el aspecto subjetivo de la renta engloba elementos de los que la persona no puede prescindir, los cuales son vitales para no caer en las circunstancias de penuria a las que arrastra, tal vez de forma indirecta, el impuesto a la renta, con el fin de cubrir el gasto.

Tomar la renta neta subjetiva como un elemento de cuantificación en el impuesto sobre la renta, introduciría realmente los principios de justicia, equidad y capacidad contributiva, dando como resultado una subjetivación de la carga tributaria para las personas físicas respecto de las circunstancias personales y familiares que posee cada persona. Con esto se garantizaría su derecho a un mínimo vital que le permita satisfacer, al sujeto y a sus descendientes, las necesidades básicas de alimentación, vivienda, vestido, educación, transporte, salud, etc.

IV. EL RECONOCIMIENTO LEGAL DEL DERECHO A UN MÍNIMO VITAL PARA UN IMPUESTO SOBRE LA RENTA JUSTO EN MÉXICO

El derecho a un mínimo vital ha sido analizado por la doctrina y retomado apenas y de manera ambigua por la jurisprudencia, debido a que la Suprema Corte de Justicia no se ha adentrado realmente en su estudio, aun cuando el mínimo vital protege derechos humanos y fundamentales que salvaguarda la Constitución, la cual demanda al Estado su protección.

Los derechos humanos consagran la dignidad de toda persona en las diferentes esferas que comprende su existencia; así, este concepto debe prevalecer en todo el ordenmiento jurídico para ofrecer al individuo una vida decorosa; no obstante, que este derecho es uno de los fundamentos del mínimo vital destinado a evitar una vida en situación de penuria, al satisfacer las necesidades básicas de las personas, no se reconoce.

[17] Schanz, Georg von, «El concepto de renta y las leyes reguladoras del impuesto sobre la renta», *Hacienda Pública Española,* Madrid, Instituto de Estudios Fiscales, 1970, núm. 3, p. 157.

Acertadamente, Herrera Molina señala al respecto que «el hombre, antes que nada, requiere satisfacer sus necesidades primarias, a partir de las cuales se marcará la línea que establece la diferencia entre el sujeto contribuyente y el no contribuyente. Un primer supuesto en la búsqueda de la capacidad contributiva es la existencia de recursos económicos, y, un segundo, que se encuentren por encima del mínimo vital de la persona»[18].

Así, el objeto del derecho fundamental al mínimo vital abarca todas las medidas positivas o negativas constitucionalmente ordenadas con el fin de evitar que la personase vea reducida en su valor intrínseco como ser humano debido a que no cuenta con las condiciones materiales que le permitan llevar una existencia digna.

Este derecho fundamental busca garantizar que la persona, centro del ordenamiento jurídico, no se convierta en instrumento de otros fines, objetivos, propósitos, bienes o intereses, por importantes o valiosos que ellos sean, en consecuencia, protege a la persona, contra toda forma de degradación que comprometa no sólo su subsistencia física sino por sobre todo su valor intrínseco.

Tener capacidad económica no significa necesariamente, que se tiene la capacidad de contribuir; el mínimo vital requiere que exista una capacidad contributiva –dentro de los parámetros de la capacidad económica– necesaria para satisfacer los requisitos vitales de subsistencia, solo después de realizar tal cumplimiento, si se posee riqueza, entonces se dice, hay capacidad para contribuir al gasto público.

De acuerdo con García Bueno «la inclusión del mínimo exento en el ámbito tributario, implica para el gobernante ofrecer una serie de beneficios y subvenciones a un cúmulo amplio de gobernados, con el objetivo de equilibrar su situación económica, evitando la inequidad en las aportaciones que estos últimos realicen para el concurso de los gastos públicos»[19].

Aunque ya existen beneficios como las deducciones y exenciones en la ley del impuesto sobre la renta, estas no son suficientes, por tanto, no garantizan el nivel de vida digno que aboga la Constitución, lo único que se logra con esta legislación fiscal, es lo contrario a la erradicación de la pobreza del país.

Desde este análisis se considera que para que exista un mínimo exento se debe empezar por subjetivar el impuesto, atendiendo a una capacidad contributiva subjetiva consistente en gravar «la renta de las personas físicas de acuerdo con sus

[18] Armienta Calderón, Gonzalo y García Bueno, Marco César, «Elementos para una Reforma... op cit., p. 18.

[19] García Bueno, Marco César, *El principio de capacidad contributiva a la luz de las principales aportaciones doctrinales en Italia, España y México,* México, Tribunal Federal de Justicia Fiscal y Administrativa, 2002, colección de estudios jurídicos, t. XVII, p. 212.

circunstancias personales y familiares»[20], no puede pretenderse exigir el pago de impuestos cuando la renta apenas alcanza para cubrir lo más elemental.

Realmente la ciudadanía está indefensa, carente de los instrumentos que proporciona el estado de derecho[21]; lo que da lugar a que los afectados utilicen lagunas legales para defraudar la ley tributaria a fin de no poner en riesgo los recursos necesarios para la sobrevivencia o la vida digna[22].

Caso contrario es el de las personas que poseen la riqueza y pueden contribuir, pues se encuentran en la mera satisfacción de sus intereses vitales. Estos sujetos no se encontrarán nunca en un estado de indefensión, ya que su dignidad humana también se verá protegida por el mínimo vital a través del principio de equidad. De acuerdo con Pedro Herrera:

En el caso de los «ricos» el principio de dignidad de la persona solo garantiza el mínimo existencial a través del principio de igualdad. Esto explica que a partir de ciertos umbrales de renta sea constitucional suprimir aquellas partidas del mínimo de existencia que constituyan un presupuesto común para todos los contribuyentes (alimento, habitación y vestido). En tales casos la supresión del mínimo existencial equivale a un aumento de progresividad[23]. Lo anterior en aras de que el sujeto o su familia, aunque conserven una situación económica estable o digna, sean protegidos en caso sufrir deficiencias –enfermedades, capacidades diferentes– que deberán ser tomadas en cuenta por el mínimo antes de que el fisco grave sus ingresos.

[20] Casado Ollero, Gabriel «Naturaleza. Objeto del Impuesto. Hecho imponible. Rentas exentas», en César García Novoa, *et al* (coords.), *Estudios del Impuesto sobre la Renta de las personas físicas»,* Valladolid, Editorial Lex Nova, 2000, p. 33.

[21] Nota:«Pretender que pague el impuesto quien tiene una renta apenas suficiente para sobrevivir, sería probablemente inicuo y, sin duda, políticamente inoportuno. Pero en todo caso, y sobre todo sería inútil y antieconómico», Berliri, Luigi Vittorio, *El impuesto justo,* Madrid, Instituto de Estudios Fiscales, Ministerio de Economía y Hacienda, 1986, p. 249.

[22] Nota: «El ciudadano, en consecuencia, ante las fuertes cargas tributarias contrarias a los principios de equidad y de capacidad contributiva, opta por buscar resquicios legales para eludirlas y disminuirlas. Las normas fiscales, en la gran mayoría de los casos, resultan ampliamente injustas», véase en García Bueno, Marco César «La protección del mínimo imponible en el sistema fiscal mexicano», en *Revista Mexicana de Derecho* Financiero *y Tributario,* Guanajuato, México, vol. I, núm. 1, enero-junio de 2014, p. 57.

[23] Herrera Molina, Pedro, «Fundamento y configuración del mínimo personal y familiar», en Fernández, Javier Martín (coord.), *El mínimo personal y familiar en el impuesto sobre la renta de las personas físicas,* Madrid-Barcelona, Instituto de Estudios Fiscales-Marcial Pons Ediciones Jurídicas y Sociales, S.A., 2000, Monografías Jurídicas, p. 3.

V. CONCLUSIONES

PRIMERA. El Sistema Tributario en México, no cumple con lo establecido por los principios constitucionales en materia hacendaria, al no regular el derecho al mínimo vital, aun y cuando ha sido reconocido por la Suprema Corte de Justicia de la Nación fundamentándolo en algunas de sus resoluciones no estando conforme también se ha demostrado que tiene su naturaleza jurídica en los principios de Dignidad Humana y Capacidad Contributiva contenidos en algunos artículos de la Constitución, sin dejar de mencionar la legislación internacional.

SEGUNDA. La capacidad contributiva del causante, se considera como la riqueza apta para ser sujeta de tributación, después de haber satisfecho las necesidades elementales que necesita un individuo para llevar una vida digna, considerando que estas necesidades básicas son alimentación, vestido, vivienda, educación y salud primordialmente.

TERCERA. El mínimo vital es considerado por el legislador tributario como una barrera al momento de determinar las contribuciones, puesto que implica evaluar la situación personal y familiar del causante para determinar si posee capacidad contributiva.

CUARTA. El Gobierno en su potestad por aumentar los índices de recaudación, grava la renta de las personas físicas en una forma desmedida que atenta contra la dignidad y demás derechos que la Constitución otorga a las personas físicas, pues dicha renta gravada los obliga a vivir en un estado de necesidad, con escasos recursos que no permiten satisfacer totalmente sus necesidades.

QUINTA. El mínimo vital es un derecho que garantizaría las condiciones básicas que la persona como ente de la sociedad necesita para sobrevivir, el cual no existe en México, pues las técnicas utilizadas para su «existencia», como son las exenciones y deducciones que contempla la ley, no son suficientes para una subjetivación de la renta, ya que lo permite atender las necesidades básicas de las personas acorde a su situación.

NUEVO FEDERALISMO FISCAL MEXICANO: SISTEMA NACIONAL DE COORDINACIÓN FISCAL

Gloria Elena Meza Rogel[1]
Ismael Camargo González[2]

I. NOTA INTRODUCTORIA

El federalismo se crea con la voluntad de dos o más órganos políticos jerárquicamente iguales de unirse bajo un pacto o tratado para formar un órgano central, llamado federación, el cual los representara en el exterior. Como forma de Estado es implementado por primera vez por Estados Unidos de América, este sistema protege la soberanía de los estados en su interior y les brinda una mayor protección en el exterior por el órgano central, conserva los ideales de que las entidades unidas pueden ser más fuerte que en su individual, además es perfecto para los países con gran extensión territorial, por ello ha sido adoptado por países como Alemania, Argentina, Canadá y México.

En este trabajo nos enfocaremos al federalismo en México, del cual es importante analizar, si realmente cumple con la característica de estar formado por dos órganos jerárquicamente iguales, es decir que ninguno se subordine al otro, reflexionando, si las entidades federativas están o no dependiendo demasiado de la federación, esto, económica o políticamente hablando.

Dentro del federalismo la materia fiscal se ha convertido en uno de los grandes temas a nivel mundial y como todo lo referente a cuestiones económicas se ha puesto a discusión más de una vez. Cada vez más países en el mundo se inclinan por un federalismo fiscal como una solución a los problemas económicos a los que se enfrentan las entidades federativas y los municipios, México es uno de estos países.

[1] Licenciada en Derecho, estudiante de la Maestría en Ciencias del Derecho, Unidad de Estudio de Posgrado, Facultad de Derecho Culiacán, Universidad Autónoma de Sinaloa.

[2] Doctor en Derecho e investigador tiempo completo, miembro del Sistema Nacional de Investigadores, nivel I.

A rasgos muy grandes, puesto que es un tema que se estudia con precisión en el cuerpo del presente trabajo, hablar de federalismo fiscal al interior de la estructura de un país implica hablar del poder financiero que tiene la federación, de cómo se organiza y distribuye el gasto público entre el poder central, conocido como federación y el poder local, conformado por los estados y municipios que lo integran.

Una de las funciones del Estado Federal, es la prestación de los servicios públicos a sus gobernados, para ello, el Estado tiene la facultad de imponer contribuciones a los ciudadanos como lo marca el artículo 31 fracción IV Constitucional[3], en este sentido el Estado adquiere ingresos por parte de los contribuyentes para solventar el gasto público suficiente para cubrir las necesidades dentro de su territorio, necesidades, por ejemplo, en el sector salud, en seguridad pública, en educación, entre otros, de los tres órganos de gobierno, federación, entidades federativas y municipios.

Para llevar a cabo este proceso, se crea el Sistema Nacional de Coordinación Fiscal, que tiene como principal objetivo evitar la doble o múltiple tributación entre los tres órdenes de gobierno y fortalecer las haciendas públicas locales, pero con sus condiciones y límites, mismas que analizaremos más adelante.

Así, con el objetivo de estudiar el tema del federalismo mexicano, cómo se organiza el gasto público y si éste realmente funciona para que las entidades federativas y municipales, puedan ejercer sus facultades de soberanía las primeras y de autonomía las segundas, que le permitan administrar su hacienda y hacer frente los problemas económicos que son parte de su obligación constitucional.

II. CONCEPTO DE FEDERALISMO

Para el abordaje de este tema por razones metodológicas es necesario primeramente, atender los aspectos generales del federalismo, como su definición, el origen, los tipos de federalismo, como surge el federalismo en México y específicamente sobre el federalismo fiscal.

Bajo su significado etimológico el vocablo federalismo, proviene de la palabra federación que es del «latín *foederatio* de *foederare* cuyo significado es unir por medio de una alianza que a su vez se deriva de *foedus-eris* que quiere decir tratado o pacto»[4], entonces, se refiere a la unión de dos o más entes por medio de un tratado o pacto. Dicho concepto fue utilizado desde la antigüedad «para referirse a las alianzas forjadas entre los hombres y los pueblos con objeto de alcanzar fines

[3] Articulo 31 fracción IV. Son obligaciones de los mexicanos: ...Contribuir para los gastos públicos, así de la Federación, como de los Estados, de la Ciudad de México y del Municipio en que residan, de la manera proporcional y equitativa que dispongan las leyes.

[4] López Castro, M., *Federalismo fiscal. Actualidad y futuro*, Porrúa, México, 2012, p. 2.

comunes y superiores»[5]. Se observa entonces que dicho vocablo proviene desde las primitivas tribus que en busca de establecer una organización se aliaban entre ellas, para así poder sobrevivir ante amenazas mayores.

En palabras de Camargo González «el vocablo federalismo expresa unión o alianza, esto es la unidad de partes que antes estaban separadas y que se unieron mediante una alianza o pacto –este pacto propició la creación de dos jerarquías de gobierno– los órganos centrales y los órganos locales»[6], en síntesis se refiere al conjunto de entes que originalmente estaban separados y que se unieron mediante una alianza creando un órgano central.

Otra forma de conceptualizar el federalismo es en su aspecto desde la ciencia política que lo define como la «unión de diferentes conjuntos políticos que, a pesar de su asociación, conservan su carácter individual»[7], dicha definición nos otorga una característica importante del federalismo, el carácter individual de los entes que decidieron unirse para formar la federación, dicho carácter es el que les brinda autonomía a los miembros de la federación aun después de la unión.

Siguiendo el concepto desde el enfoque de la ciencia política, en el federalismo «el poder se comparte de tal modo, que los regímenes tanto el nacional como los regionales son, en lo que atañe a sus respectivas atribuciones, coordinados e independientes»[8], es decir, aparte de conservar su carácter de autonomía, para que el federalismo funcione los entes integrantes de él deben coordinar sus atribuciones de forma que no existan conflictos en cuanto a competencias entre el poder central y el poder local, y así ambos puedan realizar sus respectivas facultades.

Hablando del federalismo, como una de las formas de estado existentes, es una mediación entre el estado unitario y el estado de confederaciones, la cual «busca que una entidad política u organización esté formada por distintos organismos (Estados, asociaciones, agrupaciones, sindicatos, etc.) que se asocian delegando algunas libertades o poderes propios a otro organismo superior, a quien pertenece la soberanía, (Estado federal o federación) y que conservan una cierta autonomía, ya que algunas competencias les pertenecen exclusivamente»[9].

En este sentido, los estados que deciden asociarse, delegan parte su soberanía al exterior y parte de facultades internas a un ente ficticio llamado Estado Federal o federación, quien los representará y protegerá de acontecimientos provenientes del exterior.

[5] Cruz Covarrubias, A., *Federalismo fiscal mexicano*, Porrúa, México, 2004, p. 3.

[6] Camargo González, I., «Grandes temas del federalismo fiscal», en Camargo González, I. (Coord.), *Grandes Temas del Federalismo Fiscal*, Flores Editor y Distribuidor, México, 2013, p. 2.

[7] Cruz Covarrubias, A., Op. cit., p. 3.

[8] Ibídem, p. 7.

[9] López Castro, M., op. cit., p. 3.

Es importante aclarar, que dicho ente ficticio no nace improvisadamente, ni espontáneamente y mucho menos por una orden impuesta, «un sistema federal se constituye con la voluntad consciente de sus miembros que pactan la unión a partir de la convivencia respetuosa y el reconocimiento mutuo de identidades y objetivos»[10]. Así es necesaria la voluntad de los estados para formar parte de la federación y delegarle cierta soberanía al poder central para que pueda ejercer las facultades que los mismos estados decidieron darle, sin esta voluntad no podría existir el Estado federal.

Entonces, el sistema federal se constituye de dos órdenes de gobierno, el poder federal, el cual nace de la voluntad antes mencionada, y el poder local, que le corresponde a los estados y el cual posee el poder original. Cabe mencionar que estos dos órdenes no presentan una jerarquía, la federación no está por encima de las entidades, por lo que no existe una relación de supra o subordinación de las entidades federativas frente a la federación, cada uno cuenta con su esfera competencial supeditada a una norma fundamental.

Es decir, esta unión entre entes iguales, jerárquicamente hablando, se exterioriza en una norma superior o Constitución, esta misma establecerá y limitara el reparto de competencia y facultades entre los entes locales ya existentes y la nueva figura creada por ellos, que es la federación, ambos independientes uno del otro pero que deben actuar coordinados para poder lograr el fin por el que se unieron, en primer lugar.

El federalismo como forma de gobierno tiene por «objetivo la descentralización administrativa, política, económica, social y la distribución del poder»[11], es decir busca que el poder se encuentre distribuido entre los tres órganos de gobierno, federal, estatal y municipal, y que no recaiga todo el poder en el órgano central, ya que se cree que de esta manera, las atribuciones y competencias se administraran de forma justa y ordenada.

El federalismo como forma de organización política tiene su origen en Estado Unidos de América. En 1776 cuando las 13 colonias inglesas en América por fin logran su independencia de la corona inglesa, ante el miedo de volver a ser conquistadas por Inglaterra o cualquier otro país más fuerte, tomaron la decisión de unirse y crear una confederación, donde las colonias cedieron su soberanía a un ente central que los protegería de las amenazas de conquista, pero conservaron autonomía y poderes que les son exclusivos, esto bajo la idea de que las 13 colonias en ese momento eran débiles en su individual y corrían el riesgo de ser conquistadas

[10] Camargo Gonzáles, I. y Davizón Corrales, G., «Federalismo en materia de seguridad pública», en Camargo González, I. et. al. (Coords.), *Federalismo en materia de seguridad pública*, Universidad Autónoma de Sinaloa, México, 2012, p. 14.

[11] Cruz Covarrubias, A., op. cit., p. 4.

nuevamente una a una, pero si estas unían sus fuerzas podrían defenderse entre si como un solo Estado.

III. FEDERALISMO EN MÉXICO

Mucho se ha rumorado que el federalismo en México fue adoptado como una copia del sistema federal de Estados Unidos, cuando en realidad fue adoptada en razón a los acontecimientos históricos que ha pasado el país, se reconocen tres etapas históricas que dan origen al federalismo en México, relacionadas con las constituciones de 1824, 1857 y 1917.

A raíz de la independencia de la corona española, México se encontraba en caos y revueltas sobre el sistema que adoptarían, hasta que el 4 de octubre de 1824 surge la primera Constitución Política de los Estados Unidos Mexicanos, en la cual, el país «adopta la forma de gobierno, republicana, representativa, popular y federal, donde sus partes integrantes son estados independientes libres y soberanos según nos narra Xavier Díez de Urdanivia Fernández»[12], el cuál es citado por López Castro. Sin embargo, esto no prospero como se esperaba, debido a que durante la conquista española, existía un gobierno central el cual se encargaba de todas las regiones de la nueva España, entonces una vez consumada la independencia los estado no sabían cómo gobernarse y la deficiente administración de ellos provoco que se pusiera en duda el federalismo.

El acabose sucedió cuando Santa Anna bajo una rebelión logro destruir el sistema federal en 1835, estableciendo un sistema centralista en México y fijando el poder en la figura del presidente, que claro, recaía en su persona. Y así el país vivió en constante discusión entre federalistas y centralistas. Hasta que en 1857 bajo una nueva Constitución, México se consolido como una Republica, democrática, representativa y liberal.

Medio siglo después, en 1910 estalla la Revolución mexicana contra el gobierno de Porfirio Díaz, al ganar los revolucionarios nuevamente surgió la duda de cómo se dirigiría el país y con la promulgación de la Constitución de 1917, misma que se encuentra en vigencia, se estableció permanecer con la idea de la constitución de 1857.

> «Es decir, establece un sistema federal basado en Estados y un Distrito Federal. Donde cada Estado goza de un régimen de autonomía definida en términos de libertad y soberanía en todo lo que concierne a su régimen interior, como manifestación de

[12] López Castro, M., op. cit., p. 12.

dicha autonomía cada Estado esta facultado para establecer sus propios órganos de gobierno: Ejecutivo, Legislativo, Judicial»[13].

De esta manera los 31 estados, en ese momento, podrían autogobernarse.

Desde su establecimiento en 1917 hasta la actualidad, el fundamento constitucional del sistema federal lo encontramos en los artículos 40 y 41 de la Constitución Política de los Estados Unidos Mexicanos.

Del análisis del artículo 40[14] podemos encontrar las características de un sistema federal al mencionar que se encuentra compuesta por Estados que son libres y soberanos en su interior, es decir pueden establecer sus órganos de gobierno y sus constituciones locales, pero que están unidos por la misma federación que es la que los representa en el exterior, y esta unión está subordinada a lo establecido por la Constitución.

Así mismo el artículo 41[15], hace mención que el pueblo es representado por el Poder Ejecutivo, Legislativo y Judicial, federal y Estatal, dependiendo de la esfera de sus competencias, mismas que quedaran establecidas en la Constitución Federal y en las Constituciones estatales, por ultimo establece que de ninguna manera las Constituciones estatales podrán contradecir lo establecido en el Pacto Federal, tampoco los estados podrán revelarse, mucho menos salirse de él.

Coincidimos con Camargo González al comentar que: «El análisis del contenido normativo de los artículos 40 y 41 de la Constitución general resulta fundamental, ya que en el primero encontramos la definición del Estado Mexicano, como Sistema Federal y en el segundo la alusión al pacto federal»[16], sin duda alguna un estudio del federalismo en México sin aludir a dichos preceptos resultaría poco fundamentado.

Aún cuando en la Constitución se establece la unión de Estados libres y soberanos, el poderío de la figura federal fue en incremento, propiciando que las entidades federativas dependieran en gran medida del órgano federal principalmente económicamente, es decir los Estados requieren de los recursos que le proporciona

[13] Heredia Ureta, Z., «Estudio comparado del federalismo en Alemania y México», en Camargo González, I. (Coord.), *Grandes Temas del Federalismo Fiscal*, Flores Editor y Distribuidor, México, 2013, p. 493.

[14] Artículo 40. Es voluntad del pueblo mexicano constituirse en una República representativa, democrática, federal, compuesta de Estados libres y soberanos en todo lo concerniente a su régimen interior; pero unidos en una Federación establecida según los principios de esta ley fundamental. Estados Unidos Mexicanos.

[15] Artículo 41. El pueblo ejerce su soberanía por medio de los Poderes de la Unión, en los casos de la competencia de éstos, y por lo de los Estados, en lo que toca a sus regímenes interiores, en los términos respectivamente establecidos por la presente Constitución Federal y las particulares de los Estados, las que en ningún caso podrán contravenir las estipulaciones del Pacto Federal.

[16] Ibídem, p. 494.

la federación para poder solventar el gasto público estatal y distribuirlo a los municipios.

Por ello, hoy en día, México va encaminado hacia un nuevo federalismo, donde se pretende dotar de libertad a los municipios para que puedan administrarse con autonomía, un ejemplo claro de ello lo vemos en materia fiscal al crearse el Sistema de Nacional de Coordinación fiscal, el cuál se abordará a continuación.

IV. FEDERALISMO FISCAL EN MÉXICO

En resumen, podemos decir que el federalismo es la coexistencia de dos órganos de gobierno en un mismo territorio, el federal y el local. Ahora bien, el derecho fiscal se puede definir como el conjunto de normas que regulan la actividad financiera del Estado, que son la actividad de recaudación, gestión y erogación o gasto público. Siguiendo este orden de ideas el «federalismo fiscal implica una definición de competencias entre los diferentes niveles de administración federal para llevar a cabo la recaudación de impuestos y el gasto público»[17], es decir, al encontrarse una coexistencia entre los tres niveles de gobierno, debe estar claramente definida en la Constitución la competencia de cada uno de ellos para evitar problemas de concurrencia.

Por desgracia, aun cuando la Constitución fundamenta el sistema federal en México, está no hace una clara separación de la distribución de las atribuciones en materia tributaria entre los tres órganos de gobierno, con excepción de la fracción XXIX del artículo 73[18], referente a la facultad del Congreso para establecer contribuciones.

Provocando un problema de concurrencia tributaria entre la administración federal, estatal y municipal, al no saber la distribución precisa de sus competencias y perjudicando al contribuyente con el pago de doble o múltiple tributación.

Dichos problemas dieron origen a la necesidad de coordinar a la federación y a las entidades federativas para establecer claramente sus competencias tributarias y tras la realización de diversas convenciones fiscales, por fin se promulgó la primera

[17] Figueroa Trujillo, R.: «Federalismo fiscal y su incidencia en el ingreso en el estado de Sinaloa. Transparencia y rendición de cuentas», en Camargo González, I. (Coord.) Federalismo Fiscal. Transparencia y Rendición de cuentas, Flores Editor y Distribuidor, México, 2015, p. 21.

[18] Artículo 73 fracción XXIX. Para establecer contribuciones: 1o. Sobre el comercio exterior; 2o. Sobre el aprovechamiento y explotación de los recursos naturales comprendidos en los párrafos 4o y 5o del artículo 27; 3o. Sobre instituciones de crédito y sociedades de seguros; 4o. Sobre servicios públicos concesionados o explotados directamente por la Federación; y 5o. Especiales sobre: a)Energía eléctrica; b)Producción y consumo de tabacos labrados; c)Gasolina y otros productos derivados del petróleo; d)Cerillos y fósforos; e) Aguamiel y productos de su fermentación; y f) Explotación forestal. g) Producción y consumo de cerveza.

Ley de Coordinación Fiscal que desemboco en la creación del Sistema Nacional de Coordinación Fiscal.

IV.1. *Sistema Nacional de Coordinación Fiscal*

El Sistema Nacional de Coordinación Fiscal nace en 1980 con la promulgación de la Ley de Coordinación Fiscal del mismo año, misma que se encuentra en vigor, con el cual se pretendió «evitar la múltiple tributación al delimitar las competencias para cada ámbito de gobierno, con él los estados renuncian a gravar algunas de sus fuentes impositivas no prohibidas en la constitución, pero a cambio reciben participación federal que incluyan ingresos tributarios derivados de derechos federales y aquellos obtenidos de la producción y venta de petróleo»[19], en este sentido los estados pertenecientes al sistema nacional aceptan dejar la recaudación de algunos impuestos a la federación, con la condición de que está corresponda con ingresos para el gasto público de la entidad federativa.

Citando a Camargo González, «su objetivo principal es coordinar el Sistema Fiscal Nacional y el de Fortalecer las Haciendas Públicas tanto del Distrito Federal como de los Estados y Municipios»[20], es decir, además de establecer las competencias tributarias dentro de los tres órdenes de gobierno, este sistema busca fortalecer las haciendas públicas locales, para que éstas puedan auto administrarse.

En este punto cabe mencionar que en México existen dos tipos de Ley de Coordinación Fiscal, la primera es la que regula la relación entre la federación y los estados; y la segunda es expedida por cada estado adherido al Sistema para regular la relación fiscal de este con sus municipios, teniendo como objetivo que la coordinación sea efectiva entre federación, estado y municipio.

Dentro de la Ley de Coordinación Fiscal, refiriéndonos a la que regula el Sistema Nacional de Coordinación Fiscal, se encuentra el Convenio de Adhesión y el Convenio de Colaboración, como los dos convenios de mayor relevancia para nuestro estudio.

El Convenio de Adhesión, es el instrumento legal por el cual las entidades federativas exteriorizan su voluntad de permanecer al Sistema Nacional de Coordinación Fiscal, con él los estados suspenden su competencia original para gravar algunos tributos, cediéndole dicha competencia a la federación, a cabio de ello, la federación se compromete a brindarle los ingresos necesarios para cubrir el gasto público.

Expone Camargo que «esta abstención no constituye una restricción o limitación que vulnera la soberanía de los estados; por el contrario, dicha soberanía se

[19] Figueroa Trujillo, R., op. cit., p. 22.

[20] Camargo González, I., Federalismo Fiscal Mexicano. Alternativas, PACJ, México, 2009, p. 85.

manifiesta y se ejerce cuando una entidad federativa decide dejar en suspenso la aplicación de sus propias leyes o no dictadas, a cambio de recibir participación en el impuesto establecido por la Federación»[21]. En este sentido la soberanía de los estados no es comprometida, ya que es voluntad del estado permanecer al Sistema Nacional, no se le impuso.

Una vez adherida la entidad federativa, celebrará un convenio de coordinación fiscal con la Secretaria de Hacienda y Crédito Público «que les dará derecho a participar en un Fondo General de Participaciones formado con el 13.0% de la recaudación federal total que se incrementará con el por ciento que represente en dicho ingreso de la Federación la recaudación de gravámenes locales o municipales que las entidades convengan en derogar o dejar en suspenso»[22]. Es decir, de acuerdo con la recaudación generada por el impuesto en suspenso, podrá incrementar o reducir el ingreso a la entidad o municipio.

Esté acuerdo lleva por nombre, convenio de Colaboración Administrativa y su principal objetivo es canalizar de forma coordinada y eficaz los ingresos de la federación a los estados y municipios para que estos puedan solventar el gasto público que genera su gobierno y la prestación de algunos servicios públicos.

Bajo este sistema, la federación hace llegar dichos recursos federales a las entidades federativas, y estás a sus municipios por medio de dos ramos, el 28 de participaciones y el 33 fondo de aportaciones.

El primero, el Fondo General de Participaciones «se constituirá con el 20% de la recaudación federal participable que obtenga la Federación en un ejercicio»[23], es decir la federación le regresara a las entidades el 20% de los recursos recaudados en su territorio, estos ingresos son conocidos como recursos libres ya que los estados deciden como y donde administrarlos, usualmente son utilizados para solventar el gasto corriente del estado y de sus municipios.

Los Fondos de Aportaciones, en cambio, son recursos etiquetados y se encuentran condicionados al cumplimiento de los objetivos establecidos por la federación, es decir, son recursos que reciben los estados y que solo puede ser utilizados para los fines establecidos por la federación. Actualmente la Ley de Coordinación Fiscal establece ocho fondos de aportaciones en su artículo 25[24], mismos que solo

[21] Ibídem, p. 88.

[22] Ibídem, p. 90.

[23] Alor Ham, A., «Transferencias de fondos intergubernamentales», en Camargo González, I. (Coord.), *Grandes Temas del Federalismo Fiscal*, Flores Editor y Distribuidor, México, 2013, p. 266.

[24] Artículo 25.- …I. Fondo de Aportaciones para la Nómina Educativa y Gasto Operativo; II. Fondo de Aportaciones para los Servicios de Salud; III. Fondo de Aportaciones para la Infraestructura Social; IV. Fondo de Aportaciones para el Fortalecimiento de los Municipios y de las Demarcaciones Territoriales del Distrito Federal; V. Fondo de Aportaciones Múltiples. VI.- Fondo de Aportaciones para la Educación Tecnológica y de Adultos, y VII.- Fondo de Aportaciones para la Seguridad Publica

pueden ser administrados por los estados de la forma que lo marca la federación, por ello se dice que son recursos etiquetados o condicionados.

Sobre este contexto Camargo González expresa que: «Por estar etiquetados los recursos, los estados no los pueden destinar a su gasto corriente o de inversión, por lo que realmente son recursos que el Gobierno Federal descentraliza para que los ejerzan los Gobiernos Estatales o, en su caso, Municipales»[25], es decir, la federación deja la competencia a los órganos locales, si, pero para destinar dicho recurso al objetivo con el que fue creado, solamente. En este sentido si los Estados y Municipios por alguna situación inesperada consideran que dichos recursos deben mejor destinarse a sustentar otra necesidad que de momento sea más importante, la rigurosidad de los recursos etiquetados le impide hacerlo.

Ahora bien, es importante mencionar que una de las finalidades del Estado es brindar servicios públicos de calidad a sus gobernados. Para ello el Estado realiza lo que es conocido como la actividad financiera del Estado, en otras palabras, el Estado ejerce su poder tributario para recaudar ingresos, administrarlos y por último erogar los ingresos recaudados al cubrir, entre otras cosas, los servicios públicos. Esta última etapa es lo que se conoce como gasto público.

Haciendo un análisis de lo antes mencionado, el Sistema Nacional de Coordinación Fiscal, en su marco jurídico contempla la primera y segunda etapa de la actividad financiera del Estado, recaudación y manejo, pero muy poco sobre el gasto público.

Concordamos con Camargo Gonzáles al decir que: «No podemos concebir un modelo con las características del Sistema Nacional de Coordinación Fiscal que no incluya como elemento primordial al margen del ingreso, los gatos públicos y consecuentemente con ello los medios de control respectivos»[26]. Pues creemos necesario, precisar sobre el gasto público ya que al final es el objetivo primordial por el cual el Estado federal realiza la recaudación como lo marca el artículo 31 fracción IV de la Constitución.

En general, bajo el análisis ya establecido se puede decir que el nuevo federalismo fiscal mexicano va encaminado a la descentralización de ciertas contribuciones y a la centralización de otras para una mejor distribución del gasto público entre los tres órdenes de gobierno, para que la prestación de servicios públicos sea efectiva y pueda llegar hasta los lugares más apartados de la República.

---

de los Estados y del Distrito Federal. VIII.- Fondo de Aportaciones para el Fortalecimiento de las Entidades Federativas.

[25] Camargo González, I., Federalismo Fiscal…, cit., p. 98.

[26] Ibídem, p. 156.

V. CONCLUSIONES

Es cierto que México se encamino hacia un «nuevo federalismo» con la creación del Sistema Nacional de Coordinación Fiscal en 1980 con ideales de colaboración entre la federación y las entidades federativas.

Creemos que es importante en este punto reflexionar si el objetivo se está logrando y bajo qué precio. Es verdad que los problemas de concurrencia y doble tributación se han ido erradicando gracias a este sistema, pero cada vez se le acreditan más facultades tributarias a la federación y a las entidades no les queda más remedio que esperar que la federación realice la recaudación y le transfiera los recursos para solventar el gasto público.

A las entidades federativas cada vez se le reducen más su esfera competencial con las facultades que le prohíben la constitución y las facultades que por pertenecer al sistema le cedieron a la federación. Con esto no estamos diciendo que el sistema fiscal afecte la soberanía de los Estados, púes al contrarío ejercieron su soberanía al decidir ingresar al sistema, pero al no encontrarse expresamente definidas las facultades de los estados en la Constitución, como las de la Federación y los Municipios, deja abiertas posibilidades competenciales que los estados no han sabido aprovechar o no han podido por pertenecer al Sistema Nacional, para así lograr su autosuficiencia.

En cuanto a las facultades para administrar el gasto público, ni la Constitución ni el Sistema Nacional de Coordinación Fiscal establecen la distribución que este debe tener entre los tres órdenes de gobierno abriendo una posibilidad que solo la Federación a sabido manejar al crearse los «recursos etiquetados», si bien estos fueron creados para evitar el desvió y mal manejo de los recursos que la federación transfiere a los Estados, no quita el hecho de que se les está limitando a los estados a utilizar dichos recursos sólo en lo establecido por la Federación.

Consideramos que al sistema fiscal de México aún le falta mucho en cuanto a incentivar la independencia y autonomía de los estados y municipios, pues éstos mantienen una dependencia con la federación, tanto que si ésta no les transfiriera los recursos necesarios no podrían por sí solos solventar el gasto público. Pero tampoco creemos que transferir más ingresos sea la clave si los estados no saben auto administrarse, ni tampoco es crear un recurso etiquetado para cada necesidad.

Las entidades federativas deben aprender a administrarse ejerciendo sus potestades tributarias originales, realizando convenios de colaboración entre ellas de forma que definan sus facultades tributarias para que actúen coordinadamente y no exista el riesgo de caer en problemas de doble tributación. De forma que la Federación se encargue de las facultades que le confiere la Constitución y actué como un mediador entre las entidades para que la recaudación de los ingresos sea equitativa.

EVASIÓN FISCAL POR LA FALTA DE CULTURA CONTRIBUTIVA DE MÉXICO

Marisol Montoya López[1]
Reyna Araceli Tirado Gálvez[2]

I. ASPECTOS PRELIMINARES

Se considera necesario aclarar en primer término, que para darse la evasión fiscal, debe existir un ordenamiento jurídico el cual se debe acatar o cumplir, y en este caso, se hace referencia a la obligación que impone la Carta Magna de contribuir con el gasto público, que se deriva del artículo 31 fracción IV, que a la letra dice:

> «Contribuir para los gastos públicos, así de la Federación, como del Distrito Federal o del Estado y Municipio en que residan, de la manera proporcional y equitativa que dispongan las leyes...».

De este ordenamiento general, así como de todos y cada uno de los que conforman la Carta Magna, se derivan leyes federales, leyes generales o códigos, los cuales vienen a regular cada uno de estos preceptos de manera particular y especializada. En este caso corresponde al Código Fiscal de le Federación regular este artículo 31, y respecto a lo anteriormente descrito en su artículo 2, manifiesta lo siguiente:

> Las contribuciones se clasifican en impuestos, aportaciones de seguridad social, contribuciones de mejoras y derechos, las que se definen de la siguiente manera:
> I. Impuestos son las contribuciones establecidas en ley que deben pagar las personas físicas y morales que se encuentran en la situación jurídica o de hecho prevista por la misma y que sean distintas de las señaladas en las fracciones II, III y IV de este Artículo.

[1] Licenciada en Derecho por la Facultad de Derecho Culiacán, de la Universidad Autónoma de Sinaloa; estudiante de la Maestría en Ciencias del Derecho, perteneciente al Programa Nacional de Posgrados de Calidad, impartido por la Unidad de Estudios de Posgrado de la Facultad de Derecho Culiacán, Universidad Autónoma de Sinaloa.

[2] Licenciada en Derecho y en Contabilidad Pública, Maestra en Derecho en el área Fiscal, Doctora en Ciencias del Derecho, Profesora e Investigadora de la Universidad Autónoma de Sinaloa

Se hace mención de dicho artículo, ya que como se puede apreciar, son diferentes las formas o maneras en las que se puede contribuir, ya sea a través de impuestos, aportaciones de seguridad social, y derechos. En lo que respecta en este trabajo, interesan los impuestos, como una de las fuentes principales de ingresos públicos de México.

Tal y como lo menciona Hernández:

> «Actualmente los impuestos son mucho más importantes como fuente de recaudación de ingresos para el Estado que lo eran hace años, debido a que las otras fuentes de ingresos públicos se han reducido como consecuencia de las privatizaciones de las grandes empresas y de los bienes públicos que se han ido vendiendo para saldar los déficit presupuestarios público…»[3].

Aunado a la problemática que menciona Hernández, se puede agregar diciendo que aún y cuando es una obligación contribuir al bien común del país, estado y municipio en el que se resida, existe una gran evasión fiscal, derivada de diferentes motivos por parte de los contribuyentes, entre los que se puede destacar, la falta de cultura contributiva.

II. ANTECEDENTES DE LA EVASIÓN FISCAL EN MÉXICO

Es importante comenzar con el análisis del concepto de evasión fiscal, para introducirnos a la temática, Bettinger citado por el autor Urbina, menciona que:

> «La evasión fiscal es el enfrentamiento del sujeto pasivo a los impuestos normativos que se estipulan en la ley y que al mismo tiempo se encuentran tipificados en las normas fiscales…»[4].

Urbina hace referencia a «sujeto pasivo» al contribuyente, o sea a la persona obligada a contribuir, por tanto el sujeto activo sería el Estado, quien tiene la obligación de exigir al sujeto pasivo que cumpla con su obligación de contribuir al gasto público, y al referirse a enfrentamiento, es al conflicto entre el sujeto pasivo con los impuestos a los que está sujeto.

Por otro lado, Rezzoagli, menciona que por evasión,

> «Nos referimos a un concepto genérico que contempla toda actividad tendiente a sustraer –total o parcialmente– en propio beneficio, un tributo legalmente debido a la Administración Tributaria»[5].

[3] Hernández, Juan, *El trasfondo de los paraísos fiscales*, España, Attac España, 2006, p. 13.

[4] Urbina, Arturo, *Los delitos fiscales en México 1, Aspectos constitucionales y generales de los delitos fiscales en México,* México, Ed. Sistemas de información contable y administrativa computarizados, 1997, p. 71.

[5] Véase en: *http://www.derecho.duad.unam.mx/amicuscuriae/descargas/10_feb_09/ILICITOSpdf.pdf*, consultada al 17 de julio de 2018.

Por lo tanto, significa pagar de manera incompleta el tributo que corresponde, o bien evadirlo totalmente a fin del propio beneficio del contribuyente, afectando con ello los recursos financieros del país, los cuales tienen como fin primordial, satisfacer las necesidades colectivas de la sociedad (educación, salud, seguridad pública, vivienda, etc.,). En pocas palabras, es incumplir una obligación que se tiene como ciudadano, una conducta que según las leyes en ocasiones puede ser causa de una infracción o bien una pena.

Sin embargo, esta problemática de la evasión de impuestos, no es tema novedoso ni de la actualidad, ni un tema propio de México, y al respecto Tapia, menciona lo siguiente:

> (…) podemos decir que en cuanto a su origen y a sus efectos, la evasión fiscal es un fenómeno social y de moral pública de todos los tiempos, que se da en todos los países, desarrollados y en vías de desarrollo en menor o mayor grado y se explica a través de las diferentes manifestaciones de la población, de tipo psicológico, que van desde el simple rechazo, pasando por la alteración o el engaño doloso, el error involuntario...[6].

Conforme a lo que menciona Tapia, se considera que la evasión fiscal no es un tema de la actualidad, y mucho menos un problema que solo aqueje a México, sino que en todos aquellos países que obligan a sus ciudadanos a contribuir con el gasto público, sufren de este mal social, y que de cada contribuyente surgen diferentes motivos para realizar esta conducta, la cual puede ser previamente planificada o bien se da por desconocimiento de sus obligaciones, ya que algunos pueden hacerlo por querer pagar menos, por los difíciles o tediosos procedimientos para el pago de los impuestos, algunos otros por la desconfianza que tienen contra el gobierno en cuanto a la correcta utilización de dichos recursos o bien, por la falta de cultura contributiva.

García al respecto comenta que

> «Muchas de las actitudes del mexicano nacieron de la desconfianza heredada de sus ancestros, al desdén por la comprensión de la situación económica y primordialmente a su falta de conciencia social…»[7].

Dicha conducta viene arrastrada de tiempos remotos, aprendidas de nuestros ancestros, que desde aquellas épocas se tenía ya esa desconfianza hacia el gobierno y sobre todo esa falta de conciencia social, al no analizar ni ver la magnitud de los

[6] Tapia, José, *La evasión fiscal,* México, Ed. Porrúa, 2000, p. 2.

[7] García, Roberto, «Evasión por mala administración fiscal», *Consultorio fiscal,* México, núm. 481, 2009, p. 67.

problemas que se generan al no contribuir como se debería, y desde luego estas actitudes, van demostrando una falta de cultura contributiva.

III. FALTA DE CULTURA CONTRIBUTIVA

La evasión de impuestos se puede dar de diferentes formas y por distintas circunstancias derivadas de las conductas de cada uno de los contribuyentes y de los objetivos que le implique el dejar de cumplir, sin embargo no se puede dejar de lado, que en muchas de las ocasiones es por falta de conocimiento de las leyes, claro está que en menor grado, ya que estamos en la era de la comunicación y la información, sin embargo existen y se dan otras causas, como por ejemplo la falta de credibilidad hacia la administración de los recursos públicos por parte del gobierno, los trámites engorrosos en cuanto a la presentación y pago de los impuestos, la falta de cultura contributiva, entre otros, interesando en particular este último mencionado.

Antes que nada es importante conocer que es la cultura contributiva, que si bien es cierto la cultura en sí, es un conjunto de ideas, valores, tradiciones, costumbres, que caracterizan a un pueblo, por ende la cultura contributiva, podría ser todo el conjunto de valores aprendidos, buenos o malos, los cuales serán la base para que en un futuro o en el mismo presente se contribuya o no, de manera justa y de acuerdo a lo que dictamina la ley, con el gasto público de la sociedad, a través del pago de impuestos.

Para Valls, es entendida como

> «Esa serie de valores que forman ciudadanos conscientes, convencidos, informados y capaces de cumplir, aparece como una forma superior de lograr el objetivo recaudatorio, dado que reduce o minimiza las acciones (costos) de supervisión, y por cuanto involucra elementos de solidaridad y cohesión social, genera un círculo virtuoso de cumplimiento en la ciudadanía»[8].

Como claramente se menciona, son todos aquellos valores que forman buenos ciudadanos, dispuestos a contribuir con su sociedad, que si bien es para fines generales y no particulares, se recibe el beneficio a través del bien común, y menciona que no solo implica cumplir con uno de los objetivos principales que es la recaudación, también se busca suprimir todos aquellos gastos que se derivan de las supervisiones engorrosas y tediosas que es necesario aplicar, por los resultados desfavorables causados por la evasión fiscal.

[8] Valls, Guillermo, Cultura contributiva en México sacado de la compilación de archivos, pp. 149-150, véase en: *cionsulfile:///C:/Users/PC%201/Desktop/Filosofia%20Jurídica/Artículo/compilación%20de%20ensayos.pdf, consultada al 30 de julio de 2018.*

Retomando otra conceptualización, Loera, citado por Cabrera y otros menciona lo siguiente:

> La cultura fiscal es la conciencia de los individuos de una sociedad, sean empresarios, asalariados o comerciantes, donde el pago de impuestos no solo es una obligación de pagar impuestos, sino a través de ellos se realiza la solidaridad social para ayudar a la clase vulnerable y por ende es el actuar con ética no sólo en la determinación del pago de impuestos sino en optimizar los recursos públicos que recibe como servicios o activos de uso común[9].

En el concepto anterior, se hace referencia a algunos de los valores que podrían ser esenciales para enmarcar la cultura contributiva, que son el de la conciencia, solidaridad, ética, honestidad, entre otros, es correcto pensar y analizar lo que se aporta con este concepto. Por ejemplo, en cuanto al valor de la conciencia, ese juicio innato que poseen todas las personas, con el cual en ocasiones no es necesario analizar o razonar un mal comportamiento u acción realizada o a realizar, ya que de antemano sé sabe, si está o no bien, y esto gracias a la conciencia.

Aunado a lo anterior y en cuanto al tema en cuestión, ¿Qué sería entonces la conciencia tributaria?, respecto al tema Valero y otros, la denominan como «El desarrollo del sentido de cooperación de los individuos de una sociedad con el Estado, contribuyendo con el mismo a través del pago de tributos, para que el Estado cumpla la razón de su existencia, la cual es prestar buenos servicios públicos, maximizando la calidad de vida en la sociedad»[10].

Es así que, el no contribuir, el no cooperar con la sociedad de esta manera que se ha venido a analizando, repercute al buen desarrollo de las sociedades, y de uno mismo, es por esto que se debe de aprender ese valor, de cooperar, de ser rectos, de cumplir con las obligaciones, y no de mala manera, sino de manera concientizada.

Es un hecho que muchas personas, no piensan en el bien común, sino en el bien propio, que teniendo lo necesario para vivir o bien viven de manera lujosa, no se interesan en las necesidades por las que pasan las personas de su alrededor, tal y como lo comenta Domínguez, al declarar que «Los seres humanos son egoístas por naturaleza y, es por ello que cotidianamente el interés personal ciega completamente todo valor de solidaridad»[11].

[9] Cabrera, Ignacio, Elisa, et al., Mérida Yucatán, 2017, p. 90, véase en: *http://www.ecorfan.org/actas/A%20T%20III/A%20TIII_7.pdf*, consultada al 10 de agosto de 2018.

[10] Valero, Mary, et al., Ética y Cultura Tributaria en el Contribuyente, véase en: *file:///C:/Users/PC%201/Desktop/Filosofia%20Jurídica/Artículo/etica%20y%20cultura%20tributaria%20en%20el%20contribuyente.pdf*, consultada al 13 de agosto 2018.

[11] Domínguez, Gloria, «Fiscalidad, su cumplimiento estrechamente ligado al concepto de ciudadanía», p. 22, véase en: *file:///C:/Users/PC%201/Desktop/Filosofia%20Jurídica/Artículo/compilación%20de%20ensayos.pdf, consultada al 18 de agosto de 2018.*

Ser solidario implica ayudar a aquellos que lo necesitan sin esperar nada a cambio, es comprometerse personalmente en hacer el bien cuando la situación lo amerite. La solidaridad es un valor fundamental en toda sociedad, que implica el ayudarse unos a otros, construir muros de fortaleza humana, de cooperación mutua, viendo hacia en interés general y común, hacia una sociedad llena de riqueza y no solo económica, sino una riqueza humana llena de valores, de respeto y de paz.

Para lograr una cultura contributiva es necesario la práctica de valores que fomenten el cumplimiento de las responsabilidades fiscales. Es por ello, que se requieren medidas que incentiven la concientización en los valores antes mencionados, a fin de crear ciudadanos cooperativos, solidarios, conscientes y sobre todo respetuosos de las leyes y obligaciones que impone el gobierno mexicano.

Tales medidas se pueden enseñar desde casa con los hijos, sobrinos u amigos, en donde se les puede ir inculcando dichos valores, pero por supuesto, poniendo el ejemplo con hechos no solo con palabras, formar seres críticos que piensen antes de actuar, que aporten antes de evadir, que cooperen antes de robar, pero no solo será tarea de las familias, sino también de los sistemas educativos y del gobierno.

Como se mencionó con anterioridad, la cultura contributiva no solo es deber de la educación informal aprendida en el hogar, sino también de la educación formal que brindan los sistemas educativos y sobre todo del deber que tiene el gobierno, respecto a ello, Cabrera y otros agregan al respecto que

> «La cultura fiscal debe ser resultado de un trabajo co-responsable y tripartito entre tres actores: gobierno, sistema educativo y ciudadanía, y se debe promover desde la edad temprana, con la finalidad de fortalecer un comportamiento ético de los niños como futuros ciudadanos responsables y conscientes de las necesidades de la comunidad y de ellos mismos»[12].

Es una responsabilidad compartida la formación de ciudadanos solidarios y responsables con las obligaciones que impone el gobierno, que si bien es cierto se han implementado una serie de medidas para concientizar desde la educación escolar, con el objetivo de crear ciudadanos cumplidos de sus obligaciones, las familias, siendo base de la educación, deben de reforzar tales aprendizajes, desde luego a través del ejemplo.

Es necesario hacerles ver a los pequeños y jóvenes, quienes son el futuro de México, todos los beneficios que implican el ser contribuyentes honestos y responsables, ya que de esta manera y con este granito de arena, se puede hacer de

[12] Cabrera, Ignacio, et al., Conocimiento y cultura fiscal que poseen los trabajadores asalariados sobre sus obligaciones fiscales Yucatán, 2017, p. 95, véase en: *http://www.ecorfan.org/actas/A%20T%20III/A%20TIII_7.pdf*, consultada al 20 de agosto de 2018.

México, un México desarrollado, un México con menos pobreza y más calidad de vida, un México menos ignorante y más educado, un México con menos violencia y más seguridad pública, simplemente un México mejor. Cabe señalar, que ya se han implementado medidas para ir disminuyendo la falta de cultura tributaria, a través de una educación fiscal, con programas y estrategias implementadas por el gobierno, entre ellas están las siguientes.

1. «Inducirá SAT cultura contributiva en niños con video juegos» Esta iniciativa pretende aplicar programas desarrollados para que los niños puedan comprender la importancia de la educación fiscal y aplicarlo de manera didáctica[13].
2. La Secretaría de gobernación emitió un decreto por el que se adicionan diversas disposiciones a la Ley de Premios, Estímulos y Recompensas Civiles, para crear el Premio Nacional de Cultura Contributiva. Se entregará a las personas físicas o morales que realizan actividades sobresalientes que propicien en la ciudadanía la divulgación el fomento y desarrollo de la cultura contributiva como la vía para incentivar el cumplimiento voluntario del pago de contribuciones y mejorar el desarrollo social de la nación[14].

Estas son algunas de las medidas y estrategias que se han ido implementando, esperando se logren buenos y grandes resultados en el futuro, ya que los cambios no son inmediatos, sino a mediano o largo plazo.

Pese a que aún exista la resistencia de los ciudadanos a contribuir, es tiempo de cambiar esas percepciones, a través de todos los valores que se han mencionado, pero para que esas conductas cambien, también es necesario que se vuelva a confiar en el gobierno, que como bien sabido la mayoría no lo hace, ya que constantemente hay quejas de la mala administración de los recursos públicos y el nivel de corrupción que existe en los políticos, así como y de las grandes figuras públicas o empresariales de México.

Aun y cuando existen leyes como la Ley de transparencia y acceso a la información, y programas a los que se puede acceder para ver en que gasta el gobierno el pago de los impuestos, sigue habiendo un alto nivel de desconfianza, que trae aparejada la resistencia de no querer contribuir, y todo ello suele ser normal, tal y como lo afirma Domínguez,

> «Sería ridículo pensar que los niveles de corrupción gubernamentales no afectan el destino del gasto público y el nivel de desconfianza generado en los ciudadanos,

[13] Véase en: *http://www.elfinanciero.com.mx/economia/inducira-el-sat-cultura-contributiva-en-ninos-con-videojuegos.html*, consultada al 23 de agosto de 2018.

[14] Véase en: *http://www.unimexicali.com/noticias/mexico/320193/crean-el-premio-nacional-de-cultura-contributiva.html*, consultada al 23 de agosto de 2018.

cuando en realidad la corrupción conlleva a perder el sentido cívico de ser un buen ciudadano ya que un ente irresponsable, mentiroso y desleal sin duda alguna desmotiva todo cumplimiento cabal»[15].

Podría considerarse que no solo es culpa del ciudadano tener esa falta de cultura contributiva, sino también de las acciones del gobierno, de esos niveles de corrupción que se ven a diario, a través de los enriquecimientos ilícitos de funcionarios, a través de los pobres o falsos resultados en cuanto al incremento de la calidad de la educación o en cuanto a la disminución de la violencia, o de la pobreza.

Guerra, menciona que

> «En México, ha sido parte de su historia, el imperio desbordado que ha ejercido el Estado sobre los contribuyentes, cobrando tributos generalmente bajo mecanismos despóticos y de presión, ajenos a un exacto cumplimiento de los principios y normas vigentes en un momento dado»[16].

Todas esas acciones traen serias consecuencias, mismas que hoy en día se ven reflejadas en los bajos índices de recaudación tributaria frente a los altos índices de la evasión fiscal. Es por ello que enfatizamos en la importancia de cambiar esta falta de cultura contributiva, lo cual es un trabajo tanto individual como grupal, primero hay que cambiar y razonar uno mismo de las acciones buenas y malas que se hacen día con día, para después trabajar en grupo y aprender unos de otros de esos cambios o superaciones que nos pueden convertir en buenos ciudadanos, honestos y respetuosos de las leyes contributivas, con el ánimo de contribuir al bien común.

Es de suma importancia que se resalte y que se tome en cuenta que existen otras causas que originan la evasión fiscal, que no solo la falta de cultura contributiva es causante de la misma, ya que pueden existir contribuyentes que no crean más en el gobierno ni en sus acciones, como se mencionó con anterioridad, o bien busquen su ahorro fiscal, su propio enriquecimiento, que los tramites fiscales sean tediosos y difíciles, entre otras circunstancias.

[15] Domínguez, Gloria, «Fiscalidad, su cumplimiento estrechamente ligado al concepto de ciudadanía», p. 13, véase en: *file:///C:/Users/PC%201/Desktop/Filosofia%20Jurídica/Artículo/compilación%20de%20ensayos.pdf, consultada al 30 de agosto de 2018.*

[16] Guerra, Jaime, Repercusión del garantismo en la tutela de los derechos de los contribuyentes en los tres órdenes de gobierno, p. 37, véase en: *file:///C:/Users/PC%201/Desktop/Filosofia%20Jurídica/Artículo/compilación%20de%20ensayos.pdf,* consultada al 30 de agosto de 2018.

IV. ÍNDICES DE LA EVASIÓN FISCAL EN MÉXICO EN MÉXICO

No es novedoso escuchar en las noticias internacionales o nacionales los índices de evasión fiscal de los diferentes países en el mundo y de la ardua batalla que tienen los gobernantes para controlar esta situación a fin de que no afecte al gasto público y por ende a sus mismos gobernados. No solo México es el país con bajos índices de recaudación fiscal, sin embargo, si es uno de los más afectados según datos de la OCDE (Organización de Cooperación y Desarrollo Económica), donde se muestra que:

México es uno de los países de la OCDE y de América Latina que menos recauda. Generalmente México recauda un aproximado de 19.7% respecto del Producto Interno Bruto (PIB), mientras que el promedio en los países miembros de la OCDE es de 34.8%. Sin embargo, esta cifra del 19.7% incluye la recaudación por concepto de rendimientos petroleros, por lo que descontándolos, la recaudación se reduce aproximadamente a la mitad[17].

Se puede apreciar que los índices son considerados, en cuanto a la evasión en México, por ende sus afectaciones son de igual forma, ya que el gobierno está dejando de percibir esos ingresos públicos, los cuales deberían ser destinados al gasto público y al bien común, por ende todo lo presupuestado como cada año se hace, debe sufrir modificaciones, como el recorte de presupuestos en algunas áreas, que bien podrían ser, educación, salud, fomento de nuevo empleos, seguridad pública, entre otras cuestiones, siendo el ciudadano el principal beneficiario como miembro de la sociedad.

V. CONCLUSIONES

Es importante que tanto el gobernado como el gobernante tomen con seriedad y responsabilidad en cuanto al papel que cada uno tiene en la sociedad, y de la afectación que estos pueden causar en caso de que dichas acciones sean contrarias a la ley o a los deberes que como ciudadanos se tienen, hablando obviamente en la materia fiscal.

En primer término el gobierno debe de brindar esa confianza a los ciudadanos, haciéndoles ver y saber que todos los recursos que se recaudan por impuestos, tienen un fin y un objetivo que cumplir, y que de ninguna manera estos se desvían, ya que el nivel de desconfianza que se generado en la ciudadanía por la corrupción es un problema latente, aun y cuando existan diversos programas de transparencia y acceso a la información.

[17] Véase en: *file:///C:/Users/PC%201/Desktop/Filosofia%20Jurídica/Artículo/ANEXO-NOTICIAS-FISCALES-160.pdf, consultada al 05 de septiembre de 2018.*

Por lo tanto, es inminente recuperar esa confianza, con la finalidad de generar la cultura contributiva desde edades tempranas para que tantos niños como jóvenes crezcan y se formen con valores, que los hagan ser en un futuro ciudadanos y por lo tanto contribuyentes solidarios y responsables con sus obligaciones fiscales.

Contribuir con el gasto público es para un bien general y no particular, es esa ayuda mutua en la que se debe de cooperar responsablemente, generando así conciencia tributaria, ya que el no hacerlo origina una serie de afectaciones al desarrollo, social, económico, financiero, cultural de nuestro país. Es cuestión de trabajar unidos acatando y cumpliendo desde nuestras trincheras y en el papel que nos toque jugar, ya sea como gobierno o como ciudadano.

Es tarea de todos que los índices de evasión fiscal disminuyan, no solo es cambiar esa falta de cultura contributiva con la que a veces crecemos los ciudadanos mexicanos, a falta de concientización y educación fiscal, sino también es tarea del gobierno reflejar esa confianza y transparencia en el destino de dichos recursos públicos.

TRIBUNALES CONSTITUCIONALES Y SUPREMA CORTE DE JUSTICIA DE LA NACIÓN. PROPUESTA DE CREACIÓN DE UN TRIBUNAL CONSTITUCIONAL EN MÉXICO

BRISEIDA ELIZABETH GODOY LOAIZA[1]
EDUARDO RAMÍREZ PATIÑO[2]

I. INTRODUCCIÓN

LA CONSTITUCIÓN REQUIERE no sólo del reconocimiento de su supremacía sino también de un mecanismo específico de tutela ejercido por órganos imparciales e idóneos. Entre dichos mecanismos se destaca el control de la constitucionalidad que, en la construcción kelseniana, no se encomienda a los órganos de la jurisdicción ordinaria, ni al Parlamento, sino se atribuye al Tribunal Constitucional, un órgano de tipo jurisdiccional eficaz, creado *ad hoc*, independiente y autónomo de los poderes constituidos.

En su versión restaurada, a partir de 1945 se recrean los tribunales constitucionales, con auge en el continente europeo, institución que representó una marcada influencia en el control de la constitucionalidad en Latinoamérica y encausó las reformas constitucionales producidas en México en 1994.

Partiendo de la hipótesis de que la independencia, funcional y estructural, del órgano de control de la constitucionalidad, representa un presupuesto de efectividad del control que se ejerce, con la finalidad de demostrar la pertinencia de crear en México, un Tribunal Constitucional independiente de los poderes públicos, el presente estudio se realiza implementando los métodos analítico, sintético,

[1] Licenciada en Derecho por la Facultad de Derecho Culiacán de la Universidad Autónoma de Sinaloa; estudiante de cuarto semestre de la Maestría en Ciencias del Derecho, perteneciente al Programa Nacional de Posgrados de Calidad, CONACYT, impartido por la Unidad de Estudios de Posgrado de la Facultad de Derecho Culiacán, Universidad Autónoma de Sinaloa.

[2] Doctor en Derecho, Profesor Emérito de la Universidad Autónoma de Sinaloa, pertenece al Sistema Nacional de Investigadores Nivel 1; fue Director de la Facultad de Derecho Culiacán de la Universidad Autónoma de Sinaloa, Magistrado del Tribunal Electoral del Estado de Sinaloa y Director de Asuntos Jurídicos del Congreso del Estado de Sinaloa.

sistemático, histórico y comparativo, estructurándose en los siguientes apartados: «Consideraciones previas: Justicia Constitucional», establece un marco teórico de referencia sobre la justicia constitucional; «Tribunales constitucionales, con énfasis en la independencia del órgano de control de la constitucionalidad como presupuesto de efectividad», enmarca las concepciones estricta y amplia de la citada institución, señalando las características elementales, en particular, la independencia; el apartado contempla, a su vez, un bosquejo de la clasificación de los más destacados tribunales constitucionales europeos y latinoamericanos, según su ubicación respecto de la estructura del Poder Judicial.

En el mismo orden de ideas, en el apartado, «Acerca de la Suprema Corte de Justicia de la Nación, órgano de control de la constitucionalidad en México», se fija la naturaleza jurídica del máximo tribunal mexicano, señalando las reformas constitucionales tendientes a lograr su transformación en un Tribunal Constitucional.

Finalmente, se formulan algunas conclusiones y se ofrecen razonamientos que justifican la reforma en materia constitucional que crea en México un Tribunal Constitucional independiente, como órgano jurisdiccional de la constitucionalidad.

II. CONSIDERACIONES PREVIAS: JUSTICIA CONSTITUCIONAL

Refiere Hans Kelsen que la Constitución representa «un principio donde se expresa jurídicamente el equilibrio de fuerzas políticas en un momento determinado»[3], es decir, es la norma que regula la elaboración de las normas generales en ejecución de las cuales se ejerce la actividad de los órganos estatales; desde una perspectiva realista, la Constitución real y efectiva «formada por la suma de factores reales y efectivos que rigen en la sociedad»[4], reconoce la importancia de los denominados factores reales de poder en la vigencia de los preceptos constitucionales.

Las constituciones modernas dan por cierta la existencia de una tabla de valores y principios éticos, que constituyen la legitimación del Estado y de su derecho; así la norma constitucional contiene y reconoce el conjunto de principios políticos y sociales de determinado grupo social, y establece los medios para garantizar el respeto a los mismos, lo que se conoce como garantías constitucionales.

Después de la Segunda Guerra Mundial, surgen constituciones que poseen características esenciales: reconocen su supremacía respecto de las normas que integran el sistema jurídico, se instituyen como instrumentos de garantía y realización de los derechos fundamentales consagrados, y contemplan, a su vez, sistemas que permiten garantizar la vigencia de los principios constitucionales contenidos.

[3] Kelsen, H., *La garantía jurisdiccional de la Constitución (la* justicia *constitucional),* trad. de Rolando Tamayo Salmorán, UNAM-Instituto de Investigaciones Jurídicas, México, 2001, p. 21.

[4] Lassalle, F., *¿Qué es* una *Constitución?,* trad. de Wenceslao Roces, Ariel, España, 2002, p. 99.

Al considerarse como la expresión de los valores y realidades de un país en determinado momento, es entendible que la Constitución requiera adecuarse a las situaciones actuales, sin embargo, los entes públicos no pueden, en el ejercicio de las funciones que les han sido otorgadas, desconocer o contravenir arbitrariamente el orden constitucional. En consecuencia, la defensa de la Constitución se integra por los instrumentos jurídicos y procesales establecidos como medio para reparar el orden jerárquico de las normas y la supremacía constitucional.

La justicia constitucional, cuyo origen se distingue en el constitucionalismo norteamericano de principios del siglo XIX, se reelabora un siglo más tarde en un periodo histórico complicado política y socialmente, por obra del jurista Hans Kelsen, con un diseño que «surge ante una situación de crisis de la idea de constitución, como un mecanismo más para afianzar y garantizar los principios y valores constitucionales, y muy significativamente los derechos de las minorías frente a las mayorías parlamentarias»[5].

La preservación del principio de supremacía constitucional, se convierte en un postulado común para los sistemas de control, razón de ser de la justicia constitucional, en virtud del carácter fundamental de la Constitución, pues sus principios y valores se transmitirán al resto del cuerpo normativo de un país; con la salvaguarda de la Constitución, se garantiza el contenido ideológico estatuido y restaura la confianza del pueblo en la ley suprema.

El control de la constitucionalidad, implica «señalar los límites del poder en concordancia con el principio de supremacía constitucional, pues es a través de las formas de control y la efectividad que producen en la realidad normada, como se asegura que la Constitución prevalecerá en su aplicación sobre las normas o actos inferiores a ella en un sistema jurídico determinado»[6]. De ahí que, si no existe tal control, la norma suprema pierde su carácter ya que, si puede ser contravenida por una norma general de jerarquía inferior o un acto, entonces, deja de ser el sustento del sistema normativo.

En opinión de Fix-Zamudio[7], se concibe a la justicia constitucional como:

> (...) el conjunto de procedimientos de carácter procesal, por medio de los cuales se encomienda a determinados órganos del Estado, la imposición forzosa de los mandamientos jurídicos supremos, a aquellos otros organismos de carácter público que han desbordado las limitaciones, que para su actividad se establecen en la misma carta fundamental.

[5] Gozaíni, O., *Tratado de Derecho Procesal Constitucional*, Porrúa, México, 2011, t. I, p. 71.

[6] Suárez Camacho, H., *El sistema de control constitucional en México*, 4a. ed., Porrúa, México, 2014, p. 15.

[7] Fix-Zamudio, H., *Introducción al estudio de la defensa de la Constitución en el ordenamiento mexicano*, UNAM-Instituto de Investigaciones Jurídicas, México, 1994, p. 186.

Primero, se observa que una Constitución prevé la posibilidad de ser violentada por tanto es necesario que establezca los medios para contrarrestar esa violación; y segundo, el objetivo del control constitucional es garantizar el Estado de derecho y limitar al poder público en sus excesos. Luego entonces, el control de la constitucionalidad y los mecanismos de control se justifican cabalmente por dos razones fundamentales: es indispensable contar con medios de defensa constitucionalmente previstos que garanticen la vigencia del Estado de derecho y los límites en el ejercicio del poder público.

En este tenor, se procede a fijar la naturaleza jurídica de la institución del Tribunal Constitucional como órgano de control de la constitucionalidad, estableciendo sus características más significativas, con énfasis en la independencia, así como una somera clasificación, según la ubicación del órgano respecto de los poderes públicos, en particular del Poder Judicial.

III. TRIBUNALES CONSTITUCIONALES, CON ÉNFASIS EN LA INDEPENDENCIA DEL ÓRGANO DE CONTROL DE LA CONSTITUCIONALIDAD COMO PRESUPUESTO DE EFECTIVIDAD

Además del requisito de sujeción de los órganos de poder a la Constitución, para garantizar la cohesión y unidad del Estado constitucional de derecho, la efectividad de todo sistema de justicia constitucional se encuentra ligada al diseño adecuado de órgano de control de la constitucionalidad que permita «la realización efectiva de los derechos fundamentales y la salvaguarda de la distribución de competencias entre los órganos de poder del Estado»[8].

Desde una perspectiva teórica, el tribunal constitucional europeo o kelseniano se concibe como un órgano creado *ad hoc* para realizar la función de control de la constitucionalidad, jurisdicción que requiere las siguientes condiciones de existencia: un estatuto constitucional, un monopolio de lo contencioso constitucional, que la designación de los miembros se realice de entre jueces especializados, que integre una verdadera jurisdicción constitucional y que ésta se encuentre fuera del aparato jurisdiccional ordinario. A su vez, se trata de un órgano constitucional especializado en el conocimiento de los asuntos jurídico-constitucionales, es decir, recibe de la Carta Magna tanto su existencia a nivel constitucional, como la determinación de su ámbito competencial.

Es propio destacar que, en todo Estado constitucional democrático de derecho, la efectividad del control de la constitucionalidad depende de la existencia de instituciones idóneas, que funcionen como auténticos restauradores de la supremacía

[8] González Madrid, M., «Justicia constitucional y configuración de un tribunal idóneo para eficacia del Estado», *Revista de Ciencias Sociales y Humanidades*, núm. 71, julio-diciembre 2011, p.121.

constitucional, de los principios contenidos en la misma y de la garantía del ejercicio pleno de derechos fundamentales de los gobernados, instituciones que deben adecuarse a las condiciones jurídicas, políticas y sociológicas vigentes en cada región.

Lo anterior, depende no sólo de las atribuciones para interpretar en última instancia el texto constitucional, sino de que éste órgano sea estructuralmente independiente de los órganos que se sujetan al control y que posea facultades suficientes para declarar de manera general la inconstitucionalidad una norma que no se adecua a los preceptos constitucionales.

Históricamente, el Tribunal Constitucional austriaco de 1920 ha influido en el desarrollo constitucional europeo a partir de la segunda mitad del siglo XX, como resultado de «la superación de los sistemas totalitarios y el retorno a los sistemas democráticos»[9]; a su vez, dicho tribunal ha ejercido en los últimos años una enorme influencia en el desarrollo de la justicia constitucional en Latinoamérica, aun cuando, por tratarse de modelos mixtos, ésta posee rasgos distintivos del control de la constitucionalidad de tipo difuso.

El Tribunal Constitucional originario se ha desarrollado en cada región con particularidades derivadas del contexto histórico, político, económico, y sociológico propios; la evolución de los multicitados órganos, rebasa la concepción estricta establecida, debido a que los ordenamientos constitucionales contemporáneos adoptan una gran cantidad de matices y modalidades de órganos, teniendo como consecuencia que, en el sentido formal, las Cortes Supremas o Salas especializadas pueden tener jurisdicción constitucional, pero no se les puede llamar Tribunales o Cortes constitucionales, pues pertenecen al Poder Judicial.

La naturaleza de un Tribunal Constitucional se determina desde dos perspectivas distintas: a) desde una perspectiva formal, es aquél órgano creado «para conocer especial y exclusivamente de los conflictos constitucionales, situado fuera del aparato jurisdiccional ordinario e independiente tanto de éste como de los poderes públicos»[10] y, b) una noción moderna y más amplia que corresponde a su enfoque material, «entiende por Tribunal Constitucional al órgano jurisdiccional de mayor jerarquía que posee la función esencial o exclusiva de establecer la interpretación final de las disposiciones de carácter fundamental»[11].

[9] Highton, E., «Sistemas concentrado y difuso de control de constitucionalidad», En: Von Bogdandy, A. (coord.), *La justicia constitucional y su internacionalización. ¿hacia un Ius Constitucionale Commune en América Latina?*, UNAM-Max-Plank-Institut-Instituto Iberoamericano de derecho constitucional, México, 2010, t.I. p. 117.

[10] Ferrer Mac-Gregor, E., «Los tribunales constitucionales y la Suprema Corte de Justicia de México», En: Ferrer Mac-Gregor, E. (coord.), *Derecho procesal constitucional*, 5a. ed., Porrúa, México, 2006, t. I, p. 66.

[11] Idem.

En la clasificación tradicional de los sistemas de control de la constitucionalidad se presentan diferencias sustanciales en referencia al órgano facultado para ejercerlo: por un lado, el modelo americano o difuso, confiere a la totalidad de los jueces que integran el Poder Judicial la tarea de interpretar y desaplicar la norma constitucional cuando ésta contraviene al ordenamiento supremo; por otro lado, el modelo europeo o concentrado, centraliza el ejercicio de dicho control en un órgano especialmente creado, que se denomina Tribunal Constitucional, ubicado fuera de la estructura normativa y funcional del Poder Judicial.

Como consecuencia de la adaptación de los modelos americano y europeo al contexto histórico, político, económico y social propio de cada región, en América Latina aparece un tercer modelo de órganos de control de la constitucionalidad, ya sea en forma de tribunales o cortes constitucionales, ubicadas dentro o fuera del tribunal superior, en salas especializadas en materia constitucional, o bien, la función de controlar la constitucionalidad se deposita en el máximo órgano judicial; además, no se constituye un control estrictamente concentrado, sino que se permite el control de la constitucionalidad de manera difusa a todos los jueces.

Así entonces, desde una perspectiva amplia, las cortes o tribunales supremos pueden ser jurisdicciones constitucionales, pero no son tribunales constitucionales auténticos, noción que se identifica fundamentalmente con el modelo europeo de Tribunal Constitucional, denominándose así a los altos órganos judiciales o jurisdiccionales, situados dentro o fuera del poder judicial, independientemente de su denominación, «cuya función material esencialmente consista en la resolución de los litigios o conflictos derivados de la interpretación o aplicación directa de la normativa constitucional»[12], situación que acontece en México.

Por otra parte, la posición institucional de los tribunales constitucionales demuestra que la cuestión de la independencia no es un tema superfluo; se entiende que el Tribunal desarrolla funciones jurisdiccionales, dotado de una estructura organizativa autónoma respecto de los órganos jurisdiccionales ordinarios y los poderes constituidos, en relación con los cuales goza de independencia y autonomía.

Según su ubicación respecto del Poder Judicial, se distinguen cuatro variedades de Tribunales Constitucionales, entendidos en sentido material[13], a saber: a) Tribunales constitucionales ubicados fuera del Poder Judicial; b) Tribunales o cortes autónomas ubicadas dentro de la estructura del Poder Judicial; c) Salas especializadas en materia constitucional, pertenecientes a las propias cortes o tribunales supremos; y d) Cortes o tribunales supremos realizando funciones de tribunal constitucional.

[12] Ferrer Mac-Gregor, E, op. cit., p. 243.

[13] Díaz Romero, J., «Los tribunales constitucionales y la Suprema Corte de Justicia de la Nación», En Ferrer Mac-Gregor, E. (coord.), *La ciencia del derecho procesal constitucional. estudios en homenaje a Héctor Fix-Zamudio en sus cincuenta años como investigador del derecho. Tribunales constitucionales y democracia*, UNAM-IMDPC-Marcial Pons, México, 2008, t. II, pp. 178-179.

En Europa predomina el tribunal *ad hoc,* ubicado fuera de la estructura del Poder Judicial, en tanto cinco países latinoamericanos han constituido tribunales constitucionales con esta ubicación: Perú (1979), Chile (1980) y Guatemala (1985). Alemania, Bolivia y Colombia constituyen Tribunales o Cortes Constitucionales dentro del Poder Judicial.

Seis países latinoamericanos han instituido salas constitucionales dentro de las cortes supremas, con potestades para declarar la inconstitucionalidad de las leyes con efectos generales. Así, Costa Rica (1989), El Salvador (1991), Paraguay (1992), Nicaragua (1995), Venezuela (1999) y Honduras (2000).

Asimismo, algunos países de Latinoamérica han atribuido al Pleno de la Corte o Tribunal Supremo la potestad de declarar la inconstitucionalidad de las leyes con efectos generales: Brasil (1988) y México (1994), éste último se analiza en el apartado que prosigue.

IV. ACERCA DE LA SUPREMA CORTE DE JUSTICIA DE LA NACIÓN, ÓRGANO DE CONTROL DE LA CONSTITUCIONALIDAD EN MÉXICO

En el sistema jurídico mexicano, el ordenamiento jurídico jerárquicamente superior es la Constitución; La organización del Estado mexicano se funda en el principio de la división de poderes reconocido a lo largo de su historia como nación independiente y contenido en el artículo 49 constitucional: el Ejecutivo, el Legislativo y el Judicial, conforme con el modelo clásico; de acuerdo con la exposición de motivos correspondiente se ha reconocido también, que estos poderes colaboran entre sí[14].

El Poder Judicial de la Federación a su vez se deposita en una Suprema Corte de Justicia, en un Tribunal Electoral, en Tribunales Colegiados y Unitarios de Circuito y en Juzgados de Distrito[15]. A través de la función jurisdiccional que desempeña, representa un equilibrio entre los otros poderes y procura que sus actos se ajusten a los preceptos constitucionales.

Al margen de la discusión respecto del sistema adoptado por el sistema jurídico mexicano para ejercer el control de la constitucionalidad de leyes o actos, esta es facultad reservada para el Poder Judicial de la Federación a través de la Suprema Corte de Justicia de la Nación, órgano de carácter jurisdiccional cuya naturaleza será analizado en lo subsecuente. A través del juicio de amparo se restaura la legalidad de los actos de autoridad y la protección de los derechos humanos; el principio de

14 Mena Adame, C., La Suprema Corte de Justicia de la Nación como Tribunal Constitucional, Porrúa, México, 2003, p. 19.

15 Según lo estipula el artículo 94 de la Constitución Política de los Estados Unidos Mexicanos.

división de poderes, por medio de las controversias constitucionales; por su parte, a través de la acción de inconstitucionalidad, se resuelven las contradicciones del cuerpo normativo con los preceptos constitucionales.

Respecto de las facultades que desempeña la Suprema Corte de Justicia de la Nación, se distinguen «las de contenido estrictamente constitucional (de única instancia), y las relativas a dirimir conflictos jurídicos que tienen una alta incidencia no sólo jurídica, sino para la vida social, política, económica y religiosa de un pueblo»[16], mismas que deberá también conocer para proporcionar cohesión y unidad al sistema entero de la nación.

En consecuencia, la Suprema Corte de Justicia de la Nación como máximo intérprete de la Constitución tiene una naturaleza dual, ya que se ha ocupado de las dos atribuciones más relevantes de la función jurisdiccional: el control de la legalidad y el control de la constitucionalidad. No constituye un Tribunal Constitucional toda vez que, si bien es cierto que desempeña su papel «sólo a lo que se refiere al aspecto material, con facultades exclusivas respecto a la interpretación constitucional»[17], no menos cierto es que se trata organismo híbrido o mixto producto de la carga política y social que históricamente se le ha encomendado.

Las reformas constitucionales y legales de 1987 y 1994 concentraron en la Suprema Corte de Justicia de la Nación la última instancia de las controversias estrictamente constitucionales, sin conferirle la denominación expresa de Tribunal Constitucional, aun se reconoce que materialmente lo sea, evolución que se concreta hasta hoy en tres puntos esenciales:

- Se ha emancipado a la Suprema Corte del conocimiento forzoso y directo de asuntos ordinarios y de legalidad, dejándole, en cambio, los asuntos de mayor importancia y trascendencia dentro de los que sobresalen los de constitucionalidad (amparo contra leyes y por invasión de esferas de competencia, controversias constitucionales, acciones de constitucionalidad);
- Se ha otorgado a la Suprema Corte una muy amplia facultad discrecional en varios aspectos (facultad de atracción, admisión del recurso de revisión en amparo directo, facultad de remisión a los tribunales colegiados de circuito), que le permite conocer de los asuntos más importantes o adscribir a los tribunales colegiados de circuito los que no lo son;
- La deducción que parece más importante es el propósito que se desprende de la serie de transformaciones hechas por el Constituyente, de dotar a la Suprema Corte de la voz terminal.

[16] Flores Sánchez, A, El sistema de unificación jurisprudencial y la Suprema Corte como Tribunal Constitucional, M.A. Porrúa, México, 2011, p. 56.

[17] Camargo González, I., Derecho procesal constitucional. Práctica Forense. Controversia constitucional. Acción de inconstitucionalidad. Tramitación, substanciación y resolución, Ed. Flores, México, 2016, p.25.

Si bien es cierto que se incrementó la independencia de la Suprema Corte de Justicia y se implementaron garantías constitucionales adicionales al juicio de amparo, aumentando los procedimientos que se incorporan al sistema de justicia constitucional en México, no menos cierto es que no ha logrado del todo realizar los fines propuestos, pues se dejaron a la Corte competencias y atribuciones para seguir conociendo de aspectos vinculados con la legalidad o que en nada aportan a su transformación hacia un Tribunal Constitucional.

En México no existe un Tribunal Constitucional en sentido estricto, con la característica de ser independiente del Poder Judicial y, sobre todo, con la peculiaridad de que se ocupe especial y exclusivamente de conflictos o cuestiones estrictamente de constitucionalidad y tenga facultades plenas para declarar la inconstitucionalidad de carácter general. En razón de lo anterior, en una noción amplia del término, puede ubicarse a la Suprema Corte de Justicia de la Nación como un tribunal constitucional material.

A manera de referencia comparativa del modelo de órgano que ejerce el control de la constitucionalidad, Suprema Corte de Justicia de la Nación, en México y Tribunal Constitucional, en España, en razón de los rasgos históricos, sociales y culturales que ambos países comparten, por lo que hace a la naturaleza jurídica del órgano de control, el Tribunal Constitucional español se configura como un órgano de carácter jurisdiccional creado *ad hoc,* independiente de los demás órganos constitucionales, que recibe su estatuto de la Constitución y la Ley Orgánica del Tribunal Constitucional; ejerce su función como intérprete supremo de la Constitución y resuelve cuestiones relativas a la constitucionalidad de las leyes y actos de los poderes públicos, así como la protección de los derechos fundamentales de los gobernados.

Por su parte, en México el ejercicio del control de la constitucionalidad corresponde exclusivamente a través de la Suprema Corte de Justicia de la Nación, órgano cúspide del Poder Judicial Federal que se arraiga como intérprete máximo de la Constitución y disipa, en vía jurisdiccional constitucional, tópicos en materia de inconstitucionalidad, conflictos que atenten en contra del principio tripartito de división de poderes o actos u omisiones vulneren los derechos fundamentales constitucionalmente tutelados.

V. CONCLUSIONES Y PROPUESTAS

Dentro de los presupuestos para que exista un control de la constitucionalidad efectivo se circunscribe la configuración constitucional de un órgano jurisdiccional especializado, con independencia real del Poder Judicial y de los órganos sometidos a control, con las atribuciones necesarias para que éste tenga el control de la constitucionalidad.

A su vez, el órgano de control debe estar dotado de facultades decisorias, a fin de que sus resoluciones o sentencias produzcan efectos jurídicos vinculantes para los poderes sometidos al control, los que no pueden actuar al margen de lo decidido; la decisión del órgano de control debe producir efectos generales para evitar que la norma considerada inconstitucional se integre o mantenga dentro del ordenamiento jurídico.

Un órgano de control de la constitucionalidad efectivo, con independencia de actuación frente a los poderes públicos, garantiza la fuerza normativa de la Constitución. El Tribunal Constitucional es el órgano de carácter jurisdiccional que tiene encomendada la misión de salvaguardar la supremacía de la Constitución, revisar la adecuación de las leyes y actos derivados del ejercicio excesivo o deficiente del poder con el contenido constitucional, resolver sobre la protección de los derechos fundamentales y la distribución de competencias entre los poderes constituidos.

En México, la reforma en materia constitucional de 1994, y las subsecuentes en la misma materia, tuvieron como objetivo consolidar a la Suprema Corte de Justicia de la Nación como Tribunal Constitucional, sin embargo, la Suprema Corte de Justicia sigue anclada en una tradición respetable desde el punto de vista histórico, lo cual impide que la Suprema Corte sea un Tribunal Constitucional, escenario ante el que se debe analizar la posibilidad de configurar a la Suprema Corte de Justicia como un órgano de legalidad y establecer a la par un órgano jurisdiccional, constitucionalmente independiente, como órgano destinado esencialmente a la tutela de los valores y de las normas constitucionales.

Fundado en el contexto jurídico, económico, político y sociológico actual, se considera oportuna la creación de un Tribunal Constitucional auténtico, estatuido constitucionalmente, que concentre la función del control de la constitucionalidad, inclusive en materia electoral; se propone la creación de un órgano de control de la constitucionalidad, de tipo jurisdiccional, independiente y especializado para ejercer las funciones cardinales de control constitucional: la garantía de la Supremacía de la Constitución, la salvaguarda de la distribución de competencias de los poderes constituidos y la tutela efectiva de los derechos fundamentales.

Se aclara que lo anterior no rompe con el esquema tradicional de división tripartita del poder, sino que el mismo tiende a fortalecerse con la presencia de una nueva institución que tendrán a su cargo tareas que actualmente no son atendidas con efectividad por los órganos que hoy conforman la estructura pública, potencializando la fuerza normativa de la Constitución frente a los poderes constituidos.

EL DESPLAZAMIENTO FORZADO DE PERSONAS EN SINALOA: 2010 - 2018

Eduardo Ramírez Patiño
Santa Irere Villa Zepeda

I. INTRODUCCIÓN

El presente artículo se suma a los esfuerzos que se hacen para contar con un marco legal que proteja y garantice los derechos humanos de todas las personas que se han visto forzadas a abandonar sus lugares habituales de residencia, se pretenden dos objetivos, por un lado, evidenciar las limitaciones u omisiones que en México tiene la legislación elaborada en torno al problema del desplazamiento forzado de personas (en adelante DFP), en particular el del desplazamiento forzado interno (en adelante DFI); y por otro, subrayar la ausencia que en dicha legislación existe sobre la violación de los derechos humanos; para cubrirlos se hace necesario precisar primero la noción de DFI con la intención de delimitarla de cara a otras nociones afines, para después abordar el tratamiento de este problema por las instancias internacionales, por tanto, resulta importante evocar a todos aquellos organismos involucrados en esta problemática, quienes ejercen una labor humanitaria en la prevención, elaborando diferentes recomendaciones a los Estados-Parte sobre la base de los distintos pactos internacionales.

En México se carece aún del andamiaje legal e institucional necesario para proteger y asistir el problema del desplazamiento interno. Las respuestas estatales existentes se han dado de manera fragmentada y no existe un reconocimiento oficial del fenómeno, particularmente del gobierno federal actual. Sin embargo, hay algunas expresiones de políticas públicas y legislaciones locales, e incluso generales en las que se reconoce el fenómeno.

Finalmente, se abordan las consecuencias que el DFI ha provocado en Sinaloa, particularmente interesa enfatizar la ausencia de un marco legal que regule los permanentes DFI a pesar de que la CNDH ha dirigido, por ejemplo, la Recomendación 39/2017 al gobierno de Sinaloa, por la violación de los derechos fundamentales de 2,038 personas, víctimas de desplazamiento forzado por la violencia del crimen organizado y conminándolo a analizar la pertinencia de presentar una iniciativa de ley en el Congreso del Estado para prevenir los desplazamientos forzados, mejorar las medidas de protección de estas personas y que la fiscalía de Sinaloa investigue los delitos denunciados por los afectados.

II. CONCEPTO DE DESPLAZAMIENTO FORZADO INTERNO

Para comprender la diferencia entre conceptos relacionados al tema, es importante considerar a la Organización de las Naciones Unidas –ONU–, para quien los desplazados internos son:

Aquellas personas o grupos de personas que se han visto forzadas u obligadas a escapar o huir de su lugar de residencia habitual, como resultado o para evitar los efectos de un conflicto armado, de situaciones de violencia generalizada, de violaciones a los derechos humanos o de catástrofes naturales o provocadas por el ser humano, y que no han cruzado una frontera estatal internacionalmente reconocida[1].

Como queda asentado, el desplazamiento forzado tiene la característica de presentarse en un plano endo-territorial, de lo contrario sería otra figura como refugiado, asilado u otras formas de migración, diferencia primordial para reconocer el problema y atender sus causas y efectos. Por ejemplo, para la Comisión de Derechos Humanos del Distrito Federal –CDHDF–, la migración es:

> «...el flujo de personas que atraviesa fronteras nacionales e internacionales con la finalidad de habitar en un espacio distinto al lugar de procedencia...»[2], es decir, cruzar hacia otra nación para resguardar la vida ante una amenaza. Por su parte, el Secretario General sobre los Desplazados Forzados, la considera como:
> La acción llevada a cabo por personas o grupos de personas que se han visto forzadas u obligadas a escapar o huir de su lugar de residencia habitual, en particular como resultado o para evitar los efectos de un conflicto armado, situaciones de violencia generalizada, violaciones de los derechos humanos o catástrofes naturales o provocados por el ser humano y en su propio país[3].

[1] Díaz-Leal Rubio, L., *Desplazamiento Interno Inducido por la Violencia: Una experiencia global, una realidad mexicana*, México, Alto Comisionado de las Naciones Unidas Para los Refugiados, Internal Displacement Monitoring Centre, Norwegian Refugee Council, Refugees International, Agencia de la ONU para los Refugiados Palestinos en Oriente Próximo, Médicos sin Fronteras, Humanas sin Violencia, SIPAZ, 2014, p. 25.

[2] Comisión de Derechos Humanos del Distrito Federal, Editorial, «Migrantes, gobernanza y derechos humanos», *Dfensor Revista de Derechos Humanos*, núm. 06, año XV, México, CDHDF, 2017, p. 3.

[3] Aquino Cruz, Teódulo, y Sánchez García, David, *Hacia la construcción de políticas públicas en materia de atención de grupos discriminados a causa del desplazamiento forzado de su lugar de origen*, México, 2008, p. 31.

En los desplazamientos forzados y en la migración los pobladores dejan sus lugares de origen por múltiples factores que más adelante veremos, pero los primeros permanecen dentro del país, mientras los segundos cruzan una frontera internacional reconocida por el derecho internacional. Según la Convención de 1951 sobre el Estatuto de los Refugiados, éstos deben cubrir los siguientes tres supuestos:

> «Tiene fundados temores de ser perseguido por motivos de raza, religión, nacionalidad, pertenencia a determinado grupo social, u opiniones políticas...se encuentra fuera del país de su nacionalidad y no puede o no quiere acogerse a la protección de ese país, o regresar a él a causa de dichos temores»[4].

Entre refugiado, migrante y desplazado forzado existen elementos comunes, entre estos: «...la extrema pobreza, exclusión social, falta de trabajo, pocas posibilidades de arraigo, violencia intrafamiliar, abuso de poder y violencia de género, entre otras»[5]. Por lo anterior, el DFI es un problema que afecta prácticamente a todas las regiones del mundo, derivado de una multiplicidad de factores a los que debemos agregar: enfrentamientos armados, falta de oportunidades, obstáculos al desarrollo humano, falta de empleos, conflictos religiosos o étnicos, entre otros. A la par, se produce la invisibilidad del problema por las autoridades que no toman medidas de ningún tipo –preventivas o humanitarias– creando así una doble victimización: la expulsión abrupta y falta de la atención requerida y de las garantías para el retorno por la autoridad.

III. DESPLAZAMIENTO FORZADO INTERNO Y DERECHOS HUMANOS EN EL CONTEXTO INTERNACIONAL

Los derechos humanos se sustentan en una serie de acuerdos y compromisos que pueden explicarse, de acuerdo a Renata Bregaglio, así:

> «El Sistema Universal de Protección de los Derechos Humanos nace en el seno de la ONU, de la que son miembros casi todos los Estados del mundo. Este sistema consiste en un conjunto de mecanismos orientados a proteger los derechos de todas las personas»[6].

[4] Oficina del Alto Comisionado de las Naciones Unidas Para los Refugiados, «Protección para los Refugiados, Guía sobre el Derecho Internacional de los Refugiados», *Guía práctica para parlamentarios*, número 2, Suiza, ACNUR, Unión Interparlamentaria, 2001, p. 9.

[5] Centro Internacional para los Derechos Humanos de los Migrantes, *Diagnóstico, Desplazamiento Forzado y Necesidades de Protección, generados por nuevas formas de Violencia y Criminalidad en Centroamérica*, slp, CIDEHUM, ACNUR, mayo de 2012, p. 11.

[6] Bregaglio, R. en Bandeira Galindo, G. R. *et al* (coords.), «Sistema Universal de Protección de Derechos Humanos», *Protección Multinivel de Derechos Humanos, Manual*, s.l.p., Red de Derechos Humanos y Educación Superior, 2013, p. 92.

La protección que brindan los máximos acuerdos internacionales muestra el grado de vulneración de los derechos más elementales para los desplazados en países donde dicho trance ha sido desatendido.

El desplazamiento busca, en muchos casos, salvaguardar la vida propia, de la familia o incluso de comunidades enteras, ante lo cual Miguel Rábado expresa:

> «En este sentido es que el derecho a la vida se erige como un espacio privilegiado que no está sujeto a negociación parlamentaria y que dentro de la teoría liberal democrática se inscribe en el lenguaje de los Derechos Humanos como algo innegociable, como derecho humano de contenido esencialísimo»[7].

Para este autor, la vida es un derecho fundamental del ser humano y ante el peligro de perderla los desplazados no sólo dejan su entorno, también viven el abandono del Estado al incumplir su tarea de protección, responsabilidad ineludible que vulnera los principios universales de derechos humanos y provoca un entorno jurídico incierto en la sociedad.

Al respecto, Celis y Aierdi consideran que:

> «La incapacidad o el desinterés estatal pueden ser entendidos como formas de violencia que comienza desde el momento en que el Estado no cubre o no responde a las necesidades de su ciudadanía, o cuando no implementa las medidas necesarias que aseguren el desarrollo de una vida digna o aminoren la vulnerabilidad»[8].

Hoy se cuenta con diversos instrumentos internacionales para la protección de los derechos humanos que se fortalecen cuando son parte de acuerdos de carácter vinculante pues descansan en la obligación del Estado Parte, que se adhiere al instrumento, a cumplir con su compromiso de acuerdo al sistema al que pertenece. Tenemos entonces los sistemas de protección de derechos humanos como el europeo, africano y americano; al firmar la Convención Americana de Derechos Humanos o Pacto de San José, México adquirió la obligación de integrarse al Sistema Americano de Derechos Humanos, conformado por la Organización de Estados Americanos (OEA), la Comisión Interamericana de Derechos Humanos y la Corte Interamericana de Derechos Humanos, dentro del cual existen diversos niveles de compromisos de las naciones que lo integran.

[7] Rábago Dorbecker, M. en Bandeira Galindo, G. R. et al (coords.), «Derechos a la vida y lo vivo como sujeto de derecho», *Protección Multinivel de Derechos Humanos, Manual*, s.l.p., Red de Derechos Humanos y Educación Superior, 2013, p. 308.

[8] Celis Sánchez, R. y Aierdi Urraza, X., «¿Migración o desplazamiento forzado?, Las causas de los movimientos de la población a debate», *Cuadernos Deusto de derechos humanos*, núm. 81, España, Bilbao Universidad de Deusto, 2015, p. 25.

De manera creciente continúan dándose en el orbe acciones que vulneran los derechos humanos, entre ellas los DFI; en su Informe Anual 2016, Amnistía Internacional manifestó: «Para millones de personas, 2016 fue un año de sufrimiento y miedo implacables, en el que gobiernos y grupos armados cometieron abusos contra los derechos humanos de múltiples maneras»[9]. En México, los desplazados no sólo son obligados a huir ante la violencia del crimen organizado, ligado al tráfico de drogas, sino que también se vulneran sus derechos por el Estado, ya sea al construir obras de infraestructura o por su política punitiva.

Los derechos humanos se han consolidado a nivel internacional, el artículo 41[10] del Pacto de San José manifiesta que uno de sus objetivos es promover entre las naciones los cambios legislativos en favor de los derechos humanos. En esta dirección, la Corte Interamericana de Derechos Humanos subraya la vinculación entre los principios rectores del desplazamiento forzado y el contenido del Pacto de San José, expresado en la jurisprudencia, entre otros lo podemos ubicar en la sentencia Caso Chitay Nech y otros vs. Guatemala[11] en donde plasma la fuerza vinculante de estos a través de la producción de la Corte[12].

[9] Amnistía Internacional, *Informe 2016/17 Amnistía Internacional, Primera parte_ prólogo y perspectiva regional*, Reino Unido, Amnesty International LTD, 2017, p. 12.

[10] La Convención Americana de Derechos Humanos señala en el artículo 41: La Comisión tiene la función principal de promover la observancia y la defensa de los derechos humanos, y en el ejercicio de su mandato tiene las siguientes funciones y atribuciones: a)estimular la conciencia de los derechos humanos en los pueblos de América; b) formular recomendaciones, cuando lo estime conveniente, a los gobiernos de los Estados miembros para que adopten medidas progresivas a favor de los derechos humanos dentro del marco de sus leyes internas y sus preceptos constitucionales, al igual que disposiciones aprcpiadas para fomentar el debido respeto a esos derechos; c)preparar los estudios e informes que considere convenientes para el desempeño de sus funciones; d)solicitar de los gobiernos de los Estados miembros que le proporcionen informes sobre las medidas que adopten en materia de derechos humanos; e)atender las consultas que, por medio de la Secretaría General de la Organización de los Estados Americanos, le formulen los Estados miembros en cuestiones relacionadas con los derechos humanos y, dentro de sus posibilidades, les prestará el asesoramiento que éstos le soliciten; f)actuar respecto de las peticiones y otras comunicaciones en ejercicio de su autoridad de conformidad con lo dispuesto en los artículos 44 al 51 de esta Convención, y g) rendir un informe anual a la Asamblea General de la Organización de los Estados Americanos.

[11] Véase, Corte Interamericana de Derechos Humanos, *Sentencia Caso Chitay Nech y otros vs. Guatemala*, Costa Rica, CIDH, 25 de mayo de 2010.

[12] Corte Interamericana de Derechos Humanos, *Desplazados, Cuadernillo de Jurisprudencia de la Corte Interamericana de Derechos Humanos No. 3,* Costa Rica, CIDH, sfp, p. 4: ...el Tribunal ha considerado que los Principios Rectores de los Desplazamientos Internos de las Naciones Unidas resultan particularmente relevantes para determinar el contenido y alcance del artículo 22 de la Convención Americana, los cuales definen que «se entiende por desplazados internos las personas o grupos de personas que se han visto forzadas u obligadas a escapar o huir de su hogar o de su lugar de residencia habitual, en particular como resultado o para evitar los efectos de un conflicto armado, de

IV. EL DESPLAZAMIENTO FORZADO DE PERSONAS EN EL ESTADO DE SINALOA

En el estado de Sinaloa, de acuerdo a diversos organismos de defensa de los derechos humanos, algunas de las causas históricas de los DFI son la construcción de infraestructura hidroagrícola, falta de empleo, pobreza, y durante las últimas décadas, la violencia e inseguridad producida por el crimen organizado.

Las obras hidroagrícolas provocaron el desplazamiento involuntario y procesos por la vía agraria por restitución e indemnización de tierras. Cabe destacar, que el auge del desarrollo agrícola, estuvo antecedido por una etapa en que se sentaron las bases de fuertes inversiones, entre 1920 y 1940, Sinaloa tenía una presencia importante de propiedad agrícola con inversión nacional y extranjera, Modesto Aguilar indica:

> Las estadísticas disponibles para la década de los treinta nos dicen que de las propiedades con valor unitario superior a los cinco mil pesos en manos de propietarios de diversa nacionalidad, 417 propietarios de nacionalidad mexicana poseían terrenos con una extensión de 8'310,526 hectáreas y 75 propietarios norteamericanos 4'365,889 hectáreas[13].

Además de la proyección cualitativa en ese periodo, Sinaloa representaba un nicho de oportunidad para la proyección agrícola de alta calidad de producción, en dicho sentido, el valor de los terrenos comenzaba a ser un factor de peso[14], lo cual indicaba la necesidad de generar, nuevos proyectos de irrigación, para lo cual los grandes embalses eran parte indispensable.

Debe subrayarse que la pobreza en las zonas rurales, principalmente en la serranía, concatenada con factores como la construcción de presas y la violencia generada por el crimen organizado, han provocado el desplazamiento forzado de personas. Durante los años 80, según Eliseo Díaz, la relación entre la situación a gran escala en diversos países por el entorno económico y la afectación social,

---

situaciones de violencia generalizada, de violaciones de los derechos humanos, y que no han cruzado una frontera estatal internacionalmente reconocida.

[13] Aguilar Alvarado, M. «La política agrícola y agraria en Sinaloa 1920 a 1940», *Clío*, vol. 4, núm. 18-19, 1996/1997, p. 137.

[14] *Idem.* Modesto Aguilar expone datos de sumo interesantes en términos del valor de los terrenos agrícolas en el estado de Sinaloa, durante el periodo de 1920 a 1940: «Lo significativo del caso es que mientras los propietarios mexicanos controlaban un porcentaje 79% del total de la superficie y los norteamericanos tan sólo el 16.34, en términos de valor, los propietarios nacionales alcanzaban 62.16% y los norteamericanos el 32.65%. Es decir se invertían los términos. Considerando como indicador la superficie cultivable, los extranjeros controlaban un 35% de la tierra cultivable del estado y por municipios, los norteamericanos tenían en Ahome el 72.39%, el 35.26 en Culiacán y el 63.29% en Mocorito, que eran en esa época, los municipios más ricos del estado.

relacionadas ambas con la presencia de la violencia de alto impacto, propició en México y particularmente en Sinaloa, entre la población más afectada, la búsqueda de condiciones armoniosas y de oportunidades que los obligó a abandonar sus comunidades[15]. Y el autor concluye que:

> «La violencia social y los conflictos armados llevan desastres económicos, también los errores de política económica y las crisis provocan retrocesos económicos igualmente graves, sólo que quizá éstos son remediables a largo plazo o no tienen consecuencias de largo plazo en contraste con los efectos de la violencia»[16].

Para los expertos en estudios económicos existe una vinculación entre la violencia que generan los conflictos armados y el desarrollo económico de un entorno social. En la zona serrana de Sinaloa la oferta de proyectos productivos por parte de los gobiernos en turno y la aplicación de políticas públicas ha sido prácticamente nulo, lo cual ha imposibilitado condiciones para su desarrollo; aunado a esta ausencia, la situación de pobreza y la falta de oportunidades se han profundizado, al igual que los altos niveles de violencia e inseguridad.

En los últimos años, la profundización de las rivalidades entre los grupos delincuenciales y sus disputas por la plaza han traído consigo un tipo de violencia que hostiga y acosa cotidianamente la tranquilidad de los pobladores. De acuerdo a organismos como la Comisión Nacional de Derechos Humanos –CNDH–:

> «...es una violencia diferente la que provoca la movilidad de las personas, pues se relaciona con grupos armados que están azotando diversas partes del territorio nacional; esta violencia no se ha podido frenar por parte de las autoridades, lo que ha provocado desprotección de las víctimas»[17].

V. CONSECUENCIAS DEL DESPLAZAMIENTO FORZADO DE PERSONAS EN EL ESTADO DE SINALOA

De acuerdo a datos de CONEVAL en 2010, en 10 municipios de los 18 de Sinaloa, entre el 50 % y 75 % de la población se encontraba en situación de pobreza, entre los cuales se ubicaron demarcaciones de la zona serrana: Sinaloa, Mocorito, Badiraguato, San Ignacio, Cosalá, Concordia y El Rosario; mientras que el

[15] Díaz González, E., «*Seguridad y desarrollo en México, Perspectiva general y retos sectoriales*», El Colegio de la Frontera Norte, México, 2009, p.216.

[16] *Idem.*

[17] Comisión Nacional de los Derechos Humanos, *Informe Especial Sobre Desplazamiento Forzado Interno (DFI) en México*, México, CNDH, mayo de 2016, p. 3.

municipios de Choix, el porcentaje señala entre 75 y 100[18]. Los factores de falta de oportunidades, propician la emigración interna y externa, sobre todo a los Estados Unidos. Con datos del Instituto Nacional de Estadística y Geografía (INEGI): «Al 2010, de cada 100 migrantes internacionales del estado de Sinaloa, 95 se fueron a Estados Unidos. El dato a nivel nacional es 89 de cada 100»[19].

Si bien las causas de la emigración pueden ser variadas, y el status con el que se encuentran en otras naciones puede ser a través de los permisos migratorios que cada país establece, entre ellos Estados Unidos, otro grupo de quienes tienen que salir de sus comunidades, permanecen en sede interna, esto es, se encuentran en una situación conceptualizada como desplazamiento forzado de personas. De acuerdo con Eduardo Meza y Lourdes Pacheco sobre el número de emigrantes de Sinaloa hacia el exterior del país:

En la entidad, es alta la emigración al extranjero, pese a que hasta hace muy poco tiempo no se reconocía el fenómeno. En el año 2005, el estado ocupó el lugar número 13 (con el 2.0 % del total) en el ranking nacional de expulsión de población hacia los Estados Unidos. Esta cifra equivaldría a 330,000 personas, aunque si se considera a los descendientes de segunda y tercera generación la cifra prácticamente se duplicaría, alcanzando las 650,000 personas[20].

De acuerdo con los autores, las causas como: la pobreza, la violencia del narcotráfico y la falta de oportunidades, han promovido la emigración de los sinaloenses hacia los Estados Unidos, remarcando así la correlación existente entre estas causas[21]. Es decir, son los mismos factores los que inciden en los grupos de personas desplazadas, algunos se quedan dentro de territorio nacional e incluso, dentro de la entidad y otros la abandonan.

En un entorno de pobreza, adicionado con el factor de la violencia y la falta de estructura económica que incida en revertir el porcentaje de pobreza en las comunidades, principalmente de la zona serrana y sus zonas costeras, se acrecientan las necesidades. Así, obligados por la concatenación de estos factores, se ven forzados a abandonar sus lugares de origen para convertirse en desplazados involuntarios. La situación de quienes el desplazamiento forzado los ha llevado a Estados Unidos, tiene ahora un nuevo ingrediente: el endurecimiento de la política migratoria de este país. Esta situación es relevante en nuestro estudio pues de acuerdo a datos de

[18] Consejo Nacional de Evaluación de la Política de Desarrollo Social, *Informe de pobreza y evaluación en el estado de Sinaloa 2012*, México, CONEVAL, 2012, p. 13.

[19] Instituto Nacional de Estadística y Geografía, *Censo de Población y Vivienda 2010, Movimiento migratorios, Emigración internacional*, México, INEGI, 2010, en: http://cuentame.inegi.org.mx/monografias/informacion/sin/poblacion/m_migratorios.aspx?tema=me&e=25.

[20] Meza Ramos, E. y Pacheco Ladrón de Guevara, L. C. (coords.), *De aquí, de allá, migración y desarrollo local*, México, Universidad Autónoma de Nayarit, junio de 2010, p. 69.

[21] *Ibidem*, pp. 59-80.

la Unidad de Política Migratoria de la Secretaría de Gobernación: «...de enero a marzo de este año fueron deportadas 53 764 mexicanos, una cifra mayor al mismo periodo del año pasado, cuando se registraron 38 451»[22]. Y es muy posible que muchos de estos deportados se conviertan en desplazados forzados internos.

El endurecimiento de la política migratoria y la movilización involuntaria de sus comunidades de origen han provocado que las familias desplazadas decidan quedarse en territorio nacional y cerca de sus comunidades, adecuándose al concepto de desplazamiento forzado de los organismos internacionales. Asimismo, la violencia y la secuela que va dejando, son acciones que provocan el DFI, que tiene entre otras consecuencias, problemas para las familias que de manera involuntaria y tratando de salvaguardar sus vidas se ven en la necesidad de abandonar sus comunidades de origen, entre las que podemos destacar, la falta de vivienda, inseguridad para el entorno de grupos vulnerables como la niñez, personas de la tercera edad y un evidente cambio del entorno social.

VI. CONCLUSIONES

Primera. El DFI se ha venido gestando desde décadas pasadas, ante ello debe existir un diagnóstico amplio del cual actualmente carece el Estado Mexicano, ante esto se observa una doble victimización, primero cuando el estado no garantiza la seguridad pública y los derechos plasmados en la Carta Magna, al carecer de políticas públicas para la atención de los grupos afectados.

Segunda. Se deben establecer parámetros claros en la identificación del fenómeno, en relación con otras figuras como la migración, los asilados y refugiados, esto solo se puede lograr cuando las diferentes autoridades de país visibilicen el problema y garantice el estado de derecho.

Tercera. Las personas desplazadas sufren la falta de seguridad pública, con lo cual se violan sus derechos humanos, esto a pesar de los instrumentos de derecho internacional firmados por el Estado Mexicano, pero al no asegurarse la protección jurídica y de la propia vida, se deja a las víctimas en estado de vulnerabilidad tanto en el ámbito legal, social como interpersonal.

[22] Clemente, A., *Deportaciones de mexicanos en EU crecen 40 por ciento en 2018*, México, El Financiero, 29 de mayo de 2018, http://www.elfinanciero.com.mx/nacional/deportaciones-de-mexicanos-en-eu-crecen-40-por-ciento-en-2018.

EL USO LINGÜÍSTICO DE LA DECLARACIÓN UNIVERSAL DE DERECHOS HUMANOS

Pablo Ramos Hernández[1]

I. INTRODUCCIÓN

La Declaración Universal de Derechos Humanos fue aprobada en París el 10 de diciembre de 1948 por parte de la Organización de Naciones Unidas, por lo que se acaba de cumplir el setenta aniversario de su aprobación.

Se trata de un documento declarativo, esto es, una declaración de intenciones de la ONU, y de sus Estados miembro, pero no tiene parte normativa como tal por lo que el documento se convierte en la exposición de una serie de deseos que, como tales, deben dirigir la política de Naciones Unidas, pero no obligan totalmente a la normativa internacional o nacional de los diferentes Estados.

Esta Declaración está conformada por un preámbulo y 30 artículos. Así, es un texto declarativo muy conciso y concreto. No es, ni mucho menos, un largo articulado, sino todo lo contrario, lo que demuestra que se deseaba concreción en el mismo.

La aprobación de esta Declaración se consiguió gracias al voto favorable de 48 Estados [Afganistán, Argentina, Australia, Bélgica, Birmania, Bolivia, Brasil, Canadá, Chile, China (Taiwán), Colombia, Costa Rica, Cuba, Dinamarca, República Dominicana, Ecuador, Egipto, El Salvador, Estados Unidos, Etiopía, Filipinas, Francia, Grecia, Guatemala, Haití, Holanda, India, Irak, Irán, Islandia, Líbano, Liberia, Luxemburgo, México, Nueva Zelanda, Nicaragua, Noruega, Pakistán, Panamá, Paraguay, Perú, Reino Unido, Siria, Suecia, Tailandia, Turquía, Uruguay y Venezuela], la abstención de 8 [Arabia Saudí, Bielorrusia, Checoslovaquia, Polonia, Sudáfrica, Ucrania, Unión Soviética y Yugoslavia] y la ausencia de 2 [Honduras y Yemen], no habiendo ningún voto en contra.

[1] Doctorando, Universidad de Salamanca.

II. LA REDACCIÓN DE LA DECLARACIÓN

La Comisión de Derechos Humanos del Consejo Económico y Social de las Naciones Unidas, creada al amparo del artículo 68 de la Carta de las Naciones Unidas[2], constituyó un Comité para la redacción de instrumentos que buscaran la protección de los derechos humanos.

Dicho Comité estaba compuesto por ocho representantes:

– Eleanor Roosevelt (Estados Unidos).
– René Cassin (Francia).
– Charles Malik (Líbano).
– Peng Chun Chang (China).
– Hernán Santa Cruz (Chile).
– Alexandre Bogomolov y Alexei Pavlov (Unión Soviética).
– Lord Dukeston y Geoffrey Wilson (Reino Unido).
– William Hodgson (Australia).

Durante la votación de esta Declaración, como ya se ha dicho anteriormente, ocho países se abstuvieron: Arabia Saudí, Bielorrusia, Checoslovaquia, Polonia, Sudáfrica, Ucrania, Unión Soviética y Yugoslavia.

Es posible que la abstención de Sudáfrica[3] se deba al deseo de protección del *apartheid* existente en el mismo. Por su parte, Arabia Saudí se abstuvo[4] por su frontal oposición al artículo 16, que protege el matrimonio sin discriminación y con el consentimiento de los cónyuges, y al artículo 18, que versa sobre el derecho a cambiar de creencia religiosa. Finalmente, la abstención de los Estados soviéticos[5] fue explicada porque estas Naciones consideraron que era un error la falta de condena directa del fascismo y del nazismo, hay que tener en cuenta que esta Declaración fue realizada y aprobada con muy poco tiempo de diferencia en relación a la victoria de los aliados contra la Alemania Nazi.

III. SEXISMOS LINGÜÍSTICOS

A nivel internacional existen varios textos normativos que instan al uso no sexista de la lengua. De forma concreta en relación con la ONU se pueden señalar dos textos.

[2] Carta de las Naciones Unidas, 1945. Disponible en: http://www.un.org/es/charter-united-nations/index.html [consultado 14 de enero de 2019].

[3] Danchin, P., *Drafting history*, Columbia University, Nueva York, 1999.

[4] *Ibídem*.

[5] *Ibídem*.

En primer lugar, la Convención sobre la Eliminación de Todas las Formas de Discriminación contra la Mujer, aprobada por Naciones Unidas en 1979, recoge el siguiente contenido:

Los Estados Partes tomarán todas las medidas apropiadas para:

> *a) Modificar los patrones socioculturales de conducta de hombres y mujeres, con miras a alcanzar la eliminación de los prejuicios y las prácticas consuetudinarias y de cualquier otra índole que estén basadas en la idea de la inferioridad o superioridad de cualquiera de los sexos o en funciones estereotipadas de hombres y mujeres*

En segundo lugar, la Organización de las Naciones Unidas para la Educación, la Ciencia y la Cultura (UNESCO) en su Resolución 14.1, aprobada por la Conferencia General en 1987, invitó a su Director General a lo siguiente:

> *Adoptar, en la redacción de todos los documentos de trabajo de la Organización una política encaminada a evitar, en la medida de lo posible, el empleo de términos que se refieren explícitamente o implícitamente a un solo sexo, salvo si se trata de medidas positivas a favor de la mujer*

En ambos textos se puede observar el deseo de Naciones Unidas a fomentar el uso de un lenguaje no sexista. Por esto es necesario establecer lo que es el sexismo lingüístico y podemos acudir para ello a la siguiente definición[6]:

> *Un hablante incurre en sexismo lingüístico cuando emite un mensaje que, debido a su forma (es decir, debido a las palabras escogidas o al modo de enhebrarlas) y no a su fondo, resulta discriminatorio por razón de sexo.*

Una vez establecido el contexto se analizarán los casos de sexismo lingüístico analizados en la Declaración.

III.1. *La voz 'hombre'*

Es digno de ensalzar que el título de este texto no sea «Declaración Universal de los Derechos del Hombre», imitando a la Declaración de los Derechos del Hombre y del Ciudadano aprobada tras la Revolución francesa en 1789. De esta forma el título es lingüísticamente más inclusivo y reconoce de forma directa a las mujeres como sujeto de derecho y como personas dignas de las consideraciones de su articulado.

[6] García Meseguer, A., «El español, una lengua no sexista», *Estudios de Lingüística del Español*, vol. 16, 2002. Disponible en: http://elies.rediris.es/elies16/Garcia.html [consultado el 16 de enero de 2019].

Aun así, el vocablo 'hombre' aparece en cinco ocasiones en el preámbulo. Aunque su aparición no es en ningún artículo, que de tratarse de un texto de obligado cumplimiento tendría importantes implicaciones jurídicas, no debemos olvidar que el Preámbulo de un texto legal, sea este de obligado cumplimiento o no, dirige la motivación para su aprobación o la idea marco que quien propone el texto tiene para la realización del mismo.

El uso del término 'hombre' como sinónimo de humanidad es un caso de sexismo lingüístico debido a su ambigüedad, ya que al leerlo dependerá del contexto que se aclare (o no) si esta palabra se refiere realmente a todas las personas o solo hace referencia a los varones. En ocasiones, de hecho, el propio contexto tampoco aclara el significante concreto de la palabra, lo que aumenta su valor de ambigüedad.

Además, es innegable que sociológicamente con el uso de este término se está invisibilizando a las mujeres en el cómputo general de la humanidad al establecer como sinónimo una palabra, en este caso 'hombre', que en realidad hace referencia directa a un único sexo/género.

Por todo lo anterior, es recomendable no utilizar este término como nombre colectivo para toda la humanidad, ya que no lo es y hacerlo crea más problemas lingüísticos que los que puede evitar.

III.2. *Olvido de la mujer*

Este tipo de sexismo lingüístico se da con el empleo del masculino singular englobando a hombre y mujeres. De forma concreta en la Declaración esto se plasma de dos formas: con el sintagma 'todo individuo' y con 'todo ser humano'.

El grupo 'todo individuo' aparece en los artículos 3 y 19 de la Declaración:

> Artículo 3
> *Todo individuo* tiene derecho a la vida, a la libertad y a la seguridad de su persona.
>
> Artículo 19
> *Todo individuo* tiene derecho a la libertad de opinión y de expresión; este derecho incluye el no ser molestado a causa de sus opiniones, el de investigar y recibir informaciones y opiniones, y el de difundirlas, sin limitación de fronteras, por cualquier medio de expresión.

Mientras que el grupo 'todo ser humano' aparece en el artículo 6:

> Artículo 6
> *Todo ser humano* tiene derecho, en todas partes, al reconocimiento de su personalidad jurídica.

Una vez más este masculino singular invisibiliza al género femenino y no lo engloba. Aun así, es cierto que, teniendo en cuenta el momento de redacción de la Declaración, sorprende el bajo número de casos de este tipo existentes.

De todas formas, es recomendable no utilizar este tipo de expresiones que no cumplen correctamente con su función lingüística, más si cabe si tenemos en cuenta que, en este caso concreto, estamos ante un texto que busca enunciar los derechos de todas las personas.

III.3. *Género no marcado*

El uso del masculino plural como género no marcado es, posiblemente, el asunto más controvertido y debatido del sexismo lingüístico, debido a las diferentes posiciones al respecto.

Existe una primera postura, defendida por la Real Academia Española, que no considera su uso sexista y cree que debe mantenerse.

Una segunda postura que divide su posición sobre si el uso es o no sexista, pero que, en cualquier caso, considera que es mejor caminar hacia el empleo de términos colectivos (como 'el alumnado').

La tercera postura, que cree que este uso siempre es sexista, defiende el empleo de dobles género (como 'los alumnos y las alumnas') o la utilización de equis o arroba (como 'l@s alumn@s' o 'lxs alumnxs').

Por último, existe una cuarta posición que propugna la creación de un nuevo género neutro, con la letra 'e' (como 'les alumnes'), y que también considera el uso del masculino plural como sexista.

En la Declaración existen varios vocablos en los que se visualiza el uso del masculino plural como género no marcado:

- 'Los individuos'.
- 'Los seres humanos'.
- 'Los futuros esposos'.
- 'Todos los niños'.
- 'Los padres' / 'sus hijos'.
- 'Todos'.

Es este un tema complejo, aunque desde nuestro punto de vista, deberíamos procurar el uso de términos colectivos o giros sintácticos para sustituir al masculino plural como género no marcado.

Aun así, es cierto que todas las posturas tienen sus beneficios y sus problemas y que cada persona y/o especialista posee su propia opinión al respecto.

IV. INTERPRETACIONES SEMÁNTICAS

Existen en la Declaración algunas expresiones que se pueden interpretar de formas diferentes y que, por tanto, podrían llegar a crear ambigüedades sobre el texto en sí mismo.

IV.1. *La expresión 'hombres y mujeres'*

Aparece en el artículo 16.1 de la Declaración:

> *Los hombres y las mujeres,* a partir de la edad núbil, tienen derecho, sin restricción alguna por motivos de raza, nacionalidad o religión, a casarse y fundar una familia; y disfrutarán de iguales derechos en cuanto al matrimonio, durante el matrimonio y en caso de disolución del matrimonio.

Este texto puede interpretarse de varias formas. En primer lugar, puede considerarse que este derecho solo se reconoce entre un hombre y una mujer. De esta forma en el artículo no cabría el matrimonio entre personas del mismo sexo.

En segundo lugar, se pude interpretar como que este derecho lo poseen los hombres y las mujeres, pero sin que se obligue a nada en relación a la formación concreta de cada pareja. En este caso, estamos ante una interpretación más abierta y en la que sí cabrían los matrimonios entre personas del mismo sexo.

Este mismo problema ha existido en la Constitución española, aunque en este otro caso la interpretación semántica fue determinada jurídicamente por el Tribunal Constitucional, decantándose por el significado amplio[7].

IV.2. *Término 'persona'*

La Declaración contiene el vocablo 'persona' en 30 ocasiones. Así, es de gran importancia establecer el significado de esta palabra.

El Diccionario de Lengua Española la define de esta forma:

> *Individuo de la especie humana.*

Por su parte, el Diccionario del Español Jurídico lo hace la esta otra manera:

> *Individuo con capacidad jurídica para ser titular de derechos y cumplir con obligaciones.*

El problema surge debido a las diferencias internacionales para considerar cuándo un individuo tiene capacidad jurídica para ser titular de derechos. Así, el Código civil de España, en su artículo 30, establece lo siguiente:

> *La personalidad se adquiere en el momento del nacimiento con vida, una vez producido el entero desprendimiento del seno materno.*

[7] STC 198/2012, de 6 de noviembre.

Mientras que el artículo 22 del Código civil federal de México reconoce lo siguiente:

> *La capacidad jurídica de las personas físicas se adquiere por el nacimiento y se pierde por la muerte; pero desde el momento en que un individuo es concebido, entra bajo la protección de la ley y se le tiene por nacido para los efectos declarados en el presente Código.*

Así, en México, como en España, la personalidad se adquiere con el nacimiento, pero el código civil mexicano reconoce la misma protección al concebido no nacido, como si ya tuviera personalidad; mientras que esto no ocurre de esta forma en España. Es cierto que estamos ante una diferencia sutil, pero se trata de una única comparativa.

Así las cosas, cabría preguntarse por las diferencias jurídicas con respecto a la personalidad en los diferentes países del mundo, ya que no debemos olvidar que esta Declaración posee una finalidad geográficamente general.

IV.3. *Otros vocablos*

En la Declaración aparecen también los términos 'individuo', 'humano' o 'nadie'.

La definición del Diccionario de la Lengua Española de 'individuo' es esta:

> *Persona cuyo nombre y condición se ignoran o no se quieren decir.*

La definición de 'humano' es:

> *Perteneciente o relativo al hombre.*

El Diccionario define 'nadie' como:

> *Ninguna persona.*

Ninguna de estas palabras se encuentra en el Diccionario del Español Jurídico, dejando estos términos a la lengua común. En cualquier caso, como se puede extraer de las anteriores definiciones, estos vocablos acaban relacionándose con el punto anterior al referir, de un modo u otro, a la palabra 'persona'.

IV.4. *Redundancias*

Por último, existen en la Declaración dos sintagmas que son, claramente, redundantes: 'familia humana' y 'persona humana'.

El Diccionario define el término 'familia' como:

> *Grupo de personas emparentadas entre sí que viven juntas.*

Y el término 'persona' como:

Individuo de la especie humana.

Así las cosas, estos sintagmas son redundantes porque en ninguno de los dos casos se necesita el adjetivo 'humana', puesto que no añade semánticamente nada que no se dedujera ya con el sustantivo o a través del contexto.

De hecho, lingüísticamente es de muy difícil explicación la decisión de incluir ambos sintagmas durante la redacción de la Declaración que se analiza.

V. CONCLUSIONES

Todo lo anterior demuestra que nos encontramos ante una Declaración que, lingüísticamente, tiene aspectos positivos y aspectos negativos.

Es cierto que, en relación al momento de su redacción, es digno de alabar el reducido número de casos de sexismo lingüístico existentes en el texto, obviando el uso del masculino plural como género no marcado que, como ya se ha explicado, posee en su entorno un debate especializado sobre si su uso debe ser considerado sexista o no.

A pesar de ello, sí es preocupante el alto número de términos que jurídicamente poseen un significado ambiguo, más si cabe teniendo en cuenta que estamos ante un texto internacional en el que el enorme número de países afectados hacen que los significados sean más complejos.

Por último, carece totalmente de sentido el uso de expresiones semánticamente redundantes, en tanto que no aporta nada a la finalidad jurídica que la Declaración persigue.

Por todo ello, quizás debería ser el momento para hacer un debate jurídico y lingüístico sobre diversos textos, entre los que se incluye la Declaración analizada, ya que en muchas ocasiones parece que quien propone los textos legales atiende a cualquiera de sus caras, menos a la lingüística.

EL ART. 135 CE. Y LA INTRODUCCIÓN DE LA NORMATIVA EUROPEA EN MATERIA DE ESTABILIDAD PRESUPUESTARIA

SONIA ELIZABETH RAMOS MEDINA[1]

I. INTRODUCCIÓN

PARA ENTENDER EL SENTIDO DE LA REFORMA CONSTITUCIONAL del art. 135, es forzoso partir de sus orígenes, que se sitúan en el Tratado de Maastricht[2] como interviniente en materia monetaria tanto en las atribuciones de la Unión Europea, como en las competencias del Estado. El planteamiento nos lleva a reflexionar sobre la adopción del sistema monetario fiduciario permisible en la administración de la moneda, a través de la banca central, al servicio del Estado. Con estos propósitos, el vínculo entre Estado y el Banco Central, con la potestad adyacente de emisión ilimitada de moneda, arrojaba una ventaja importante que aseguraba un suscriptor para los títulos de deuda pública con los que posteriormente compensaría su déficit. Esto es, una autofinanciación del Estado que podría provocar desequilibrios en las finanzas públicas. Por tanto, al institucionalizarse el Sistema Europeo de Bancos Centrales (SEBC), con derecho exclusivo de autorizar la emisión de moneda[3], supondría el inicio a la corrección de estas deficiencias.

1 Doctora por la Universidad Autónoma de Sinaloa (México) y Doctoranda en Administración Hacienda y Justicia en el Estado Social por la Universidad de Salamanca (España).

2 Unión Europea. Versión Consolidada del Tratado Constitutivo de la Comunidad Europea. Publicado en el Diario Oficial de la UE No. C 325 de 24 de diciembre de 2002, pp. 33-184. El art. 121.4, declaraba que. «si al final del año 1997 no se hubiera establecido la fecha para el comienzo de la tercera fase, ésta comenzaría el 1 de enero de 1999». Esta tercera etapa tendría pues que esperar, según se estableciera en el Reglamento CE 974/1998, de 3 de mayo, hasta el 1 de enero de 2002, para la introducción del euro.

3 Unión Europea. Versiones consolidadas del Tratado de funcionamiento de la Unión Europea. Publicado en el Diario Oficial de la UE No. C 326 de 26 de octubre de 2012, pp. 47-390. Véase el art. 128.1 «El Banco Central Europeo tendrá el derecho exclusivo de autorizar la emisión de billetes de banco en euros en la Unión. El Banco Central Europeo y los bancos centrales nacionales podrán emitir billetes. Los billetes emitidos por el Banco Central Europeo y los bancos centrales nacionales serán los únicos billetes de curso legal en la Unión.

Conviene no descuidar, en fin, el señalamiento del art. 123.1 TFUE[4] que prohíbe la adquisición directa de instrumentos de deuda emitida por el Banco Central Europeo a los bancos centrales nacionales. A tenor de este precepto, jurídicamente se configura para suscripción en origen, sin embargo, no impide que los bancos centrales adquieran en el mercado secundario, deuda previamente emitida o en manos de otros tenedores. Aquí resulta necesaria una narración de hechos, la deuda total de las Administraciones Públicas desde 2008 y hasta 2014 han tenido incrementos más pronunciados que la deuda de España frente al resto del mundo. La oportunidad de los bancos como acreedores de la deuda referida, se presenta con las compras masivas de éstas, que desde el año 2012 el Banco Central Europeo ha iniciado con las llamadas operaciones financieras a largo plazo. Por sus siglas en inglés LTRO (*Long-term Refinancing Operation*) son operaciones que, facilitan la recompra de deuda pública con financiación estable y a un tipo de interés reducido. Entonces, ¿qué hay de los bancos españoles? La compra de deuda pública por los bancos españoles ha cobrado protagonismo en los últimos años, representan al financiador del Tesoro como los inversionistas más activos en la emisión de valores. De tal modo que, estas operaciones financieras del Banco Central Europeo (en adelante BCE), han convertido a la banca española en su principal comprador de deuda[5].

Retomando el argumento inicial, el mencionado Tratado de Maastricht establecía, no sólo un régimen de independencia a los bancos centrales respecto a sus órganos rectores y cualquier otro (art. 130 TFUE)[6], sino también la prohibición a los miembros del Sistema Europeo de Bancos Centrales, tanto el BCE como los bancos centrales nacionales, a financiar al sector público en cualquiera de sus modalidades. Este proceso tiene como consecuencia, que los Estados miembros de la Unión monetaria, se verían obligados a generar confianza sobre su solvencia

[4] Unión Europea. Versión Consolidada del Tratado de Funcionamiento de la Unión Europea. Publicado en el Diario Oficial de la UE No. C 83 de 30 de marzo de 2010, pp. 47-199. Art. 123.1 –antiguo artículo 101 TCE–.

[5] Berges, Á. y Balina, S., «El mapa de la deuda en España: ¿quién debe a quién?» en *Cuadernos de información económica*, vol. 244, 2015, pp. 23-32.

[6] Según lo refiere el citado artículo: «En el ejercicio de las facultades y en el desempeño de las funciones y obligaciones que les asignan los Tratados y los Estatutos del SEBC y del BCE, ni el Banco Central Europeo, ni los bancos centrales nacionales, ni ninguno de los miembros de sus órganos rectores podrán solicitar o aceptar instrucciones de las instituciones, órganos u organismos de la Unión, ni de los Gobiernos de los Estados miembros, ni de ningún otro órgano. Las instituciones, órganos u organismos de la Unión, así como los Gobiernos de los Estados miembros, se comprometen a respetar este principio y a no tratar de influir en los miembros de los órganos rectores del Banco Central Europeo y de los bancos centrales nacionales en el ejercicio de sus funciones». (Unión Europea. Versión Consolidada del Tratado de Funcionamiento de la Unión Europea. Publicado en el Diario Oficial de la UE No. C 83 de 30 de marzo de 2010, pp. 47-199. Art. 130 –antiguo artículo 108 TCE–).

entre los acreedores privados, con el otorgamiento de garantías que respalden la devolución de las cantidades acordadas.

II. INCIDENCIA DE LA NORMATIVA EUROPEA EN MATERIA DE DISCIPLINA PRESUPUESTARIA

A lo largo de la integración de la UE y a partir de los Tratados fundacionales, se ha perfeccionado, en materia presupuestaria, el procedimiento de déficit excesivo en sus dos condiciones: 1) Un déficit presupuestario igual o inferior al 3% del PIB; y 2) una deuda pública igual o inferior al 60% del PIB. La regulación de la disciplina presupuestaria en el Derecho originario de la Unión Europea, en el mencionado art. 126 del TFUE y Protocolo No. 12 así como en el Derecho derivado, indicado en la sección anterior, deben tener un fundamento constitucional y posteriores efectos legislativos. Aunque ya ha sido objeto de discusión si estas reformas con efecto dominó realmente fortalecerán los balances presupuestarios de los EMU[7].

Podría suponerse entonces, que dicha regulación es susceptible de aplicarse de forma directa a los ordenamientos jurídicos internos; sin embargo, para dar cumplimiento al Tratado es necesaria la intervención de los Estados miembros, con la obligación de supeditar la aplicación a un acto positivo de Derecho interno. De este modo, se daría cumplimiento al principio de autonomía institucional y procedimental, en el que se confía a los Estados miembros la especificación de las medidas para la consecución de los compromisos derivados del Derecho de la Unión Europea. Por tanto, el deber de cooperación leal no sólo señala la observancia en el ordenamiento, sino que además, especifica la forma fiel y el plazo en el que deberán cumplir dichas obligaciones[8]. A este respecto, el art. 4 del TUE expone que las competencias no atribuidas a la Unión en los Tratados, corresponderá a los Estados miembros. No sólo se refiere a que las funciones esenciales y a las medidas generales o particulares que adopten los Estados serán respetadas por la Unión, sino que, conforme al principio de cooperación leal le asistirán en el cumplimiento de las misiones que deriven de los Tratados[9].

Habría que tener presente en este punto, la Sentencia del Tribunal de Justicia de 2 de agosto de 1993 que, con arreglo a reiterada jurisprudencia ratifica que los Estados miembros no podrán alegar que las disposiciones de su ordenamiento

[7] Inman, R., «Do balanced Budget rules work? U.S. experience and possible lessions for the EMU», *National Bureau,* Working Paper No. 5838, Cambridge, 1996.

[8] Laguna de Paz, J., Sanz Rubiales, I. y Mozos y Touya, I. DE LOS., «Derecho administrativo e integración europea, t. I: El ser de la Administración Pública» en *Estudios en homenaje al Profesor José Luis Martínez López-Muñiz,* Editorial Reus, Madrid, 2017, pp. 141-142.

[9] Unión Europea. Versión Consolidada del Tratado de la Unión Europea. Publicado en el Diario Oficial C 326 de 26 de octubre de 2012, pp. 13-45.

interno justifican el incumplimiento de obligaciones y plazos en la normativa comunitaria[10].

Por tanto, el planteamiento reside en la identificación y transposición de las normas europeas en el ordenamiento jurídico español. Como lo habíamos mencionado, el art. 96 declara que una vez publicados oficialmente en España los Tratados Internacionales válidamente celebrados formarán parte del ordenamiento interno. Aunado a ello, el art. 93[11] prevé que sea a través de una ley orgánica por la que se celebren Tratados que atribuyan el ejercicio de competencias derivado de la Constitución, a una organización o institución internacional. En este supuesto, las competencias asumidas en este caso por las instituciones europeas, tendrán una finalidad, un procedimiento y un efecto distinto[12]. En congruencia con este ordenamiento, el objetivo primordial es la estabilidad presupuestaria. Del mismo art. se desprende también, que las Cortes Generales serán las encargadas de la garantía del cumplimiento de los tratados y resoluciones que resulten de esa cesión.

Como hemos indicado anteriormente, entre los efectos más visibles de introducción de la normativa europea en el ordenamiento español se encuentra la reforma del art. 135. Esta pone de manifiesto varios preceptos reguladores, advierte que: las actuaciones de todas las administraciones públicas se apegarán al principio de estabilidad presupuestaria, se refiere a los niveles máximos establecidos tanto en Estado y Comunidades autónomas de déficit y deuda pública; señala también, las excepciones en las que podrán superarse dichos márgenes, así como los procedimientos de cálculo del déficit estructural y corrección en caso de desviaciones.

El desarrollo de este precepto en consecución con el «pacto interno de estabilidad» se hará visible por la Ley Orgánica 2/2012 de Estabilidad Presupuestaria y Sostenibilidad Financiera (LOEPSF)[13]. Además de esto, los objetivos de la Ley se

[10] Unión Europea. Sentencia del Tribunal de Justicia de 2 de agosto de 1993. Comisión de las Comunidades Europeas contra República Francesa. Asunto C-276/91 apartado 12. Se hace referencia a la sentencia de 7 de febrero de 1973, Comisión/Italia, 39/72, Rec. p. 101, apartado 9.

[11] Constitución Española. Boletín Oficial del Estado No. 311, de 29 de diciembre de 1978, pp. 29313 a 29424. Última modificación de 27 de septiembre de 2011. Edición actualizada a 21 de abril de 2017. Título III De las Cortes Generales, Capítulo Tercero de los Tratados Internacionales, art. 93.

[12] Mangas Martín, A., y Liñan Nogueras, D., Instituciones y Derecho de la Unión Europea, 6ª Ed., Tecnos, Madrid, 2010, pp. 236 y ss.

[13] España. Ley Orgánica 2/2012, de 27 de abril, de Estabilidad Presupuestaria y Sostenibilidad Financiera (LOEPSF). Publicado en el BOE No. 103, de 30 de abril de 2012, pp. 32653-32675. La legislación complementaria corresponde a la siguiente: Ley Orgánica 6/2015, de 12 de junio, de modificación de la Ley Orgánica 8/1980, de 22 de septiembre, de financiación de las Comunidades Autónomas y de la Ley Orgánica 2/2012, de 27 de abril, de Estabilidad Presupuestaria y Sostenibilidad Financiera; Orden HAP/2105/2012, de 1 de octubre, por la que se desarrollan las obligaciones de suministro de información previstas en la Ley Orgánica 2/2012, de 27 de abril, de Estabilidad Presupuestaria y Sostenibilidad Financiera; Real Decreto-ley 17/2014, de 26 de diciembre, de

centrarían en garantizar la estabilidad presupuestaria y sostenibilidad financiera de toda la administración pública, el fortalecimiento de la confianza en la estabilidad económica y el reforzamiento del compromiso de España con la UE en materia de estabilidad presupuestaria[14]. Con esta Ley se materializan los intentos precedentes de leyes de estabilidad, confirmando en la Sentencia 134/2011 del Tribunal Constitucional[15], la compatibilidad entre ésta y Constitución.

De manera conjunta a la mencionada Ley, el art 135 se ha reforzado también por una segunda norma: Ley Orgánica 6/2013, de creación de la Autoridad Independiente de Responsabilidad Fiscal (LOAIRF)[16]. Los vínculos entre la primera y la normativa europea contenida en el TFUE y la regulación complementaria indicada en el apartado anterior, es evidente. No así, la articulación técnica de los procedimientos de control. Tómese en cuenta que los Acuerdos del Consejo de Política Fiscal y Financiera (CPFF) se han elevado a rango de Ley Orgánica (LOEPSF) y que este marco regulatorio depende sustancialmente del Ministerio de Hacienda y Administraciones Públicas.

De la misma manera, la aprobación de la Ley General de Estabilidad Presupuestaria (LGEP) pudo haberse considerado un instrumento idóneo en cuanto al aporte de seguridad jurídica; sin embargo, para el legislador no se trataba de una cuestión de obligado cumplimiento[17]. Es decir, el compromiso de los Estados

---

medidas de sostenibilidad financiera de las comunidades autónomas y entidades locales y otras de carácter económico.

14 En un texto único que regula, las Administraciones Públicas, esto es, las del Estado como de las Comunidades Autónomas, Corporaciones Locales y Seguridad Social. Ministerio de Hacienda. Ley Orgánica de Estabilidad Presupuestaria y Sostenibilidad Financiera [online]. Disponible en: https://bit.ly/2QD5obb. [Consultado el 8 Oct 2017]

15 España. Tribunal Constitucional (Pleno). Sentencia 134/2011, de 20 de julio de 2011. Publicada en el BOE No. 197, de 16 de agosto de 2011. Recurso de inconstitucionalidad 1451-2002. Interpuesto por el Parlamento de Cataluña en relación con diversos preceptos de la Ley 18/2001, de 12 de diciembre, general de estabilidad presupuestaria y de la Ley Orgánica 5/2001, de 13 de diciembre, complementaria a la Ley General de Estabilidad presupuestaria.

16 Según se advierte en el preámbulo: «Su carácter orgánico se justifica en el desarrollo del principio de estabilidad presupuestaria consagrado en el artículo 135 de la Constitución Española». En este sentido, el constituyente permite la posibilidad de regular mediante ley orgánica aquellos aspectos que afecten al cumplimiento por las Administraciones Públicas de los principios contenidos en dicho artículo, siendo por tanto la presente Ley Orgánica complementaria a la Ley Orgánica 2/2012, de 27 de abril, de Estabilidad Presupuestaria y Sostenibilidad Financiera». Ley Orgánica 6/2013, de 14 de noviembre, de creación de la Autoridad Independiente de Responsabilidad Fiscal. Publicado en BOE No. 274, de 15 de noviembre de 2013, pp. 91298 a 91310. Modifica los arts. 16, 17.1 y 2 y 23.1 de la Ley Orgánica 2/2012, de 27 de abril; transpone parcialmente la Directiva 2011/85/UE, de 8 de noviembre.

17 Soler Roch, M., «Estabilidad Presupuestaria y Haciendas Locales» en *Revista Valenciana de Hacienda Pública*, (2), 2001, p. 59.

miembros de mantener los valores de referencia es indiscutible, así como también la responsabilidad de la adopción de los procedimientos correspondientes, sin que ello signifique la obligación de la construcción normativa.

El TFUE ha establecido, no sólo unos criterios de política económica, sino también unos valores de referencia a los que habrán de sujetarse dichos criterios. En un primer momento pudiera pensarse que la rigidez en la normativa, deja sin relevancia a las orientaciones generales para las políticas económicas de los Estados[18]. Sin embargo, piénsese en las excepciones a los valores de referencia y a los resquicios en ambos criterios que contiene el art. 126.

El señalamiento en el cumplimiento de las obligaciones derivadas del Tratado, lo encontramos en el art. 3 del mencionado Protocolo No. 12. El artículo señala como responsables a los Gobiernos de los Estados miembros de los déficits del gobierno general y su respectiva administración pública, como garantía de eficacia en el procedimiento aplicable en caso de déficit excesivo. Además se refiere a los procedimientos nacionales en materia presupuestaria, como los instrumentos a través de los cuales, los Estados garantizarán el cumplimiento de las obligaciones derivadas del TFUE[19].

III. ¿INSUFICIENTE VINCULACIÓN ENTRE LA NORMATIVA EUROPEA Y EL DERECHO ESPAÑOL?

En lo referente a estabilidad presupuestaria, como hemos podido observar, las dificultades en la observancia de la normativa se concentran en dos puntos importantes: 1) La prohibición de exceder los límites establecidos de deuda y déficit público; 2) previsiones con el refuerzo de la norma con rango de ley o incompatibilidades para su articulación en el Derecho español. No corresponde al Derecho comunitario desestimar a los ordenamientos nacionales de los Estados miembros, en cuyo caso podrá declararles incompatibles y en situación de incumplimiento, el Estado estará obligado a emprender las acciones necesarias para su corrección. De acuerdo al art. 260.1 TFUE[20]: «Si el Tribunal de Justicia de la Unión Europea declarare que un Estado miembro ha incumplido una de las obligaciones que le

[18] Torrent Macau, R., «¿Cómo gobernar aquellos que se desconoce? El caso de la Comunidad Europea en tanto que la Unión Económica y Monetaria» en *Revista de Derecho Comunitario Europeo*, año 9, 2005, pp. 76 y 77.

[19] Unión Europea. Protocolo No. 12 sobre el procedimiento aplicable en caso de déficit excesivo. Publicado en el Diario Oficial No. 115 de 09 de mayo de 2008, pp. 279-280, art. 3.

[20] Unión Europea. Versión Consolidada del Tratado de Funcionamiento de la Unión Europea. Publicado en el Diario Oficial de la UE No. C 83 de 30 de marzo de 2010, pp. 47-199. Artículo 260.1 –antiguo art. 228 TCE–.

incumben en virtud de los Tratados, dicho Estado estará obligado a adoptar las medidas necesarias para la ejecución de la sentencia del Tribunal».

En caso de incumplimiento respecto a deuda y déficit público, los procedimientos disciplinarios que el Tratado establece sobre las políticas económicas de los Estados Miembros se estructuran en cuatro etapas: 1) Supervisión: observancia de cumplimiento de los valores de referencia establecidos[21]; 2) Recomendaciones: la Comisión elaborará un informe que someterá a dictamen del Comité, y será éste por mayoría cualificada el que decida sobre el déficit excesivo y emita las recomendaciones pertinentes; 3) Advertencias: De no tomarse en cuenta las recomendaciones, el Consejo formulará las medidas para la reducción del déficit; 4) Medidas adicionales: Si se incumplen con las advertencias se aplicará una o varias de las siguientes: exigir información adicional de la emisión de valores, recomendar al Banco Europeo de Inversiones (BEI) reconsiderar su política de préstamos al Estado en cuestión, exigir un depósito de devengo de intereses hasta la corrección del déficit excesivo, e imponer multas en «la cantidad apropiada».

En orden contrario, el ordenamiento español carece de mecanismos para armonizar o reforzar las normas con rango de ley que se contrapongan en algún sentido al Derecho europeo. Estos esfuerzos se pueden identificar en el Informe Sobre la Inserción del Derecho Europeo en el Ordenamiento Español[22]. El mismo consagra el estudio de las principales cuestiones suscitadas por el incumplimiento del Derecho de la Unión Europea por los Estados miembros desde una perspectiva comunitaria; una exposición detallada de los mecanismos que el ordenamiento español ofrece, a fin de evitar los incumplimientos del Derecho del Derecho de la Unión Europea; un estudio comparado de los mecanismos de garantía de cumplimiento en países que se caracterizan por un alto grado de descentralización política; finalmente, se exponen los procedimientos para garantizar el cumplimiento de las obligaciones españolas[23].

[21] Ratio de déficit público (previsto o real) sobre el PIB: De acuerdo con el protocolo «sobre el procedimiento aplicable en caso de déficit excesivo», no deberá ser superior al 3%, a menos que: «La proporción haya descendido sustancial y continuadamente y llegando a un nivel que se aproxime al valor de referencia» y «que el valor de referencia sobrepase solo excepcional y temporalmente, y la proporción se mantenga cercana al valor de referencia».

Deuda Pública: La proporción entre ésta y el PIB no debe superar el 60% que señala el Protocolo, «a menos que la proporción disminuya suficientemente y se aproxime a un ritmo satisfactorio a su valor de referencia».

[22] Que tiene como antecedente el Informe sobre modificaciones de la Constitución Española, de 16 de febrero de 2006; y sobre la inserción del Derecho europeo en el ordenamiento español, de 14 de febrero de 2008.

[23] España. Informe del Consejo de Estado sobre las garantías del cumplimiento del Derecho Comunitario, de diciembre de 2010.

A partir de la integración y primacía del Derecho Comunitario, se originaron numerosos litigios ante jueces y Tribunales, fundados en la controversia entre la norma nacional y la norma comunitaria. Entre los recursos con mayor referencia podemos citar al de inconstitucionalidad presentado por el Parlamento Vasco sobre la Ley Orgánica del Régimen Electoral General. Lo que aquí interesa es la fundamentación jurídica de esta importante sentencia del Tribunal Constitucional 28/1991, de 14 de febrero[24]. Del fallo se infiere la dependencia del Tribunal Constitucional, tanto al Estado como a la Constitución, en la que el primero garantiza el respeto a la última. Pero no le corresponde pronunciarse sobre la compatibilidad entre el Derecho Comunitario y Derecho interno, así como asegurar la aplicación de los Tratados[25].

Conviene entonces referirnos al art. 93[26] y 96.1[27] de la CE, del primero confirma el Tribunal Constitucional, representa el fundamento que vincula a España y las Comunidades Europeas. Un acercamiento sobre estas cuestiones fue abordada en la Sentencia del Tribunal de Justicia de 9 de marzo de 1978, Simmenthal[28], que en su apartado 13 señala como primera cuestión, precisar «las consecuencias de la aplicabilidad directa de una disposición de Derecho comunitario en caso de incompatibilidad con una disposición posterior de la legislación de un Estado miembro». La misma sentencia continua en los apartados 17 y 18, que en virtud del principio de la primacía del Derecho comunitario, no solo hace inaplicable de pleno derecho a toda disposición de la legislación nacional contraria a los mismos, sino también impedir la formación de nuevos actos legislativos nacionales incompatibles con

[24] España. Tribunal Constitucional (Pleno). Sentencia Núm. 28/1991, de 14 de febrero, publicada en BOE No. 64, de 15 de marzo de 1991, pp. 14 a 19.

[25] Para un estudio detallado véase Mangas, A., «La Constitución y la Ley ante el Derecho Comunitario (Comentario a la sentencia del Tribunal Constitucional español 28/1991, de 14 de febrero, sobre la Ley Orgánica del Régimen Electoral General y el Acta relativa a las elecciones al Parlamento europeo)» *Revista de Instituciones Europeas*, 18 (2), pp. 587-624.

[26] Constitución Española. Boletín Oficial del Estado No. 311, de 29 de diciembre de 1978, pp. 29313 a 29424. Edición actualizada a 21 de abril de 2017. Título III De las Cortes Generales, Capítulo Tercero De los Tratados Internacionales, art. 93: «Mediante ley orgánica se podrá autorizar la celebración de tratados por los que se atribuya a una organización o institución internacional el ejercicio de competencias derivadas de la Constitución. Corresponde a las Cortes Generales o al Gobierno, según los casos, la garantía del cumplimiento de estos tratados y de las resoluciones emanadas de los organismos internacionales o supranacionales titulares de la cesión».

[27] Constitución Española. Boletín Oficial del Estado No. 311, de 29 de diciembre de 1978, pp. 29313 a 29424. Edición actualizada a 21 de abril de 2017. Título III De las Cortes Generales, Capítulo Tercero De los Tratados Internacionales, art. 96: «1. Los tratados internacionales válidamente celebrados, una vez publicados oficialmente en España, formarán parte del ordenamiento interno. Sus disposiciones sólo podrán ser derogadas, modificadas o suspendidas en la forma prevista en los propios tratados o de acuerdo con las normas generales del Derecho Internacional».

[28] Unión Europea. Sentencia del Tribunal de Justicia de 9 de marzo de 1978, asunto 106/77.

ello; y que, al reconocer la eficacia jurídica de los actos legislativos nacionales incompatibles con el Derecho comunitario, pone en peligro los fundamentos de los segundos.

Si comparamos las dos últimas sentencias citadas, aun refiriéndose a instituciones distintas, las posturas en la materia son divergentes. Por tanto, para el ordenamiento español, según la STC 28/1991, el art. 96.1 manifiesta que la resolución de incompatibilidades de los tratados, no es una cuestión que atañe a la constitucionalidad de leyes y disposiciones normativas y, por tanto, que deba ser resuelto por el Tribunal Constitucional, sino que su resolución corresponde a los órganos judiciales en los litigios de que conozcan. En el mismo sentido, se señala un «problema de selección del Derecho aplicable al caso concreto». Esta formulación consiente, según GARCÍA-ANDRADE[29], que la norma europea desplace a la ley española, y con ello, «aun admitiendo la anomalía de la pervivencia en el ordenamiento de una norma contraria a Derecho, permite dar efectividad al principio de primacía del Derecho». Sin embargo, continúa el autor, esta construcción no resuelve las vulneraciones a la regla de deuda y déficit excesivos. Puesto que la norma presupuestaria española «no es susceptible de ser simplemente desplazada por la europea de contenido prohibitivo».

IV. DÉFICIT ESTRUCTURAL: ¿SEGÚN EL ESTADO O LAS COMUNIDADES AUTÓNOMAS?

Con origen en el pronunciamiento del art. 135.2 CE: «Una ley orgánica fijará el déficit estructural máximo permitido al Estado y a las Comunidades Autónomas [...]», éstos últimos, son facultados para incurrir en déficit estructural con una metodología y procedimiento de cálculo establecidas por una ley orgánica, que tendrán que ir en armonía con los márgenes establecidos por la Unión Europea. Esta construcción Constitucional, en principio, conecta las definiciones de déficit estructural con las disposiciones del Derecho Comunitario para establecer los límites. Y este entendido derivan en un ejercicio de potestades funcionales, donde coexisten las metodologías nacional y comunitaria. Debe tenerse en cuenta que, este concepto de déficit estructural no es el utilizado en el Tratado de Funcionamiento de la Unión Europea y legislación derivada, sino que alude a un déficit público. De acuerdo a los efectos del art. 126 del TFUE, el art. 2 del protocolo[30] define al déficit como «el volumen de endeudamiento neto, con arreglo a la definición del sistema europeo de cuentas económicas integradas (SEC). Como una herramienta

[29] García-Andrade Gómez, J., «La reforma del artículo 135 de la Constitución Española», *Revista de Administración Pública*, Núm. 187, enero-abril (2012) pp. 40-41.

[30] Unión Europea. Protocolo No. 12 sobre el procedimiento aplicable en caso de déficit excesivo. Publicado en el Diario Oficial No. 115 de 09 de mayo de 2008, pp. 279-280, art. 2.

del Estado, el control del déficit estructural contribuye al buen funcionamiento de las finanzas públicas, encontrando como sus componentes al déficit discrecional o tendencial. Por lo que, éste concepto puede diferir del utilizado en el TFUE.

Segundo, de ese mismo precepto, se asume que las Administraciones Públicas no podrán incurrir en déficit estructural, y así lo confirma en su preámbulo la LO 2/2012[31]. Sin embargo, en el art. 11.2 hace una precisión importante, definiendo al déficit estructural como «el déficit ajustado del ciclo, neto de medidas excepcionales y temporales», que en caso de presentarse una reforma estructural con efectos de largo plazo sobre los presupuestos este déficit podrá alcanzar hasta un 0,4 por ciento del Producto Interior Bruto nacional[32].

De la misma manera, el mismo precepto en el apartado tercero, se refiere a las situaciones excepcionales en las que Estado y Comunidades Autónomas podrán incurrir en déficit estructural: «catástrofes naturales, recesión económica grave o situaciones de emergencia extraordinaria», como una desviación temporal con efectos a mediano plazo para la sostenibilidad fiscal. Sin embargo, como habíamos señalado en párrafos precedentes, el art. 135.2 habilita, además de las situaciones excepcionales descritas, para incurrir en déficit estructural.

El análisis que se desprende, identifica un tratamiento asimétrico entre el Estado, las Comunidades Autónomas y las entidades locales, en cuestiones relacionadas con el equilibrio presupuestario –obligatorio para los últimos– y los límites de déficit. La solución lógica a ello, se corresponde con la capacidad para corregir los desequilibrios en los que pudieran incurrir. El Estado como poseedor de una mayor capacidad tanto de recaudación como de gasto, tiene un margen amplio de acción previo a exceder los límites de endeudamiento público. Así, la Comunidad Autónoma podrá reducir gastos y establecer tributos, además de los cedidos, en una proporción menor y acorde con los límites establecidos. Finalmente, las administraciones locales con posibilidades mínimas de corregir los desequilibrios en el presupuesto, se posicionan alejados de márgenes para incurrir en déficit.

V. REFLEXIONES FINALES

Aunque nos hemos referido a unas pocas cuestiones del art. 135 CE, es evidente una problemática en su interpretación. La inclusión de la regla de estabilidad presupuestaria ha condicionado las acciones de la Administración Pública. Han pasado ocho años desde la Reforma Constitucional del 27 de septiembre de 2011,

31 España. Ley Orgánica 2/2012, de 27 de abril, de Estabilidad Presupuestaria y Sostenibilidad Financiera. Boletín Oficial del Estado No. 130, de 30 de abril de 2012. Texto Consolidado. Última modificación de 24 de marzo de 2018. Preámbulo.

32 Ibídem., Capítulo III Estabilidad presupuestaria y sostenibilidad financiera, art. 11.2.

que daría paso a la enmienda del artículo en mención, ¿por qué no hemos podido armonizar las consecuencias jurídicas relacionadas a los problemas del precepto? Parecería que aún nos encontramos en esa fase temporal, de transición o ajuste a partir de la entrada en vigor del precepto.

Es comprensible, por una parte, que al celebrarse el Tratado de Estabilidad, los Estados firmantes estarían obligados a incluir en su Constitución la regla de estabilidad presupuestaria. Y aunque hemos intentado identificar las circunstancias que motivaron la reforma, la razón principal se centra en la garantía de la introducción de la regulación de la comunidad europea, que además sorprendería por acuerdo en tiempo record. Con esta lógica pudiera pensarse que al entrar en vigor el TFUE, el precepto constitucional recoge una serie de limitaciones tanto al déficit como a la deuda pública teniendo como prioridad evitar las acciones de incumplimiento, y dejando en un segundo plano las finanzas públicas y su equilibrio. En caso de incumplimiento, en su última etapa, un proceso de vigilancia solicita al Estado miembro elaborar un programa presupuestario y económico con una descripción detallada de las reformas que pretende llevar a cabo. Este programa se somete a aprobación tanto del Consejo como de la Comisión que supervisa este monitoreo. Por otro lado, no debemos confundir a la estabilidad y saneamiento de las finanzas públicas como uno de los objetivos de la política monetaria de la Unión, sino que éste lo constituyen el crecimiento económico y un mayor nivel de empleo. En este entendido, los Estados miembros podrán organizar su política económica, y en específico presupuestaria, según convenga a sus intereses, con sujeción a los límites interpuestos por el Tratado.

En definitiva, la naturaleza del riesgo público de los Estados miembros de la Comunidad Europea ha cambiado sustancialmente a partir del establecimiento de las reglas de disciplina financiera del Tratado. Si no fuera por la recaudación de impuestos, la emisión de la moneda que los Estados miembros han cedido al BCE, le asemeja a un riesgo privado. Aunado a ello, la prohibición a los Estados miembros de la adquisición de deuda pública en el momento es la emisión, consolida ésta condición.

BLOQUE DE CONSTITUCIONALIDAD EN EL ORDENAMIENTO JURÍDICO MEXICANO

Cipatli Yurydia Rojo Ávila[1]
María Delgadina Valenzuela Reyes[2]

I. INTRODUCCIÓN

Con la reforma de 2011 referente a los derechos humanos en México, se hicieron diversas modificaciones en el ordenamiento jurídico, estas modificaciones constituyen un cambio en el modo de entender las relaciones entre las autoridades y la sociedad, ya que colocan a la persona en un lugar primordial, en donde la autoridad tiene la obligación de respetar los derechos y de hacerlos valer. La Reforma representa el avance jurídico más importante que ha tenido México, para optimizar el goce y ejercicio de los derechos humanos.

Los principales cambios de la reforma son, la incorporación de todos los derechos humanos de los tratados internacionales como derechos constitucionales. Por lo que las autoridades deben guiarse por el principio pro persona cuando apliquen normas de derechos humanos, lo que significa, que deben preferir la norma o la interpretación más favorable a la persona.

La obligación para todas las autoridades, sin distinción alguna, de cumplir con cuatro obligaciones específicas: promover, respetar, proteger, y garantizar los derechos humanos. Además, se estableció la obligación de que, cuando existe una violación, las autoridades deben investigar, sancionar y reparar dichas violaciones.

A través del bloque de constitucionalidad los jueces deben tomar en cuenta aquellas normas y principios que, sin aparecer formalmente en el articulado del texto constitucional, son utilizados y tomados en cuenta al momento de resolver

[1] Licenciada en Derecho, estudiante de la Maestría en Ciencias del Derecho en la Unidad de Estudios de Posgrado de la Facultad de Derecho de la Universidad Autónoma de Sinaloa. Becaria CONACYT de 2017 a la fecha de registro 817836.

[2] Doctora en Derecho, Catedrática de la Universidad Autónoma de Sinaloa e Investigadora Nacional Nivel II.

un caso y, en base a la supremacía, la Constitución como Ley suprema de nuestro país debe imperar sobre cualquier otra ley.

Referente a la reforma antes mencionada, el llamado bloque de constitucionalidad es una figura que toma gran importancia, al establecer que los jueces pueden tomar en cuenta aquellas normas que no están dentro de nuestra Carta Magna pero son decisorios al momento de resolver un conflicto, los tratados internacionales ofrecerán a las individuos una mayor cobertura de derechos y reparaciones en caso de ser vulnerados, para poner siempre en primer plano la dignidad humana.

Aunque el bloque de constitucionalidad no tenga un significado preciso generalmente aceptado y se considere que tiene gran elasticidad semántica, en términos generales podemos sostener que se trata de una categoría jurídica (un concepto) del derecho constitucional comparado, que se refiere al conjunto de normas que tienen jerarquía constitucional en el ordenamiento jurídico de cada país; así, el bloque de constitucionalidad parte del supuesto según el cual las normas constitucionales no son sólo aquellas que aparecen expresamente en la Carta, sino también aquellos principios y valores que no figuran directamente en el texto constitucional pero a los cuales la propia Constitución remite[3].

Con la reforma del 10 de junio de 2011 las normas relativas a los derechos humanos se interpretarán de conformidad con la Constitución y con los tratados internacionales de la materia, ofreciendo en todo tiempo a las personas la protección más amplia[4].

Todas las autoridades, en el ámbito de sus competencias, tienen la obligación de promover, respetar, proteger y garantizar los derechos humanos de conformidad con los principios de universalidad, interdependencia, indivisibilidad y progresividad. En consecuencia, el Estado deberá prevenir, investigar, sancionar y reparar las violaciones a los derechos humanos, en los términos que establezca la ley. (Artículo primero CPEUM).

En México en los últimos años, los derechos humanos, han retomado fuerza, el Estado deberá tomar en cuenta su observancia, protección, promoción, estudio y divulgación. Esta situación ha permitido que se tengan grandes avances en materia de derechos humanos.

Al incorporar el Bloque constitucional en el ordenamiento jurídico mexicano en materia de derechos humanos, se estaría hablando de garantizarlos de forma efectiva, puesto que permitirá que aquellos tratados en materia de derechos humanos, ratificados por México, establezcan su jerarquía en la propia Constitución[5].

[3] Rodríguez Manzo, Graciela, *et al.*, *Bloque de constitucionalidad en México*, Suprema Corte de Justicia de la Nación, México, 2013, p. 17.

[4] *Idem.*

[5] Morales Morales, Alejandra Virginia, *La incorporación del concepto del bloque de constitucionalidad en materia de derechos humanos en México*, UNAM, México, 2011, p. 136.

Así mismo, permite que en la resolución de conflictos no sólo se pueda aplicar lo establecido en la Constitución, sino también otras disposiciones y los principios de valor constitucional.

II. ORIGEN DEL BLOQUE DE CONSTITUCIONALIDAD

Esta categoría jurídica del bloque de constitucionalidad, tiene su más relevante referente histórico en el desarrollo jurisprudencial del Consejo Constitucional francés. La Constitución francesa de 1958, hace sólo algunas menciones a los derechos fundamentales, específicamente en su preámbulo, el cual establece: el pueblo francés proclama solemnemente su adhesión a los derechos humanos y a los principios de la soberanía nacional[6]. Dentro del bloque de constitucionalidad están contenidas otras normas que sirven como parámetro para efectuar el control de constitucionalidad, es decir, los tratados internacionales.

A comienzos de los años setenta el Consejo Constitucional francés atribuyó pleno valor constitucional al preámbulo de la Constitución de 1958, de igual forma otorgó validez a la declaración de 1789 y al preámbulo de la Constitución de 1946. Con base en esta remisión el Consejo Constitucional reconoció jerarquía y valor constitucional a la declaración de 1789 y a todos los derechos sociales reconocidos por el preámbulo de la Constitución de 1946.

El desarrollo del concepto de bloque de constitucionalidad tiene su origen en Francia, en donde se aplicó al derecho constitucional. Al analizar el alcance del reenvío que se hace en el preámbulo de la Constitución francesa de 1958, se concluye que el Consejo Constitucional francés tiene como parámetro, para el control constitucional, un bloque de constitucionalidad.

El concepto de bloque de constitucionalidad, atrajo consigo la obligación del Estado de velar por el amplio catálogo de derechos fundamentales, no solo aquellos reconocidos en el texto legal constitucional, sino también los que se ilustran en los instrumentos internacionales.

En México existe un bloque de constitucionalidad, como parámetro de control o regularidad constitucional, que se integra por el conjunto de derechos humanos tanto de fuente nacional como internacional. Esto ofrece una clara ventaja, ya que amplía en su número y alcance los derechos que se establecen literalmente en la Constitución, con aquellos que están recogidos en los tratados e instrumentos internacionales[7].

[6] Ospina Mejía, Laura, *Breve aproximación al bloque de constitucionalidad en Francia*, UNAM, México, 2013, p. 25.

[7] García Ramírez, Sergio, *La reforma constitucional sobre derechos humanos*, Porrúa, México, 2013, p. 75.

III. QUÉ ES EL BLOQUE DE CONSTITUCIONALIDAD

Este concepto de bloque de constitucionalidad hace referencia a que se deben de tomar en cuenta aquellas fuentes normativas, que sin aparecer dentro del texto constitucional son de igual importancia, dentro del texto anterior se rescata que este bloque tomará en cuenta normas, que sin aparecer dentro de la Constitución, esta misma las remite para ser tomadas en consideración para resolver conflictos.

Este bloque constituye una categoría jurídica del derecho constitucional comparado que se refiere al conjunto de normas que tienen supremacía constitucional en el ordenamiento jurídico de cada país, en este orden de ideas, el bloque de constitucionalidad, como de su nombre se deduce, no se refiere a una única norma, sino a un conjunto de ellas, que denotan el encuadre jurídico en la normatividad de un Estado[8].

El bloque de constitucionalidad se refiere a aquellas normas y principios que, sin aparecer formalmente en el articulado del texto constitucional, son utilizados como parámetros del control de constitucionalidad de las leyes, por cuanto han sido normativamente integrados a la Constitución, por diversas vías y por mandato de la propia Constitución.

La existencia de un bloque de constitucionalidad implica identificar todas las normas y valores que, pese a no estar expresamente establecidas en la Constitución escrita, son materialmente constitucionales. Dentro de tales normas y valores integrados a la Constitución (por remisión expresa o tácita de ésta), principalmente encontramos los estándares internacionales sobre derechos humanos[9].

El bloque de constitucionalidad describe un mecanismo de apertura del derecho constitucional a los tratados internacionales sobre derechos humanos y al derecho internacional de los derechos humanos, de manera que tal apertura amplía la Constitución con normas a las que la propia Carta Magna remite, otorgándoles rango constitucional.

La adopción de la categoría bloque de constitucionalidad, más que crear una situación jurídica o generar nuevas implicaciones en el derecho constitucional, se propone ofrecer una explicación respecto de una realidad normativa, en la que es el propio texto de la Constitución, el que hace remisión a otras normas, tales como los tratados internacionales. Esta categoría/concepto reconoce que la propia remisión que hace el texto constitucional a ciertas normas, implica que éstas adquieran un alcance y un valor constitucional, para los efectos que la propia

[8] Arjona Estévez, Juan Carlos, *Bloque de constitucionalidad en México*, Suprema Corte de Justicia de la Nación, México, 2013, p. 17.

[9] Rubio Llorente, Francisco, «El bloque de constitucionalidad», *en Revista Española de Derecho* Constitucional, España, año 9, núm. 27, septiembre-diciembre de 1989, p. 24.

Constitución determina, generándose de esta manera una integración sistemática de las normas específicas de la Constitución con aquéllas a las que el propio texto constitucional remite[10].

Sin embargo, debe aclararse que dicho alcance y valor constitucionales no derivan del uso del concepto bloque de constitucionalidad, sino de la cláusula de remisión que la propia Constitución establece. Para el caso específico de los derechos humanos, esta integración normativa de naturaleza constitucional, implica admitir que los derechos humanos reconocidos en los tratados internacionales, a los que la propia Constitución se refiere, son parte del orden jurídico constitucional.

El concepto de bloque de constitucionalidad, atrajo consigo el imperativo del Estado de velar por el amplio catálogo de derechos fundamentales, no solo aquellos reconocidos en el texto legal constitucional, sino también los que se ilustran en los instrumentos internacionales[11].

Este concepto de bloque de constitucionalidad hace referencia a que se deben de tomar en cuenta aquellas fuentes normativas, que sin aparecer dentro del texto constitucional son de igual importancia. Dentro del texto anterior, se rescata que este bloque tomará en cuenta normas que no están dentro de la Constitución, pero que esta misma las remite para ser tomadas en consideración a fin de resolver conflictos.

El bloque de constitucionalidad va de la mano de la justicia constitucional, sin embargo, como término ha sido utilizado tan solo en unas décadas. Un ejemplo de ello lo encontramos en la historia jurídica norteamericana, el cual es de conocimiento de todos, que la normas y principios constitucionales en ese país, se derivan de formas más amplias que su texto constitucional; sin embargo la conceptualización precisa del bloque constitucional surge en Francia, gracias a la jurisprudencia del Consejo Constitucional francés en la década de los setenta y la labor investigativa doctrinal acerca de la justicia constitucional[12].

Luego esta misma doctrina se extendió a varios países, con el fin de que la misma contribuya a formalizar y consolidar los Estados de Derecho, en especial de los países que habían sido víctimas de tiranos, y que por mucho tiempo los derechos humanos fueron desconocidos. La importancia del bloque de constitucionalidad se deriva del hecho de que la constitución misma no sea tan amplia para que trate de cobijar todos los asuntos referentes a los derechos humanos dentro de una nación,

[10] Uprimny Yepes, Rodrigo, *Bloque de constitucionalidad y derechos humanos*, 2ª ed., Consejo Superior de la Judicatura-Universidad Nacional de Colombia, Bogotá, 2008, p. 54.

[11] López Bonilla, Irvin, Uriel, *Significación del bloque de constitucionalidad en la temática de derechos humanos*, UNAM, México, 2015, p. 113.

[12] Ospina Mejía, Laura, *op. cit.*, p. 20.

y como consecuencia se tomen en consideración normas pertenecientes al ámbito internacional.

Se requiere que este bloque de constitucionalidad haga de la Constitución un cuerpo normativo más dinámico, en la cual se puedan atender otros tipos de asuntos normativos que vayan acorde con los cambios históricos y sociales que ocurren en el mundo, es decir, facultar a jueces constitucionales a que atiendan otros principios o normas de tipo supra legal que pueden estar o no determinados tácitamente en la Constitución, tal es el caso de los derechos humanitarios en el orden internacional. Lo anterior significa que el bloque de constitucionalidad es importante en la adaptación de determinados principios y normas de tipo constitucional a las nuevas realidades sociales y políticas[13].

El bloque de constitucionalidad es un avance en la interpretación constitucional, ya que permite ampliar el texto constitucional de un país, así como también su propósito es anexar otras fuentes jurídicas del derecho constitucional, como es la jurisprudencia, costumbre, tratados internacionales, entre otros, y que brinde una interpretación más amplia al derecho constitucional.

El bloque de constitucionalidad, en materia de derechos humanos, se encuentra incluido en la misma Constitución, la cual reconoce los derechos fundamentales establecidos en los tratados internacionales que ha suscrito México y, es la propia Carta Magna quien amplía el catálogo de derechos fundamentales al reconocer aquellos que se consagren en las normas de derecho supranacional[14].

Al estudiar los alcances del artículo primero constitucional, párrafos primero y segundo, señalan claramente el reconocimiento de los derechos humanos en la Constitución y los tratados internacionales, los que integran una unidad como referente interpretativo en el orden jurídico mexicano[15].

IV. ELEMENTOS DEL BLOQUE DE CONSTITUCIONALIDAD

Guerrero Zazueta[16] señala que es posible identificar como elementos del concepto de bloque de constitucionalidad los siguientes:

1. Categoría jurídica. El bloque de constitucionalidad constituye una figura jurídica específica, con independencia de que puedan existir preferencias

13 Idem.

14 Orozco Henríquez, José de Jesús, *Los derechos humanos y el artículo 1° constitucional*, UNAM, México, 2011, p. 88.

15 Caballero, José Luis, *La interpretación conforme. El modelo constitucional ante los tratados internacionales sobre derechos humanos*, Porrúa, México, 2013, p. 185.

16 Guerrero Zazueta, Arturo, *¿Existe un bloque de constitucionalidad en México? Reflexiones en torno a la decisión de la Suprema Corte respecto al nuevo parámetro de control de regularidad*, Comisión Nacional de Derechos Humanos, México, 2015, pp. 58-60.

terminológicas que conduzcan a que, en la práctica, se le evoque de una manera distinta.

2. Origen en derecho constitucional comparado. La figura en comento, ha sido empleada en derecho comparado para resolver un mismo problema, originado por razones diversas.

3. Contenido. Tiene un contenido distinto en cada Estado, pues, como se ha expuesto, las razones que lo justifican no necesariamente tienen un común denominador.

4. Jerarquía. Los enunciados normativos que forman parte del bloque de constitucionalidad gozan de rango constitucional, de modo que comparten el mismo régimen jurídico aplicable al resto del texto constitucional.

5. Parámetro de control de regularidad o validez. A partir de la ampliación de enunciados normativos que son considerados como constitucionales, se amplía también el parámetro empleado como punto de comparación para la valoración de la validez o regularidad del resto de los enunciados jurídicos que forman parte de un determinado ordenamiento jurídico.

6. Remisión a normas ajenas al texto constitucional formal. Los enunciados normativos que serán considerados como parte de la Constitución, se extenderán más allá del articulado que formalmente integra el texto constitucional.

7. Remisión ordenada por la propia Constitución. El fundamento jurídico que permita predicar la existencia de un bloque de constitucionalidad, deberá encontrarse de manera expresa, aunque no necesariamente clara en el propio texto constitucional.

La existencia de un bloque de constitucionalidad depende de la presencia constitucional de normas que incorporen preceptos normativos provenientes del derecho internacional, así como del derecho interno, estos al verse en conjunto construirán el llamado bloque de constitucionalidad, haciendo así una visión más amplia del derecho y una mayor cobertura de derechos en ambos planos, ya que se cubrirán leyes y normas que formalmente no aparecen en la propia Constitución, pero que deberán tomarse en cuenta para la resolución de los casos.

En el caso de México, la existencia de este bloque se ha utilizado para incorporar normas de derechos humanos contenidas en tratados internacionales, al texto constitucional.

Austudillo[17] señala que, en base a los criterios jurisprudenciales como parte del bloque de constitucionalidad, al resolver el expediente Varios 912/2010 (conocido

[17] Austudillo, Sergio, *El bloque y el parámetro de constitucionalidad en la interpretación de la Suprema Corte de Justicia de la Nación*, UNAM, México, 2012, p. 123.

como Caso Radilla), la suprema Corte determinó que, el parámetro de análisis de este tipo de control que deberán ejercer todos los jueces del país, se integra de la manera siguiente:

- Todos los derechos humanos contenidos en la Constitución federal (con fundamento en los artículos primero y ciento treinta y tres), así como la jurisprudencia emitida por el poder Judicial de la Federación.
- Todos los derechos humanos contenidos en tratados internacionales en los que el estado mexicano sea parte.
- Criterios vinculantes de la Corte Interamericana de Derechos humanos, establecidos en las sentencias en las que el estado mexicano haya sido parte, y criterios orientadores de la jurisprudencia y precedentes de la citada Corte, cuando el estado mexicano no haya sido parte.
- Se considera que el bloque de constitucionalidad comprende, en adición al texto constitucional y a los derechos humanos reconocidos en los tratados internacionales en que México es parte, a las interpretaciones de esos textos contenidas en criterios jurisprudenciales, ya sean emitidas por el poder Judicial de la Federación o por la Corte interamericana de derechos humanos que en aquella ocasión se estimaron en parte vinculantes y en parte orientadores.
- Todo lo contenido dentro de nuestra Constitución sirve para una mejor cobertura de derechos, sin embargo, este bloque nos permite tener una visión más amplia, ya que abarca aquellas disposiciones que de manera no formal no aparecen dentro de nuestro ordenamiento constitucional.
- El bloque de constitucionalidad debe entenderse como el estándar mínimo creado por la Corte Interamericana de Derechos Humanos, para que en todo caso sea aplicado el corpus iuris interamericano y su jurisprudencia en los Estados nacionales que han suscrito o se han adherido a la Convención Americana de Derechos Humanos, y han reconocido la competencia contenciosa de la Corte Interamericana de Derechos Humanos; es un estándar que las propias Constituciones o la jurisprudencia nacional pueden válidamente ampliar, para que también formen parte del bloque de constitucionalidad/convencionalidad otros tratados, declaraciones e instrumentos internacionales, así como informes, recomendaciones, observaciones generales y demás resoluciones de los organismos y tribunales internacionales[18].

[18] Bustillo Marín, Roselia, *El control de convencionalidad: la idea del bloque de constitucionalidad y su relación con el control constitucional*, Tribunal Electoral del Poder Judicial de la Federación, México, 2010, p. 18.

Este bloque está conformado por los instrumentos contemplados tanto en la Constitución como los tratados y los valores, principios y reglas de ahí derivados, este bloque supone todas aquellas normas, que sin aparecer dentro del ordenamiento jurídico serán tomadas en cuenta, dándoles igual importancia y valor que las contenidas en la propia Constitución.

Se ha indicado que dentro del artículo primero de nuestra Constitución se les reconocen a todos los individuos los derechos humanos previstos en dicho texto, al igual que los tratados internacionales suscritos por México[19]. Aquí se hace mención al referido bloque de constitucionalidad, entendiéndose como un conjunto normativo que se extiende más allá de la propia Constitución.

Dentro del presente trabajo en lo que respecta al bloque de constitucionalidad se podrán tomar en cuenta las normas jurídicas que sin aparecer dentro del articulado constitucional serán tomadas en cuenta, para ofrecer una mayor protección de derechos hacia los individuos. La figura del bloque de constitucionalidad también ha sido empleada en derecho comparado para resolver un mismo problema, originado por razones diversas.

V. QUÉ DERECHOS INTEGRAN EL BLOQUE

Para la incorporación al bloque de constitucionalidad es necesario que una disposición constitucional o convencional encuentre su fundamento en el artículo primero Constitucional y que reconozca un derecho fundamental.

El bloque de constitucionalidad en México se compone esencialmente por la constitución de los derechos, es decir por aquellos derechos que son formalmente constitucionales por encontrarse explícitamente dentro de la Carta Magna y por todos aquellos derechos humanos contenidos en los tratados internacionales. Este bloque representa pues, una agregación de derechos o una unión de la Constitución con los tratados internacionales sobre derechos humanos[20].

Pertenecen al bloque, los derechos reconocidos en la Constitución y todos aquellos derechos reconocidos en los tratados internacionales sobre derechos humanos en los que el Estado mexicano sea parte, como por ejemplo la Declaración Universal de los Derechos Humanos, Convención Americana sobre Derechos Humanos, y la Convención sobre los Derechos del Niño.

La integración del bloque de constitucionalidad adquiere la totalidad de su sentido por la capacidad de integrar derechos fundamentales y reconocerles una

[19] Barra mexicana, Colegio de Abogados, *Retos y perspectivas del derecho mexicano en el siglo XXI ¿Cómo debe evolucionar?,* Themis, México, 2012, p. 549.

[20] Astudillo, César, El bloque y el parámetro de constitucionalidad en la interpretación de la Suprema Corte de Justicia de la Nación, UNAM, México, 2012, p. 149.

misma jerarquía normativa, y un valor como normas supremas del ordenamiento jurídico, y quedan al margen del bloque aquellos tratados que no versan sobre derechos humanos.

VI. CONCLUSIONES

PRIMERA. La existencia de un bloque de constitucionalidad implica identificar todas las normas, principios, reglas y valores que, pese a no estar expresamente establecidas en la Constitución escrita, son materialmente constitucionales. Dentro de tales normas y valores integrados a la Constitución, principalmente encontramos los estándares internacionales sobre derechos humanos, dentro de este bloque de normas, se incorporan preceptos normativos provenientes del derecho internacional, así como del derecho interno, estos al verse en conjunto construirán el llamado bloque de constitucionalidad, haciendo así una visión más amplia del derecho y una mayor cobertura de derechos en ambos planos, ya que se cubrirán leyes y normas que formalmente no aparecen en la propia Constitución pero que deberán tomarse en cuenta para la resolución de los casos.

SEGUNDA. La integración del bloque no vulnera el principio de supremacía constitucional, puesto que los tratados internacionales son instrumentos en materia de derechos humanos, y se visualizan como una prolongación de la protección que brinda el texto constitucional, ya que, posterior a la reforma constitucional de junio de 2011 en materia de derechos humanos, se deberán interpretar los derechos humanos a la luz de los documentos internacionales que en esa temática haya ratificado México.

TERCERA. El bloque de constitucionalidad además de las normas del texto constitucional y los tratados internacionales en materia de derechos humanos, contiene un tercer integrante, los Criterios de la Suprema Corte de Justicia de la Nación y de la Corte Interamericana de Derechos Humanos, que tienen un carácter vinculatorio, sin embargo, cuando se presente el caso de conflictos entre la jurisprudencia nacional y la internacional, entonces, el juez deberá optar por aquella que proteja de manera más amplia los intereses de las personas.

IMPACTO DE LA REFORMA CONSTITUCIONAL DE DERECHOS HUMANOS DE 2011 EN EL JUICIO DE AMPARO MEXICANO

Citlali Yulyana Rojo Ávila[1]
Karla Elizabeth Mariscal Ureta[2]

I. INTRODUCCIÓN

En la exposición de motivos «se exteriorizó la razón para establecer en la Constitución el reconocimiento de los Derechos Humanos, se manifestó que en un Estado democrático moderno, los Derechos Humanos y garantías son la razón de su validez»[3], se expuso también que si bien México ha avanzado en cuestión de compromisos internacionales es fundamental armonizar los diversos instrumentos internacionales en materia de Derechos Humanos con la legislación del país, el motivo de la reforma no era otro sino profundizar en la constitucionalización de los Derechos Humanos y fortalecer su defensa.

García Villegas[4] dio su punto de vista al señalar que después de un largo proceso legislativo el 10 de junio de 2011 se publicó en el Diario Oficial de la Federación el Decreto mediante el cual se modificó el título del artículo primero para quedar de los Derechos Humanos y sus garantías, con esta reforma se avanza en el reconocimiento y garantía de los derechos fundamentales, dicha reforma es trascendental, pues en ella se genera un bloque de derechos que se integra con los establecidos en el propio cuerpo constitucional. La autora señala que de la reforma se pueden extraer tres métodos interpretativos de los Derechos Humanos:

[1] Licenciada en Derecho, estudiante de la Maestría en Ciencias del Derecho en la Unidad de Estudios de Posgrado de la Facultad de Derecho de la Universidad Autónoma de Sinaloa. Becaria CONACyt de 2017 a la fecha de registro 817835.

[2] Doctora en Derecho, Catedrática de la Universidad Autónoma de Sinaloa e Investigadora Nacional Nivel I.

[3] García Villegas, Paula M., *El control de* convencionalidad *y las cortes nacionales,* Porrúa, México , 2014, pp. 4-6.

[4] Idem.

1. Una interpretación conforme, adjudicando en su caso un contenido a las normas que sea acorde y empático con las previsiones constitucionales y las normas de Derechos Humanos de los tratados internacionales.
2. La interpretación misma de los tratados internacionales conforme a su esencia y formas particulares de creación, conforme al tratado de Viena para tales fines.
3. Prevé que el operador se guie bajo una interpretación *pro persona,* desplegando el potencial de la norma que sea la que más favorezca a la persona.

Consideramos a estos tres puntos son vitales en el tema de la reforma, para dar en todo momento a las personas la más extensa protección en cuanto a sus derechos, la persona titular de estos derechos es el punto de partida al momento en que un derecho que marca la Constitución o algún tratado ratificado por México le pueda otorgar un mayor beneficio, decidiendo bajo estos principios cual se le va aplicar.

La reforma constitucional de Derechos Humanos promulgada en junio de 2011 tiene una dimensión internacional y fue el resultado de décadas de diversas iniciativas de reformas, «se trata de una reforma tan importante en este siglo que abrió el camino hacia una mayor protección de Derechos Humanos»[5], esta reforma está llamada a ejercer un notable impacto en la conducción de la política exterior de México.

Es la misma Convención Americana sobre Derechos Humanos (Pacto de San José), la que establece en su artículo 25 el medio para asegurar la protección de los Derechos Humanos; este será un recurso sencillo, efectivo y rápido ante los tribunales para amparar actos violatorios a estos derechos; en este caso será el Juicio de Amparo.

II. CONCEPTO Y TESIS DE DERECHOS HUMANOS

«En la etapa del liberalismo aparece la capacidad en los hombres de decidir sus destinos, ya que tiempo antes era el soberano el que ejercía el poder, teniendo éste el poder del pueblo en sus manos»[6]. Con la Revolución francesa se reconoce la naturaleza de la esencia humana y cuando la Asamblea en Francia se reunió en esa época resolvieron exponer los derechos naturales, inalienables y sagrados del hombre.

[5] Saltalamacchia Ziccardi, Natalia, *La dimensión internacional de la reforma de derechos humanos: antecedentes históricos*, UNAM, México, 2011, p. 1.

[6] Márquez Rábago, Sergio R., *Evolución constitucional mexicana,* Porrúa, México, 2002, p. 27.

Consideramos de gran importancia la exposición que se hizo ahí ya que se convirtió en una declaración tan importante que reunió los derechos de los hombres y la protección contra actos de autoridad que quisieran vulnerar el ejercicio de esos derechos para mantener en todo momento lo que manda y establece la Constitución, a consecuencia de esto, la Asamblea en Francia declaró los Derechos del Hombre y del Ciudadano el 26 de agosto de 1789.

Estos derechos que son inherentes a todas las personas no requieren que el Estado o alguna institución se los reconozca, pues es la misma persona la que lleva en su calidad de ser humano esos derechos desde que nace, no corresponde a nadie coartar o menoscabar los Derechos Humanos, sin embargo, vemos en la práctica que las violaciones son constantes, por lo que se hizo necesario reforzar la protección que tienen estos derechos.

«En la Asamblea que se llevó a cabo en Francia a finales del siglo XVIII surge el término Derechos fundamentales acto seguido a esto viene la Declaración de los Derechos del Hombre y del Ciudadano»[7], dentro de la mencionada Declaración se dan las primeras referencias de derechos de las personas empezando con la libertad para poder ejercer los demás derechos.

Destacamos que la simple condición de pertenecer a la raza humana nos otorga una serie de derechos y libertades que deben ser cuidados y respetados por todos y todas, en todo el mundo por igual y garantizados y protegidos por el Estado.

«Corresponde a México la primera declaración mundial de los derechos sociales que se incluyó en una Constitución»[8], esto fue en el Congreso Constituyente de 1916-1917, convirtiéndose esta en una de las grandes contribuciones que México dio al pensamiento universal que trajo como consecuencia asegurar en la máxima medida el nivel jurídico para que todo hombre lleve una vida con las satisfacciones económicas, sociales y culturales.

Gil de la Torre[9] señala que los Derechos Humanos son libertades, facultades o valores desde el punto de vista filosófico que corresponden a todas las personas por el hecho mismo de su condición humana, estas condiciones tienen como objetivo garantizar una vida digna en el medio donde se desarrolla y será el Estado el encargado de respetar y garantizar la satisfacción de esos derechos. Y señala como características de estos la universalidad, la inalienabilidad, la intransferibilidad, la indivisibilidad.

Concordamos en que los Derechos Humanos no pueden ser retirados ni suspendidos a nadie, los protege la ley, y van a imponer obligaciones para con el

[7] Pérez Luño, Antonio E., *Los derechos fundamentales,* 4ª ed., Porrúa, México, 2001, p.29.

[8] Carpizo, Jorge, *Derechos Humanos y ombudsman,* Porrúa, México, 2003, p. 35.

[9] Gil de la Torre, Héctor, *Derechos Humanos,* Universidad Iberoamericana, México, 2001, p.31.

Estado y con el tema de la reforma de 2011 son garantizados por la comunidad internacional y convencional.

«...son Derechos Humanos los que se reconocen en instrumentos nacionales como internacionales, y por otro lado los Derechos Humanos nacionales son los derechos esenciales del hombre que se reconocen en el ámbito interno de cada Estado»[10], ahora bien, con el tema de la reforma de 2011 en Derechos Humanos en México los derechos se van al ámbito internacional para hacer más amplia su protección.

Consideramos fundamental y de gran importancia es el artículo 1 constitucional por señalar que todas las personas tienen los derechos que en la Constitución se reconocen y ahora también los que se establezcan en los tratados internacionales donde México sea parte lo cuales adquieren rango constitucional para dar amplitud de derechos a las personas.

Tal como lo estableció la Suprema Corte de Justicia de la Nación en la tesis jurisprudencial 293/2011, 2ª. XX/2014 (10ª.)[11]. Atendiendo al precepto citado se observa que tantos los Derechos Humanos de la Constitución como de los tratados internacionales conviven en el mismo nivel jerárquico, los dos al complementarse son fuente dentro del sistema jurídico mexicano y lo que hizo la reforma de 2011 fue una integración al catálogo de derechos, en donde no cabe hablar de jerarquizar o distinguir unos de otros.

En cuanto al tema de la dignidad de la persona en el tema de los Derechos Humanos «es el vínculo para que la persona pueda encontrar las condiciones dentro de una sociedad y poder vivir en ella»[12], es entonces, la persona por el simple hecho de serlo el titular de derechos fundamentales para poder desarrollarse dentro de una sociedad.

Ferrer Mac-Gregor[13] establece a los Derechos Humanos como atributos inherentes a la dignidad humana superiores al poder del Estado, la dignidad humana es el origen, esencia y fin de todos los Derechos Humanos, por ser tan preciados estos derechos para la vida de las personas la reforma viene a dar mayor soporte a los textos normativas que contengan derechos.

Llegamos a la conclusión de acuerdo a los textos normativos de que dignidad humana no puede ni debe hacer diferencia entre humanos, pues es la misma

[10] Herrera Ortiz, Margarita, *Manual de derechos humanos,* Porrúa, México, 2003, p.5.

[11] Tratados internacionales. cuando los conflictos se susciten en relación con derechos humanos deben ubicarse a nivel de la constitución. Tesis 2ª. XX/2014, *Semanario Judicial de la Federación y su Gaceta,* Décima Época, Pleno, t. I, abril de 2014, p. 202.

[12] Nikkem, Pedro, *El concepto de derechos humanos,* México, UNAM, 2004, p. 1.

[13] Ferrer Mac-Gregor, Eduardo et al., *Derechos Humanos en la constitución: comentarios de jurisprudencia constitucional e interamericana*, SCJN-UNAM, México, 2013, p. 5.

Constitución la que establece que hombres y mujeres son iguales ante la ley y establece también como condición para el Estado el promover, respetar, proteger y garantizar los Derechos Humanos y deberá por tanto prevenir, investigar, sancionar y reparar las violaciones que estos sufran.

«Los tratados de Derechos Humanos no están por abajo ni por arriba de la Constitución, sino que van a formar parte de esta por lo que en su contenido establece el artículo 1»[14]. De hecho, el autor establece que pueden llegar a ser aplicados en preferencia de la Constitución cuando lo que se establezca en el tratado establezca una protección más amplia respecto de la norma constitucional.

«...se calcula que actualmente existen poco menos de 150 tratados internacionales y protocolos referidos a los Derechos Humanos, de forma que podemos hablar de un proceso de intensa codificación internacional de los derechos»[15], son, por tanto, los tratados internacionales el motor para que los Derechos Humanos se desarrollen en el mundo; es por tanto el artículo 1 constitucional quien da jerarquía constitucional a los tratados internacionales.

La reforma constitucional de junio de 2011 en materia de Derechos Humanos tiene una dimensión internacional, al dar a los mexicanos la posibilidad de proteger sus derechos ante las instancias internacionales y de gran importancia resulta el respeto, promoción y protección de los Derechos Humanos, «tal como se señala en el artículo primero constitucional el cual contiene la igualdad para todos en cuanto a derechos que la misma Constitución establece así como los que los tratados internacionales reconoce»[16].

Llegando al consenso de que las definiciones que se den de Derechos Humanos van a llevar siempre en su contenido derechos que se establecen a las personas por el hecho de serlo, quedando en fuera su origen étnico o nacional, género, edad, discapacidad, condición social, condición de salud, religión, opiniones, preferencias sexuales, estados civil o cualquier otra condición que se posea y será el artículo primero constitucional el promotor de que esto sea cumplido y garantizado por las autoridades que conforman el Estado mexicano.

III. ASPECTOS GENERALES DEL JUICIO DE AMPARO

«Se concibe al Amparo como el arte constitucional cuyo objeto es velar que no se viole la constitución, y que cuando se viole se restaure para que se reintegre esa

[14] Carbonell, Miguel, *El ABC de los derechos humanos y el control de convencionalidad*, Porrúa, México, 2015, p. 37.

[15] Villán Durán, Carlos, *Curso de derecho internacional de los derechos humanos*, Trotta, Madrid, 2002, p. 209.

[16] Ferrajoli, Luigi, *Democracia y garantismo,* 2ª ed., Trotta, Madrid, 2010, p. 60.

legalidad; el Amparo tiene así dos finalidades una de orden preventivo y la otra de orden curativo»[17].

El Amparo existe en México desde la Constitución de 1857 y desde entonces se ha convertido en una de las herramientas jurídicas más utilizadas en el ordenamiento mexicano, debido a que proporciona a todos en el territorio nacional la posibilidad de defenderse contra los abusos de autoridad que menoscaben sus Derechos Humanos; el Juicio de Amparo ha sido una de las instituciones más reconocidas de nuestro sistema jurídico, al grado de que ha servido de modelo para el desarrollo de controles de constitucionalidad en otros países.

«Las bases constitucionales del amparo las encontramos en los artículos 103 y 107 de la carta magna»[18], y de su análisis literal puede determinarse que es una acción ante órganos jurisdiccionales especializados que tiene por objeto hacer efectivas las garantías establecidas en la propia Constitución para la protección y respeto de los Derechos Humanos.

Los artículos 103 y 107 de la Constitución configuran los pilares del Juicio de Amparo; el artículo 103 menciona en términos generales aquellas controversias que se resuelven en este proceso constitucional y el artículo 107 establece las reglas específicas sobre este juicio.

«Desde su inclusión en el texto constitucional en el acta de reformas de 1848, ha sido un elemento de control de la actividad de las autoridades para evitar abusos y afectación a los derechos de los gobernados»[19]; su evolución procesal puede advertirse a través de las leyes que ha regulado su trámite (empezando por la primera, expedida en 1861).

Para llegar hasta 2011, en que las reformas constitucionales publicadas el 6 y 10 de junio, modificaron substancialmente el fundamento filosófico de la estructura de los derechos constitucionales y, consecuentemente, la naturaleza y elementos esenciales del juicio de amparo.

«De manera fundamental el Amparo mexicano permitió en 1948, en el seno de la Organización de las Naciones Unidas el poder acudir a los tribunales nacionales para defender los Derechos Humanos como un derecho universal reconocido así en el artículo 8 de la Declaración Universal de los Derechos Humanos»[20].

El Amparo se convierte así en un derecho para la protección de nuestros derechos y en donde esos derechos se amplían a partir de la reforma de 2011 de Derechos Humanos, con esta reforma el Estado mexicano modificó su postura respecto de los Derechos Humanos al modificar el artículo 1 de la Constitución «de

[17] Peniche López, Vicente, *Garantías y amparo,* SCJN, Madrid, 2006, p. 64.

[18] López Ramos, Neófito, *El amparo, el interés legítimo y los derechos humanos*, UNAM, México, 2013, p. 391.

[19] Baltazar Robles, Germán Eduardo, *La ley de amparo 2013,* COEDI, México, 2013, p. 5.

[20] Pérez Vázquez, Carlos, *La ley de amparo en lenguaje llano,* SCJN, México, 2014, p. 12.

los derechos humanos y sus garantías», estableciéndose que se otorgan garantías para protección de los Derechos Humanos como lo es el Juicio de Amparo.

Una de las modificaciones más relevantes que incluye la reforma de Derechos Humanos es la ampliación de derechos pues la Constitución ahora dice que las personas en México tenemos los Derechos Humanos que reconoce la Constitución misma y también los que contienen los tratados internacionales donde el Estado Mexicano sea parte; convirtiendo así al Amparo no solo en constitucional sino también convencional.

Esto trae como consecuencia como lo emite el autor Coello Cetina[21] la posibilidad de impugnar en el Juicio de Amparo la constitucionalidad de normas previstas en los tratados internacionales; así con la reforma se puede impugnar lo previsto en una ley o en un tratado internacional por violar un Derecho Humano ya sea de la Constitución o de un tratado internacional celebrado por el Estado Mexicano tal como lo establece la Suprema Corte en la siguiente Tesis P/J 31/2011[22]. El Amparo procederá en contra de las siguientes actuaciones: actos de la autoridad, omisiones de la autoridad, normas generales que incluyen tratados, leyes federales, estatales, decretos y cuando se considere violado un Derecho Humano, y con la reforma que se la da a la Ley también procederá en ciertos casos en contra de actos de los particulares.

IV. EL JUICIO DE AMPARO Y LOS DERECHOS HUMANOS

González Oropeza[23] señala que grandes instituciones tuvieron su origen en los Estados: el sistema federal y por ende la República, el Senado propuesto por los federalistas buscó la igualdad de representación de los nacientes Estados, en cuanto a los Derechos Humanos corresponde a Yucatán el establecimiento de una declaración de derechos en sentido moderno, así como su protección a través de un juicio específico al que Manuel Crescencio García Rejón y Alcalá denominó Juicio de Amparo, para la posteridad del constitucionalismo en México. Así, de igual manera la Constitución yucateca rescató al poder Judicial del estado y lo fortaleció como garante de los derechos del hombre.

[21] Coello Cetina, Rafael, El control constitucional pleno en la jurisdicción de amparo, UNAM, México, 2014, p. 45.

[22] Acción de inconstitucionalidad promovida por un organismo de protección de los derechos humanos. en la demanda respectiva pueden plantearse violaciones al principio de legalidad y, por ende, la inconstitucionalidad indirecta de una ley por contravenir lo establecido en un tratado internacional sobre derechos humanos. Tesis 1ª. / J.31/2011 (10ª), *Semanario Judicial de la Federación y su Gaceta,* Décima Época, Pleno, t. II., agosto de 2011, p. 870.

[23] González Oropeza, Manuel, *Constitución y Derechos Humanos. Orígenes del control jurisdiccional,* Porrúa, México, 2012, pp. 155-171.

La reforma que se da en 2011 en Derechos Humanos se relaciona con el Amparo en donde vemos que éste se convierte en una garantía jurisdiccional de los Derechos Humanos, procediendo contra actos, leyes u omisiones de autoridades que violen derechos no solo de la Constitución sino también de los tratados internacionales.

En un estado democrático, no basta el reconocimiento de los derechos y la división de poderes, se requiere de recursos judiciales que brinden respuestas protectoras a las exigencias de la tutela de los derechos de la sociedad, Góngora Pimentel establece así «...nuestra historia constitucional y la de nuestros derechos se encuentra fuertemente arraigada a la garantía jurisdiccional de amparo»[24].

«...la garantía constitucional de Amparo desarrolla un papel polifuncional, ya que tutela todos los derechos fundamentales»[25], por lo tanto, la protección judicial constitucional de los derechos en nuestro país se da con el Juicio de Amparo y una de las más importantes aportaciones que se da con la reforma de 2011 es la jerarquía constitucional de los Derechos Humanos.

«La nueva Ley de Amparo como la han llamado, configura el control de los actos de la autoridad pública»[26], pero también ciertos actos de particulares como se ve en el artículo 5 de la ley, el juez, por tanto, debe emplear principios, métodos y técnicas que requiere el control judicial a través del Amparo.

La reforma hizo más amplia la protección de los Derechos Humanos que va a tutelar el Juicio de Amparo, por lo que vemos que la reforma que se da también a la Ley de Amparo establece el modo en que éste se debe emplear para que exista un mayor control judicial acatando y empleando los principios para que sea apegado a la Ley y no existan arbitrariedades en los procesos.

V. EL DERECHO DE AMPARO EN LA CONVENCIÓN AMERICANA

Brewer Carías[27] plasma que unos de los derechos consagrados en la Convención Americana es el derecho de Amparo respecto de los Derechos Humanos, el derecho de Amparo se encuentra inmerso en el artículo 25 de la Convención.

Con base a este artículo 25 de la Convención vemos que toda persona tiene derecho a un recurso efectivo, sencillo y rápido ante los jueces o tribunales competentes que los ampare contra actos que violen sus derechos fundamentales, resulta

[24] Góngora Pimentel, Genaro, *Introducción al estudio del Juicio de Amparo,* 12ª ed., Porrúa, México, 2010, p.13.

[25] Morello, Augusto Mario, *Constitución y proceso. La nueva edad de las garantías jurisdiccionales,* Platense, Argentina, 1998, p. 21.

[26] García Morelos, Gumesindo, *Nueva ley de Amparo. Derecho convencional de los Derechos Humanos,* Ubijus, México, 2013, p. 18.

[27] Brewer Carías, Allan R. y, Santofimio Gamboa, Jaime Orlando, *Control de convencionalidad y responsabilidad del estado,* ISBN, Colombia, 2013, pp. 66-110.

pues, una obligación internacional que les ha sido impuesta a todos los Estados parte con el objeto de asegurar a todas las personas la protección de sus derechos.

«El artículo 25 de la Convención permite básicamente la posibilidad de que toda persona sea oída y peticionar ante las autoridades judiciales exigiendo el respeto de los derechos que considera afectados o en peligro y la obtención de una respuesta adecuada»[28].

La concepción de un derecho consagrado permite a las personas habilitar los mecanismos institucionales del sistema jurídico para la protección de sus derechos; pronunciándose así una sentencia derivada de la demanda o queja que traiga como consecuencia el cumplimiento de la obligación.

Los Estados partes se comprometen a adoptar todas las medidas necesarias para que no existan obstáculos de que las personas gocen de los derechos que ahí se establecen, se considera que la protección de esta garantía de amparo es indispensable en el sistema pues se considera que en un Estado de derecho la democracia, libertades, derechos y garantías de las personas son los pilares básicos que garantizan la legalidad en una sociedad.

Se analizan del artículo las siguientes características[29]:

Toda persona: se hace referencia el sujeto activo el cual es el titular del derecho, mientras que el sujeto pasivo es el Estado que debe asegurar que el sujeto activo accede a un órgano judicial, al hacer referencia que es toda persona queda asegurado el derecho de igualdad.

Recurso sencillo y rápido: debe existir efectividad en los instrumentos procesales que están destinados a la protección de los derechos, estos instrumentos deben estar sustanciados de conformidad con las reglas del debido proceso legal; en consecuencia, para que el recurso sea efectivo debe ser sencillo y rápido y el Amparo viene a cumplir con esas características.

Ante los jueces o tribunales competentes: el órgano ante el cual se interpone el recurso debe ser el competente; en lo que se refiere que ampare contra actos debe entenderse que la protección judicial es aplicable tanto para conductas activas como las omisivas cometidas ya sea por el Estado o los particulares.

Violen derechos fundamentales reconocidos por la Convención o la Constitución: se refiere al conjunto de derechos tanto nacionales como internacionales que funcionan en conjunto y en armonía.

Aun cuando tal violación sea cometida por personas que actúen en el ejercicio de sus funciones oficiales: la protección de los derechos humanos parte del supuesto de que son inviolables y que no pueden en ningún momento ser menoscabados, por lo tanto, al ser el Estado el garante de la protección de estos derechos recae una

[28] Freeman, Diego, *Artículo 25. Protección judicial*, UNAM, México, 2011, p. 444.

[29] *Ibidem*, pp. 447-455.

carga mayor sobre él que trae como consecuencia la restricción del ejercicio del poder estatal.

«El derecho de Amparo es una de las piezas básicas de la democracia que es el derecho humano de la protección judicial al cual las personas tienen derecho de acceder con las garantías del debido proceso que se derivan del mismo artículo 25»[30], este artículo marca el criterio que establece la Convención Americana conforme al cual tanto la Corte Interamericana como los jueces y tribunales nacionales deben ejercer el control de convencionalidad para asegurar el derecho de Amparo para la protección de los Derechos Humanos. Del Artículo 25 de la Convención se desprenden estos elementos:

Concebimos al Juicio de Amparo como un derecho fundamental de todas las personas, el cual debe tener a su disposición medios judiciales efectivos, rápidos y eficaces de protección de los Derechos Humanos, la Convención destaca que regula un derecho que le debe garantizar a toda persona sin que se haga distinción de ningún tipo.

Este derecho a un medio efectivo de protección ante los tribunales se establece para la protección de todos los Derechos Humanos tanto contenidos en la Constitución, en la propia Convención y en los instrumentos internacionales.

La protección que regula la Convención es contra cualquier acto, omisión, hecho o actuación de cualquier autoridad que viole los derechos y de manera muy importante, de quien amenace con violarlos.

La protección que consagra la Convención es contra cualquier acto, omisión, hecho o actuación de los entes públicos y sus funcionarios o de los particulares.

Brewer Carías[31] establece que el reto en los temas de control de convencionalidad y Amparo la Convención no establece distinción en los siguientes aspectos: primero respecto del ámbito del derecho de Amparo en los países latinoamericanos, en el sentido de asegurar que todos los derechos constitucionales o que integren el bloque de constitucionalidad encuentren protección, el segundo aspecto respecto del universo de personas protegidas, de manera que el derecho de Amparo proteja a toda persona agraviada en sus Derechos Humanos, en tercer lugar establece que respecto del universo de los agraviantes, es decir, de las personas que causen la violación de manera de asegurar que el derecho de Amparo se pueda ejercer en contra de todos los agraviantes, así sean particulares; en cuarto lugar se establece el control de los actos lesivos de los derechos, de manera de amparar la protección de los derechos contra todo acto lesivo de los mismos.

30 *Ibidem,* p. 70.

31 Brewer Carías, Allan R. y, Santofimio Gamboa, Jaime Orlando, *op. cit.,* p. 78.

«La acción de amparo tiende a enfocarse más en el acto lesivo y solo accesoriamente en su autor»[32], esto significa que cualquiera que sea la agraviante, la protección que da el Amparo es tratar de restablecer la situación jurídica infringida.

En México tal como lo establece Ferrer Mac-Gregor[33] la acción de Amparo en contra de entidades públicas fue concebida en el país para que se diera protección a los particulares contra los agravios de sus derechos cometidos por autoridades, por lo tanto, en la acción de Amparo mexicana siempre debe existir la autoridad responsable, para asegurar pues la protección constitucional contra las violaciones de los Derechos Humanos, el aspecto más importante en el Amparo en Latinoamérica y que constituye un ámbito propio para el ejercicio del control de convencionalidad es que, conforme a los que establece la Convención Americana, la demanda de Amparo puede interponerse no solo contra las autoridades públicas sino también contra los particulares.

«El objeto de protección del nuevo Juicio de Amparo con la reforma de junio de 2011 resulta distinto del que lo caracterizó tradicionalmente en el régimen anterior, esto se debe a que la esencia de la reforma es el nuevo estatus que se les da a los Derechos Humanos de fuente internacional»[34].

El consensu para expandir el objeto de protección del Amparo tiene su raíz en el «Proyecto de Nueva Ley de Amparo» elaborado por la Comisión de Análisis de Propuestas para una Nueva Ley de Amparo designado por el Pleno de la Suprema Corte de Justicia de la Nación en noviembre de 1999 en el cual se inspiraron las reformas 2011-2013.

Siguiendo con la idea del autor Herrera García[35] en la versión final del proyecto que se entregó en 2011, se llegó a la conclusión de que el Juicio de Amparo debía incluir la protección de los Derechos Humanos únicamente consagrados en solo cinco instrumentos internacionales: la Declaración Universal de los Derechos Humanos, el Pacto Internacional de Derechos Civiles y Políticos, el Pacto Internacional de Derechos Económicos, Sociales y Culturales, la Declaración Americana de los Derechos y Deberes del Hombre, y la Convención Americana de Derechos Humanos. Sin embargo, el proyecto de la Corte propuso que el Juicio de Amparo debía proteger los derechos contenidos en la totalidad de los instrumentos internacionales de Derechos Humanos suscritos por México.

Observamos pues que el Juicio de Amparo ha tenido su origen en México donde se reguló por primera vez y a partir de su introducción en México se fue

[32] Salgado, Alí Joaquín, *Juicio de Amparo y acción de inconstitucionalidad,* Astrea, Buenos Aires, 1987, p.92.

[33] Ferrer Mac-Gregor, Eduardo, *op. cit.,* p. 254.

[34] Herrera García, Alfonso, *El objeto de protección del nuevo Juicio de Amparo,* UNAM, México, 2015, p. 344.

[35] *Ibidem,* p. 347.

expandiendo por Latinoamérica para que se originara en otros países estableciéndose como acción, recurso o proceso, establecido para la protección de los Derechos Humanos. Los derechos que va a proteger son todos los que establece la Constitución, los tratados internacionales donde México aparezca como parte y los que formen el llamado bloque de constitucionalidad.

Por su parte la Suprema Corte de Justicia de la Nación emite la Tesis 2a. IX/2015 (10a.)[36]. Atendiendo a la tesis citada concluimos en este tema que, un recurso judicial efectivo es aquel capaz de producir el resultado para el que ha sido concebido, es decir, debe ser un medio de defensa que puede conducir a un análisis por parte de un tribunal competente para determinar si ha habido o no una violación a los derechos humanos y, en su caso, proporcionar una reparación.

En este sentido, el Juicio de Amparo constituye un recurso judicial efectivo para impugnar la inconstitucionalidad, o incluso la inconvencionalidad, de una disposición de observancia general, pues permite al órgano jurisdiccional de amparo emprender un análisis para establecer si ha habido o no una violación a los derechos humanos de los solicitantes y, en su caso, proporcionar una reparación a los derechos violados.

VI. CONCLUSIONES

PRIMERA. El artículo 25, antes citado, establece la obligación positiva del Estado de conceder a todas las personas bajo su jurisdicción, un recurso judicial efectivo contra actos violatorios de sus derechos fundamentales, derechos fundamentales que pueden estar reconocidos en la Convención Americana o por la propia ley interna. Por su naturaleza, el recurso de amparo es el procedimiento judicial sencillo y breve que tiene por objeto la tutela de todos los derechos reconocidos por las constituciones y leyes de los Estados Partes y por la Convención.

SEGUNDA. La reforma de 2011 a la Constitución trajo como consecuencia en materia del Juicio de Amparo que esta institución protectora de derechos fundamentales por excelencia se viera fortalecida al ampliar su procedencia al preverse en su procedencia violaciones a derechos humanos plasmados ya sea en la Constitución o en los tratados internacionales donde México sea parte. Esta reforma se ocupó de aspectos de respeto a los derechos humanos ofreciendo mayores posibilidades de protección y garantía de los derechos fundamentales.

[36] Recurso judicial efectivo. el juicio de amparo cumple con las características de eficacia e idoneidad a la luz del artículo 25 de la convención americana sobre derechos humanos. Tesis 2a. IX/2015 (10a.), *Semanario Judicial de la Federación y su Gaceta,* Décima Época, Segunda Sala, t. II, febrero de 2015, p. 1771.

EL *SOFT LAW* ¿EL MEDIO IDÓNEO PARA COMBATIR EL LAVADO DE DINERO?

Cristhian Ivan Silva Lemus

I. INTRODUCCIÓN

El resultado de la progresiva mundialización que en los últimos años en el plano social ha acompañado a la evolución humana, se ha manifestado de manera dual. En primera instancia ella, ha vivificado a nuestras agrupaciones humanas, pues les ha servido como el «envión» necesario para que puedan lograr sustanciales progresos; mismos que han contribuido al fortalecimiento de las estructuras que cimientan su propio *statuo quo*. Por otra parte este conglomerado de asistencias se presenta también de forma lesiva, porque les ha «servido en bandeja de plata» a los artífices de lo abyecto, las condiciones necesarias para consolidar su emporio delictivo.

Ante tal contraste, corresponde a la misma mundialización las arduas tareas de perpetuar los escenarios positivos que ella misma genera, y de eventualmente, erradicar los paradigmas delictivos que mayor soporte le dan a esa atmósfera criminal; todo ello claro, *ad hoc* a las medidas legales correspondientes. Uno de los principales pilares de este imperio delictivo es el lavado de dinero, ya que gracias al quehacer de este, ha fungido como benefactor de otras figuras nocivas. Amén de la importancia que dentro de la logística delictiva el lavado de dinero tiene, los Estados se han mostrado indulgentes al momento de criminalizarle.

El Grupo de Acción Financiera Internacional (*FAFT* por sus siglas en inglés) ha sido el órgano encargado de orquestar, mediante el establecimiento de una logística mundial, el combate a todo lo que rodea la semántica delictiva asociada con el lavado de dinero. A considerar que dicha logística la configuran estrategias que involucran sistemas Jurídicos, Políticos, Económicos, Financieros y Tributarios de cada país parte de dicho organismo.

Este intento de ofensiva ha sido compilado en un documento (40 Recomendaciones del *FAFT*) el cual la Ciencia Jurídica le reconoce como *Soft Law*. Ahora bien, la crítica ofrecida a través de estas líneas radica en que la implementación de estos preceptos del *FAFT* solo disfraza u oculta pretensiones que están contraviniendo principios constitucionales, de Derecho Internacional y la naturaleza del *Soft Law* que en este caso es erradicar al lavado de dinero.

Hablar de mundialización es referirnos a la ola de acontecimientos actuales que han venido surgiendo en esta era moderna. Lo anterior es el resultado de la cotidiana evolución que con nuestro actuar, los seres humanos venimos permeando. En el mismo sentido, este fenómeno ha permitido el establecimiento de diversos lazos entre naciones; mismos que a su vez han generado una reciprocidad internacional, suficiente para fungir de «artificie» de algunos de los más significativos avances en el campo de las ciencias, las artes y la tecnología.

La facilidad con la que hoy en día se han estrechado las relaciones internaciones ha permitido que cotidianamente se dé un intercambio entre países; lo que les ha llevado a reinventar también sus estructuras sociales, alcanzando una consolidación dentro de la cansada carrera por llegar a ser uno de los selectos miembros que conforman el club de los «países primermundistas».

Si bien es cierto que este fenómeno ha ayudado a que la mayoría de los países que conforman el orbe, puedan lograr esas aspiraciones de emancipar sus estructuras del regazo tercermundista, este mismo fenómeno global ha hecho que se presenten contrastes mayormente negativos. Gracias a los avances en materia de Tecnologías de la Información y Comunicación por ejemplo, para los delincuentes es asequible emplear reiteradamente diligencias trasfronterizas criminales, con símiles de otras latitudes sin dejar rastro alguno.

En consonancia con lo señalado en el párrafo anterior, resulta pertinente puntualizar en que el lavado de dinero es una de las actividades delictivas que mayores dividendos ha obtenido de esta nueva tendencia global; al grado de volverse ya una autentica actividad delictiva profesionalizada. A propósito de esta cualidad delictiva, Gómez del Cid afirma lo siguiente:

Las organizaciones criminales han «Profesionalizado» al blanqueador, quien suele ser un experto en materias financieras cuyo cometido es camuflar el verdadero origen de los bienes objeto del blanqueo. Su objetivo es reducir la posibilidad de que se puedan vincular los activos con su procedencia ilícita. Para ello utilizan métodos variados como crear empresas ficticias, manejar múltiples cuentas en diversas oficinas o entidades bancarias, mezclar el dinero sucio con el de una actividad aparentemente lícita, etc.[1].

Se debe agregar también que en la medida en que los delincuentes alcanzan estos grados de profesionalización, las afectaciones a las estructuras que componen

[1] Gómez del Cid, J., *Blanqueo internacional de capitales, como detectarlo y prevenirlo*, España, DEUSTO, 2007, p. 22.

todo estado de derecho tienden a ser fatales. Por lo que podemos entender pues, que este corrompido estadio ha reinado gracias a la sofisticación que media, en todas y cada una de las circunstancias que componen las etapas del proceso de lavado de dinero.

El lavado de dinero es un proceso que para lograr su finalidad requiere, la intervención de un trinomio delictivo. Teniendo la Colocación; la Estructuración; y la Integración, las etapas que conciben dicha actividad. Vemos entonces que para que el lavado de dinero alcance ese carácter criminal, esa tipificación, necesariamente deben conjugarse estos métodos. Simultáneo a lo anterior, explica Luz Camacho lo siguiente:

> «mediante diferentes mecanismos se busca imposibilitar el conocimiento de su origen, disfrazando, disimulando o mezclando su verdadera naturaleza, para así dificultar o impedir, el conocer su verdadera procedencia»[2].

Ahora bien, Hipócrates decía: *«A grandes males, grandes soluciones o grandes remedios»*. Justamente este enunciado describe la postura que el *FAFT* intentó exhibirle al crecimiento desmedido de actividades delictivas ligadas con el lavado de dinero; además de que ella la materializó dentro de su documento estelar, sus «40 Recomendaciones»; que tienen como finalidad lograr la implementación de medidas legales, regulatorias y operativas, capaces de darle una integra protección al sistema financiero internacional y demás hilos estructurales que componen la aldea global.

Desde mediados de la década de los años ochenta esta finalidad ha intentado lograrse, ello mediante el establecimiento y promoción de estándares legales cuya naturaleza hace que desde el punto de vista de la Ciencia Jurídica, se les dé el carácter de preceptos de *Soft Law*[3]. Por otro lado, continuando con nuestro análisis, y en atención a la finalidad del presente artículo científico, resulta imprescindible adentrarnos a esta forma alternativa de legislación.

El Derecho internacional es la rama del derecho que se encarga de regular, a través de diversas formas de creación normativa (Tratados Internacionales, pactos, convenios, protocolos, convenciones y recomendaciones) las relaciones estrechadas entre países, o bien también, aquellas celebradas por ciudadanos pertenecientes

[2] Núñez Camacho, M., *El Fenómeno de lavado de dinero en México, causas, efectos y propuestas para reforzar su combate*, Porrúa, México, 2008 pp. 3-4.

[3] Como ejemplos de esta clase de preceptos jurisdiccionales de *Soft Law*, tenemos: Los 24 principios de protección ambiental de la declaración de Estocolmo; Los convenios para evitar la doble tributación internacional de las Naciones Unidas; y las 40 recomendaciones del Grupo de Acción Financiera Internacional (GAFI) contra el lavado de dinero y financiamiento al terrorismo, por hacer mención de algunos.

a los mismos; todo ello en ejercicio de sus facultades como sujetos de Derecho Internacional.

Estas relaciones, dependiendo la fuente de su nacimiento y la finalidad a alcanzar, deben ser sometidas a la tutela de alguna de las dos grandes ramas que conforman al Derecho Internacional. Así entonces, si se tratase de nexos estrechados entre Estados, se recurrirá a la jurisdicción del Derecho Internacional Público; y si bien, el acto jurídico buscase legitimar relaciones entre particulares de distintos Estados, le correspondería al Derecho Internacional Privado conocerle.

En el mismo sentido, al ser el lavado de dinero una problemática extraterritorial, todas las cuestiones legislativas y jurisdiccionales que surjan como respuesta a sus efectos nocivos, atañerán al campo del Derecho Internacional Público. Del mismo modo, dentro de esta división del Derecho Internacional existen también dos ramificaciones; en las que se han de catalogar, cada precepto normativo que de él emane.

Estas ramificaciones la doctrina internacional les designa como: *Hard Law*[4] y *Soft Law.* Conformada la primera de ellas por los Tratados, Convenciones, Pactos y Convenios, todos de carácter internacional; y en lo que a la segunda categoría respecta, en ella se encuentran los preceptos normativos que nacen bajo el carácter de simples recomendaciones, admoniciones o sugerencias. En efecto, ellas son conocidas como normas de *Soft Law* y según Escudero Alday, se pueden entender de mejor forma a través de las siguientes líneas:

Una fórmula de producción normativa que se coloca al lado de las formas tradicionales de regulación jurídica y que en este momento inicial puede caracterizarse a través de las siguientes notas: responde al esquema del consejo o la recomendación, en vez de ajustarse al esquema imperativo tradicional; propone y no impone la realización de conductas[5].

Conforme las aseveraciones del autor referido líneas atrás, podemos ver que es precisamente la estampa de «no obligatoriedad», el rasgo que caracteriza a las normas de *Soft Law*; señalando además también, que cualesquiera que sean los supuestos normativos que comiencen a surgir, si ellos pretendiesen pertenecer a dicha figura de derecho internacional, tendrían que preservar inexcusablemente, que preservar ese carácter nulo impositivo, ya que de no ser así tendríamos entonces *Hard Law* en su estado puro.

[4] Al respecto, «*Hard Law*» se refiere a las obligaciones legalmente vinculantes que pueden ser precisadas a través de la adjudicación o emisión de regulaciones detalladas, que delegan autoridad para interpretar e implementar la ley. Véase, Shaffer G. & Pollack, M., «Hard vs. Soft Law: Alternatives, Complements, and Antagonists in International Governance», *Minnesota Law Review,* Vol. 94, p. 715.

[5] Escudero Alday, R., *El contexto del Soft Law,* Madrid, Ministerio de Ciencia e Innovación, 2009, p. 128.

Prosiguiendo con el análisis, y muy concretamente nuestro tema en cuestión, empecemos por señalar que llegados los años ochenta (1989) la Comunidad Internacional funda el Grupo de Acción Financiera Internacional (GAFI), y con ello también toda actuación política, financiera, jurisdiccional, tributaria y económica, encaminada a combatir el blanqueo de capitales. A señalar que los comisionados para la creación de estas directrices, son especialistas conocedores de las áreas más sensibles a sufrir daños por esta problemática.

Con respecto al documento cumbre del GAFI, ellas, las 40 recomendaciones de *Soft Law*, «aparentemente» fueron concebidas respetando su naturaleza; es decir, las propiedades nulas impositivas y de tutela opcional. En concordancia con el mismo orden de ideas tenemos entonces que todo precepto concerniente al combate al lavado de dinero, se le puede considerar y catalogar también, como parte de la doctrina del «Derecho Dúctil»; sobretodo, por la forma y la fuente de donde ambos emanan.

Cabe aclarar sobre esta clasificación legislativa (Derecho Dúctil), que este término, asignado claro. por la legislación internacional proviene del argot jurídico anglosajón. Aunado a ello, los países hispanoparlantes han tratado de encontrar el vocablo adecuado para que cuando dentro de nuestro lenguaje jurídico este se emplee, sepamos que aludimos al *Soft Law*.

Hecha la anterior salvedad es cómo podemos entender por qué en nuestra doctrina encontramos las expresiones de Derecho dúctil, flexible, blando, suave o maleable, como las más usadas cuando de estudiar alguna figura de Soft Law se pretende. Dicho de otra manera, y en palabras de Zagrebelsky es cómo podemos entender que este tipo de Derecho es:

La coexistencia de valores y principios, sobre la que hoy debe basarse necesariamente una constitución para no renunciar a sus cometidos de unidad e integración y al mismo tiempo no hacerse incompatible con su base material pluralista, exige que cada uno de tales valores y principios se asuma con carácter no absoluto, compatible con aquellos otros con los que debe convivir[6].

De lo expresado en el párrafo anterior, coincidimos en la afirmación que el autor realiza respecto a que las jurisdicciones nacionales no deben hacer a un lado la posibilidad de someter a la tutela de los modos alternativos de generación de Derecho, determinada adversidad social; sobre todo cuando las leyes propias de cada jurisdicción se encuentren desfasadas a esa nociva realidad.

Sin embargo, para contemplar si quiera la posibilidad de que esta clase de paradigmas jurídicos como lo es el *Soft Law*, se encuentre en posición de suplir la actividad que en teoría le correspondería realizar al resultado de la actividad

[6] Zagrebelsky, G., *El Derecho Dúctil: Ley, Derechos, Justicia,* Trotta, Madrid, 2009, p.14.

legislativa de cada estado, debe llevarse a acabo primero un análisis integral de las condiciones particulares de cada país; es decir, contexto, necesidades, recursos materiales y humanos. De esta forma se determinará si sujetar cierta problemática a la jurisdicción del *Soft Law* es la decisión más adecuada.

Hemos de ver que una de las problemáticas que mayormente aqueja a los países, cuando de adoptar las 40 recomendaciones de *Soft Law* del *FAFT* se trata, es que como estos preceptos no son hechos para casos particulares, sino todo lo contrario, ellos se crean de forma genérica; deja a países con infraestructuras raquíticas en una posición de incompetencia, cuando de guerrear individualmente a estos artificies de lo antijurídico se encuentren.

La circunstancia anterior es el resultado de otra problemática más, hallada en la forma en como el *FAFT* ha implementado la logística de adopción de sus 40 Recomendaciones. Esto porque los países, debido a la presión internacional (ejercida principalmente por las potencias mundiales que comandan el *FAFT*) tienden a precipitar la incorporación de las normas de *Soft Law* a sus leyes internas, omitiendo por el mismo apresuramiento, ese necesario análisis que párrafos atrás señalábamos.

Llegados a este punto conviene señalar que es justamente la forma tan irresponsable en cómo proceden a incorporar los países, las 40 Recomendaciones del *FAFT*, donde radica nuestra critica realizada en el presente escrito. En el mismo sentido, las irresponsabilidades (que en párrafos siguientes señalaremos) halladas en este documento, porque desde el origen de su formulación, dichas normas encuentran vicios; pues conservan un trasfondo ajeno a su propia naturaleza.

Avanzando en nuestro razonamiento, y para poder comprender cuáles son los vicios que encontramos en la implementación de las 40 Recomendaciones de *Soft Law* del *FAFT*, empezaremos por citar las líneas que García Bueno comenta sobre los rasgos distintivos del *Soft Law.* Comenta pues lo siguiente:

Soft law, derecho dúctil, blando, incierto, creado sin representación parlamentaria, pero que participa en la amplia gama de decisiones tomadas por un Estado. Son normas que por su naturaleza carecen de una verdadera eficacia jurídica, pero su origen las predispone a generar amplias consecuencias de derecho…[7].

En un primer punto tenemos que determinado cuerpo normativo debe «dejar en el tintero» durante su redacción, todo supuesto que presuponga una imposición, y no una exhortación, para darle así, ese carácter de *Soft Law*. Además, respecto de la influencia y trascendencia jurídica que estos supuestos pueden llegar a tener, corresponde a las naciones mesura y libre elección; sobre todo para considerar que

[7] García Bueno, M., *El Derecho Tributario Nacional Frente a la Normativa Internacional Fiscal: El Soft Law*, Instituto de Investigaciones Jurídicas UNAM, México 2016, p.133.

tanta será la injerencia que les pueden representar. Lo señalado en el párrafo anterior, para preservar sobre todo, la autodeterminación legislativa que cada estado merece.

En consonancia con el rasgo distintivo que el autor señala (nulo carácter impositivo o vinculante) de estos supuestos normativos, es recomendable que a ellos se les reconozca la trascendencia jurídica que cualquier opinión o perspectiva doctrinaria llega a tener. Referimos concretamente a que solo deben mediar e intervenir como un medio de consulta u orientación; sobre todo cuando se presente alguna situación, en la que no exista alguna vía que brinde sosiego a determinada problemática social.

Por otra parte, debemos estar en el entendido de que al *FAFT* lo creó el G7[8], por lo que las 40 recomendaciones devienen de los países que conforman dicho organismo; que curiosamente, constituyen una elite mundial (países primermundistas). Y atención aquí, porque es justamente en donde encontramos el «punto de inflexión» entre lo que idealmente cada postulado de *soft law* del *FAFT* funda, y lo que en la práctica con ellos se lleva a cabo.

Las 40 recomendaciones del *FAFT* son un conjunto de preceptos jurídicos los cuales, han venido contraviniendo la naturaleza de la especie a la que pertenecen. Líneas colmadas de una disfrazada imposición, políticas encaminadas a maquillar la problemática del lavado de dinero, en lugar de atacar en si la semántica delictiva que envuelve este fenómeno antijurídico; además de una disparidad en las estrategias a implementar, que dejan en estado de indefensión a jurisdicciones, son las deficiencias encontradas en estos preceptos legales.

En relación a una de las anomalías señaladas tenemos que, las sociedades han encontrado en su conformación una paridad, un contraste social, o como Karl Marx la denominaba: «Una Lucha de Clases». En dicho contexto siempre han existido grupos antagónicos, esto debido a que algunos de los involucrados no cuentan con el capital económico suficiente como para desarrollar políticas, que les permitan mejorar su realidad social. Esta situación hasta la actualidad ha prevalecido, y lo vemos en las desigualdades que los países tercermundistas viven respecto de los primermundistas.

Un inminente avasallo y dominio es precisamente el entorno que las naciones opulentas buscan hacer prevalecer sobre de las más rezagadas. Por lo que las 40 recomendaciones de *Soft Law* del *FAFT* son un medio para que se sigan preponderando estas inequitativas pretensiones; claro ello gracias a que su estrategia en conjunto tiene como finalidad solamente, la identificación y apropiación de los

[8] Se denomina G7 o Grupo de los siete, al grupo de países que gracias a su peso político, económico y militar, cuentan con un nivel de industrialización de gran relevancia a escala global. Su conformación la integra Alemania, Canadá, Estados Unidos, Francia, Italia, Japón y Reino Unido.

grandes caudales delictivos que en el lavado de dinero se generan, y no precisamente la de aprehender a sus productores.

Lo expresado líneas atrás, marca el preámbulo de la crítica a otro de los problemas identificados en estas normas de *Soft Law,* ya que ilógico resulta pensar que las estrategias de *Follow the Money* que priman las 40 recomendaciones, surtirán los mismos efectos positivos en todos los territorios parte; ya que no todas las jurisdicciones cuentan con la infraestructura tecnológica por ejemplo, para realizar las diligencias sugeridas por este organismo internacional. Por lo que la lucha se vuelve desigual si eres una nación subdesarrollada.

Esta situación se vuelve cada vez menos favorecedora para las aspiraciones de acabar con el lavado de dinero a nivel mundial. Además de que es evidente que existe una clara inclinación por parte de los países fundadores del *FAFT*, para que ningún país tenga otra alternativa más que la de someterse a la soberanía que el organismo ejerce a través de sus normas de *Soft Law.*

La idea de que existe esta inclinación por parte de los países primermundistas radica en que las pretensiones de ellos son las de erradicar de sus fronteras solamente, toda esta problemática del lavado de dinero; ello sin importarles realmente las consecuencias que esta obsesión pueda generar más allá de sus sus propios confines. Esto nos exhibe que solamente estamos sirviéndoles (países subdesarrollados) en esta lucha, y no precisamente trabajando conjuntamente.

Hemos insistido en la idea de que los países, con base a su principio constitucional de autodeterminación, pueden desarrollar sus propias normas regulatorias de aquellos fenómenos que entorpecen su orden social. Esta misma situación no debe ser la excepción con el lavado de dinero; pues resultaría más viable una cercanía al triunfo contra de esta problemática si se le guerrea desde lo particular a lo general, y no viceversa como procura el *Soft Law* del *FAFT.*

El afán que los fundadores del *FAFT* tienen por sanear sus propias estructuras sociales, y en la misma medida acaparar y adjudicarse todas las cantidades de dinero que alrededor del mundo mueve este proceso delictivo, les ha llevado a tergiversar indirectamente la naturaleza de las 40 recomendaciones; dándoles prácticamente ya el carácter *obligatorio*, y no de «sugerente o libre adopción» que insistimos, es el carácter fundamental que cualquier supuesto escrito debe tener para contemplarlo como *Soft Law*.

Retiro de apoyos económicos, de financiamientos, de créditos e inversiones por parte de estas potencias mundiales; o incluso por los mismos organismos internacionales. Terminación forzada de relaciones bilaterales o bloqueos comerciales, son la forma en como los países artificies del G7, han alterado la naturaleza de las normas de *Soft Law* del *FAFT.*

El Grupo de Acción Financiera Internacional periódicamente realiza una serie de evaluaciones tanto a sus recomendaciones, como a los países que al no tener otra alternativa, «voluntariamente» lo fueron conformando. Este ejercicio lo realizan con la finalidad de saber qué tan apegados a sus lineamientos se ha mantenido cada país; así como también para determinar, si han sido ellos (sus lineamientos) eficaces para lograr sus pretensiones.

Atención se advierte precisamente a estas evaluaciones realizadas por este grupo, pues en ellas radica justamente el medio por el cual el *FAFT* hace que se mantengan en todos los demás países sus disposiciones. De esta manera pues, es como este organismo nos ha hecho pensar que su estrategia combatiente al lavado de dinero representa la «única luz» que nos guiará por el camino sombrío, que esta problemática mundial ha creado.

Además, esta forma en cómo han querido implementar esta logística legal por todo el mundo, ha hecho que se vean violentados diversos principios constitucionales de cada país, y a su vez principios de Derecho internacional público. El principio de autonomía, de autodeterminación, de no intervención y el de soberanía, son los principios que se ven trasgredidos por ese afán de combatir al lavado de dinero a través de la jurisdicción del *FAFT*.

Todo lo anterior se vuelve una situación delicada, ya que no puede permitirse que un país autónomo decida sobre cómo deba proceder otro igual a este. Por lo anterior es que justificamos por qué hemos considerado que las 40 recomendaciones de *Soft Law*, envuelven desde su creación, implementación y evaluación, una serie de vicios e irregularidades.

II. CONCLUSIÓN

Hoy en día los nuevos paradigmas sociales que alrededor del mundo se han suscitado, indirectamente han favorecido la generación de problemáticas que perturban a la sociedad. Éste nocivo escenario además, va acabando poco a poco con las aspiraciones de alcanzar; tanto en el plano de lo individual, como en el de lo colectivo, ese ansiado "estado de bienestar" que ellas guardan. Por lo que mejorar nuestro abanico legislativo nacional e internacional, a través de la creación de nuevos supuestos normativos, apegados al marco de la legalidad, es una forma en cómo podemos contrarrestar las inclemencias que van surgiendo.

Desafortunadamente esa labor de instaurar normas destinadas a la atención de determinadas realidades antijurídicas, se ha realizado de forma incompleta o viciada; ello porque si bien estas normas son creadas en el plano internacional, bajo una fundamental finalidad, ellas en realidad llevan un trasfondo ajeno al de proteger a las naciones de afectaciones. Por lo que no resulta extraño ver que es un interés político o económico, el que se busca lograr al implementarse ciertas legislaciones.

Siendo pues, el escenario descrito en las líneas previas a este renglón, en el que las normas de *Soft Law* del *FAFT* se hallan, pues ellas evidentemente solo han sido encaminadas a procurar el contexto de «hegemonía», que las potencias mundiales siempre han procurado; lográndolo a través de la potestad que las políticas de «*Follow the Money*», que ellas mismas fundamentaron dentro de sus 40 recomendaciones, les brindan.

Por lo que se recomienda que a estas normas solo se les considere como directrices, lineamientos auxiliares, o de consulta, para las naciones que decidan usarlas como tal; y no darles un carácter *erga omnes* como se viene haciendo. De esta manera, se les restaría ese peso jurisdiccional que ilegítimamente el *FAFT* les ha ido dando, además, de que se respetarían así su naturaleza jurídica. Y por último y no por ello menos importante, se respetarían los principios de derecho internacional público que tiene cada jurisdicción.

Con base a lo expuesto entendemos, que hasta el día de hoy el *Soft Law* del *FAFT* no ha sido la forma apropiada para solucionar el lavado de dinero; pues como ya vimos, sus 40 recomendaciones solo maquillan, con un documento colmado de «retórica», normas claramente inertes; que constantemente violentan, además del carácter «no vinculante» que desde su génesis esta clase de normas intrínsecamente traen consigo, varios de los principios constitucionales e internacionales que hoy en día todos los países deben respetar.

DERECHO A LA VIDA PRIVADA FRENTE A LA LIBERTAD DE EXPRESIÓN UN DERECHO FUNDAMENTAL NO RECONOCIDO EN MÉXICO

Vianey Yunivia Soto Leyva[1]
Guadalupe Davizón Corrales[2]

I. INTRODUCCIÓN

Los derechos fundamentales son un referente importante en la evolución de la humanidad y sus distintas sociedades, no cabe duda que a lo largo de la historia hemos apreciado como estos grupos sociales han logrado posicionar a los derechos fundamentales en la cúspide de los elementos necesarios para el desarrollo de la una vida digna.

Hoy en día el reconocimiento de los derechos fundamentales y sus mecanismos de protección son condiciones esenciales para la coexistencia de cualquier sociedad democrática, ya que no se puede concebir a la democracia sin la existencia de una Constitución que reconozca y proteja los derechos fundamentales.

México es un país que ha logrado avances importantes, partiendo del nuevo paradigma constitucional en el cual se genera la pauta de diversos cambios y rubros primordialmente en materia de derechos humanos, su importancia ha tenido el alcance de definir a nuestro sistema jurídico.

El derecho a la vida privada, es un derecho fundamental, que la Constitución Política de los Estados Unidos Mexicanos no logra reconocer de manera precisa, por lo tanto la parcial protección y la oquedad normativa permiten constantes violaciones a este derecho.

La presente investigación tiene como finalidad analizar trascendencia de este derecho dentro del ordenamiento jurídico mexicano, así como en los diversos instrumentos de derecho internacional de los que México forma parte.

[1] Licenciada en Derecho por la Escuela Libre de Derecho de Sinaloa, Estudiante de Maestría en Ciencias del derecho de la Universidad Autónoma de Sinaloa.

[2] Doctora en Derecho por la Universidad Nacional Autónoma de México, investigadora nivel I del Sistema Nacional de Investigadores del Consejo Nacional de Ciencia y Tecnología.

II. MARCO JURÍDICO DEL DERECHO A LA VIDA PRIVADA COMO LIMITE AL EJERCICIO DE LIBERTAD DE EXPRESIÓN EN MÉXICO

Para profundizar en el análisis de la reglamentación del derecho a la vida privada como límite de la libertad de expresión, es necesario abordar el marco jurídico que la legislación mexicana nos ofrece en la materia. El texto constitucional ofrece prerrogativas en materia de protección y límites del Derecho a la Libertad de Expresión así como el Derecho a la vida privada.

> Constitución Política de los Estados Unidos Mexicanos
> Artículo 6º (primer párrafo) de la Constitución mexicana:
> «La manifestación de las ideas no será objeto de ninguna inquisición judicial o administrativa, sino en el caso de que ataque a la moral, los derechos de tercero, provoque algún delito, o perturbe el orden público; el derecho de réplica será ejercido en los términos dispuestos por la ley. El derecho a la información será garantizado por el Estado»[3].

En su posición teórica Miguel Carbonell ha señalado que:

> «En virtud de que la libertad de expresión está incorporada en varios tratados internacionales de derechos humanos que son derecho vigente en México, la obligación de respetarla debe entenderse como aplicable también a los poderes legislativos»[4].

Es necesario precisar, que el derecho a la vida privada no se encuentra expresamente reconocido como tal en la Constitución Política de los Estados Unidos Mexicanos. «Sin embargo en el artículo 16 se otorgan ciertas protecciones aisladas sobre distintos aspectos relacionados con la privacidad señalando así:

Artículo 16º Constitucional:

> «Nadie puede ser molestado en su persona, familia, domicilio, papeles o posesiones sino en virtud de mandamiento escrito de la autoridad competente, que funde y motive la causa legal del procedimiento…

Siendo ésta una referencia clara donde podemos observar la protección a la privacidad, que sirve como instrumento eficaz para su mejor protección en México.

Por otra parte el Artículo 7º Constitucional, que se configura como el apartado en el que predominan las protecciones tanto del derecho a la libertad de expresión como el derecho a la información, que contiene expresamente como límite a la libertad de imprenta el respeto a la vida privada, y a su letra dice:

[3] Constitución Política de los Estados Unidos Mexicanos, Ed. Gallardo, 2017. p. 37.

[4] Carbonell, M, Los derechos fundamentales en México, 2a. ed., México, Porrúa-CNDH, 2006, p. 371.

«Es inviolable la libertad de difundir opiniones, información e ideas, a través de cualquier medio. No se puede restringir este derecho por vías o medios indirectos, tales como el abuso de controles oficiales o particulares...»

En su momento, ante las reformas sobre Derechos Humanos, celebrada en México en el año 2011, el cuerpo normativo constitucional logró ampliarse trascendentalmente, incorporando a su texto los derechos humanos reconocidos en los tratados internacionales de lo que el Estado mexicano forma parte. Lo que contribuye grandemente a la protección del derecho a la vida privada frente al ejercicio de la libertad de expresión en México.

En el sistema jurídico mexicano, la jurisprudencia es una fuente de derecho, siendo la jurisprudencia una interpretación obligatoria, en la que se logra determinar el sentido de la ley, la cual debe acatarse por considerarse una interpretación correcta y por lo tanto válida de la ley.

En relación al derecho a la vida privada como la Suprema Corte de Justicia de la Nación en México, ha realizado interpretación jurisprudencial misma que será objeto de análisis en el presente estudio.

II.1. *Tesis «derecho a la vida privada y familiar. Reconocimiento y contenido»*

El artículo *16 de la Constitución General*, así como diversos tratados internacionales reconocen el derecho humano a la vida privada y familiar. Este derecho protege, dentro del ámbito de las relaciones familiares, a aquellas decisiones que sólo conciernen a la familia y en las cuales el Estado no puede intervenir injustificadamente[5].

La aportación que hace la Suprema Corte de Justicia de la Nación, es de gran importancia, ya que como la máxima institución de este país, en su carácter de Tribunal Constitucional compensa el vacío normativo constitucional. Esta decisión de la Corte debe significar el principio de las transformaciones normativas que van a permitir la máxima protección al derecho a la vida privada.

III. LA POSICIÓN DE LOS INSTRUMENTOS DE DERECHO INTERNACIONAL FRENTE AL DERECHO A LA VIDA PRIVADA

El derecho internacional, se ha constituido como una fuente de gran importancia en el estudio de los límites a la libertad de expresión, los alcances y restricciones del mismo, ya por instrumentos declarativos como convencionales, así como por las recomendaciones y sentencias emitidas por los órganos internacionales.

[5] Tesis 1ª. CCXI/2017, Semanario Judicial de la Federación y su Gaceta, Novena Época, t.1, Diciembre de 2017, p. 407.

La internacionalización de los derechos humanos, se convirtió en una realidad a partir de la Carta de las Naciones Unidas; de las declaraciones universales y regionales de derechos humanos, confirmándose con la adhesión de los Estados parte, a través de los diversos convenios, pactos y protocolos sobre la materia.

Para Carpizo Mac-Gregor, los derechos humanos son la base, el fundamento y el fin del derecho constitucional y del internacional. La estructura jurídico-política de cada Estado tiene que estar al servicio de ellos, y situación idéntica debe acontecer en el orden internacional[6].

Por su parte, los instrumentos internacionales sobre derechos humanos consagran el derecho a la libertad de expresión como derecho fundamental, reconociéndolo de manera amplia, sin condicionamientos o censuras previas, que puedan llegar a suprimir esta libertad, sujetándola a la responsabilidad posterior de conformidad con la ley.

México pertenece a la Organización de las Naciones Unidas desde su creación, en San Francisco, California en 1945, «la carta que le dio nacimiento se firmó el 26 de junio de ese mismo año y se publicó en el diario Oficial de la Federación el 17 de Octubre de 1946, su preámbulo reafirma la fe en los derechos fundamentales del hombre, en la dignidad y el valor de la persona humana, y en la igualdad de los derechos de hombres y mujeres»[7].

III.1. *Declaración Universal de Derechos Humanos*

Esta declaración se otorga en París, Francia, y es adoptada por la Organización de las Naciones Unidas, el 10 de diciembre de 1948, gracias al desarrollo de sus principios y postulados.

En el cuerpo normativo de esta declaración, se plasman preceptos regulatorios de la libertad de expresión como derecho fundamental y sus límites, de entre los que destacan el Artículo 8º que señala:

> «Toda persona tiene derecho a un recurso efectivo ante los tribunales nacionales competentes, que lo ampare contra actos que violen sus derechos fundamentales reconocidos por la Constitución o la ley»[8].

[6] Carpizo, J, «*Algunas reflexiones constitucionales*», México, UNAM, 2007, p. 173.

[7] Ortega San Vicente, A, «*Evolución del derecho al a información*», México, Ed. Porrúa, 2013, p. 212.

[8] Declaración Universal de Derechos Humanos, http://www.ohchr.org/EN/UDHR/Documents/UDHR_Translations/spn.pdf.

Nos encontramos ante el reconocimiento y la protección más amplia de los derechos humanos, otorgados enla presente declaración, que tiene por finalidad velar por el cumplimiento de un recurso procesal efectivo para la tutela de este derecho.

Por otra parte el artículo 12º de la Declaración Universal de derechos Humanos establece:

> «Nadie será objeto de injerencias arbitrarias en su vida privada, su familia, su domicilio o su correspondencia, ni de ataques a su honra o a su reputación. Toda persona tiene derecho a la protección de la ley contra tales injerencias o ataques»[9].

De este precepto podemos concluir que el derecho a libertad de expresión y el derecho a la información no es absoluto, y que su ejercicio se encuentra limitado por otros derechos también fundamentales, por lo tanto la protección a la vida privada e intimidad de cualquier persona independientemente de sus funciones debe ser parte de un compromiso que no admita excepciones.

Mientras tanto, el artículo 19 de la Declaración Universal de Derechos Humanos establece:

> «Todo individuo tiene derecho a la libertad de opinión y de expresión; este derecho incluye el no ser molestado a causa de sus opiniones, el de investigar y recibir informaciones y opiniones, y el de difundirlas, sin limitación de fronteras, por cualquier medio de expresión»[10].

En este artículo ocurre la efectiva vinculación del derecho a la libertad de expresión con el derecho a la información, que de manera complementaria sostiene el fundamento de protección de este derecho.

A su vez, el Artículo 29 establece en su segundo apartado:

> «... En el ejercicio de sus derechos y en el disfrute de sus libertades, toda persona estará solamente sujeta a las limitaciones establecidas por la ley con el único fin de asegurar el reconocimiento y el respeto de los derechos y libertades de los demás, y de satisfacer las justas exigencias de la moral, del orden público y del bienestar general en una sociedad democrática...»[11].

[9] Ibídem.
[10] Ibídem.
[11] Ibídem.

III.2. *Pacto Internacional sobre derechos Civiles y Políticos*

Pacto Internacional sobre derechos Civiles y Políticos se crea el 16 de Diciembre de 1966, en la ciudad de Nueva York, mismo que fue ratificado por México el 13 de Abril de 1977.

> «Su creación se da con el fin de regular con mayor amplitud los derechos reconocidos por la Declaración Universal de Derechos Humanos, además de introducir nuevos derechos con la intención de conseguir la obligatoriedad jurídica de la Declaración. En se sentido, se confiere a sus disposiciones el carácter de auténticas normas jurídicas convencionales, y la eficacia aparece reforzada con la creación de la Comisión de Derechos Humanos, como órgano de tutela jurisdiccional, ante el que están legitimados para formular recurso todos los que consideren que se le ha vulnerado alguno de los derechos allí enunciados, no sólo los Estados signatarios, sino también los ciudadanos de cada uno de ellos»[12].

Dentro de este ordenamiento jurídico se encuentra plasmado en su Artículo 17 lo concerniente al derecho a la vida privada y señala lo siguiente:

1. Nadie será objeto de injerencias arbitrarias o ilegales en su vida privada, su familia, su domicilio o su correspondencia, ni de ataques ilegales a su honra y reputación.
2. Toda persona tiene derecho a la protección de la ley contra esas injerencias o esos ataques.

Lo anterior confirma lo establecido en la Declaración Universal de Derechos Humanos, y nos plantea el escenario de la ilegalidad que significa establecer excepciones a esa protección, tal como lo encontramos en la legislación ordinaria en México así como las posturas jurisprudenciales de la Suprema Corte de Justicia de la Nación.

III.3. *Convención Americana sobre Derechos Humanos*

Fue adoptada por nuestro país en la ciudad de San José de Costa Rica el 22 de Noviembre de 1969, aprobada por el Senado el 18 de Diciembre de 1980 y publicada en el Diario Oficial de la Federación el 7 de mayo de 1981[13].

La presente Convención manifiesta dentro de su preámbulo, por una parte el propósito de los Estados signatarios de consolidar en el continente americano un régimen de libertad personal y de justicia social, fundado en el respeto de los

[12] Jaen Vallejo, Manuel, «*La libertad de expresión y los delitos contra el honor*», España, Ed. Colex, 1992, p. 24.

[13] Ortega San Vicente, A, «*Evolución del derecho a la Información*», *Op cit* ...

derechos esenciales del hombre, donde se compromete a adoptar con arreglo a sus procedimientos constitucionales y las disposiciones de esta Convención, las medidas legislativas o de otro carácter que fueren necesarias para hacer efectivos tales derechos y libertades.

El Artículo 11º destinado a la protección de la Honra y la dignidad establece:

1. Toda persona tiene derecho al respeto de su honra y al reconocimiento de su dignidad.
2. Nadie puede ser objeto de injerencias arbitrarias o abusivas en su vida privada, en la de su familia, en su domicilio o en su correspondencia, ni de ataques ilegales a su honra o reputación.
3. Toda persona tiene derecho a la protección de la ley contra esas injerencias o esos ataques[14].

En este apartado como en los mencionados ya anteriormente tampoco advertimos que las obligaciones a que hace referencia sean exclusivas a una autoridad o bien que a los particulares se les exima del respecto a ese ámbito en función de sus actividades ya sea como servidores o figuras públicas.

En relación a la libertad de expresión y el derecho a la información, la Convención cuenta con normas específicas sobre límites y restricciones plasmados en el Artículo 13º que señala:

> «1. Toda persona tiene derecho a la libertad de pensamiento y de expresión. Este derecho comprende la libertad de buscar, recibir y difundir informaciones e ideas de toda índole, sin consideración de fronteras, ya sea oralmente, por escrito o en forma impresa o artística, o por cualquier otro procedimiento de su elección...»

En ese sentido, el presente artículo logra precisar los objetivos que justifican la restricción a este derecho, así como también plasma los límites concretos sobre el contenido de determinadas expresiones.

III.4. *Declaración de Principios sobre Libertad de Expresión*

En el ámbito del sistema interamericano de protección a los derechos humanos, debemos hacer referencia a la Declaración de Principios sobre Libertad de expresión, que fue adoptada por la Comisión Interamericana de Derecho Humanos en Octubre de 2000, con fundamento en el Artículo 13 del pacto de San José[15].

[14] Convención Americana sobre Derechos Humanos; https://www.oas.org/dil/esp/tratados_b-32_convencion_americana_sobre_derechos_humanos.htm.

[15] Carbonell, M, «*La libertad de expresión en la Constitución Mexicana*», Anuario de Derecho Constitucional Latinoamericano, Tomo II, Alemania, 2004, p. 487.

El contenido de este apartado refleja con gran especificidad el derecho a la vida privada como límite al ejercicio de la libertad de expresión y señala:

> 1. La libertad de expresión, en todas sus formas y manifestaciones, es un derecho fundamental e inalienable, inherente a todas las personas. Es, además, un requisito indispensable para la existencia misma de una sociedad democrática.

De esa manera queda de manifiesto el alcance de la libertad de expresión como derecho innato de las personas, reafirmando la teoría de la necesidad de la libertad de expresión para la existencia de sociedades democráticas, además de vincular el derecho a la información como complemento de la libertad de expresión.

Por su parte los apartados 10 y 11, nos proporcionan el panorama de las limitaciones al ejercicio de la libertad de expresión y señala:

> 10. Las leyes de privacidad no deben inhibir ni restringir la investigación y difusión de información de interés público. La protección a la reputación debe estar garantizada sólo a través de sanciones civiles, en los casos en que la persona ofendida sea un funcionario público o persona pública o particular que se haya involucrado voluntariamente en asuntos de interés público...»

A diferencia de lo establecido en tanto en la convención Americana de Derechos Humanos como instrumento del ámbito regional, así como los instrumentos del ámbito universal, esta Declaración de Principios sobre Libertad de Expresión, ofrece otra perspectiva en razón del umbral de protección del derecho a la vida privada de los funcionarios públicos en el ejercicio de la libertad de expresión, dándole prevalencia en los casos en que así deba ser al derecho a la libertad de expresión como derecho fundamental.

Es necesario mencionar, que esta Declaración, es un instrumento de derecho moderno que logra armonizar los derechos fundamentales que generalmente entran en conflicto, despejando el panorama de derecho absoluto que en los demás instrumentos logra aparentar el derecho a la libertad de expresión, permitiendo con esto la entrada de la tesis de ponderación al caso concreto.

IV. PROPUESTA DE REFORMA A LA CONSTITUCIÓN POLÍTICA DE LOS ESTADOS UNIDOS MEXICANOS Y LEYES SECUNDARIAS

La posición del reconocimiento del derecho a la vida privada como un derecho fundamental dentro de nuestra Constitución sería el primer paso a considerar, ya que a partir de su reconocimiento es que se fortalecen los medios que garantizan su protección.

Por lo tanto la justificación de su inclusión como derecho fundamental dentro del texto constitucional se soporta en el conjunto de características que reviste el derecho a la vida privada principalmente por ser una condición indispensable para el desarrollo de una vida digna. En ese tenor la vida privada merece posicionarse en el máximo nivel jurídico, contar con la máxima protección, es decir ubicarlo en la cúspide de los derechos protegidos por la Constitución.

Por otra parte Amalia Cobos señala:

> El derecho a la intimidad debe ser independiente de los otros derechos relacionados con éste, que se encuentran regulados en la carta fundamental. Inclusive debe incorporar esos derechos, en la medida de lo posible y sin perder de vista la armonía de las disposiciones constitucionales[16].

Por lo tanto, si materialmente logramos desvincular el derecho a la vida privada de otros derechos con quienes converge, podremos lograr su evolución hacía un derecho subjetivo con autonomía en su protección a través de mecanismos jurídicos eficaces.

Atendiendo a lo anterior, la Constitución Política de los Estados Unidos Mexicanos debe reconocer de manera expresa el derecho a la vida privada como un derecho fundamental, sin describir la clasificación de los supuestos que serán jurídicamente tutelados por la misma, esto en razón de los objetivos propios del texto constitucional como es la estructuración del Estado, sus límites, así como los fundamentos y principios que la han de regir y por supuesto el reconocimiento de los derechos fundamentales.

Aunado a lo anterior, es necesaria la expedición de una ley general reglamentaria que establezca las bases para la protección del derecho a la vida privada. Por otra parte será necesario hacer modificaciones a la ley de amparo, al Código Civil Federal y al Código Penal Federal.

Lo planteado en el presente estudio, tendría consecuencias favorables de gran relevancia para el sistema jurídico mexicano, por una parte sería indiscutible la procedencia del juicio de amparo contra actos de autoridad que violen el derecho a la vida privada de los ciudadanos, dando posibilidad a la suspensión del acto que se reclama y la restauración del goce de ese derecho.

Como podemos apreciar, la incorporación de este derecho a la Constitución le daría rentabilidad jurídica a nuestro sistema en todas y cada una de las partes de su estructura, en principio a la Suprema Corte de Justicia de la Nación permitiéndole la creación de precedentes jurisprudenciales de gran utilidad para los operadores

[16] Cobos Campos, A, «*El contenido del Derecho a la Intimidad*», Revista Cuestiones Constitucionales, N° 29, Julio-Diciembre, 2013, p. 48.

del derecho y la sociedad en general, dotándolos de fundamentos para impugnar por la vía jurisdiccional la violación a su derecho a la vida privada así como los elementos necesarios para el desarrollo de una vida digna y en armonía.

V. CONCLUSIONES

PRIMERA. El derecho a la vida privada es un derecho inalienable del ser humano, que requiere reconocimiento y protección así como el establecimiento de mecanismos que garanticen su respeto.

SEGUNDA. El ejercicio de la libertad de expresión suele colisionar muy frecuentemente con el derecho a la vida privada.

TERCERA. Los instrumentos de derecho internacional, tanto tratados como convenios de los que México forma parte, reconocen y reglamentan el derecho a la vida privada como un derecho fundamental, razón por la cual es necesario el reconocimiento en el texto constitucional para posicionar al sistema jurídico mexicano en un verdadero bloque constitucional.

CUARTA. Es necesaria la creación de una ley general reglamentaria, y la implementación de modificaciones a sus leyes secundarias tales como el juicio de amparo, el código civil y código penal federal, para lograr una integración efectiva en su reconocimiento.

DERECHOS HUMANOS DE LOS PUEBLOS ORIGINARIOS EN MÉXICO: UNA UTOPÍA ANTE LOS RETOS Y DESAFÍOS ACTUALES

Gerardo Vásquez Bautista[1]

I. INTRODUCCIÓN

El presente artículo pretende hacer una interpretación de las nuevas realidades que viven los pueblos originarios en el marco de sus derechos. Hablar de derechos de los pueblos es de gran trascendencia e importancia en los procesos sociales, culturales, económicos y políticos a nivel mundial, sobre todo en las últimas décadas. Esto lleva implícito profundas reflexiones sobre los Derechos Humanos y sobre el reconocimiento de las minorías que regularmente se encuentran en estado de vulnerabilidad en la lógica de las problemáticas en la que están inmersos y que generan desventajas para su desarrollo.

Por lo cual, el objeto de esta investigación es analizar los marcos normativos como internacionales y nacionales aún no ha sido lo suficientemente efectivos para proteger los derechos de los pueblos originarios, ya que, no solo se deben de centrar en resguardar los derechos individuales de las personas indígenas, sino que además, como pueblos originarios necesitan del reconocimiento de derechos colectivos, autonomía y libre determinación, para lograr garantizar de forma efectiva su supervivencia, bienestar y dignidad como grupo.

De acuerdo con lo anterior, en la actualidad existe un gran desconocimiento sobre sus derechos humanos y por otro lado la falta de políticas públicas para la atención de los pueblos originarios, esto se reflejado en problemas desencadenados ante la falta de coordinación de órganos de gobierno, así como como de instituciones al no establecer mecanismos que mejoren las formas de diseño, implementación y evaluación de políticas públicas que puedan dar respuesta, a la interculturalidad y al ejercicio pleno de sus derechos.

[1] Licenciado en Derecho, estudiante de la Maestría en Ciencias del Derecho perteneciente Programa Nacional de Posgrados de Calidad, impartida por la Unidad de Estudios de Posgrado de la Facultad de Derecho, de la Universidad Autónoma de Sinaloa.

II. TRATADOS Y CONVENIOS INTERNACIONALES SOBRE LOS DERECHOS DE LOS PUEBLOS ORIGINARIOS

Los grandes movimientos impulsados a una escala regional, nacional e internacional se han basado en la búsqueda de empoderar a los pueblos originarios sobre sus Derechos Humanos, en la que mecanismos de colaboración internacional tiende a adaptarse a los instrumentos jurídicos internacionales. Estos instrumentos contienen el reconocimiento de sus Derechos Humanos y libertades fundamentales comunes que invitan a que se les reconozcan sus derechos colectivos, históricos, su organización social, tanto en los procesos culturales como políticos tal y como lo afirma el autor Adelfo Regino Montes[2]

> Frente a esta situación, los pueblos indígenas han tenido que alzar la voz diciendo: «ya basta», e iniciando un largo y sinuoso caminar en la búsqueda del reconocimiento de sus legítimos derechos. Es así como la comunidad internacional ha tenido que transitar hacia una mayor y mejor visualización de la realidad indígena y se han tenido que abrir los espacios para el debate y la reflexión sobre los derechos y las aspiraciones de los pueblos indígenas.

En este sentido, los Derechos Humanos de los pueblos originarios en el desarrollo de su proceso de reconocimiento ha sido muy lento. Ante estas condiciones el alzar de las voces de los pueblos originarios ante el atropello de sus derechos, además de la grave problemática a la que están inmersos y en la que han tenido desventajas por muchos años, donde se refleja la realidad las personas y pueblos originarios aún hoy en la realidad se debe en gran medida al desconocimiento de los instrumentos internacionales que protejan sus derechos, así como los mecanismos existentes para hacerlos cumplir.

En esta lógica, la Organización Internacional del Trabajo (OIT) es un organismo especializado de la Organización de Naciones Unidas (ONU), siendo el primer organismo internacional que se interesó por la situación de los pueblos indígenas, con el fin de mejorar sus condiciones de trabajo y de vida, ya que en aquella época el trabajo forzado afectaba particularmente a los pueblos originarios, en la que producto de sus reclamos constituían minorías sociales frente al resto de la población.

Es así como en junio de 1989, la Conferencia Internacional del Trabajo decidió aprobar el «Convenio N° 169 sobre los pueblos indígenas y tribales en países

[2] Regino Montes, Adelfo, et al., *«La Declaración de las Naciones Unidas sobre los Derechos de los Pueblos Indígenas: base de la nueva relación entre los pueblos indígenas, los Estados y las sociedades» en Charters, Claire, El Desafío de la Declaración Historia y Futuro de la Declaración de la ONU sobre Pueblos Indígenas*, Dinamarca 2010, p. 147.

independientes»[3], este constituye un instrumento jurídico internacional actualizado y más exhaustivo que define los derechos de los pueblos indígenas y los principios a los que los Estados, organizaciones multilaterales y otros agentes deberían atenerse.

Sin embargo, este convenio no es, ni pretendió abordar de manera global toda la problemática de los Derechos Humanos de los pueblos originarios, pero si tenía un poder vinculante que de manera obligatoria para que los Estados miembros cumplieran en su materia de integridad de aprobar leyes a que se respete su territorio; a no ser discriminados; a vivir bien a respetar a sus autoridades y a ser tomados en cuenta de una decisión de gobierno y a mejores condiciones de vida y trabajo de los pueblos originarios.

México al igual que otros países ratifica este convenio en 1991 por el Senado de la República, en la que se llevaría a cabo una primera reforma constitucional el 22 de enero 1992, en materia de derechos de los pueblos originarios, mediante la incorporación de un primer párrafo al artículo 4º Constitucional[4], que reconoció la composición pluricultural de la nación mexicana sustentada en los pueblos indígenas, sin embargo, para los pueblos originarios este artículo carecía de muchos derechos fundamentales que dieran respuestas a los problemas sociales que atravesaba México en aquel entonces.

Con la reforma indígena de 1992 se aprobó en el contexto del V centenario del descubrimiento-encuentro-conquista de América en donde México llego sin tener un reconocimiento debidamente constitucional, sin embargo, para los pueblos originarios este artículo carecía de muchos derechos fundamentales que dieran respuesta a los problemas sociales que atravesaba México en que se vivía en aquel entonces.

A todas luces resultaba aún insuficiente para los 500 años de explotación, olvido y la exclusión que se encontraban los pueblos originarios en México, sin embargo el gobierno asumió que dicha reforma era suficiente entre las instituciones públicas y los pueblos originarios. Esto dio cabida para que posteriormente se diera la sorpresiva irrupción del Ejercito Zapatista de Liberación Nacional (EZLN), para tomar acciones a los rezagos y reclamos que aún se encontraban en el olvido en la agenda de los pueblos originarios.

Desde la irrupción del EZLN en la vida política nacional se abrió una brecha hacia un plano internacional, donde organismos internacionales y grupos políticos que respaldaban al movimiento zapatista, generando un dialogo al marco de los derechos para los pueblos y comunidades indígenas con el Gobierno Federal.

[3] —, Convenio (Núm. 169) sobre los Pueblos Indígenas y Tribales y Países Independientes.

[4] Constitución Política de los Estados Unidos Mexicanos, 1992.

La lucha por los derechos de los pueblos originarios le dio más reconocimiento en un plano internacional obligando al Estado Mexicano a responder por la vía de derecho, a pesar de varios años sobre el debate y por la misma presión que el Estado sentía no solo en el plano internacional, sino de la misma sociedad, pedía la paz y que fueran reconocidos los derechos de los pueblos originarios y las demandas que estos exigían.

III. DECLARACIÓN DE LAS NACIONES UNIDAS SOBRE LOS DERECHOS DE LOS PUEBLOS INDÍGENAS

En septiembre de 2007 tras 20 años de negociación, la Asamblea General de la ONU, mediante Foro Permanente de la Naciones Unidades para los cuestiones Indígenas, aprobó la Declaración Sobre los Derechos de los Pueblos Indígenas[5] (DU), el texto fue aprobado en sesión histórica con 143 votos a favor, 11 abstenciones, el material está constituido por 46 artículos en los que se marcan los parámetros mínimos para el respeto a los derechos de los pueblos indígenas. En 2010 ya contaba con el apoyo de la inmensa mayoría de los Estados miembros de las Naciones Unidas y no tenían oposición alguna como resultado de la negociación entre los Estados y los pueblos originarios, con el ánimo de colaboración para respaldar dicha declaración.

También se estableció una norma esencial para eliminar las violaciones de Derechos Humanos cometidas contra los pueblos indígenas en todo el mundo, para combatir la discriminación y la marginación, y para defender la protección de medios de subsistencia indígenas. La Declaración hace hincapié en los derechos de los pueblos indígenas a perseguir el desarrollo de acuerdo con sus propias necesidades y aspiraciones, incluyendo el derecho a conservar y reforzar sus propias instituciones, culturas y tradiciones.

Lo importante a resaltar sobre este instrumento en su artículo primero que a la letra dice:

> «Los indígenas tienen derecho, como pueblos o como individuos, al disfrute pleno de todos los derechos humanos y las libertades fundamentales reconocidos en la Carta de las Naciones Unidas, la Declaración Universal de Derechos Humanos y las normas internacionales de derechos humanos»[6].

Sin dejar a un lado los derechos individuales que poseen los miembros de la sociedad, también reconocen a los pueblos originarios como sujetos colectivos que

[5] Organización de las Naciones Unidas, «*Declaración de las Naciones Unidas sobre los Derechos de los Pueblos Indígenas*», 13 de septiembre de 2007, México 2007, p. 2.

[6] Ibídem p. 4.

son indispensables para su existencia, bienestar y desarrollo integral como pueblo. Considerar a los pueblos originarios como sujetos y portadores de los derechos resalta la identidad grupal y la asociación que constituyen los derechos humanos de los pueblos originarios.

Asimismo, México con la reforma constitucional en materia de derechos humanos publicada el 10 de junio de 2011 en el Diario Oficial de la Federación[7], una de las más importantes en la materia, se incorporó, entre otras modificaciones, en el artículo 1o. constitucional, la garantía de los derechos humanos reconocidos en la Constitución y en los tratados internacionales de los que México es parte.

En estricto sentido, la Declaración no obliga jurídicamente a los Estados dado que no es un tratado o convención internacional. Sin embargo, el amplio consenso con que fue adoptada y la fuerza política que de ello se deriva permiten anticipar que su uso por parte de personas y pueblos indígenas, tribunales nacionales e internacionales, y los mismos Estados, llevarán a que pronto se convierta en un instrumento jurídicamente vinculante. No obstante, queda la siguiente interrogante: ¿Habrá cambiado la situación de los pueblos originarios sobre sus Derechos Humanos después de 20 años?

IV. PANORAMA ACTUAL DE LOS DERECHOS DE LOS PUEBLOS ORIGINARIOS

Después de haber analizado en los apartados anteriores los avances en el marco jurídico de los derechos de los pueblos originarios, tanto en el contexto nacional como el internacional, se considera que el ejercicio de los derechos de los pueblos originarios dista de ser perfecto. El panorama hace visible los altos índices de pobreza, la exclusión social, la discriminación y el racismo, aunado a las condiciones del mercado laboral, la marginación tecnológica y al acceso limitado a los servicios públicos, y la seguridad social. Tal y como lo expresa el autor Patrinos[8]:

> «El fenómeno de la pobreza, especialmente el de la pobreza extrema, solo se puede comprender plenamente si tomamos en cuenta la dimensión indígena. Ser indígena en México ha tomado y sigue estando asociado con desventajas significativas en lo económico y en lo social».

De acuerdo con Patrinos, esto suele reflejar al indígena de hoy, en los perjuicios de la sociedad, la discriminación e ignorancia que las realidades hacen de ellos y el estigma de ser pobres. Esta situación ha generado un alto grado de vulnerabilidad

[7] Diario Oficial de la Federación 10 de junio de 2011.

[8] Patrinos Harry, Anthony. *Pueblos indígenas, pobreza y desarrollo humano en América Latina 1994-2004*. Banco mundial, Washington, 2006.

en los procesos de participación social, económica y política que los limita en los espacios de interacción social y por lógica en el acceso a los recursos institucionales del Estado, colocándolos en una situación de desventaja, marginación y exclusión. Compartiendo con esta misma lógica, el autor Federico Navarrete[9] nos describe:

> La relación de identidad entre «ser indígena» y «ser pobre» corresponde en gran medida a la realidad de los pueblos indígenas de nuestro país, pues padecen de un grado de marginación social y económica muy alto, en muchos casos mayores al del resto de la población mexicana. Esta lacerante situación es resultado de siglos de explotación y discriminación, pero se ha acentuado y se ha hecho más visible en las últimas décadas, afectando, sin duda, a los grupos indígenas de nuestro país y dificultándoles el desarrollo y su florecimiento.

La realidad muestra una situación muy alejada a tales anhelos recogidos en nuestros textos constitucionales y es claro advertir la existencia de dichas conductas discriminatorias a diversos grupos, entre éstos a los pueblos indígenas. El Convenio 169 sobre pueblos indígenas y tribales en países independientes, de la OIT[10], reconoce que «estos pueblos son proclives a sufrir discriminación en diferentes ámbitos, por lo que prohibió toda práctica discriminatoria hacia éstos».

Otro de los aspectos importantes en la vida social de los pueblos originarios se sitúa en una época en la cual los cambios son tan rápidos, y que es necesario que las personas adquieran habilidades para adaptarse. En esta lógica, si los pueblos originarios se han adaptado a las nuevas realidades, entonces, los derechos humanos también deben de transformarse y con las políticas públicas deberán ser flexibles que sean adecuados para entender las necesidades actuales.

Hoy en día resulta difícil visionar la integralidad de los componentes que explican las realidades de los pueblos originarios, la brecha de desigualdad social se ha entendido logrando crear muchas más desigualdades acerca de lo que sentimos, pensamos y practicamos culturalmente, aun a pesar de tener necesidades similares y que solo en ciertos aspectos pueden ser diferenciadas. Eso ha permitido asimilar que la ley es igual para todos, tal y como lo establece en la Declaración sobre los Pueblos Indígenas[11] que a la letra dice:

> «...los pueblos indígenas son iguales a todos los demás pueblos y reconociendo al mismo tiempo el derecho de todos los pueblos a ser diferentes, a considerarse a sí mismos diferentes y a ser respetados como tales...»

[9] Navarrete Linares, Federico, *Los pueblos indígenas de México [texto] / Federico Navarrete Linares* – México: CDI, 2008. p. 10.

[10] Convenio Número169 sobre los Pueblos Indígenas y Tribales y Países Independientes. 1989.

[11] Declaración de las Naciones Unidas sobre los Derechos de los Pueblos Indígenas, 13 de septiembre de 2007.

Sin embargo, estas desigualdades en lo económico, no restan las potencialidades, conocimientos y habilidades de los pueblos originarios de los cuales se pueda tomar mano para potencializar su desarrollo respetando sus Derechos Humanos. Solo debe cuidarse no violentar los derechos fundamentados en la Carta Magna y posibilitar las oportunidades necesarias para incluir a los miembros de los pueblos originarios bajo los principios de justicia e igualdad sin distinción alguna.

Tanto los enfoques de interculturalidad, como los derechos Derechos Humanos son obligables para quienes están al frente de las instituciones atendiendo directamente las demandas de estos pueblos en donde se propicie un clima de respeto con todas las personas, con independencia de sus diferencias muy particulares. Tal como lo menciona, Carlos Batzin[12]:

> Nuestros hábitos y prácticas así como el legado cultural de nuestros Pueblos Indígenas, sugieren posibilidades inagotables para generar desarrollo, también son favorables para crear estructuras que viabilicen el dialogo, el debate y el establecimiento de consensos, como respuestas a los desafíos y problemas básicos del desarrollo en sus distintas dimensiones.

Ser indígena de hoy significa formar parte de una comunidad culturalmente diferenciada de otros, lo que implica el ejercicio de identidades culturales, aunque es cierto los pueblos originarios se han ido adaptando a la dinámica y transformación para la adaptación de los espacios tal y como lo describe la autora Xóchitl Gálvez[13]:

> Y es precisamente la capacidad indígena de cambiar dentro de los límites de su pertenencia, de transformación sin perder su identidad, de apropiarse de los conocimientos y de la tecnología, del desarrollo y de los espacios sociales, económicos y políticos, sin dejar de ser lo que son lo que siempre han sido y lo que quieren seguir siendo, la que constituye su mejor legado para la comunidad global.

V. PRINCIPALES OBSTÁCULOS SOBRE LOS DERECHOS DE LOS PUEBLOS ORIGINARIOS

De acuerdo con el panorama anterior, es muy importante señalar que el desconocimiento de los derechos de las personas los orilla a un estado de vulneración, ya que hace más profundo el abuso de poder de parte no solo de la autoridad, sino, de la población en general. Es decir, quién no conoce sus derechos generalmente no los exige y quienes ostentan el poder realizan actos que atentan contra dichos

[12] Ibídem p. 5.

[13] Gálvez Ruiz, Xóchitl, *Multiculturalidad, Democracia y Derechos Indígenas*, Coordinación CNDH, México, 2008. p. 111.

derechos y convirtiéndolos en presa fácil de violaciones y abusos que deterioran su calidad de vida y atentan su dignidad como persona.

Otro de los aspectos a considerar sobre la tarea de difundir los derechos de los pueblos indígenas es considerar sobre la barrera del lenguaje, ya que muchos de las personas pertenecientes a los pueblos originarios hablan en su gran mayoría su lengua materna y desconocen o poco comprenden el idioma el español. Ante esto es importante que todo órgano interesado y obligado a difundir los derechos, lo hagan con total apoyo en traducciones a su lengua materna para lograr el efecto de transmitir la información deseada.

Es necesario considerar además, que lo plantear y llevar a la práctica el fortalecimiento de la lenguas maternas daría cumplimiento a uno de los muchos derechos reconocidos para las comunidades indígenas, y sobre todo enriquecería la lengua de los pueblos originarios, tal y como lo establece en el numeral 2º Constitucional Federal en su fracción IV[14], particularmente el reconocido en los siguientes términos: «IV preservar y enriquecer sus lenguas, conocimientos y todos los elementos que constituyan su cultura e identidad».

Todas las lenguas originarias en México se han reconocido como lenguas Nacionales, igual de importantes que la lengua española; sin embargo, con los ejemplos señalados nos percatamos que en la realidad dicha importancia no se ha socializado. Es el artículo 4º de la Ley General de Derechos Lingüísticos de los Pueblos Indígenas[15] el que recoge el reconocimiento de las lenguas originarias como lenguas nacionales, así se especifica en su texto:

> «Las lenguas indígenas que se reconozcan en los términos de la presente Ley y el español son lenguas nacionales por su origen histórico, y tienen la misma validez en su territorio, localización y contexto en que se hablen.»

Lo que significa que tanto las lenguas indígenas como el español, según esta ley que tienen vigencia y obligatoriedad en todo el territorio nacional, les es reconocida en la norma la misma valía e importancia, lo que trae como consecuencia muchos aspectos a considerar, ya que el desconocimiento de este derecho los coloca aún más en situaciones de vulnerabilidad y a exclusión, al grado de que ellos mismo quienes tratan de pasar desapercibidos para no sufrir discriminación y maltrato.

Si bien es cierto, es ampliamente conocido sobre los casos de la procuración y la administración de justicia, se ha reconocido como derecho del inculpado el ser apoyado por un traductor en caso de no hablar el idioma español o por un defensor

[14] Constitución Política de los Estados Unidos Mexicanos, última reforma publicada DOF 15-09-2017.

[15] Ley General de Derechos Lingüísticos de los Pueblos Indígenas, Nueva Ley publicada en el Diario Oficial de la Federación el 13 de marzo de 2003.

que tenga conocimiento de su lengua. Lo cierto es, que el número de intérpretes es limitado y más si consideramos aquellos que hablan una lengua indígena. En el caso de los defensores públicos del Estado, actualmente sólo se cuenta con un profesional que habla una lengua nacional diferente del español, lo que resulta a todas luces insuficiente.

El punto sobre la inexistencia de tribunales especializados en materia indígena y la falta de concientización social impide un trato igualitario ha provocado los derechos de los pueblos indígenas. Sumado a esto, los procedimientos judiciales distan mucho de lo que se pueda decir en los discursos sobre los conflictos de los usos y costumbres de las comunidades indígenas, ya que el órgano que administra la justicia tiene un gran desconocimiento acerca del tema indígena por parte de los operadores, esta ausencia del conocimiento en materia indígena en quienes se supone deben ser personal especializado o interesado marca desigualdad en el acceso de justicia en general.

En lo que respecta a la migración interna indígena, se hace obligatorio observar con mayor detenimiento el hecho de que México sea un país con un alto índice de migración indígena, como consecuencia a la problemática de marginación y pobreza en las que se encuentran las comunidades indígenas. Este fenómeno implica que cada año miles de indígenas salgan de sus comunidades a buscar trabajo en diferentes áreas del norte de México y en Estados Unidos, dada las pocas oportunidades de empleo en sus comunidades.

Es necesario afirmar que no solo enfrentan esto los trabajadores de campo, sino que, también muchos jóvenes se ven en la necesidad de dejar sus lugares de origen para estudiar alguna profesión por lo que se ven obligados a asentarse en áreas urbanas en donde adquiere patrones culturales diferentes y con ello el desplazamiento de identidades.

VI. MANERA DE CONCLUSIÓN

El Estado mexicano debe de asumir su compromiso en la construcción de un dialogo intercultural tanto como en el marco internacional, como nacional, en la garantía de los Derechos Humanos de los pueblos originarios, en el escuchar, comprender y considerar las voces de los pueblos originarios.

La necesaria relación y el compromiso del Estado con los pueblos originarios para dar atención ante los problemas económicos, políticos, sociales y culturales ha sido mínima. Se requiere mayor atención en los escenarios actuales propios de la era de globalización y posmodernidad en donde predominan el racismo y la discriminación. Ambos, racismo y discriminación, de la que son objeto la población indígena provocan consecuencias como lo es la desaparición de una lengua materna, que da por consiguiente el tránsito de una cultura a otra.

Otro de los retos importantes será resolver el dialogo intercultural entre la sociedad, grupos y comunidades para que permitan una convivencia sana sin discriminación. Abandonar el racismo y dejar a un lado los prejuicios que se tiene a las culturas indígenas y generar respeto y solidaridad que coadyuve al desarrollo integral de todos y cada uno de los ciudadanos y de los pueblos originarios. Esto implicara redefinir mejor las relaciones entre los indígenas y no indígenas, a pensar de manera diferente para entablar un mejor dialogo a la inclusión social, política, económica de los pueblos originarios.

Prof. Dr. Gonzalo ARMIENTA HERNÁNDEZ

Licenciado y Doctor en Derecho por la Universidad Nacional Autónoma de México. Profesor titular de la Universidad Autónoma de Sinaloa y Coordinador de la Unidad de estudios de Posgrado. Integrante del Sistema Nacional de Investigadores de CONACYT y Presidente de la Red Nacional de Posgrado en Derecho de México.

Profa. Dra. Mercedes IGLESIAS BÁREZ

Profesora Contratada Doctora de Derecho Constitucional de la Universidad de Salamanca y Profesora Afiliada de la Universidad Autónoma de Nuevo León (México). Coordinadora del Área de Derecho Constitucional de la Revista *AIS* de la Facultad de Derecho de la Universidad de Salamanca. Autora de distintas publicaciones sobre Democracia, prohibición de partidos políticos, financiación de partidos políticos, participación política e igualdad de género.

Made in United States
Troutdale, OR
11/03/2026

56847579R00208